MEMORIALS OF ST.

AUCTORES BRITANNICI MEDII AEVI · I

# MEMORIALS OF ST. ANSELM

EDITED BY

## R. W. SOUTHERN

AND

## F. S. SCHMITT, O.S.B.

*Published for* THE BRITISH ACADEMY
*by* THE OXFORD UNIVERSITY PRESS

*Oxford University Press, Walton Street, Oxford* OX2 6DP
*Oxford New York Toronto*
*Delhi Bombay Calcutta Madras Karachi*
*Petaling Jaya Singapore Hong Kong Tokyo*
*Nairobi Dar es Salaam Cape Town*
*Melbourne Auckland*
*and associated companies in*
*Berlin Ibadan*

*Oxford is a trade mark of Oxford University Press*

*Published in the United States*
*by Oxford University Press, New York*

© *The British Academy* 1969

*First published* 1969
*Paperback edition* 1991

*ISBN* 0 − 19 − 726102 − 7

*Printed in Great Britain by*
*Billing & Sons Ltd,*
*Worcester*

DEDICATED
TO THE MEMORY OF
TWO MASTERS IN THESE STUDIES

# FREDERICK MAURICE POWICKE
# ANDRÉ WILMART, O.S.B.

# CONTENTS

# PREFACE

It is now a good many years since the two editors of this volume
discovered that their interests in these Anselmian texts were sufficiently
close to suggest the possibility of collaboration. Since that date both
the form of the projected volume and the nature of their collaboration
have developed in many ways, and it would be difficult to explain to
others the contribution that each has made. Nor is this at all necessary.
It is sufficient to say that every text has been worked over and every
difficulty discussed in close collaboration. This is especially true of those
parts where a complete identity of view is not in this world to be hoped
for. Instead of recounting the history of our partnership we shall
simply express our gratitude to those who have assisted our work by
their advice and help, and by their permission to use and reproduce the
manuscripts under their care. Among others Dr. Richard Vaughan and
his predecessors in the librarianship of Corpus Christi College, Cambridge, Dr. G. R. C. Davis at the British Museum, Mademoiselle
M. T. D'Alverny at the Bibliothèque Nationale, Mr. Geoffrey Bill and
his assistants at the library of Lambeth Palace, Mr. F. C. Morgan at
Hereford Cathedral Library, and Professor Carmelo Ottaviano have
given us valuable assistance. Dr. R. W. Hunt has found time among
his other duties in the service of medieval scholarship to give us the
benefit of his unrivalled knowledge and judgement at every stage of the
work. We owe a great debt to Mr. F. E. Harrison for his scholarly labour
and enthusiasm in reading the proofs, and for his very important help
in compiling the index. Professor Norman Davis has saved us from
several errors in the English text of the *Confessio morientis*, and Dr.
D. P. Henry has given us valuable help with the philosophical texts in
Lambeth MS. 59. We have also to thank the British Academy for
publishing this volume in its new series of medieval texts, and Miss
D. W. Pearson, the assistant secretary of the Academy, for her unfailing
help on many occasions. Finally, the generosity and hospitality of the
Warden and Fellows of All Souls College have done much to minimize
the difficulties of collaboration at a distance.

It may be convenient at this point to add a word about the principles
we have followed in printing these texts. With regard to punctuation
and the division into paragraphs we have consulted the convenience of
the modern reader. In spelling the reader will find many inconsistencies,

but none, we hope, that will cause any difficulty. Most of them are to be
explained by the fact that the early twelfth century was a time of
transition from classical (or, more precisely, Carolingian) practice to the
freer phonetic system of the later Middle Ages. The inconsistencies
which are to be found in the following pages reflect the inconsistencies of the manuscripts themselves, but we are conscious of our own
responsibility for some of them.

Any attempt to transfer the contents of a medieval manuscript to
a printed page raises problems which cannot be solved except by an
approximation to the author's intentions. The philosophical fragments
in Lambeth MS. 59 provide many illustrations of this fact, especially
at those points where modern practice requires the use of quotation
marks to distinguish the words or phrases which are the subject of the
argument. The manuscript employs no device of this kind—a fact which
may have an important bearing on some aspects of Anselm's philosophy.
We have thought it necessary to use quotation marks, but it does not
seem possible to achieve complete consistency in this or any other
convention.

R. W. S.

F. S. S.

Thanks are due to Dr. Helmut Kohlenberger, Dom Schmitt's literary
executor, for providing a list of misprints and errors, which have been
corrected in this edition.

1991                                                    R.W.S.

# ABBREVIATIONS

| | |
|---|---|
| *BGPTM* | *Beiträge zur Geschichte der Philosophie und Theologie des Mittelalters* |
| *De concordia* | *De concordia praescientiae dei et praedestinationis et gratiae dei cum libero arbitrio* (Schmitt, ii. 245–88) |
| *De sim.* | *De similitudinibus* (*P.L.* 159, 605–705) |
| *Ep.* | *Epistolae Anselmi* (the number is that of Dom Schmitt's edition followed by the number in *P.L.* vols. 158–9) |
| *H.N.* | *Eadmeri Historia Novorum in Anglia,* ed. M. Rule (Rolls Series, 1884) |
| *P.L.* | Migne, *Patrologia Latina* |
| Schmitt | F. S. Schmitt, *S. Anselmi Cantuariensis archiepiscopi Opera omnia,* i–vi, 1938–61 |
| *V.A.* | Eadmeri *Vita Sancti Anselmi,* ed. R. W. Southern, 1962 |

# INTRODUCTION

THE canon of St. Anselm's genuine finished works can be very clearly defined. This was the first point that needed to be established in modern Anselmian studies. In the Middle Ages the body of his writings was encumbered with a large baggage of spurious works, and the Maurist edition (1675; 2nd edit., 1721) of Dom Gabriel Gerberon perpetuated this state of confusion until recent times. It was only in 1923 that Dom André Wilmart began the systematic work of distinguishing the genuine works from the host of spurious additions, and the succession of his articles from 1923 to 1932 laid the foundation on which all later workers have built. Without undue rashness, it may be said that the task of disengaging the hard core of Anselm's works has now been completed. Anselm's own works stand out stripped of the fictitious additions of several centuries.

The main factor in making possible this new clarity was undoubtedly the excellence of the early manuscript tradition. To this may be added Anselm's own fastidious literary taste, which distinguishes his work from most imitations. Finally, there is the testimony of his biographer, who took care to record the circumstances in which most of his works were written. The result is that we now have a picture of St. Anselm as an author which is not likely to be much altered by future discoveries.

Nevertheless the line between the genuine and the spurious is not at all points equally clear. There are degrees of inauthenticity, and not all the works which must be excluded from the inner company of finished works merit total expulsion. To adapt one of Anselm's own images, there is an inner citadel where all is safe and assured: these are the works which stand beyond all doubt. But outside the citadel there is a bailey, less safe, but still part of this main structure. It is with this that we are here concerned. To put the matter in less picturesque language, we are concerned with the work of a small group of Anselm's friends and disciples, who recorded his words, transcribed his writings before they were completed, and preserved his unfinished drafts and notes. The evidence of their activity has been preserved in comparative abundance. The very excellence of the early manuscript tradition, which makes it possible to draw a clear line between genuine and spurious works, has also ensured the preservation of much that cannot be assigned to either of these clearly defined categories. Roughly speaking, the works in this intermediate zone fall into two classes. They are either reports of Anselm's

B

words written by one of his close companions, or they are remains of
unfinished works or notes rescued by zealous disciples from the oblivion
into which they would otherwise have fallen.

The reports of Anselm's words consist mainly of records made by
Anselm's secretaries, Eadmer and Alexander, between 1093 and 1109.
These two monks of Canterbury had unique opportunities for hearing
and reporting Anselm's words during these years. There is not the
slightest reason to doubt their good faith, and—whatever we may think
of their skill or standards of accuracy—the substance of what they report
can confidently be accepted as a record of Anselm's thoughts. Eadmer
was active as a reporter mainly in the years before 1100, and Alexander
mainly after this date, so their records give a continuous picture of
Anselm's mind as it appeared to two close observers throughout his
years as archbishop. Eadmer's reports survive partly in his *Vita Anselmi* and partly in the *Scriptum de beatitudine perennis vitae*, which is
printed below; all that survives of Alexander's writing is in the *Dicta
Anselmi* and the *Miracula*, which are here printed as a whole for the first
time.

Of Anselm's literary remains which form the remainder of this volume,
it is impossible to speak in general terms. Each item must be considered
on its merits. But it can be said that drafts and fragments of Anselm's
work, whether written at his dictation or copied from his own notes,
were sought with great eagerness by some of his disciples. Anselm himself refers to this snatching of unfinished works from his pen in his
preface in the *Cur Deus Homo*. The process can be illustrated in the
defective texts of the *De Incarnatione Verbi* and in the logical notes
which are preserved in Lambeth MS. 59.[1] This interest in even the
smallest fragments of his work survived his death and was responsible
for the preservation of several of the texts which we print. Naturally,
however, that which is preserved without the sanction or supervision
of the author cannot claim the same status as works completed in his
lifetime and circulated on his own initiative. Works which are preserved
in an incomplete form by disciples may be added to, and words which
were remembered may be the basis of developments which can scarcely
claim to represent the thoughts of the master. In this way we begin the
steep descent from genuine records to more or less appropriate em-
broidery, to imitation, and finally to the completely spurious. Nothing
that we print here is pure and perfect Anselm: it is Anselm incomplete,
or as others heard or thought they heard him. A number of doubts

---

[1] F. S. Schmitt, *Ein neues, unvollendetes Werk des hl. Anselm von Canterbury, BGPTM*
xxxiii. 3, 1936, and below, p. 333.

therefore hang over these texts which no amount of discussion can wholly dissipate. It is the purpose of the detailed discussions which follow to define the nature of these doubts, and to indicate the extent to which these texts preserve an accurate record of Anselm's words and thoughts, and extend our knowledge of his teaching and personality.

# LIBER ANSELMI ARCHIEPISCOPI
# DE HUMANIS MORIBUS
# PER SIMILITUDINES

## THE WORK

This treatise can best be described as a systematic treatment of virtues
and vices within the context of the religious life. The first half (cc. 1–71)
consists of two long sections mainly analytic in character. Chapters 1 to
46 deal with the Will and give an elaborate account of the three forms
of self-will—*delectatio*, *exaltatio*, and *curiositas*—which are analysed in
intricate detail (1–36) and illustrated in a short series of allegories (37–
46). This leads to an account of the fourteen rewards and punishments
of the obedient and disobedient Will (48–71), very similar in doctrine
to the sermon *De xiv beatitudinibus* reported by both Eadmer and
Alexander. But it is noticeable that whereas the sermon was essentially
about the joys of heaven, there is here much greater emphasis on the
punishments of hell, and on the intermediate condition of men in this
life. These systematic expositions are followed by a series of allegories
occupying the remainder of the work (72–146) which enforce and expand
the doctrines of the early chapters. These allegories may broadly be
divided into two parts: cc. 72–97 are chiefly concerned with the virtues
and vices within the monastic life; cc. 98–146 discuss and illustrate
religious virtues and vices and the gifts of the Holy Spirit in a broader
context. Naturally the allegories of the second half of the work do not
develop a logical argument. They illustrate some of the main aspects of
a few chosen themes. But the unity of thought and the originality of
illustration are very striking. Although we cannot compare this treatise
with the Secunda Pars of the *Summa Theologica* of Thomas Aquinas in
completeness and systematic rigour, in its own way it is remarkably
complete. Without much exaggeration it may be called the first attempt
at a systematic study of the psychology of the religious life.

## TITLE

The wide variation between the early manuscripts indicates that there
was at first no fixed title. But in the last chapter there is a phrase —'Haec

de humanis moribus per similitudines suo interiectas loco diximus'—which seems to be the foundation of nearly all the titles later attached to the work. This phrase gives the best possible definition of the scope of the work, and we have adopted it in a slightly modified form. Among the varieties of title in the early manuscripts the superscription of F deserves special note: 'Liber Anselmi archiepiscopi Cantuariensis de morum qualitate per exemplorum coaptationem.' But this and similar phrases proved to be too clumsy for general acceptance and gradually the simple, though rather misleading, title *De similitudinibus* became almost universal. By the time that this title became general, however, the work had been greatly expanded, and the original text had been lost to view. Hence the title *De similitudinibus* has been generally accepted as belonging to the expanded version of the text. We have preserved this convention and have reserved the title *De moribus* for the primitive text which is printed here for the first time, while keeping the title *De similitudinibus* for the larger and more popular version of the text.

## THE DIVISIONS OF THE ORIGINAL TEXT

The manuscripts of the work in its original form show a close agreement in dividing the work by means of a large capital letter at forty-five places. Nearly all these divisions correspond to the beginning of a new similitude, and apart from these obvious breaks there was little attempt to divide the work into sections. These breaks in the text seem to belong to the original state of the material, but the same cannot be said of any of the rubrics. All the manuscripts have *some* rubrics in the text, but there is almost no measure of agreement between them—certainly none that cannot be explained by later interpolation. The rubrics of the best of our manuscripts (F) and its copy (F2) will serve to show the lack of system in the earliest rubrics and the absence of agreement between the manuscripts. In F there are only nine rubrics within the text, at cc. 21, 26, 37, 38, 83, 84, 90*a*, 96, 110; but they agree only twice with the rubrics of the nearest allied manuscript (D) and only once with any other manuscript:

c. 21 *De Exaltatione* FD
c. 26 *De Curiositate* FD
c. 37 *De Propria Voluntate* F *Item tractatus Anselmi cantuariae archiepiscopi de propria voluntate* P

There seems therefore to have been very little attempt at systematic editing of the work in its earlier form. This omission, as we shall see, was soon remedied, but not until the work was undergoing substantial alteration.

The only author mentioned in any manuscript, and in virtually all
the manuscripts from the beginning, is Anselm himself. For reasons
which are obvious, this attribution cannot be accepted *sans phrase*: the
work is not mentioned by his biographer, it is not included in the manuscripts of Anselm's works made at Canterbury and elsewhere during
his lifetime or immediately after his death; in many places the style is
rough, and, at least in comparison with Anselm's early works, unadorned
and sometimes faulty. One possible way of meeting these difficulties is
to ascribe the work to a reporter of Anselm's words, like Eadmer or
Alexander. Alexander's own claims have been canvassed more than
once, partly because of his own assertion that some of the material which
he had collected had been copied and stolen by others, and partly because
the revised version of the work, which alone has been printed until now,
contains considerable portions of Alexander's *Dicta*. But now that the
original text has been restored, his claim can no longer stand: the
differences in style and matter between Alexander's *Dicta* and the *De
moribus* are sufficient to eliminate the possibility that a single author
was responsible for both works.

If the *De moribus* was put together after Anselm's death by some
reporter of the archbishop's discourses, in much the same way as the
*Dicta*, then the name of the reporter is unknown to us. This would be
surprising, for it is highly unlikely that anyone who was not in close
touch with Anselm for a considerable time could have gathered enough
material from his talk to put together this work, and there is good reason
to think that we know the names of all Anselm's close monastic companions during the last sixteen years of his life. Yet it seems that none
of them could have been responsible for the present work: Eadmer and
Alexander are excluded by the style and character of their known works
and the absence of the slightest connexion between these works and
the *De moribus*; Baldwin was clearly uninterested in speculation and
probably quite unliterary; Eustace, who was a monk of Bec and not
a constant companion, scarcely had the necessary opportunities.

The difficulty of naming a possible reporter of Anselm's sayings is
not of course a conclusive obstacle to the view that such a man may have
existed. But there is another difficulty which must be mentioned. Anyone who could put together this work from notes of Anselm's talk in the
monastic chapter, at table, in sermons, and the like, must have had not
only very unusual opportunities for listening and recording, but also
unusual powers of organizing his material. Both Eadmer and Alexander

report discourses, sometimes of considerable length, but neither of them attempted to put them together as a single coherent whole. Eadmer gave his reports a biographical setting. Alexander gave his material a logical continuity so far as this was possible, but the results show how little could be done in this way (see below, pp. 23–24). When all allowances have been made for the gaps in the present work and the necessary lack of system in its allegories, we may still doubt whether such a feat of organization would have been possible without guiding lines provided by Anselm himself. The present work after all is a treatise and not a series of *Dicta*.

This brings us to the possibility that the work was not formed by a reporter putting together his own notes after Anselm's death, but from drafts of a work of Anselm left unfinished when he died. As we have observed, there is other evidence for the existence of such drafts, and though they are not on the scale of the present work, they have some similar characteristics. These fragmentary drafts generally appear without any title or clear subdivisions; and though in many ways clearly unfinished, they develop in great detail some of the lines of thought initiated in Anselm's completed works. These are the characteristics of the present work. In several places there is a more developed exposition than we find elsewhere of arguments which Anselm is known to have used. Yet there are many signs of incompleteness. Originally there was no title and little or no division into chapters; there are many infelicities of style combined with vigour and precision of language. There are many signs of hasty composition, and a few errors in the manuscripts which can only be explained as the legacy of uncorrected dictation (e.g. pp. 56. 30; 83. 7; 86. 19–28). There is no trace, at least in the original text, of the smoothing hand of a reviser; and in one place (c. 31) the argument badly needs a few sentences of elucidation which it would not have been difficult to supply. These characteristics do not suggest that a reporter was at work in the way that Alexander worked on his *Dicta* or Eadmer on his *De beatitudine*. Both the style of the work and the peculiar features of its manuscript tradition seem more consistent with an unfinished draft than with a series of reports of Anselm's words put together by another hand.

We are left with a choice between two broadly divergent views of the origin and immediate authorship of the work. Either it is the work of a reporter—and there are difficulties in this view; or it is basically the work of Anselm himself—and here too there are difficulties. On the latter view it seems puzzling that Anselm's known disciples at Canterbury did not make any use of, or apparently attach any importance to,

a work of such considerable bulk and originality. No completely satis-
fying answer can be given to this puzzle. All we can say is that fragmentary and unfinished works seem easily to have been lost sight of,
and the manuscript tradition suggests that other unfinished works of
Anselm became dispersed about the time of his death. The significance
of this fact will become clearer when we discuss the curious manuscript
tradition of the *De moribus*.

   In indicating these two different views and the difficulties attached to
each of them, it should be added that there is a middle way between the
two extremes. Many of the difficulties we have noted would be explained
if the treatise came not from a reporter of Anselm's casual talk and
sermons, but from the hand of an amanuensis, working under Anselm's
direction and dictation, though without his final supervision. Several
of the stylistic and verbal errors in the manuscripts seem to arise from
just this mode of composition. Moreover, one of the companions of
Anselm's later years was in a position to produce a work of this kind.
This was Boso, the monk of Bec who came to England specially to act
as an assistant in Anselm's philosophical work in 1094–5 while the *Cur
Deus Homo* was being composed, and again in his last years from 1106
to 1109. He returned to Bec when Anselm died, and there is no evidence that he took any part in preparing or disseminating Anselm's work
after this date. If we knew what notes he left behind or what happened
to them we might have more light on the origin of this work. In the
absence of this light, it can only be said that here we have the fullest,
and in some cases the most mature, results of Anselm's thought on subjects which were already occupying his mind when he was prior of Bec.
Eadmer's description of his interests at this early stage of his career
may serve as a preface to this work:

Origines insuper et ipsa, ut ita dicam, semina atque radices necne processus
omnium virtutum ac vitiorum detegebat, et quemadmodum vel haec adipisci
vel haec devitari aut devinci possent luce clarius edocebat.[1]

This passage precisely defines the scope of the *De moribus*.


COMPARISON WITH OTHER EVIDENCE FOR ANSELM'S THOUGHT

   At a number of points the *De moribus* deals with subjects discussed
in various works of Anselm, in reports of his words by Alexander in the *Dicta Anselmi*, and by Eadmer in his *Vita Anselmi* and *De*

---

[1] *Vita Anselmi*, i. 8.

*beatitudine perennis vitae.* The main passages for comparison are the following:

CHAPTER I. See *De concordia praescientiae et praedestinationis et gratiae dei,* iii. 11–13 (ed. Schmitt, ii. 278–87), written in 1107–8; and cf. *De libertate arbitrii,* vii (Schmitt, i. 218–19) and *De conceptu virginali* (Schmitt, ii. 143).

This comparison shows that the early sections of the *De moribus* are an elaboration of an analysis of the will already proposed in Anselm's earlier works, and especially in the last chapters of the last work which he completed.

CHAPTERS 21–25. See *Epistola* 285 [iii. 75], first part, written in 1103; and cf. *Dicta,* c. 2.

The letter of 1103 distinguishes three simple modes of pride (*in aestimatione, in voluntate, in opere*) which in all their combinations produce a total of seven possible modes. The *De moribus* adds to these simple modes a fourth, *in locutione,* so that the number of possible combinations has now risen to fifteen. The addition of the fourth simple mode is a necessary refinement which fills a gap in the analysis of 1103, and it must therefore be considered an advance on the scheme proposed in *Epistola* 285. In *Dicta,* c. 2, Alexander reports an analysis on the same lines as the letter.

CHAPTERS 48–71. See *Proslogion,* xxv (Schmitt, i. 118–20), written in 1078; and cf. *De beatitudine* (below, pp. 273–91) and *Dicta,* c. 5.

These chapters describe the fourteen joys of heaven and pains of hell, and there is a wealth of supporting evidence about Anselm's thoughts on this subject in the passages listed above. The *Proslogion* is at least twenty years earlier than any of the other sources and it is significantly less logical in its arrangement: by contrast the other sources agree among themselves with some minor differences. The fourteen joys are divided into joys of the spirit and joys of the body. All the sources agree on the first group, but the *De moribus* and the first recension of the *Dicta* have a slightly different order from the *Proslogion* and the *De beatitudine.* It is a small point, but it is probably not accidental.[1] In the second group, which comprises the joys of the body, the differences between the *Proslogion* and the other sources are more

---

[1] The joys of the soul in *Proslogion* and *De beatitudine* are *sapientia, amicitia, concordia, potestas, honor, securitas. gaudium*: in the *De moribus* and the first recension of the *Dicta* the order of *potestas* and *honor* is reversed: later Alexander corrected the *Dicta* on the basis of the *De beatitudine* and adopted the other order (see below, pp. 137–9).

evident and the superiority of the later arrangement could easily be demonstrated:

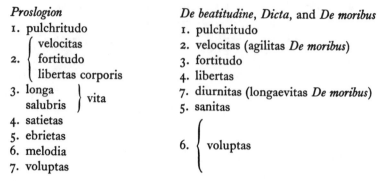

To complete the comparison it may be added that the *Proslogion* does not mention the miseries of the damned which are opposed to these joys. In Eadmer's *De beatitudine* and Alexander's *Dicta* these opposites are briefly described at the end of the sermon; in the *De moribus* they are described step by step as a contrast to each joy, and their discussion forms an integral part of the whole account. A comparison with the two accounts of Eadmer and Alexander will show that *De moribus* is here the more developed work. The *De moribus* alone, in conformity with its general purpose, adds to these extremes an account of the intermediate states which are experienced in this life.

CHAPTERS 82–83. See *Epistola* 121 [ii. 29] (Schmitt, iii. 261, ll. 34–42), probably written about 1086.

The thought expressed in this letter is the same as that which is illustrated in the similitudes in these chapters.

CHAPTERS 100–8. See *Epistola* 285 [iii. 75], second part, written 1103; and cf. *Dicta*, c. 1.

The letter of 1103 describes three *membra humilitatis*. In the *De moribus* these are described much more elaborately as seven steps of humility, and these correspond to the seven steps of humility in *Dicta*, c. 1. Since the account in *Epistola* 285 is compressed into a single sentence no clear comparison can be made, but in a general way there is a correlation between the first *membrum humilitatis* and step 1, the second *membrum* and steps 5, 6, and 7, and the third *membrum* and steps 2, 3, and 4.

CHAPTER 122. See *De conceptu virginali et de originali peccato*, c. iv. (Schmitt, ii. 143–5), written 1099–1100.

In this chapter of the *De conceptu* there is not only a brief mention of the *affectiones* and *usus* of the *instrumentum volendi* which is the starting-point of the *De moribus*, but also a passage (Schmitt, ii. 144, ll. 4–21) which is closely related to the doctrine developed in *De moribus*, c. 122.

Although these parallels cover only a small part of the whole bulk of *De moribus* they are sufficient to give the work a distinct place in the development of Anselm's thought, especially in his last years.

To these parallels should be added the following passages in Eadmer's *Vita Anselmi* and *De beatitudine* and in Alexander's *Dicta*. In these parallels there is no trace of direct borrowing, but the thoughts are the same, and they provide further guarantees of the Anselmian origin of various parts of the *De moribus*:

> cc. 39 80: see *Vita Anselmi*, ii. 21; *Dicta*, c. 10
> c. 42: see *Vita Anselmi*, ii. 11; *Dicta*, c. 11
> cc. 43–45: see *Dicta*, c. 4; *De beat.* p. 287
> c. 78: see *De beat.* p. 280
> c. 89: see *Vita Anselmi*, ii. 11
> cc. 110–11, 118: see *Dicta*, c. 16
> c. 123: see *Vita Anselmi*, i. 31
> c. 124: see *Dicta*, c. 13

## DATE AND PLACE OF ORIGIN

The material contained in the *De moribus* must have been in existence, probably at Canterbury, at the time of Anselm's death in 1109. The earliest manuscripts F and D are not later than about 1130. It is certainly strange to find that they come not from Canterbury, but from the Augustinian priory of Llanthony on the Welsh border. Anselm had been closely associated with the foundation of this house, but there is no evidence that any early canon of Llanthony was among his pupils. Nevertheless, the strong evidence that the dissemination of the work took place from Llanthony or some neighbouring foundation can scarcely be disregarded. There are only six manuscripts of the work in its original state: the two earliest (FD) come from Llanthony, the third (F2) is a copy of one of these, the fourth is now in Hereford Cathedral Library and was probably always there, the fifth belonged to Gloucester Abbey and is a copy of the fourth, and the sixth, which belonged to Saint-Germain-des-Prés but was perhaps written in England, is closely related to F and D. Both Hereford and Gloucester were closely connected with Llanthony. The second prior of Llanthony, Robert of Béthune, was bishop of Hereford from 1131 to 1148, and the canons lived with him for a year in 1136 while their new priory was being built; and this new house, Llanthonia secunda, was just outside Gloucester. So the links with this part of

England are impressively consistent. By contrast there is no evidence
that Christ Church, Canterbury, ever had a manuscript of the *De
moribus*:[1] certainly no existing manuscript comes from this most obvious
home of Anselm's works. In addition to this there is the curious fact
that, although Eadmer and Alexander knew and used each other's works,
they show no sign of knowing the *De moribus*, nor does the *De moribus*
in its original form show any knowledge of their works.

It would be a mistake to attach too much significance to these facts,
but they seem to suggest that at some date very close to the time of
Anselm's death the materials which made up the *De moribus* were no
longer at Canterbury. It may be significant that the earliest copy of the
*De custodia interioris hominis* ascribed to Anselm, and an otherwise
unknown early draft of the *De Incarnatione Verbi*, are both found in the
Hereford manuscript which contains the *De moribus*.[2]

### THE REVISED AND ENLARGED TEXT: *DE SIMILITUDINIBUS*[3]

Shortly after the completion of the *De moribus*, a second and much
enlarged recension was made by incorporating suitable material from
Alexander's *Dicta* and from Eadmer's *Vita Anselmi* and *De beatitudine
perennis vitae*. The revision also introduced a large number of small
stylistic alterations and divided the work into 192 short chapters. It
was in this form that the work became widely known in the Middle
Ages and was finally printed in the editions of Anselm's works. The effect
of the revision was to lengthen the work by about a quarter, partly by
adding new chapters and partly by enlarging some of the existing
sections. The new chapters were nos. 112–18 and 147–92. Of these,
112–18 and 147–74 came from the *Dicta*, and 176–80 and 186–92 from
the *Vita Anselmi*. The source of chapters 175 and 181–5 is unknown, but
181–2 are closely related to the Anselmian miscellany in MS. Bodley 561,
and their inclusion indicates that the compiler had access to some
fragmentary records of Anselm's teaching. The chapters which were
extensively revised and enlarged were 42–45, 47–71, 89, 99–108, 123,
and 124. Of these, 42–45, 99–108, and 124 were revised on the basis
of Alexander's *Dicta*; 89 and 123 on the basis of Eadmer's *Vita
Anselmi*; and 47–71 on the basis of his *De beatitudine*. Although the
reviser omitted some of the material in his sources which might suitably

---

[1] The only item in the medieval catalogue which may be a copy of the *De moribus*
is a work with the title *Ex dictis et moribus Anselmi* (M. R. James, *Ancient Libraries of
Canterbury and Dover*, no. 67, p. 24). But this is more likely to be the *De similitudinibus*,
which in British Museum MS. Royal 5 E xiv has the title *Libellus de moribus factus ex
dictis Anselmi archiepiscopi*.

[2] Schmitt, ii. 2–28.                          [3] *P.L.* 159, 605–708.

have been used, he did a very thorough piece of work and showed considerable ingenuity in working the new matter into the text of the original work. The new material did not always perfectly harmonize with the old, and the last two chapters (191, 192) taken from the *Vita Anselmi* could have had no place in the original plan of the work. But the undoubted aims of the reviser were to make the work more usable by breaking it up into smaller sections, and to complete it by extensive use of the records of Anselm's words left by Alexander and Eadmer. Whatever his shortcomings, he succeeded in producing a work which had a vast success. From the early thirteenth century it took its place in the recognized body of Anselm's works, and it was frequently quoted as an expression of Anselm's thought, as indeed it deserved to be.

### DATE AND PLACE OF ORIGIN OF THE *DE SIMILITUDINIBUS*

The revision which produced the *De similitudinibus* must have taken place before about 1130, when it was known to Robert de Braci, prior of Llanthony (1130–7), who corrected and enlarged his text of the *De moribus* to bring it into line with the enlarged text.

The only other piece of evidence on the date of revision is in the text of the *De similitudinibus* itself. The reviser used a text of the *Dicta* which is very much closer to the first recension than to the second. The second recension of the *Dicta* probably existed by 1115 (see below, p. 26), and if the revision of the *De moribus* was made at Canterbury, the home of the *Dicta*, we could be sure that it was made before 1115. It is natural to suspect a Canterbury origin for a revision which had as one of its main objects the inclusion of passages from the two Canterbury writers, Eadmer and Alexander. But since neither Eadmer nor Alexander made any use of the work in revising their own writings (though they borrowed from each other), any connexion with Canterbury must remain extremely doubtful. Consequently no conclusion as to the date of revision can be drawn from the fact that an early recension of the *Dicta* was used.

### THE APPENDIX

In the best manuscripts of *De moribus* (F, F2, D), the text of this work is followed without a break by four pieces which are only loosely connected with what has gone before. Of the other manuscripts, P has two of these items and HO one. The pieces are:

1. (without title) A discussion of the question *utrum bono bonum sive malo malum possit esse contrarium.* FD

2. *De similitudine temporalis et spiritualis militis* (= *De sim.* c. 193).[1] FDPHO
3. *De cellarario domini* (= *De sim.* c. 194). FDP
4. *Hic ostendit archiepiscopus quid vere appetendum sit vel quid respuendum.*
   FD = *Dicta*, c. 5 (first recension with additional rubrics)

At the end of this whole collection in FD there is a rubric EXPLICIT
LIBER ANSELMI, which evidently refers to everything that has gone
before, including the *De moribus*. This formula is an echo of the title
at the beginning of the *De moribus* in these manuscripts: *Incipit* LIBER
ANSELMI ARCHIEPISCOPI *de morum qualitate per exemplorum coaptationem.*[2]
It is clear, therefore, that in the eyes of the compiler this whole body of
texts, including the *De moribus*, formed a single unit. Nevertheless, the
texts which have been listed above cannot be looked on as an integral
part of the *De moribus*. This work has its obvious ending on p. 93 below,
and no addition would be appropriate after the concluding words.
Moreover the texts which follow this ending have various characteristics
which distinguish them from the main body of the *De moribus*. These
characteristics can be briefly described:

1. The discussion 'utrum bono bonum sive malo malum possit esse
contrarium' is thoroughly Anselmian in method and outlook. It starts
from the traditional moral doctrine popularized by Gregory the Great
that he who has one virtue has all, and that he who lacks one virtue
lacks all; and it draws out the logical consequences and demonstrates
the logical cohesion of this, superficially at least, improbable doctrine.
The habit of logical refinement of a received opinion is a main feature
of Anselm's thought. Equally Anselmian is the way in which the problem is tackled at its most difficult point, and solved by a rapid argument enforced with a characteristic simile. In both subject-matter and
method, the piece is closely related to the *De moribus*, though it is of
more purely logical interest than most of this work.

2 and 3. The two similitudes which follow have an obvious affinity
with the allegories in the *De moribus*, yet curiously enough they are
more difficult to associate with Anselm than any of the other texts in
this volume. The best authenticated of Anselm's allegories have some
fairly well-defined characteristics: they are short, and they are designed
to elucidate a problem or to explain a precise point of behaviour. By
contrast these two similitudes are long, and they are less concerned with
a problem or a human situation than with the extraction of the last

---

[1] This is also found associated with much miscellaneous Anselmian material in MS.
Bodley 561.
[2] The words in capitals are the sole title in MS. D, and this was probably the original
title in the exemplar from which this group of manuscripts derives.

ounce of allegorical significance from something in the external world—
in the one case the arms and office of a knight, and in the other the
arrangement of a wine-cellar. This wide difference from the normal
Anselmian allegory makes us hesitate to attribute these two sections to
Anselm, but it would be a mistake to suppose that he never indulged in
this kind of allegorizing. There are some passages in the long sermon
(*Dicta*, c. 20) which come near to this relentless allegorical manner. If
the form in which this sermon is preserved in MS. Bodley 561 could
be attributed to Anselm, there would be no doubt that he was capable
of detailed allegorizations of the type which we have in these two
similitudes (see below, pp. 310–19). But for the present the matter must
be left in doubt.

4. This chapter from Alexander's *Dicta* duplicates material already
found in the *De moribus* (cc. 47–71). It is worth noting that, when these
chapters of *De moribus* were revised for the *De similitudinibus*, the
reviser did not use this chapter, but Eadmer's *De beatitudine*.

## MANUSCRIPTS

F.        British Museum Royal 5 F ix, *c.* 1110–30, from Llanthony Priory
(= no. 154 *Anselmus de qualitate morum, mediocre volumen* in the
medieval catalogue, ed. T. W. Williams, *Trans. Bristol and Glouc. Arch.
Soc.* xxxi, 1908, p. 147). This manuscript is now bound up with another
volume of Anselm's works also from Llanthony. Originally it contained
only the *De moribus* with the appendix of documents described above.

F2.       Cambridge University Library Ff. 4. 45, thirteenth century,
from the abbey of Premonstratensian Canons at Titchfield (Hampshire).
This is a manuscript made up of two distinct parts. The first part has
exactly the same contents as F (i.e. *De moribus* with the appendix of
documents). The title is as in F: f. 2 *Incipit liber Anselmi archiepiscopi
Cantuariensis de morum qualitate per exemplorum coaptationem*; the
divisions of the text, the rubrics, and the errors of F are also reproduced.
In a word, it is a copy of F, and from the close resemblance probably
an immediate copy.

D.        British Museum Royal 8 D viii, *c.* 1130, from Llanthony Priory
(= no. 225 *Exceptiones Roberti de Bracii, mediocris liber* in medieval catalogue, loc. cit., p. 150), a miscellaneous volume of theological extracts,
etc., presumably made by Robert de Braci, third prior of Llanthony
1131–7. There is a calendar at the beginning in which 'Dedicatio
ecclesiae de Lant.' appears at 4 July, but this is crossed out and 'Dedicatio ecclesiae nostrae' is added by another hand at 10 September. This

no doubt refers to the dedication of the church at Llanthony secunda in
1136. The volume must therefore have existed before this date. It contains (ff. 61ʳ–81ᵛ) the whole text of *De moribus* with the same appendix of
documents as in F. There are many additions and corrections to bring
the original text into line with *De similitudinibus*. Since these belong
to a later stage in the development of the text they are not recorded in
our apparatus. For the same reason the chapter headings have been
ignored, except in the few cases where they clearly belong to the original
text. The additions for which there was no room in the text of *De moribus* were added, with few exceptions, on later pages of the manuscript.
There are also a number of other passages ascribed to Anselm in various
parts of the manuscript. The majority of these are extracts from well-
known texts, but a few are otherwise unknown and they are printed
below (pp. 296–303).

F and D present almost identical texts and they are very closely related
to each other, but numerous small differences show that neither of them
was copied from the other (D not a copy of F: 61. 15; 62. 27; 63. 9;
64. 10; 66. 10; 70. 17. F not a copy of D: 61. 16; 63. 9; 63. 14; 65. 3,
and many other places).

H.        Hereford Cathedral P. I. i, a 12th century volume with several
works of Anselm and Anselmiana, including a draft of the *Epistola de
Incarnatione Verbi* (see Schmitt, ii. 1–20), and *De custodia interioris
hominis*. The *De moribus* is followed by *De spirituali milite* (below,
pp. 97–102). There is a large gap in the text (pp. 48. 25–50. 25) in which
the twenty-eight *genera curiositatis* are omitted *quia tempus non patitur*.
There are many traces in this manuscript and its copy O of the hand of
a stylistic reviser: the evidence of these manuscripts is therefore suspect
when they offer a smoother text than FDP.

O.        Hereford Cathedral O. 1. ii, early thirteenth century, from
Gloucester Abbey (f. ii *Liber Thomae de Bredon abbatis Gloucestere*
(1224–8)), a miscellaneous theological collection containing *De moribus*
followed by *De spirituali milite et eius armis*. The many errors and
peculiarities which this text shares with H, some of which clearly have
their origin in H, are sufficient to show that this manuscript is a
descendant, and probably a direct copy, of H. It does, however, intro-
duce subtitles more or less conforming to those in *De similitudinibus*,
which are not found in H. They belong to a later stage in the development of the text and are not recorded in our apparatus.

P.        Paris, Bibliothèque Nationale, latin 12311, second half of twelfth
century, from Saint-Germain-des-Prés, written perhaps in England;

a miscellaneous volume. The contents of the volume have some similarities in contents to D, but the text is generally closer to F (see pp. 59. 15–16; 61. 23; 62. 26; 63. 24; 68. 22; 71. 31; 73. 33; 87. 11; 89. 11; but cf. 62. 27; 75. 25). The *De moribus* is followed by *De spirituali milite* and *De cellarario domini* (below, pp. 97–104). There are some large omissions in the text.

## Fragments

Oxford, Bodleian Library, MS. Digby 158, twelfth century, from Reading Abbey, contains the fragments of *De moribus* which are listed below (p. 321).

The text of these fragments is too eccentric to be of any help in establishing the original readings.

## De similitudinibus

We have not attempted to collate the very numerous manuscripts of the enlarged version of the *De moribus*, but the two earliest manuscripts of this version have been examined for the light they throw on the origin of the work. Of these manuscripts D has already been described. The other is:

Par.    Paris, Bibliothèque Nationale, latin 392, early twelfth century. A fragmentary manuscript having remarkable illuminated capitals. It contains a more primitive text of *De similitudinibus* than any other manuscript, with no divisions into chapters and no rubrics, except at the beginning. The fragments which concern us, rearranged in their correct order, are:

ff. 59–59ᵛ ANSELMUS CANTUARIENSIS. Voluntas tripliciter . . . Ipsa quoque omnis = *De sim.*, cc. 1–7 (below, pp. 39–40).

ff. 60–60ᵛ, 51–58ᵛ . . . orto sole in plaga orientali . . . nec securitatem perfectam hic habent = *De sim.*, cc. 51–69 (*P.L.* 159, 629D–642B).

ff. 61–64 . . . tamen fur diabolus intelligitur . . . ad amorem caelestis patriae se transferre = *De custodia interioris hominis*, below, pp. 336–41.

The concluding words of this piece have been erased, and a marginal rubric, which reads . . . *Anselmi archiepiscopi Cantuariensis*, is crossed out. Over the erasure there is a new (contemporary) rubric, EXPLICIT. INCIPIT EXPOSITIO SECUNDUM LUCAM, followed by

ff. 64–66ᵛ Intravit Iesus in castellum = Homilia IX (*P.L.* 158, 644–9), attributed to Anselm in Gerberon's edition but restored to Ralph, archbishop of Canterbury, by Dom Wilmart (*Archives d'hist. doct. et. litt. du moyen âge*, ii, 1927, 16–23). The important words *unde quid ego sentirem . . . scribere aggrediar* (*P.L.* 158, 644C), however, are missing in this manuscript.

*Stemma Codicum*

The relationship between the manuscripts can be expressed thus:

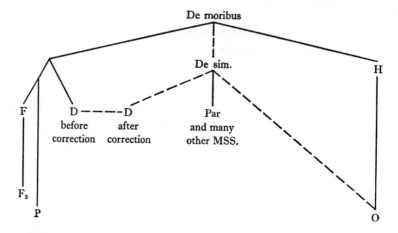

# II

# ALEXANDRI MONACHI CANTUARIENSIS DICTA ANSELMI ET QUAEDAM MIRACULA

## THE WORK

Nearly all our information about the work is contained in the preface printed on p. 107. We learn here that it is a record of the words spoken by St. Anselm *in commune*, which may mean either in the monastic chapter or in formal sermons. It does not appear to include the table-talk of which Eadmer gives several examples in his *Vita Anselmi*. The discourses are of the more formal type, of which Eadmer gives two examples.[1] The present work is a collection of such discourses, arranged (according to the author) not in any special order, but each preserving as well as possible the thread of the archbishop's talk. We are further told that these chapters represent only part of the record kept by the author, the remainder having been borrowed or stolen without his knowledge, and so lost.

The preface concludes by saying that a collection of miracle stories has been added to Anselm's *Dicta*. These miracles duly follow in our main manuscript, where they are numbered consecutively with the *Dicta*. They throw a vivid light on the talk and interests of Anselm and his circle, but they are scarcely an integral part of the main work, and they are omitted in two of our manuscripts. Four of the stories testify to Anselm's miraculous powers and five others are reminiscences of Anselm himself, but the only connexion that most of the thirty-two stories have with Anselm arises from the fact that the author heard them in Anselm's company.

## THE TITLE

In most of the medieval references to the work—and they are not many—it is known as the *De monte humilitatis*, which is simply the title of the first chapter. Other titles are *Liber ex dictis beati Anselmi*, or *Quaedam de dictis Anselmi*, or (in some fragments) simply *Dicta Anselmi*. These phrases probably derive from the phrase used by the author in his preface 'quaedam de dictis magnifici viri Anselmi . . . excepi', and we must conclude that the author did not give his work a formal title, any more than he provided it with the name of an author.

[1] *V.A.* i. 29; ii. 21.

## THE AUTHOR

The work is anonymous in all the manuscripts which have come down to us, but the identity of the author can nevertheless be established. The preface makes it clear that the same author was responsible for the *Dicta* and for the collection of miracles which follows. In the *Miracula* it is further made clear (p. 238) that the writer was one of the four monks, Baldwin, Eustace, Eadmer, and Alexander, who accompanied Anselm on his second exile. It is also evident that he was not Baldwin (p. 234), nor Eustace (p. 227). He must therefore have been either Eadmer or Alexander. The claims of Alexander are established by a comparison between the first and second recensions of two of the miracle stories (cc. 44 and 45). In each of these stories the second recension names Alexander as Anselm's sole companion, but in the first recension the story is told by Anselm's companion in the first person. The writer of these stories therefore was Alexander, and his authorship for the whole work may safely be accepted.

As an author Alexander is unknown except for this single work, and even for this work his authorship has become firmly established only by a series of inferences. Yet one medieval author knew that he was the author of the *Miracula*: the compiler of a thirteenth-century collection of miracle stories (British Museum Add. MS. 11284 f. 78ᵇ) gives a summary of the story told in chapter 29, and prefaces it with the words *Refert Alexander discipulus sancti Anselmi*. It is probable that he had some information of a less recondite kind than that which now provides the proof of Alexander's authorship.

Although unknown as an author, Alexander is well known from Eadmer and from Anselm's letters as one of the archbishop's companions. He was a monk of Christ Church, Canterbury, who appears to have joined Anselm's household after his return from exile in 1100. He was one of Anselm's messengers to Rome in 1102,[1] when he was the subject of the miracle described in chapter 39, and he accompanied the archbishop throughout his exile from 1103 to 1106 when most of the incidents described in the collection of miracles came to his notice.[2] The discourses reported in the *Dicta* must also belong to the last years of Anselm's life from 1100 to 1109, when Alexander was high in Anselm's confidence, and when he seems to some extent at least to have taken the place of Eadmer as Anselm's secretary.

## THE RECENSIONS

There are two main recensions preserved in MSS. A and B respectively. As we shall see, the gap separating these recensions is only about

---

[1] *H.N.*, p. 132; *Epp.* 223 [iii. 45], 284, 325 [iv. 37].
[2] *Ep.* 311 [iii. 90], and *Miracula* passim.

five or six years. Nevertheless, there are signs of intermediate revisions, and since any work copied under the author's direction was liable to alteration this is not surprising. The *De similitudinibus* made use of a copy of the *Dicta* with a text very close to the first recension, but with some variants which approximate to the readings of the second recension. Conversely, MSS. K and Dur have texts in all essentials similar to the second recension, but in a slightly earlier state than that in MS. B. For all practical purposes, however, MSS. A and B, which alone preserve the *Miracula* in conjunction with the *Dicta*, present the work in its two main stages of development.

MS. A preserves, though in a different order, a text of all but one of the *Dicta*, and of sixteen of the thirty-two *Miracula* found in MS. B. The text of both the *Dicta* and the *Miracula*, but especially the latter, is markedly different in the two manuscripts, and more primitive in A than in B.

The revision affected the style, the substance, and the order in which the material was presented. With regard to style and substance the general effect of the revision may be summarized thus:

1. *Dicta*

There are numerous small stylistic changes throughout the *Dicta*. Some substantial additions in chapters 5, 10, 11, 14, and 17 were borrowed from the accounts of similar utterances preserved by Eadmer in his *Vita Anselmi* and his *De beatitudine perennis vitae*. At these points, therefore, the revised text does not reproduce first-hand records of Alexander himself. Other additions and alterations were made necessary by changes in the order in which the *Dicta* were arranged, and these changes are discussed below.

2. *Miracula*

The revision was a good deal more thoroughgoing than in the *Dicta*, and the changes are so great that it has been necessary to print the two recensions separately. These changes show that Alexander allowed himself a great deal of latitude in altering the details of his stories, even in matters of personal experience. Some of these changes are important, most are unimportant, but they show that, here at least, he was no very reliable reporter of the words which he had heard.

Apart from the transposition of the narrative in chapters 44 and 45 from the first to the third person, which has already been mentioned, the following are the main changes of substance in the second recension:

cc. 22, 23: In the first recension these two stories are told on the testimony of Goffridus, nephew of Abbot Hugh of Cluny. In the second recension there is no mention of Goffridus, and it is clearly implied that the source of c. 22 at least was Abbot Hugh himself.

c. 28: This story is the well-known anecdote of the simoniac bishop who was unable to say the words *spiritus sanctus* when he was under investigation in a council. In the first recension there is a rather full account of its source: 'Aliud quoque isdem venerabilis pater mihi aliquando narravit quod eiusdem Leonis tempore, quem ipse iuvenis vidit, contigisse cognovit.' Since the previous story in this recension was a reminiscence of the time of Leo IX related by St. Anselm we are left in no doubt that Anselm was the source of this story also. But in the second recension the position of the story was changed: it was put among the stories told by Abbot Hugh and the sentence just quoted was omitted. The reader of the second recension is thus left to conclude that the source of the story was Abbot Hugh.

Not only was the source altered but the whole story was radically revised: the pope was altered from Leo IX to Alexander II, and Hildebrand (who is not mentioned in the earlier version) became the chief character in the revised version. There is other evidence that the incident recorded in the story took place during Hildebrand's legatine council of 1056 in France, so that Alexander has got the name of the pope wrong in both cases, and he is wrong anyhow in saying that the pope was present at the council. So the number of confusions and contradictions in this story is considerable. But there is an inner logic in these apparently arbitrary changes; the details in the first recension are consistent with the setting of the story in St. Anselm's youth; but in the second recension they belong to the general ambit of Hugh of Cluny, who is now assumed to be the source of the anecdote.

c. 32: In the first recension the source is 'quidam mihi venerabilis senex, audiente reverendo patre Anselmo et affirmante se hoc iam audivisse': in the second recension Abbot Hugh of Cluny is quoted as the source.

c. 35. In the first recension this story is told on the authority of 'multorum et non improbandae auctoritatis virorum': in the second recension the monk Eustace is said to have told it to Archbishop Anselm in Alexander's hearing.

c. 44: This story about the healing of a blind man by Anselm is told on the authority of Alexander himself, who saw and heard what was done. In the first recension the story ends with Alexander telling the man to come back next day if he was not cured, and the fact of his cure is inferred from his failure to return. In the second recension the man replied at once that there was no need for him to return because he was cured, and Anselm ordered the fact to be concealed. In other words a presumed miracle in the first recension was turned into what purported to be an observed fact.

With regard to the order in which the material is presented, the following are the main changes to be noted:

### 1. *Dicta*

The present order of the *Dicta* in the first recension is as follows: 20, 14, 6, 5, 8, 9, 11, 12, 10, 16, 15, 13, 1, 7, 3, 4,[1] 17, 18, 2, 19.[2] The small fragment, c. 20a, is omitted in the first recension.

In the second recension the order (1–20a) is the same as that printed below.

Despite the appearance of arbitrariness in these widely different arrangements, there is clear evidence that Alexander made an attempt to arrange his material in an orderly sequence so far as possible, and the two recensions show the perplexities in which he was involved. In the first recension there are two short sequences which illustrate his procedure:

(i) The sequence of chapters 3 and 4 deals with the subject of goodness in thought, will, and practice (3), and the effects of these virtues on others (4). The connexion between the two chapters is made explicit in the first sentence of chapter 4, which in the first recension runs as follows:

Quoniam superius dictum est, illi qui bonus fieri desiderat tria esse necessaria, videlicet scientia, voluntas, usus, congruum videtur inquirere si etiam et aliis prosit quod bonus quilibet efficitur . . .

Chapter 4 follows naturally from this introduction, but the discussion is abruptly ended with the remark that, though the rewards of the righteous man still remained to be considered, the subject is to be dropped and other themes taken up instead:

Nunc igitur huius rei meta ponatur et quod deus dederit de alia in sequentibus dicatur.

This abrupt termination is curious, because the very subject which was thus avoided is to be found developed at great length in chapter 5,

---

[1] This chapter is followed by a passage entitled *Dicta Anselmi archiepiscopi* which is largely the same as *Ep.* 414 [iii. 133]. It is printed below (pp. 269–70); further details about its transmission will be found below, pp. 29–30.

[2] This is the order in MS. A, but there is clear evidence of disturbance, possibly through the transposition of the series 20–13 and 1–19.

which in the second recension follows immediately after chapter 4. In the first recension, however, chapter 5 follows chapters 14 and 6.

(ii) This sequence of chapters 14, 6, 5 is peculiar to the first recension. The series deals with the related subjects of neighbourly peace and obedience to superiors (14) and the benefits which good men draw from good and bad alike (6). Chapter 5 then takes up the theme of the rewards of goodness, which had been announced and abandoned earlier. The subject is introduced with these words, which appear only in the first recension:

Superius enunciatum esse meminimus, quae sunt habenda in aedificatione bonitatis (c. 3), et quibus ipsa bonitas sit utilis (c. 4). Nunc autem investigare iuvat quantum boni sibimet idem ipse faciat qui bonitati adhaeserit.

This separation of chapter 5 from 3 and 4 is awkward, and the second recension gives a much more satisfactory arrangement by associating chapters 5 and 6 with 3 and 4, and by making chapter 14 the sequel to 13, thus giving the sequence which is printed below. These changes in arrangement entailed some alterations in the text, which can be studied on pp. 127 and 159, below. The alterations show that Alexander felt himself free, while preserving the substance of Anselm's thought, to insert, remove, and alter introductory remarks and connecting passages with considerable freedom, and this habit can be observed in comparing the texts of the two recensions of several other *Dicta*.

### 2. *Miracula*

In the text printed below, the thirty-two *Miracula* occupy chapters 21 to 52. Of these chapters, 24-27, 29-31, 33-34, 37-40, 49, 51-52 are not found in the first recension. The remainder are arranged in this order: 46, 28, 47, 32, 43, 42, 45, 44, 41, 48, 50, 22, 21, 23, 35, 36. In the second recension all thirty-two chapters are found in the order in which they are printed below.

As with the *Dicta*, although the differences of arrangement are very great and there is scarcely any point of agreement, each has a certain rough logic of its own. The first recension starts with stories told by Anselm himself (46, 28, 47, 32); then there are stories connected with his stay in Lyons from 1103 to 1105 (43, 42, 45, 44, 41); then two more stories told by Anselm (48, 50); then three stories which the archbishop and his party heard at Cluny (22, 21, 23), and finally two stories about Mount Vesuvius, later attributed to the monk Eustace (35, 36). In the second recension there is a different emphasis. We begin with a long series of stories attributed to or about Abbot Hugh of Cluny (21-34);

then there are the stories of Alexander and his two companions Eustace
and Baldwin (35–42, 44–45) with a story about the archbishop of Lyons
(43); then the stories told by Anselm (46–50), followed by an incident
which belongs to the last days of Anselm's second exile in Normandy
(51), and finally the only story in the collection, certainly a later addition, which has no connexion with Anselm or his companions (52).

In the case of the *Miracula* the differences of arrangement have no
special importance except where the context is used to suggest, sometimes falsely, the source of the story. They show, however, that the work
was carefully planned, and is not just a haphazard collection of records
of Anselm's life and conversation, as the author declares in his preface.

## SOURCES

There is very little to add to what has already been said. The only
source for the *Dicta* mentioned by Alexander is Anselm himself, but
in the second recension the immediate source for some passages was
Eadmer (see below, pp. 134–9, 150–1, 160, 162, 176).

As for the sources of the *Miracula* the two recensions sometimes
differ. The differences have been noted above. The following list gives
the informants named by Alexander in his second recension, or implied
in his narrative: brackets indicate that the source is only implied; an
asterisk indicates that the first recension names or implies a different
source:

Alexander: (39, 40, 42, 44, 45)
St. Anselm: 46, 47, 48, 49, (50)
Baldwin: 37, (38), 41
Eustace: 35*, (36)
Hugh, abbot of Cluny: (21), 22*, (23), 24, 25, (26, 27, 28*, 29, 30), 31,
    32*, (33)
A monk of Cluny?: (34)
Hugh, archbishop of Lyons: 43
Tytso, *custos* of Blangy, a cell of Bec: 51
William, later archbishop of Canterbury: 52

## THE DEDICATION

In two manuscripts the work is dedicated to Anselm, abbot of St.
Sabas in Rome, papal legate and nephew of the archbishop; and he is
represented as having asked for, or even commanded, a copy to be made.
He was well known at Canterbury, for his uncle had brought him to
England in 1100 and he lived as a monk in the community till the archbishop's death in 1109. He returned to England for a brief period as
papal legate in 1115, when he brought the pallium of the new archbishop,

Ralph. In June of this year he assisted at the archbishop's enthronement at Canterbury, and later he presided over a legatine council at Westminster. He did not return to England until he came back as abbot of Bury St. Edmunds in 1121. It is reasonable to think that it was during his visit to Canterbury in 1115 that he heard of the existence of Alexander's work and asked for a copy, for he never again visited England as legate.[1]

## DATE

The work probably existed in its definitive form by 1116, with the exception of the last miracle story. As it now stands, this story certainly belongs to a date after 1123, and its intrusive character is also shown by its total lack of connexion with Anselm. Revision apart, substantially the work must have been in existence in 1109 when St. Anselm died. We have no evidence about the exact date at which the recensions represented by MSS. A and B took shape, but probably the former belongs to a period very soon after 1109 and the latter to about 1115. It seems likely on the evidence of K that the *Dicta* had reached more or less their final form before the dedication of the work to the legate Anselm. But the *Miracula* may well have received their final revision in 1115 in view of the legate's strong interest in this branch of literature.[2]

## MANUSCRIPTS

*First Recension*

A. Corpus Christi College, Cambridge, 316, early thirteenth century, from the Dominican priory, London. Works of Hugh of St. Victor, etc., followed (f. 194ᵛ) by the first recension of *Dicta* and *Miracula* in the order described above.

*Second Recension*

B. Corpus Christi College, Cambridge, 457, second quarter of twelfth century (after 1123), from Christ Church, Canterbury (f. 3 an erased inscription: *Ecclesia Christi Cantuariensis*). On f. 1 there is the rubric *Liber ex dictis beati Anselmi. De monte humilitatis*, followed by the *Dicta* and *Miracula* as printed below. This manuscript is probably no. 114, *De monte humilitatis*, in the medieval catalogue; nos. 113 and

---

[1] He remained in Normandy from August 1116 to January 1120, holding legatine authority over England but unable to exercise it. The possibility cannot be excluded that the dedication may date from this period, but the date 1115–16 is much the most likely.

[2] For this, see *Medieval and Renaissance Studies*, iv, 1958, 183–200.

115 were also copies of this work, but bound up with other things (M. R. James, *Ancient Libraries of Canterbury and Dover*, p. 30). The text of both *Dicta* and *Miracula* is in its final state, with the last miracle added after 1123. Apart from this addition the main symptom of the author's continued revision is in the titles of the *Dicta*, which have often been altered from those given at the beginning of the work. MSS. Dur. and K show this process of revision at earlier stages.

Dur. Durham Cathedral B iv 32, fourteenth century, ff. 25–49ᵛ, the *Dicta*, cc. 1–20, with prologue dedicating the work to Abbot Anselm and mentioning the appendix of Miracles; the *Miracula*, however, are omitted. The text, so far as it goes, is very close to B, but it avoids several of B's errors and gives the revised chapter headings at a slightly earlier stage of development.

K. Cambridge University Library Kk. 4. 20, thirteenth to four-teenth century, from Norwich Cathedral Priory. A miscellaneous manuscript; ff. 62–77 contain *Dicta*, cc. 1–20*a* without the *Miracula*, preceded by a preface in which all mention of the dedication to the legate Anselm and the Miracles is lacking. So far as it goes, the text is very similar to, and sometimes better than, that in B. The rubrics in the text are nearly always the same as the rubrics in the *capitula* at the beginning, whereas in B they are nearly always different from the *capitula*. This fact, together with the absence of dedication, may show that the manuscript derives from a text earlier than that of B. The work has no title, but there is an erased inscription in which the word *Anselm(i)* can be read.

The relationship between the main manuscripts may be expressed as follows:

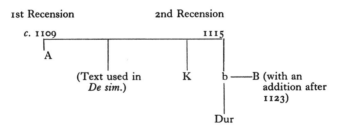

FRAGMENTS

*Dicta*, c. 5

F, F2, D (see above, p. 15)
British Museum, Harleian MS. 232, ff. 14b–16b, fifteenth century
British Museum, Royal 5 A xii, ff. 140–146ᵛ, fifteenth century

British Museum, Royal 6 D viii, ff. 112ᵛ–115, fourteenth century, from Spalding Priory, Co. Lincoln

In the following manuscripts and many others, the first paragraph is omitted and the sermon begins with the words 'Notandum est duas esse beatitudines':

Bodleian MS. Digby 158, ff. 96–103, twelfth century from Reading
Hereford Cathedral O. 1. ii, ff. 36–39, early thirteenth century
Hereford Cathedral P. 1. vi, ff. 141–6, fourteenth century
Trinity College, Cambridge, 1133, ff. 19–26, thirteenth century

As Dom Wilmart pointed out, the sermon in this form became attached to the letter of William of St. Thierry to the Carthusians, and was printed as a third book of this letter by the editors of St. Bernard (*P.L.* 184, 333–64). Charleville MS. 114 (twelfth century from Signy) shows the process of amalgamation with this letter at an early stage (cf. Wilmart, *Auteurs spirituels et textes dévots du moyen âge latin*, 255–6).

*Dicta*, c. 8

Pavia University MS. 40, fifteenth century, on a fly-leaf at the end:
Anselmus de quadrato stabiliente
*inc.* Vir bonus quadrato lapidi comparatur . . .
*expl.* domus dei nequaquam poterit existere

*Dicta*, c. 20, with much alteration:

Oxford, Bodleian Library, MS. Bodl. 561 (see below, p. 310)

*Miracula*

H.    Heidelberg University Salem IX, 30, thirteenth century
 f. 112ᵛ Miraculum de sancto Jacobo = c. 23
 f. 113 De Gregorio minore in ecclesia sepulto = c. 24
 f. 113ᵛ Miraculum de Hiltebrando qui vidit deum in ecclesia = c. 26
 f. 114 Item de eodem qui videt dominum in capitulo Cluniacensium = c. 27
 f. 114ᵛ De episcopo per iudicium Sancti Spiritus . . . = c. 28
 f. 115ᵛ De proceribus reconciliatis = c. 29

All these stories, except the first two, are about Gregory VII. They have been studied by F. S. Schmitt, 'Neue und alte Hildebrand-Anekdoten aus den *Dicta Anselmi*', *Studi Gregoriani*, v, 1950, 1–18. The same collection of stories is found in:

N.    British Museum Cotton Nero A vii, ff. 120–3, twelfth century

Further extracts from the *Miracula* are preserved in the following manuscripts:

Cambridge University Library Ff. i, 27, late twelfth century
  f. 216 Miraculum de Stephano a demonibus rapto in monte Bebio
    = c. 35
  f. 217 Miraculum inauditum de quodam die tempestuoso, de tribus militibus, de civibus et de monte Bebio = c. 36

British Museum Add. MS. 11284
  f. 78$^v$ Refert Alexander discipulus sancti Anselmi . . . (a résumé of c. 29)

Codex Calixtinus (ed. W. M. Whitehall, 2 vols., Compostella, 1944, i. 276-84)
  Miraculum sancti Jacobi a sancto Anselmo Cantuariensi archiepiscopo editum = c. 21
  Miraculum grande sancti Jacobi a sancto Anselmo Cantuariensi archiepiscopo editum = c. 22
  Miraculum sancti Jacobi a domino papa Calixto conscriptum = c. 23

The connexion between the *Codex Calixtinus* and the *Miracula* is studied in R. W. Southern, 'The English Origins of the Miracles of the Virgin', *Medieval and Renaissance Studies*, iv, 1958, 188-9, 205-16. These chapters of the *Miracula*, either in whole or in part, are also found in manuscripts which derive them ultimately from the *Codex Calixtinus*, e.g. Corpus Christi College, Cambridge, 318; Copenhagen, Royal Library, Thott. 519.

APPENDIX

The greater part of the text printed on pp. 269-70 has long been known as part of a letter of Anselm to a small religious community of English women who had sought his spiritual counsel (*Ep.* 414 [iii. 133]). But it appears in the first recension of the *Dicta* as an independent piece with a few additional sentences, and in this form it deserves a place here. The additional sentences are as clearly Anselmian as the rest of the piece, but they are in the form of brief notes suitable for a preacher. It looks as if the carefully composed discourse on the relations between actions and intentions, which is common to the letter and the *Dicta*, was used by Anselm in different ways. It could either be used as part of a letter of spiritual advice or it could be worked into a sermon, as circumstances required. We have at least one other example of Anselm's use of a set piece on different occasions (cf. *Epp.*

2, 35, 51 [i. 2; i. 27; i. 43]) and this need cause no surprise. But the existence of this piece in the *Dicta* throws some light on the materials left behind by Anselm at his death, to which Alexander had access. This sermon was certainly not reported by Alexander: it is in Anselm's own words, and the notes with which it concludes would require extempore amplification. Whether it was written in the first place for the English nuns to whom it is addressed in *Ep.* 414, or whether it had an independent existence before the letter was written, we cannot tell. It certainly had an independent transmission, and it is an excellent example of Anselm's application of his subtle inquiries into the human will to the task of spiritual direction. In this respect it has lost none of its value. The manuscripts in which it is found independently of the letter are:

Corpus Christi College, Cambridge, 316, f. 207 (= Alexander's *Dicta*)

Jesus College, Cambridge, 76, f. 21ᵛ, twelfth century, from Durham, with the rubric *Dicta Anselmi*

Both these manuscripts have the additional sentences printed below. The following manuscripts appear to lack these sentences:

British Museum Royal 8 D viii f. 49ᵛ (= MS. D, p. 15, above)

British Museum Add. 16608, ff. 67–68ᵛ, fourteenth century, with the rubric *Anselmus de voluntate*

Trinity College, Cambridge, 59, f. 178

Paris, Bibl. Mazarine 716, f. 113

# III

# EADMERI MONACHI CANTUARIENSIS

## SCRIPTUM DE BEATITUDINE PERENNIS VITAE SUMPTUM DE VERBIS BEATI ANSELMI

### THE WORK

The nature of this work is sufficiently described in its Preface. While Anselm and his companions were staying at Cluny, the archbishop was asked to address the monks in their daily chapter. He spoke on the joys of eternity, and after the sermon (whether immediately or after some delay we are not told) one of the brethren, William by name, asked Eadmer to write down what Anselm had said. Eadmer agreed, but he found an unexpected difficulty in carrying out his task. He could complete it only by drawing on his recollection of what Anselm had said about the same subject on other occasions, and he felt dissatisfied with the result. By the time he had finished his work, Anselm and his party had evidently left Cluny, and Eadmer sent the sermon which he had reconstructed to William with his explanation of its shortcomings.

Doubtless in these explanations there was an element of conventional modesty. But even when allowance has been made for this, it seems likely that Eadmer had found more difficulties than he expected. The length of the sermon, which in its present form would have taken well over an hour to deliver, and the large number of subdivisions must have contributed to his difficulties, but it is hard to see why he could not have enlisted Anselm's help. It is only at the very end and, as we shall see, in the last revision long after Anselm's death, that he claimed the support of Anselm for what he had written.

### DATE

Eadmer mentions three visits to Cluny in his *Historica Novorum* and *Vita Anselmi*: the first was in December 1097, on the way to Rome;[1] the second was a visit probably in the spring or summer of 1100 during Anselm's first long stay in Lyons;[2] the third was in May 1105, when Anselm was hurrying north from Lyons to Normandy.[3] In addition, Alexander speaks of a visit of two months, when he heard the stories

---

[1] *H.N.* 90.  [2] *V.A.* ii. 42.  [3] *H.N.* 164.

related by Abbot Hugh which he reports in his *Miracula*. This long visit must have been in 1104 during Anselm's second exile, for Alexander was not one of the archbishop's companions during his first exile. We have, therefore, four recorded visits to Cluny, and there may have been others during the long periods of exile at Lyons from May 1099 to August 1100, and from December 1103 to May 1105.

It seems impossible to point to the exact occasion on which the sermon recorded by Eadmer was preached. Eadmer says that it was during a visit which lasted *aliquantis diebus*. This is a vague phrase, but it might perhaps be held to exclude the hurried visit of May 1105 as being too short, and the extended visit of two months mentioned by Alexander in 1104, as being too long. No great weight could be attached to this argument, but there are other reasons for preferring one of the earlier visits of 1097 or 1100. After 1100 it was Alexander, not Eadmer, who acted as the chief recorder of Anselm's words, and a monk of Cluny would have been more likely to turn to him for a record of the sermon. In fact, as we know, Alexander *did* make a record of an almost identical sermon (*Dicta*, c. 5), which must have been delivered after 1100. But it was almost certainly not the same sermon as that reported by Eadmer. In the first place, there is one small but significant difference in the text, which suggests that Eadmer's version was earlier than Alexander's (see above, p. 9). Then, in the second recension of his text, Alexander made use of Eadmer's version in order to improve his own (see pp. 134-9). This procedure would be barely intelligible if both men had been at work recording the same sermon at the same time. It is much more likely that Alexander made an independent record of the sermon preached on a later occasion, in ignorance of Eadmer's work. The theme was evidently a favourite one with Anselm from an early date,[1] and both Eadmer and Alexander probably heard him speak on the subject on various occasions.

## RELATIONS BETWEEN EADMER'S AND OTHER ACCOUNTS

It may be useful at this point to summarize the position with regard to this very complicated question. There are three independent accounts of Anselm's thoughts on this subject:

1. Eadmer's *De beatitudine*: probably 1097 or 1100
2. Alexander's *Dicta*, c. 5: after 1100
3. *De moribus* (xlvii–lxxi): perhaps after 1105, and certainly later than Eadmer and Alexander

---

[1] Cf. *Proslogion*, c. xxv, and *Miracula*, c. 50, below.

In addition there are two conflated versions made by incorporating parts of Eadmer's version with

> a. Alexander's *Dicta*. This conflation appears in the second recension of the *Dicta*, c. 5.
> b. *De moribus*. This conflation appears in *De similitudinibus*, xlvii–lxxi.

These conflated versions have no independent authority, but the first three versions listed above are strictly independent of each other, and this independence provides important testimony to their reliability.

## RECENSIONS

The original text of the sermon which Eadmer sent to the monk William at Cluny ended with the words *transituri sunt in societatem daemoniorum* (p. 287). This was the natural ending, supported also by Alexander's testimony (*Dicta*, c. 5), and it may be accepted without hesitation as the conclusion of the sermon which Anselm actually preached. Most of the manuscripts of the work preserved on the Continent have this conclusion; and no doubt this was the form in which the sermon was sent to Cluny by Eadmer.

Eadmer, however, had his own manuscript of the work, and after Anselm's death he made additions to it on two occasions. The first addition, from *His itaque consideratis atque perspectis* to *in confusionem aeternam a diabolo praecipitati depereunt* (p. 288), must have been made by 1115, for it appears in the manuscript of his works which Eadmer made at this time (MS. E). At first sight it is hard to see why Eadmer should have made this addition. Its purpose is to point out the benefit which the good man who helps to complete the number of the elect confers on other good men, on the angels, and on God himself. This is good Anselmian doctrine, but it is only distantly related to the main subject of the sermon, and it certainly did not form part of Anselm's original discourse. Why then did Eadmer add it? Perhaps for no better reason than that he had some blank pages in his manuscript at this point. He may have been reminded of the subject by reading about it in Alexander's *Dicta* (c. 4). But since he does not quote the *Dicta* verbatim, this connexion must remain conjectural.

The habit of tinkering with a work is infectious, and having made one addition Eadmer was tempted to make another. He still had some blank pages in his manuscript and in about 1123–4 he added a last section to the sermon, from *Ecce utcumque proposita nobis est beatitudo vitae perennis* (p. 288) to the end. Eadmer was at this time gathering up his final recollections of Anselm, and he evidently wished to preserve a record of these words about the stages of perfection in this life. They had some connexion with the joys of heaven, but they certainly made an awkward addition to the sermon of twenty-five years ago. Yet if he was determined to preserve them, it is difficult to see how else he could have ensured their survival. The material of this addition is certainly Anselmian, and it has several echoes in Alexander's *Dicta*. The final words, however, are misleading. They assure the reader that Anselm had often read, examined, and authorized the transcription of the whole work. This cannot be literally true of the additions which had been made after Anselm's death, but it may well be true of the work in its original state.

## MANUSCRIPTS

Manuscripts of the work in its various recensions are not uncommon. Most of the manuscripts of the first recension go back to the copy sent to Cluny, but all the manuscripts of the second and third recensions derive ultimately from copies made at Canterbury after 1109 under Eadmer's personal supervision. The following manuscripts have been used for this edition:

*First Recension*

N.     Corpus Christi College, Cambridge, MS. 34, ff. 41–45, thirteenth to fourteenth century, from Norwich Cathedral Priory.

D.     Dijon, Bibliothèque municipale, MS. 225, ff. 98ᵛ–105, twelfth century, from Cîteaux.

*Second Recension*

B.     Corpus Christi College, Cambridge, 135, ff. 147–54, twelfth century, from Bury St. Edmunds (lacking Eadmer's prefatory letter).

C.     Corpus Christi College, Cambridge, 332, ff. 201–41, early twelfth century, from Christ Church, Canterbury; the prefatory letter is perhaps in Eadmer's hand.

E.     Corpus Christi College, Cambridge, 371, pp. 261–78, *c.* 1115, from Christ Church, Canterbury. Eadmer's personal manuscript, probably in his own hand (see *St. Anselm and his Biographer*, pp. 367–74).

L.     Lambeth Palace 59, ff. 162ʳ–169ᵛ, *c.* 1120, from Christ Church, Canterbury. Lacks the prefatory letter.

*Third Recension*[1]

E.     As above, with the additions of *c.* 1123–4.

---

[1] This recension is printed in *P.L.* 159, 587–606, from Gerberon's edition of Anselm.

# IV

## MISCELLANEA ANSELMIANA

This section contains fragments of many different kinds ranging from genuine pieces of Anselm's writing and reports of his sayings to early twelfth-century monastic sermons and dialogues in which his influence was paramount. These last pieces may well be thought the most interesting documents in this section, for they throw light on a subject which this whole volume is designed in some degree to illustrate: the inner discipline and culture of Benedictine monasticism at the height of its medieval development. The materials for the study of this subject are relatively abundant, and much has been done in recent years, especially by Dom J. Leclercq, to make them available in print. Much remains to be done. An edition of the works of Anselm's disciple Rodulfus would be a significant event, both for the study of Benedictine thought in the early twelfth century and for the understanding of Anselm's influence. But this is a field of inquiry which extends beyond the scope of this book. We simply print here a few texts which were closely associated with Anselm's name and teaching in Anglo-Norman monasteries in the years after his death. They preserved his habit of mind and helped to carry his influence into the general stream of twelfth-century piety.

It would be useless to attempt here a detailed characterization of each piece in this section. Each must be judged in its context and on its merits, and the brief details given in the introduction to each group of texts will, it is hoped, provide sufficient information to make a judgement possible.

# I

## LIBER ANSELMI ARCHIEPISCOPI DE HUMANIS MORIBUS PER SIMILITUDINES

# NOTE

The chapter numbers and headings printed below in italics are not part of the original text. They are found in the enlarged version *De similitudinibus*, first appearing (incompletely) in the corrections to MS. D in about 1130 and (completely) in several manuscripts of the early thirteenth century (Hereford Cathedral P. 2. i; British Museum, Cotton Cleopatra C xi from Abbey Dore, near Hereford; British Museum Royal 5 E xiv). These numbers and headings became an integral part of the *textus receptus* in the Middle Ages and passed into the printed editions. We print them here for convenience of reference. Where the substance of our text is markedly different from that of *De similitudinibus* the chapter headings are placed in brackets, but we do not indicate the many verbal differences between the two recensions.

The manuscripts we have used are:

F   British Museum, Royal 5 F ix
F2  Cambridge University Library, Ff. 4. 45
D   British Museum, Royal 8 D viii
H   Hereford Cathedral Library, P. 1. i
O   Hereford Cathedral Library, O. 1. ii
P   Paris, Bibliothèque Nationale, latin 12311
Par Paris, Bibliothèque Nationale, latin 392

In a few passages all these manuscripts are corrupt, and we have referred to, without always accepting, the corrections of

*De sim.* (*Liber de Sancti Anselmi similitudinibus*, Migne, *P.L.* 159, 605–708).

    F and D are not only the earliest but also the best texts. The readings of D, however, are often in doubt because the text was corrected at an early date to conform to that of *De sim.* These alterations have not been recorded in the apparatus. The text which follows is basically that of F with corrections from DHP, all of which sometimes preserve better readings than F.

# I

## LIBER ANSELMI ARCHIEPISCOPI

### *1. De triplici voluntate*

VOLUNTAS tripliciter intelligitur. Voluntas etenim dicitur illud animae instrumentum quo vult, et affectio eiusdem instrumenti. Affectio vero
5 est affectio instrumenti volendi. Haec voluntas, quae dicitur affectio, est ad tempus quasi sopita, quia est eorum quae mens non memorat, sed mox ut ea recolit, et instrumentum volendi appetit. Item voluntas dicitur velle vel usus ipsius instrumenti.

### *2. Similitudo inter mulierem et voluntatem*

10 Voluntas itaque illa, quae est instrumentum volendi, sic est inter deum et diabolum, quomodo mulier inter suum legitimum virum et aliquem adulterum. Vir ei praecipit, ut sibi soli coniungatur; adulter vero persuadet, ut et sibi copuletur. Si itaque se soli legitimo viro coniungat, legitima est et ipsa, filiosque legitimos generat. Si autem adultero se
15 iunxerit, adultera est et ipsa, filiosque adulterinos parit. Similiter ergo deus imperat voluntati, ut societur ipsi soli. Diabolus vero ex alia parte suggerit, ut coniungatur et sibi. Si itaque se soli deo coniunxerit, id est sancti spiritus suggestionem velut bonum semen receperit, fit eius coniux legitima filiosque legitimos generat, id est virtutes et opera bona.
20 Mox enim ad imperium eius aperiuntur animae omnes et corporis sensus ad adimplendum quod praecipit deus.

### *3. De sensibus animoe*

Ipsa namque aperitur ad virtutum affectionem et ad volendum optanda, memoria ad memorandum memoranda, cogitatio ad cogi-
25 tandum cogitanda, intellectus ad discernendum quid sit volendum vel memorandum sive cogitandum. Animus quoque ad caritatem erigitur, ad humilitatem deponitur, ad patientiam roboratur, ad alias virtutes generandas aperitur.

---

1 Liber Anselmi archiepiscopi (Liber ab A. editus de humanis moribus *marg.*) D Incipit liber Anselmi archiepiscopi Cantuariensis. De morum qualitate. per exemplorum coaptationem FF2    Incipit tractatus a venerabili Anselmo Cantuariae archiepiscopo editus. De triplici voluntate P    Anselmus Cantuariensis Par. Incipit Liber Anselmi Cantuariensis de similitudinibus H    Incipit tractatus Anselmi Cantuariensis archiepiscopi de similitudinibus O    10 quae est: quae dicitur HO

3–8 Cf. *De concordia*, iii. 11 (Schmitt, ii, 278. 28–279. 12).

## 4. De sensibus corporis

Similiter autem et corporis sensus aperiuntur ad imperium eius, videlicet visus ad videnda, auditus ad audiendum dei verba, gustus ad
gustanda, odoratus ad odoranda, tactus ad tangenda. Oculi quoque ad
vigilandum et plorandum, os ad bene loquendum, manus ad recte 5
operandum, pedes ad ambulandum quo debent. Sicque una sola voluntas, postquam dei voluntati est iuncta, tot virtutes generat et opera bona.

## 5. De oboedientia

Huius autem voluntatis affectio sive usus oboediens voluntas vel
oboedientia dicitur, quia dei voluntati oboediens eam habet advocatam 10
si requiratur, cur hoc vel illud velit. Quodsi haec voluntas, quae dicitur
instrumentum volendi, diabolo se iunxerit, eius recipiendo suggestionem
velut inordinatum semen, adultera mater effecta filios adulterinos, id est
vitia et opera mala, generat. Universos enim hominis sensus claudens ad
ea quae praecipit deus, pandit ad ea quae iubet diabolus. Ipsa namque 15
prius aperitur ad affectionem vitiorum et ad ea volendum, ac deinde
hominis sensus aperit ad ipsa perpetrandum.

## 6. De inoboedientia et propria voluntate

Eius vero affectio sive usus inoboediens voluntas vel inoboedientia
vel etiam propria voluntas dicitur. Propria quippe voluntas est, quae 20
dei voluntatem sibi advocatam habere non potest, ut si requiratur cur
hoc vel illud velit, respondere veraciter non valet quia et deus vult ut
hoc velit. Affectio autem sive usus ille ex diabolica nascentes suggestione,
dei voluntatem sibi advocatam non possunt habere. Utraque igitur
voluntas indubitanter est propria. Quae, quia a dei voluntate porro 25
privatur, ob haec 'propria' recte nominatur. Haec autem propria voluntas
'superbia' est illa, quam 'initium omnis peccati' scriptura nuncupat.

## 7. De superbia

Superbia ideo vocatur, quia supra quam debeat graditur. Superbia 30
namque supergressio dicitur. Propria itaque voluntas, quia dei voluntati
non subicitur, sed supra eam extollitur, ob hoc recte superbia dicitur.
Ipsa quoque omnis peccati est initium, quia ex ea nascitur omne peccatum. Et quoniam homo illam habet a se, nec voluntatem dei, quam
sequatur, vult habere super se, ipsi deo aufert quod proprie et singulariter 35
debet habere.

---

7 voluntati dei FP    22 ut: et (ut *superscript.*) H; ut et O

26–27 Cf. Eccli. 10. 15.

### 8. Quod propria voluntas soli deo conveniat

Solus enim deus, quidquid vult, debet velle propria voluntate, ita ut aliam, quam sequatur, non habeat super se. Cum igitur homo vult aliquid per propriam voluntatem, deo aufert quasi suam coronam. Sicut 5 enim corona soli regi competit, sic propria voluntas deo soli. Et sicut regem aliquem inhonoraret, qui suam coronam ei coronato auferret, sic homo inhonorat deum, qui aufert ei propriae voluntatis privilegium, habendo quod ille debet habere solum. Sed sicut propria voluntas dei fons est et origo totius boni, ita propria voluntas hominis totius est 10 exordium mali.

### 9. Similitudo inter propriam voluntatem et fontem

Haec enim est velut fons quidam, qui in tria capita dividitur, e quibus rivi diversi et innumerabiles derivantur, qui locis in quibusdam ab invicem separantur, aliquibus vero duo et duo vel plures pluribus 15 coniunguntur. Ita quoque propria voluntas in genera tria dividitur, e quibus vitia diversa et sine numero nascuntur; quae aliquando in homine sunt disiuncta, quandoque vero duo vel plura coniuncta.

### 10. De tribus generibus propriae voluntatis

Propria namque voluntas aut est in delectatione aut exaltatione aut 20 curiositate.

### 11. De delectatione

Delectationis genera sunt duo principalia: unum exterius, in quinque corporis sensibus, aliud interius, in animae affectionibus.

### 12. De quinque corporis sensibus

25    Sunt autem corporis sensus visus, auditus, gustus, odoratus et tactus. Qui ideo sensus dicuntur, quia per eos exteriora sentiuntur. Per visum enim formae et colores, per auditum soni, per gustum sapores, per olfactum odores, per tactum dura vel mollia, calida vel frigida, aspera vel lenia, gravia vel levia sentiuntur. Horum autem sensuum delectatio 30 rarius est bona, saepius vero mala. Bona etenim est, cum dei voluntatem sibi advocatam habet. Mala vero, cum eam sibi advocatam habere non potest.

### 13. De generibus delectationis malae

Huius autem delectationis malae genera sunt triginta et unum, e qui-35 bus quinque sunt simplicia, decem duplicia, alia decem triplicia, quinque quadruplicia, unum vero ex quinque partibus constat.

## 14. De quinque simplicibus generibus

Quinque itaque sunt simplicia, quia plerumque delectatur per se
unusquisque sensuum quinque. Aliquando enim solus vane delectatur
visus, ut in conspiciendo equos certatim currere, aut accipitres volantes
alias aves capere. Aliquando solus auditus, ut cum hominem delectat ad 5
aurem suam diu nolam percutere, quia eam audit dulciter sonare. Aliquando solus gustus, ut in comedendo mel immoderate, non tamen visu
delectabile. Aliquando solus olfactus, ut cum aliquis defert feniculum
auribus suis suspensum, ut sibi suaviter redoleat. Aliquando solus
tactus, ut cum aliquem immoderate refectum contrectare oblectat ven- 10
trem suum.

## 15. De decem duplicibus

Decem vero sunt duplicia, quia plerumque delectantur simul duo et
duo id est sensus. Aliquando enim delectantur simul visus et auditus,
ut cum nimis delectando canes bestias insequi videntur et conclamare 15
post ipsas audiuntur. Aliquando visus et gustus, ut cum magna delectatione vinum limpidissimum conspicitur in saphirino cipho et bibitur.
Aliquando visus et olfactus, ut in videndo simul et olfaciendo nimis
rubentes rosas. Aliquando visus et tactus, ut in conspiciendo et com-
planando aliquem muricipem album. Aliquando auditus et gustus, ut 20
cum aliquem sic bibere delectat, ut inter labia sua sonitum quendam
pitissando faciat. Aliquando auditus et olfactus, ut cum aliquem bibendi
aviditate delectat auscultare mustum ebulliens applicata aure et eius
odorem naribus attrahere. Aliquando auditus et tactus, ut cum aliquem
nimis delectat citharam resonantem audire et eandem percutiendo tan- 25
gere. Aliquando gustus et olfactus, ut cum immoderate eduntur gallinae
pipere et cumino diligenter conditae. Aliquando gustus et tactus, ut cum
gulositate manduntur ficus maturae, dulces ad edendum et lenes et
molles ad tangendum. Aliquando olfactus et tactus, ut cum unguento
bene olenti quis ungitur.
                                                        30

## 16. De decem triplicibus

Decem quoque sunt triplicia, quia saepe terni et terni delectantur
corporis sensus supradicti. Aliquando enim condelectantur visus et
auditus et gustus, ut cum nimis avide colliridae eduntur, quae quasi
nix candidae videntur sponteque manibus vel dentibus sic atteruntur, 35
ut resonare audiantur. Aliquando visus et auditus et olfactus, ut cum
aliquis in horto residet, ut virides herbas aspiciat, fabulas audiat, flores
olfaciat. Aliquando visus et auditus et tactus, ut cum mulier speciosa

14 id est DPHO; idem F

delectationis causa conspicitur, luxuriosa loqui auditur, sed et interea
tangitur. Aliquando visus, gustus et olfactus, ut cum aliquem delectat
inspicere vinum herbis confectum scintillare, bibere et olfacere. Aliquando visus et gustus et tactus, ut cum aliquis exsaturatus racemis,
5 vinea tamen deambulat, ut quam pulchre in ea racemi dependeant,
videat et hos atque illos contrectans degustat. Aliquando visus et olfactus
et tactus, ut cum quis diu nimis lilia conspicit, olfacit et tangit. Aliquando auditus, gustus et olfactus, ut cum divites delectat cervos in silvis
clamantes audire, quorundam iam captorum carnes pipere conditas
10 interim edere. Aliquando auditus, gustus et tactus, ut cum aliquis in
balneo residens fabulas audit, edit et bibit, aquae teporem circumquaque tangit. Aliquando auditus, olfactus et tactus, ut cum quis cantilenis
audit, dum in lecto mollibus strato quiescit, ubi et herbas undique
sparsas olfacit. Aliquando gustus, olfactus et tactus, ut cum nocte
15 manduntur immoderate poma sapida, odorifera, mollia.

### 17. De quinque quadruplicibus

Quinque vero quadruplicia sunt, quia plerumque simul quaterni et
quaterni delectantur. Aliquando enim delectantur simul visus et auditus, gustus et olfactus, ut cum in nuptiis ludi videntur, cantilenae
20 audiuntur, cibi et potus deliciosi sumuntur, eorumque odor sentitur.
Aliquando auditus, gustus, olfactus et tactus, ut cum in nocte nihil ibi
videtur, quo delectetur visus, sed cum auditu, gustu et olfactu delectatur
et tactus, ut cum sponsus sponsam amplectatur aut aliud ab alio libi-
dinose tangitur. Aliquando gustus et olfactus, tactus et visus, ut cum
25 ibi nihil auditu delectabile auditur, sed assunt alia, quibus ceteri sensus,
quisque suo modo, delectantur. Aliquando olfactus et tactus, visus et
auditus, ut cum ibi nihil gustatur, sed flores illic aspersos delectat con-
vivas olfacere, tangere, inspicere, diversos musicorum sonos auscultare.
Aliquando tactus, visus, auditus et gustus, ut cum ibi nihil habetur, quo
30 delectetur olfactus, sed talia, quibus ceteri quatuor sensus delectantur.

### 18. De ultimo genere delectationis malae

Unum autem ex quinque partibus constat, quia quandoque delectantur simul hi omnes corporis sensus. Aliquando enim delectat hominem domum interius ornatam conspicere, ebriosos in ea decantantes
35 audire, ibidem et ipsum cornibus deauratis potare, flores per domum
dispersos olfacere, ipsos vel cornua vel alia tactu delectabilia contrectare.
Triginta itaque et unum genera sunt delectationis ad quinque corporis

---

8 cum *om.* F     cervos: servos H(*corr.*) O          10 aliquis *om.* F          15 sapida:
sopida F(*corr.*) D(*corr.*) P; sopita HO          23 amplectatur HOP; amplectatur *in*
amplexatur *corr.* FD

sensus pertinentis, quia his triginta et uno delectantur modis. E quibus
duplicia simplicibus sunt peiora, duplicibus triplicia, triplicibus quadruplicia, quadruplicibus illud quod ex quinque partibus constat. Quanto
enim plures sensus in delectatione sociantur, tanto ipsa delectatio
peioratur. At tamen aliquando peior est unius quam omnium simul ₅
delectatio.

### 19. Peior est delectatio quae pluribus aut gravioribus delectatur

Gravius est enim detractionem libenter audire, quam flores pulchros
aspicere, tangere, olfacere, interea bibere semel aut bis plus quam
necesse est, aliquod otiosum verbum audire. Sed in eodem paribusve ₁₀
peccatis peius est plures quam pauciores sensus delectari. Peius est enim
delectari visu et auditu inhonesti ioci, quam visu tantum aut auditu
tantum. Item peius est immoderate delectari gustu et olfactu alicuius
deliciosi cibi. Itaque ex illis triginta et uno generibus delectationis alia
sunt mala, alia peiora. Mala, in quibus pauciores delectantur sensus, aut ₁₅
si fuerint plures, oblectantur in levioribus. Peiora, in quibus plures
delectantur, aut si fuerint pauciores, in gravioribus oblectantur. Tot
igitur et talia sunt genera delectationis, qua delectantur quinque sensus
corporis.

### 20. De animae delectatione                                        20

Illius vero, qua delectatur anima, genera sunt multo plura. Quidquid
enim exteriores sensus sentiunt, sentiendo animae innuunt quale sit
illud quod sentiunt. Utque qualitatem rei repraesentaverint sibi et quod
sentiebant sentire omiserint, delectat animam idem cogitare et totidem
modis quot sibi sensus repraesentare. Sicut enim sensus singulos aut ₂₅
binos aut ternos aut quaternos aut simul omnes delectat illud vel illud
sentire et animae repraesentare, ita et animam delectat cogitare, quia
sensus eisdem modis illud vel illud senserunt sentiendoque sibi repraesentaverunt. Illud quoque, quod sibi sensus numquam repraesentaverunt quia numquam senserunt, sed si sensissent repraesentare possent, ₃₀
tot modis delectat animam cogitare, quot sibi sensus valerent repraesentare. Numquam enim visus repraesentavit ei domum auream totam,
quia non vidit; nec auditus sonum toto mundo diffusum, quia non
audivit; nec gustus panem melle dulciorem, quia non gustavit; nec
olfactus vinum balsamo fragrantius, quia non olfecit; nec tactus indu- ₃₅
menta lanea lineis leniora, quia non tetigit; nec alia multa ei sensus
repraesentaverunt, quia non senserunt, sed si sensissent, repraesentare
possent; et tamen aut haec aut alia huiusmodi inania eam imaginari

---

18 delectationis *om.* F     25 repraesentare: repraesentavere *De sim.* Dcorr.

delectat aut, si sensus sensissent, eique singuli aut bini aut terni aut quaterni aut simul omnes repraesentassent.

Sunt et alia delectationis animae genera, quae nec sensus valent illi repraesentare nec ipsa potest per imaginationem cogitare, ut cum in 5 superbia delectatur sine omni imaginatione. Hanc etenim sensus non valent illi repraesentare, quia nec visus potest discernere, utrum sit alba vel nigra; nec auditus, an sit sonora vel rauca; nec gustus, an sit dulcis vel amara; nec olfactus, an sit redolens an fetida; nec tactus, an sit mollis an dura, lenis vel aspera, calida vel frigida. Ipsa quoque anima 10 non valet imaginari, utrum superbia illa sit talis vel talis, quia est in exaltatione solius cogitationis. Multo igitur plura sunt delectationis genera qua anima delectatur, quam illius qua quinque corporis sensus oblectantur, quia et eadem delectat illam memorare, quae illos sentire, et totidem modis quot sibi repraesentare, et alia imaginari quae illi 15 non sibi repraesentaverunt, quia numquam senserunt, sed si sensissent, repraesentare possent, et quaedam cogitare, quae nec illi possunt sentire, nec ipsa per imaginationem cogitare, sed simpliciter sine omni imaginatione.

## DE EXALTATIONE

### 20 21. De generibus exaltationis

EXALTATIONIS autem genera sunt quindecim. E quibus quatuor sunt simplicia, sex duplicia, quatuor triplicia, unum vero quadruplex.

### 22. De quatuor simplicibus

Quatuor itaque sunt simplicia, quia est aliquando exaltatio in sola 25 opinione, ut si quis opinetur se esse dignum pontificatu, nec tamen velit fieri episcopus. Aliquando in sola voluntate, ut si velit fieri episcopus, nec tamen opinetur se esse dignum episcopatu. Aliquando in sola locutione, ut si iactet inde se esse dignum, nec tamen velit fieri, sciens se esse indignum. Aliquando in solo opere, ut si quis infimus per 30 ignorantiam assideat regem.

### 23. De sex duplicibus

Sex vero sunt duplicia, quia aliquando extollitur homo in opinione simul et voluntate, ut cum prioratu aliquo se esse dignum aestimat et hoc vult, ut prior fiat. Aliquando in opinione et locutione et non in

11-12 genera sunt delectationis DHO    14 repraesentare FDP; repraesentavere HODcorr. De sim.    19 DE EXALTATIONE FD    21 Exaltationis litteris maioribus FD; E tantum litt. maiori HO    21-50. 38 Exaltationis . . . oboediunt om. P 26 episcopus fieri F

19-47. 12 Cf. Ep. 285 [iii. 78].

voluntate, ut cum aliquis aliquam non vult praelationem quae sibi
offertur, et ex hoc ipso se attollens meliorem arbitratur et inde se iactat,
ita tamen ne advertatur. Aliquando in opinione et opere, ut si aliquis
se aestimet dignum sedere iuxta episcopum et alicubi per ignorantiam
assideat eum. Aliquando in voluntate et locutione, ut cum aliquis 5
volens episcopatum iactat inde se esse dignum, licet se sciat esse indignum. Aliquando in voluntate et opere, ut cum aliquis in convivio
vult residere superiori loco et ibi se ingerit invitante nullo, quamvis
indignum se aestimet loco tam alto. Aliquando in locutione et opere,
ut cum praelatus aliquis aliquam in se fragilitatem videt, ob quam, si 10
honeste posset, ipsam praelationem desereret, et tamen in verbis et
actibus suis quandam extollentiam ostentat, ne ipsam eius fragilitatem
quis animadvertat.

## 24. De quatuor triplicibus

Quatuor autem sunt triplicia, quia aliquando delectatur homo in 15
opinione et voluntate et locutione, ut cum dignum praelatione se aestimat et eam vult et inde se iactat. Aliquando in voluntate et locutione et
opere, ut cum ideo, quia vult praelationem habere, fingit verbo et actu
dignum se esse, quamvis indignum se sciat esse. Aliquando in locutione
et opere et opinione, ut cum aliquis, licet iactet dignum se esse prae- 20
latione et ea libentius agat quibus dignus videatur esse, et hoc idem
arbitratur de se, non vult tamen praelationem habere, ut sanctior
iudicetur esse. Aliquando in opere et opinione et voluntate, ut cum
praelatus subditos opprimit immoderate, ut suam praelationem, qua
dignum se aestimat esse quamque diu vult possidere, sine ullo obstaculo 25
possit habere.

## 25. De uno quadruplici

Unum vero est quadruplex, quia plerumque attollit se homo in
opinione et voluntate et locutione et opere, ut cum laude dignum esse se
aestimat et eam appetit, et ipse se laudat et quaedam magna operatur, 30
ut laudem acquirat.

Quindecim itaque sunt extollentiae genera: quatuor simplicia, quae
sunt mala; sex duplicia, quae sunt peiora; quatuor triplicia, quae sunt
pessima; unum vero quadruplex, quod ceteris omnibus peius est.
Quanto enim in pluribus extollitur homo, tanto extollentia ipsa peioratur. 35
Item sciendum quia solius operis extollentia, quae semper est per
ignorantiam, est mala; solius autem locutionis peior; solius vero
opinionis pessima; solius autem voluntatis omnibus aliis peior. Stultum

---

8 ingerit: inserit F      9 se aestimet indignum F      10 aliquis praelatus F
15 delectatur: extollitur HO      23 cum: aliquis *add.* HO

est enim, cum aliqua vilis persona per ignorantiam assidet dignam; sed stultius est, cum inde se iactitat dignam; stultissimum vero, cum hinc se aestimat dignam; multo autem stultius, cum vult residere iuxta eam, cum sciat inde se esse indignam.

5   Contra eam extollentiam, quae est in opere, dominus ipse ait, 'Cum invitatus fueris ad nuptias', 'recumbe in novissimo loco'. Contra eam vero, quae est in locutione, Salomon ait, 'Laudet te alienum, et non os tuum'. Contra eam autem, quae est in opinione, apostolus ait, 'Noli altum sapere, sed time'. Contra eam vero, quae est in voluntate, dominus 10 item discipulis ait, 'Qui voluerit inter vos primus esse, erit vester servus'. Contra omnia extollentiae genera item ipse dicit, 'Omnis, qui se exaltat, humiliabitur, et qui se humiliat, exaltabitur'.

## DE CURIOSITATE

### 26. De curiositate et sedecim eius generibus

15 CURIOSITAS est studium perscrutandi ea quae scire nulla est utilitas. Huius autem sedecim sunt genera; e quibus quinque simplicia, sex duplicia, quatuor triplicia, unum vero quadruplex.

### 27. De quinque simplicibus

Quinque itaque sunt simplicia, quia aliquando curiositas est in sola 20 cogitatione, ut cum aliquis studiose cogitat, quomodo alterius secretum scire valeat. Aliquando in verbo, ut cum istud studiose interrogat. Aliquando in actu, ut cum circa illum deambulat, quasi aliud quaerat, si forte quod quaerit indicio aliquo agnoscere valeat. Aliquando in visu, ut cum sollicite considerat, quo ille intendat, quid agat, quomodo 25 sedendo, stando, ambulando vel alio aliquo modo se habeat. Aliquando in auditu, ut cum intente auscultat quid ille de alio vel alius de illo dicat.

### 28. De sex duplicibus

Sex vero sunt duplicia, quia aliquando est in verbo et actu, ut cum ei amicabiliter colloquitur et interim ei aliquid operatur, ut tum sermo- 30 nibus blandis tum servitio quod ei facit extorqueat ab eo quod quaerit. Aliquando in verbo et visu, ut cum alium rogat ut eum secum aspiciat, dicens, 'Putasne iste ita vel ita ageret, nisi talis vel talis esset?'. Aliquando in verbo et auditu, ut cum prope illum resident et ad alium

---

13 DE CURIOSITATE FDH        14 Curiositas *litteris maioribus* FD; C *tantum litt.* *maiori* HO      33 residet HO; resideat FD(*corr.*)

5-6 Luc. 14. 8, 10.        7-8 Prov. 27. 2.        8-9 1 Rom. 11. 20.
10 Matth. 20. 27.     11-12 Luc. 14. 11; 18. 4.

loquitur qui ex alia sui parte sedet, et tamen attente auscultat quid ille posterius dicat. Aliquando in actu et visu, ut cum aliquid agit ne animadvertatur, dum eum aspicit, sed credatur intendere semper operi quod facit. Aliquando in actu et auditu, ut cum ante eum vadit et venit, auscultando ea quae dicit. Aliquando in visu et auditu, ut cum curiose 5 quae agit considerat et studiose quae dicit auscultat, ut per haec secreta quae quaerit agnoscat.

### 29. De quatuor triplicibus

Quatuor autem sunt triplicia, quia aliquando est in verbo et actu et visu, ut cum aliquis enumerat et mensurat et considerat, quantum sol 10 et luna distent a terra vel quam magna sint ipsa luminaria. Aliquando in actu et visu et auditu, ut cum aliquis se occultat, causa videndi et audiendi aliorum secreta. Aliquando in visu et auditu et verbo, ut cum iuxta vias residet, ut videat transeuntes et audiat et interroget rumores. Aliquando in auditu et verbo et actu, ut cum causa audiendi et inter- 15 rogandi futura daemonibus sacrificat.

### 30. De uno quadruplici

Unum vero est quadruplex, quia aliquando est in visu et auditu et verbo et actu, ut cum aliquis intuetur et auscultat quosdam, quos con- siliari conspicit et de quibus suspicatur aliquid mali, et ut eorum 20 consilium quoquo modo agnoscere possit, accedens ad eos quaerit, an viderint aliquid quod se circa eos perdidisse fingit, et interea inspiciendo auscultando circa eos quaerit quod nusquam perdidit.

### 31. De octo et viginti generibus curiositatis

Item curiositatis genera sunt viginti et octo. E quibus tria sunt 25 simplicia, novem duplicia, decem triplicia, quinque quadruplicia, unum vero ex quinque partibus constat.

### 32. De tribus simplicibus

Tria sunt simplicia, quia aliquando curiositas est in solo gustu, ut cum defertur piscis alicui pisa comedenti, et priusquam pisa con- 30 sumpserit, degustat cuius saporis sit piscis. Aliquando in olfactu, ut cum eum naso suo apponit, ut sciat cuius odoris sit. Aliquando in tactu, ut cum aliquis pannum videns novum contrectat hoc, solum ut sciat utrum sit asper vel lenis, an grossus sive subtilis.

---

48. 25–50. 25 E quibus . . . constat: E quibus non est disserendum quia tempus non patitur (*et reliqua om.*) HO

### 33. De novem duplicibus

Novem vero sunt duplicia, quia aliquando est in gustu et visu, ut cum
quis degustat ferculum sibi appositum, antequam consumpserit primum; et interim considerat si is qui iuxta eum residet melius habeat
5 ferculum. Aliquando in gustu et verbo, ut cum illud degustat, et an
pipere sit conditum interrogat. Aliquando in gustu et olfactu, ut cum
degustans olfacit. Aliquando in gustu et tactu, ut cum gustu scire quaerit
an sit sapidum, et tactu an sit calidum vel frigidum vel tepidum. Aliquando in olfactu et visu, ut cum aliquis dum legit herbam iuxta se
10 incognitam invenit, et a legendo cessans eamque naso suo apponens
olfacit, diuque intuens eam studet agnoscere quae sit. Aliquando in
olfactu et verbo, ut cum eam olfaciens quaerit ab alio quae sit. Aliquando in olfactu et tactu, ut cum eam olfacit et contrectat, ut sciat
utrum sit mollis vel dura, lenis vel aspera. Quod totum non ideo facit
15 ut sibi necessaria sit, sed tantum ut sciat quae vel qualis sit. Aliquando
in visu et tactu, ut cum aliquis veniens ante mensam ubi est pransurus,
mox sublevata mappa, qua panis est coopertus, intuetur an sit candidus,
et eum contingit ut sciat an sit calidus. Aliquando in verbo et tactu, ut
cum eum non discooperit, sed interrogat an calidus vel ex quo coctus sit,
20 et eum coopertum contingit et premit ut sciat an calidus sit.

### 34. De decem triplicibus

Decem vero triplicia sunt, quia aliquando est in visu et verbo et gustu,
ut cum alicubi quis residens et ante se potum cipho deferri videns statim
assurgit, et intuens cuius coloris sit, quaerit etiam quis potus sit, et
25 degustat an bonus sit. Aliquando in visu et verbo et olfactu, ut cum
eum non degustat, sed olfacit. Aliquando in visu et verbo et tactu, ut
cum alicui comedenti defertur cibus inter duas scutellas, et antequam
finierit quod prius edebat, scutellis apertis, quis ille sit cibus considerat,
et an bene sit coctus investigat, et eum contingit, ut an calidus vel
30 frigidus sit agnoscat. Aliquando in visu et gustu et olfactu, ut cum de
eo nihil interrogat nec eum contrectat, sed est curiosus eum videndi et
eum degustat et olfacit. Aliquando in visu et gustu et tactu, ut cum
de eo nihil inquirit nec eum olfacit, sed cum curiositate videndi eum
degustat et contrectat, causa qua dixi. Aliquando in visu et olfactu et
35 tactu, ut cum de eo nihil inquirit nec eum degustat, sed tantum intuetur,
olfacit atque contrectat. Aliquando in verbo et gustu et olfactu, ut cum
aliquis convivantibus supervenit, et an cibi et potus quos habent sint
boni requirit, et quosdam degustans alios olfacit. Aliquando in verbo et
gustu et tactu, ut cum non olfacit eos, sed de quibusdam quaerens

35 intuetur *De sim.*: om. FD; *haec omnia om.* HOP

aliosve degustans panem contrectat aut alios cibos. Aliquando in verbo et olfactu et tactu, ut cum non eos degustat, sed de eis interrogans olfacit et contrectat. Aliquando in gustu et olfactu et tactu, ut cum de eis nihil interrogat, sed tamen degustat et olfacit et contrectat.

### 35. De quinque quadruplicibus

Quinque vero sunt quadruplicia, quia aliquando est in visu et verbo et gustu et olfactu, ut cum aliquis deambulans in nundinis, has vel illas merces considerat, cuius hae vel illae pretii sint investigat, vina vel poma vel alios fructus degustat, olfacit piper vel cuminum vel alia bene olentia, hoc totum ea tantum faciens de causa ut sciat quae vel qualia sint ista vel illa. Aliquando in visu et verbo et gustu et tactu, ut cum supradicta facit, excepto quod nihil ibi olfacit, sed merces contrectans volvit et revolvit. Aliquando in visu et verbo et olfactu et tactu, ut cum ibi nihil degustat, sed alia facit supradicta. Aliquando in visu et gustu et olfactu et tactu, ut cum non requirit cuius haec vel illa sint pretii, sed cetera quae diximus facit. Aliquando in verbo et gustu et olfactu et tactu, ut cum non est curiosus videre ea, quia saepius vidit talia, sed cetera facit supradicta.

### 36. De ultimo genere curiositatis

Unum vero ex partibus consistit quinque, quia aliquando est in visu et verbo et gustu et olfactu et tactu, ut cum curiose ad haec vel ad illa oculos convertit, et cetera omnia, quae supra diximus, agit.

Quadraginta itaque et quatuor curiositatis sunt genera, e quibus octo sunt simplicia, quindecim duplicia, quatuordecim triplicia, sex quadruplicia, unum vero ex quinque partibus constat.

Haec autem tam multiplex curiositas et exaltatio et delectatio, de quibus superius diximus, omnes ex propria voluntate nascuntur. Nisi enim homo prius habuerit voluntatem delectandi vel exaltandi vel investigandi curiose, quae nulla sibi est utilitas scire, numquam vel delectabitur vel extolletur vel curiose inutilia scrutabitur. Sed cum horum vitiorum mala praecedit voluntas, sequuntur et ipsa et ita nascuntur ex ea. Ex his vero alia omnia. Ex delectatione namque nascitur luxuria, adulterium, fornicatio, immunditia, ventris ingluvies, ebriositas et alia huiusmodi vitia. De exaltatione vero inanis gloria, invidia, ira, tristitia, avaritia et alia similia. De curiositate autem inquietudo, susurratio, detractio et cetera talia. Omnia vero in familia propriae voluntatis existunt, et ex sese quendam exercitum magnum faciunt illique voluntati velut cuidam dominae oboediunt.

---

2 olfactu: gustu F        34 ebriositas: ebrietas HO

# DE PROPRIA VOLUNTATE

*37. Similitudo inter propriam voluntatem et adulteram reginam*

PROPRIA namque voluntas est velut quaedam adultera regina, quae se cuidam adultero regi coniunxit, ex quo etiam tres filios habuit. Ex 
5 his vero tribus tot alii filii et nepotes sunt geniti itaque multiplicati, ut numerari non possint. Omnes autem in familia illius regis et reginae consistunt eorumque iussa quisque suo modo perficiunt. Rex itaque cum regina illa cuidam alio regi adversatur, collectoque filiorum et nepotum exercitu, regnum illius aggressum praedatur. Hic autem exercitus sic 
10 servos illius regis invadit, ut aut plures plures aut unus unum aut plures unum aut unus plures aggrediantur. Quoscumque vero devincere possunt, vinctos et abductos in carcerem trudunt, exigentes ab eis quantum numquam persolvere possunt, sed omnibus affecti miseriis in carcere illo deficiunt.
15     Haec itaque regina propria est voluntas, omnium inoboedientium domina. Quae ideo vocatur adultera, quia separatur a deo, cui esse deberet iuncta, et diabolo coniungitur, a quo deberet esse disiuncta. Ipse vero diabolus idcirco dicitur esse rex et adulter, quia in hominibus regnans per voluntatem propriam, animabus eorum, dei videlicet spon-
20 sis, abutitur. Cui postquam se propria voluntas iunxerit, ex illius semine, id est perversa suggestione, tria principalia vitia, scilicet delectationem, extollentiam, curiositatem concipit, et per quinque corporis sensus velut ea pariens emittit. Ex his vero tribus tot alia vitia nascuntur sicque multiplicantur, ut absque numero habeantur. Omnia vero ex familia 
25 diaboli propriaeque voluntatis existunt et ex seipsis quandam admirandam multitudinem reddunt. Diabolus itaque propriaque voluntas deo regi regum adversantur, et congregata vitiorum militia regnum illius, hunc scilicet mundum, aggredientes praedantur. Haec autem militia sic humanum genus invadit, ut aut plura vitia homines plures aut unum 
30 unum aut plura unum aut unum plures diversis in locis arripiant. Quemcumque vero superare possunt, mala consuetudine ligatum, in infernum detrudunt, ubi ab eo unumquodque vitium exigit quidquid umquam per illud commisit. Quod quia numquam persolvere poterit, nec ei umquam miseria deerit.

---

1 DE PROPRIA VOLUNTATE F; Item tractatus Anselmi Cantuariae archiepiscopi de propria voluntate P          3 Propria *litteris maioribus* D; P *tantum litt. maiori* FPHO 30 in locis DP; in *om.* HO, *interlin. add.* F

27 regi regum: cf. 1 Tim. 6. 15; Apoc. 17. 14.

## RURSUS DE PROPRIA VOLUNTATE

*38. Similitudo inter propriam voluntatem et venenosam herbam*

RURSUS propria voluntas cuidam herbae venenosae atque mortiferae
assimilatur, quam medicus quidam peritissimus progeniei cuiusdam
primis interdixit parentibus, comminans eis quia si ex ea comederent 5
leprosi effecti procul dubio interirent. At illi praeceptis eius oboedire
noluerunt, sed ex eadem herba comederunt. Unde et leprosi effecti
leprosos quoque filios genuerunt, atque ut medicus comminatus eis
fuerat mortui sunt. Quorum filii, licet patres suos agnoverint herba illa
infirmatos fuisse et mortuos, seque ipsos lepra percussos atque mori- 10
turos, eandem tamen herbam super omnes alias diligunt indeque cibos
suos universos condiunt. Mane quoque surgentes ex eadem quasi pro
medicamento accipiunt, sed et somnum sero capturi similiter faciunt.
Hi igitur quam sint dementes, omnis qui audit advertere potest. Sed
nec minus dementantur, qui propria voluntate utuntur. Ipsa etenim est 15
herba diaboli, venenosa suggestione venenata et omnibus ea utentibus
pestifera. Hanc deus, qui nostris pie medetur peccatis, primis humani
generis parentibus interdixit, cum eos comedere pomum sub mortis
comminatione prohibuit. Qui quia praeceptum eius transgressi ex eo
comederunt, mox peccatores effecti et in anima mortui, postquam alios 20
peccatores genuerunt et carne mortui sunt. Homines tamen eandem
voluntatem prae ceteris diligunt et eam immiscent omnibus paene quae
agunt. Nihil itaque illis dementius, qui nihil utuntur sua morte libentius.

*39. Quomodo omnia vitia ministrant propriae voluntati*

    Huic denique propriae voluntati, postquam suam in homine sedem 25
construxerit, alia vitiorum serviunt quasi milites terras tenentes, alia
velut pro solidatis militantes. Illa etenim vitia quasi terras tenentes ei
oboediunt, quae pro seipsis in hominibus consistunt, ut adulterium.
Qui enim adulterat, hoc ea solum facit de causa, quia eum vitium ipsum
delectat. Illa vero serviunt ei velut militantes pro solidatis, quae sunt in 30
homine pro aliis vitiis, ut cupiditas pretiosarum vestium pro gloria
inani. Nemo enim pretiosas vestes nisi ad inanem gloriam quaerit. Item
vitium aliquando huic, aliquando illi vitio servit, ut avaritia aliquando
ventris ingluviei, aliquando exaltationi. Rursus aliquando alterum alteri
cedit, ut luxuria gloriae inani. Aliquando enim luxuria repellitur, ne laus 35
concupita perdatur. Omnia vero, sive hoc sive illo modo, propriae

---

1 RURSUS DE PROPRIA VOLUNTATE F        3 Rursus *litteris maioribus* FD; R *tantum*
*litt. maiori* HOP

25–53. 3 Cf. c. 80 below; *Vita Anselmi*, ii. 21 (pp. 94–95); *Dicta* c. 10 (p. 149, below).

voluntati diaboloque famulantur, e quibus in homine tribus modis
procreata nascuntur. Diaboli etenim suggestione et carnis delectatione
spiritusque consensu unumquodque vitium consummatur.

### 40. Similitudo inter suggestionem, delectationem, consensum et canem

5 Ex his vero tribus suggestio est velut canis ponderosus, delectatio ut
levis et acer catulus, consensus autem quasi canis fortis et immensus.
Ponderosus etenim canis, cum quempiam iuxta se transeuntem audierit,
semel aut bis post eum latrans, statim quiescit, si tamen ille viam suam
in directum tenuerit. Si vero respiciens instigaverit eum, canis quoque
10 latrando, licet non mordeat, insequitur illum. Catulus autem levis et
acer et instat acriter et, ni cito repercussus fuerit, acrius mordet. Fortis
vero canis et immensus et fortiter instat et, ni magna vi obruatur,
hominem strangulat. Quare ponderosus canis nec est respiciendus,
catulus vero mox repercutiendus, canis autem immensus viriliter
15 obruendus.

Similiter autem si peccati suggestio animum pulsat, qui ab amore
praesentium tendit ad aeterna, mox eum deserit, si intentionem suam
firmiter tenuerit. Si autem ad eam attendens in se receperit et cogitando
quasi eam incitando revolverit, et ipsa saepius eum infestat, quamvis
20 non vulneret dum est suggestio sola. Sed si diutius eam replicaverit,
ponderosus canis in catulum transit, id est suggestio in delectationem,
quae acriter instat et ni cito reiciatur animam vulnerat. Quare mox ut
venire coeperit, debet eam repellere anima sponsa Christi, cogitans quia
magna est ignominia illi, ut in eius conspectu appareat foedata delecta-
25 tione tam turpi. Nisi enim reppulerit delectationem, catulus fit in im-
mensum canem, id est delectatio in consensum transit, qui arripiens
animam, ni magna vi obruatur, occidit. Sed mox ut coeperit adventare,
debet eum anima vi magna obruere, id est immenso terrore mortis
aeternae in se destruere. Suggestioni ergo nec attendamus, delecta-
30 tionem mox reprimamus, consensum fortiter obruamus. Sicque cor
nostrum studeamus custodire, ut nec una superflua cogitatione diabolus
illud valeat violare.

### 41. Similitudo inter cor humanum et molendinum

COR etenim nostrum simile est molendino semper molenti, quod
35 dominus quidam cuidam servo suo custodiendum dedit, praecipiens ei,

---

3 consummatur *litteris maioribus* P      5 Ex: E *littera maiori* FDHO      5–32 Ex
his . . . valeat violare *om.* P     13 hominem *om.* F     19 ipsa: ipse FD     24 foedata:
foetida HO     34 Cor *litteris maioribus* FD; C *tantum litt. maiori* HOP

ut suam tantum annonam, videlicet frumentum aut ordeum vel etiam
avenam, in eo molat et ex eodem quod moluerit et ipse vivat. Verum illi
servo quidam inimicatur, qui huic molendino semper insidiatur. Qui si
quando illud vacuum invenerit, aut arenam statim ibi proicit, quae illud
dissipat, aut picem, quae conglutinat, aut aliquid quod foedat, aut 5
paleam quae tantum illud occupat. Servus igitur ille si molendinum suum
bene custodierit dominique sui tantum annonam in eo moluerit, munda
ex eo farina egreditur iuxta genus annonae, quae intus molitur. Ex
eodem autem quod moluerit, et domino suo servit sibique ipsi victum
acquirit. Si vero inimicum suum violare molendinum suum permiserit, 10
mala ex eo farina procedit, quia mala est annona quam molit. Haec
autem farina et vehementer displicet domino illi, nec servus ex ea sibi
victum sed famem conquirit.

Hoc itaque molendinum, semper aliquid molens, cor est humanum,
assidue aliquid cogitans. Hoc deus unicuique hominum servandum con- 15
tradidit, iubens ut in eo volvat illos tantum cogitatus, quos ipse suggerit.
Quorum cogitatuum alii ut frumentum, alii ut ordeum, alii ut avena
sunt. Puri quippe ut frumentum sunt, quos anima replicat, cum in
contemplatione posita pure de deo cogitat. Hi autem ordeo assimilantur,
quibus de virtute in virtutem ascendere meditatur. Hi etenim, licet sint 20
boni, minus tamen superioribus sunt perfecti. Illi vero sunt ut avena,
quibus homo intendit sua deserere vitia. Boni namque sunt et isti, sed
tamen inperfectiores praedictis. Hos itaque omnes vult deus, ut homo
corde revolvat et ex eisdem sibi victum aeternum acquirat. Sed quia
homini semper adversatur diabolus, et semper insidiatur cordi illius. 25
Quod si aliquando vacuum bonis cogitationibus invenerit, statim replet,
si potest, malis. Harum autem malarum aliae cor dissipant, ut irae et
invidiae; aliae conglutinant et coinquinant, ut gastrimargiae et luxuriae;
aliae tantum occupant, ut vanae non nimis nocivae. Hic igitur homo, si
cor suum bene custodierit, sanctosque cogitatus tantum in eo revolverit, 30
munda per os verba velut per foramen molendini emittuntur, mundus
per oculos visus, mundus per aures auditus, mundus per os gustus,
mundus per nares odoratus, mundus per totum corpus tactus, secundum
genera cogitationum mundarum quae intus volvuntur. Ex his autem
cogitationibus mundis et deo eas cogitando deservit et aeternam sibi 35
vitam acquirit. Si vero diabolum corrumpere cor suum permiserit, mox
vitia per sensus progrediuntur, iuxta genera cogitationum malarum,
quae intus volvuntur. Hae autem et deo vehementer displicent nec
homo ex eis victum sibi acquirit, sed mortem. Cum enim quisque ad

8 egreditur: egredietur HO        27 malarum: cogitationum *interlin. add.* F
28 gastrimargiae PO; castrimargiae FDH(*corr.*)

finem pervenerit, quantum boni vel mali nunc moluerit, tantum et ad vitam vel mortem sibi praeparatum invenerit.

(*42. Similitudo inter molentes et laborantes*)

VERUM sciendum quia horum molentium, id est in hac vita laboran-
5 tium, tria genera sunt. Haec autem velut tres sunt homines, a mane usque ad vesperam manu molentes. Horum itaque primus quidquid molit, in saccum suscipit et abscondit. Alius vero omne quod molit, vento auferre permittit. Tertius autem partim abscondit, partemque vento dimittit. Facto igitur vespere primus, quia quod laboravit abscon-
10 dit, invenit et inde vivit. Alius autem, quia vento donavit, non inveniens esurit. Tertius vero invenit quidem quod abscondit, sed quod vento dedit amisit.

Ita ergo sunt tria genera hominum, a principio vitae suae usque ad finem laborantium. Alii enim tantum pro aeterno laborant praemio, alii
15 pro terreno, alii partim pro aeterno, partim pro terreno. Qui itaque boni sunt, pro aeterna remuneratione faciunt. Et quia hoc ab humana laude abscondunt, post mortem sibi praeparatum inveniunt. Qui vero pro terrenis laborant, permittunt gloriae inani suum sibi auferre laborem, et ideo post mortem nihil sui reperientes laboris, ieiuni remanent ab
20 omnibus bonis. Qui autem partim pro aeterno, partim pro terreno laborant commodo, partem sui laboris inveniunt, et partem amittunt. Sibi itaque quisque bene vel male laborat, licet non sibi soli bonus vel malus existat.

(*43–45. Quod omnis bonus omnibus bonis ad adiumentum, malis vero sit ad*
25 *detrimentum*)

OMNIS etenim homo bonus omnibus aliis bonis est bonus. Omnibus namque sanctis, qui ab exordio mundi fuerunt vel sunt vel usque ad finem futuri sunt, angelis quoque atque deo quisque bonus est auxilio; malis autem hominibus cunctis atque daemonibus detrimento. Illis
30 etenim quia principio mundi iusti fuerunt, unusquisque bonus est ad auxilium, quia per illum numerus ille salvandorum augetur, quem illi omnes exspectant, ut perficiatur. Nullus enim illorum perfectam habere

1 et: vel HO      4 Verum *litteris maioribus* FD; V *tantum litt. maiori* HOP
13 genera tria FD      26 Omnis *litteris maioribus* FD; O *tantum litt. maiori* HOP
32 Nullus enim illorum: Non enim quisque illorum (vel Nullus enim illorum *marg.*) F

4–23 Cf. *Vita Anselmi*, ii. 11 (pp. 74–75). In *De sim.* c. 42 this section has been replaced by *Dicta*, c. 11 (see below, pp. 152. 11–153. 19).

26–56. 17 In *De sim.* cc. 43–45 this section has been replaced by *Dicta*, c. 4 (see below,
pp. 122–7, omitting the opening and closing sentences); cf. also *De beat.*, p. 287, below.

beatitudinem poterit, nisi prius numerus ille beatorum completus fuerit. Nunc quippe beatitudinem habentes solius animae, tunc perfectam habebunt corporis simul et animae. His quoque, qui modo sunt vel deinceps futuri sunt, quisque bonus est ad adiumentum, quia quo magis numerus ille augmentatus fuerit, qui per unumquemque bonum ac- 5 crescit, eo brevius isti perfectam exspectabunt beatitudinem, postquam ad animae solius pervenerint felicitatem. Angelis etiam est ad auxilium, quia per eum ille augmentatur numerus, quo et angelorum restauratur numerus, qui angelo primo cadente fuerat imminutus. Deo insuper est ad adiutorium, quia sponte civitati illi se inserit, quam deus ex homini- 10 bus construit et angelis. Haec quippe numquam perficietur, si vel unus homo defuerit bonus. Hominibus autem malis atque daemonibus est detrimento, quia mox ut numerus ille completus fuerit, qui per unum- quemque bonum succrescit, sicut perfecta beatitudo tunc primum erit bonis, sic et e contra perfecta miseria malis. Nunc enim interim in anima 15 tantum puniuntur, sed tunc in corpore simul et anima aeternaliter cruciabuntur.

## 46. Similitudo inter deum et quendam regem suos iudicantem

INTER hos autem salvandos atque damnandos sic deus discernit, quo- modo rex quidam inter fideles et infideles imperii sui. Hic itaque rex, 20 praeparato ex una parte quodam convivio magno et ex alia quodam carcere tenebroso, disposuit quia quoscumque sibi fideles poterit com- probare, postquam omnes congregati fuerint, faciet simul discumbere. Quoscumque autem sibi esse infideles convincere poterit, postquam et ipsi fuerint congregati, in tenebrosum illum carcerem simul faciet 25 detrudi. Omnes itaque ad se invitat, ut quis fidelis quisve sit infidelis agnoscat. Horum autem fidelium et infidelium, qui omnes invitantur, alii praecedunt, alii subsequuntur. Fidelium igitur cuique, ut venerit, postquam vere esse fidelis comprobatus fuerit, datur mixtum interea cibi donec conveniant omnes qui cum eo sunt coenaturi, ut simul 30 incipiant omnes epulari. Infidelium autem ut venerit quisque, postquam convictus fuerit infidelis esse, flagellatur interim usquequo congre- gentur et alii qui cum eo in carcerem sunt detrudendi, ut simul in eo incipiant omnes cruciari. Mox ergo, ut congregati fuerint omnes et fideles vel infideles esse fuerint comprobati, hi simul omnes in con- 35 vivium collocati satiantur; illi vero in carcerem trusi, fame et siti moriuntur.

Hic igitur rex ipse est deus, qui sic discernit inter bonos et malos

---

19 Inter *litteris maioribus* FDH; I *tantum litt. maiori* HOP      30 cibi *De sim.*:
sibi FDHOP     34 fuerint omnes congregati DP

mundi istius. Ipse etenim praeparato hinc paradiso hinc inferno constituit quia quoscumque sibi fideliter obsequentes invenire poterit,
postquam omnes ad eum ex hoc saeculo transeuntes fuerint congregati,
insimul omnes in paradisum in corpore et anima collocabit. Quoscum-
5 que poterit reperire praeceptis suis resistentes, postquam et ipsi con-
venerint omnes simul in infernum horribiliter cum diabolo detrudet.
Omnes itaque per praedicatores suos ad se invitat, ut quomodo sibi
quisque velit oboedire agnoscat. Verum eius praeceptis alii oboediunt,
alii vero resistunt. Utrorumque autem alii prius, alii morientes posterius,
10 eius examini repraesentantur. Quicumque itaque oboediens ei fuisse
comprobatur, requies ei sed in anima sola interim datur. Quicumque
vero de inoboedientia convincitur, et ipse in anima sola cruciatur. Postquam autem omnes mortui et, ut dictum est, singulatim examinati
fuerint finitoque saeculo cunctisque resuscitatis illud etiam generale
15 iudicium peractum fuerit, boni omnes in caelum translati in anima
simul et corpore laetabuntur; mali vero in infernum detrusi et ipsi in
anima simul et corpore torquebuntur. Et sicut boni perfectam corporis
et animae beatitudinem tunc primum obtinebunt, sic et mali e contra
perfectae miseriae corporis et animae tunc primum subiacebunt.

20 (*48–49. Hae sunt quatuordecim partes beatitudinis et miseriae*)

QUATUORDECIM quippe sunt beatitudinis partes, quas boni tunc
omnes habebunt, totidemque miseriae genera, quae mali tunc universa
sustinebunt. Hae autem beatitudinis partes atque miseriae sic sibi
invicem sunt omnino contrariae, quomodo et ipsi qui eas accipiunt in
25 remuneratione. Partes enim beatitudinis sunt pulchritudo, agilitas,
fortitudo, libertas, sanitas, voluptas, longaevitas, sapientia, amicitia, concordia, honor, potestas, securitas, gaudium. Partes vero miseriae:
turpitudo, ponderositas, imbecillitas, servitus, infirmitas, anxietas, vitae
brevitas, insipientia, inimicitia, discordia, dedecus, impotentia, timor,
30 tristitia. Septem denique priores illius beatitudinis partes ad corporis
beatitudinem septemque posteriores ad animae pertinent. Sic quoque et
septem priores huius miseriae partes corporis septemque ultimae
miseriam perficiunt mentis. Quicumque ergo illas omnes beatitudinis
partes habere poterit, perfectam corporis et animae beatitudinem possi-
35 debit. Quemcumque vero has miseriae partes tolerare contigerit, summae corporis et animae miseriae subiacebit. Verum in hac vita nec unam

---

21 Quatuordecim *litteris maioribus* FD; Q *tantum litt. maiori* HOP

---

20–63. 9 In *De sim.* these sections (cc. 48–71 with an introductory section, c. 47)
have been extensively revised and enlarged on the basis of *De beat.* (pp. 274–87, below);
cf. also *Dicta*, c. 5 (pp. 127–41), *Proslogion*, c. 25 (Schmitt, i. 118. 20–119. 19).

illius beatitudinis vel huius miseriae partem quisquam potest habere nec
rursus ex toto carere. In alia vero vita aut perfectam habens beatitudinem
miseriae nullatenus subiacebit, aut summae subiacens miseriae omnino
beatitudine carebit. Quod ut totum comprobare possimus, per singulas
beatitudinis atque miseriae partes curramus.                                5

### (50. De pulchritudine et turpitudine)

Pars igitur prima beatitudinis est pulchritudo, miseriaeque per contrarium turpitudo. Illam omnes habere, hac vero concupiscunt carere.
Verum neutram habere perfecte, vel neutra possunt carere. Quaenam
enim est illa speciositas hominis, quae multo est minor pulchritudine 10
flosculi? Quis enim ut lilium candet, quisve ut rosa rubet? Quia tamen
quantulamcumque pulchritudinem habet, nec summae turpitudini
subiacet. Non ergo vel illam vel istam perfecte habere, nec eis in hac
vita potest omnino carere. In alia vero vita perfecte alteram habebit,
alteraque omnino carebit. Ibi enim si iustus fuerit, ut sol rutilabit, qui 15
tunc ut ait scriptura 'septempliciter' fulgebit. Si vero iniustus, fuligine
turpior erit. Ibi ergo pulchritudinem perfectam aut summam habebit
turpitudinem.

### (51. De agilitate et ponderositate)

Secunda pars beatitudinis est agilitas, miseriae vero de contra pon- 20
derositas. Has vero nec omnino habere nec rursus his potest homo
omnino carere. Nam quanta est hominis agilitas, quam minimus pas-
serum superat? Quia tamen quoquo modo movere se potest, nec
summae ponderositati subiacet. In futuro autem aut perfecte agilis erit,
aut sic ponderosus, ut se movere non possit. Bonus enim velox erit ut 25
radius solis, qui momento ab oriente in occidentem transilit. Malus vero
tanto paenarum premetur pondere, ut nec pedem quidem possit movere.

### (52. De fortitudine et imbecillitate)

Tertia pars beatitudinis fortitudo dicitur, miseriae vero imbecillitas,
quae illi opponitur. Sed quae est hominum fortitudo in hac vita, quorum 30
plenam navim echinus in mari retentat? Quia tamen homo imbecillia
quaedam superare valet, nec omnino imbecillitati subiacet. Itaque nec
fortitudinem perfectam nec summam hic habet imbecillitatem. Verum
in futuro aut sic erit fortis, ut etiam commovere terram possit, aut sic
imbecillis, ut nec vermes ab oculis suis amovere possit.                    35

---

10 multo: multa FPH; multo non O     minor *om.* FDP     11 flosculi: flos dei P
30 opponitur HO; imponitur FDP

16 Cf. Is. 30. 26.

*(53. De libertate et servitute)*

Quarta pars beatitudinis libertas dicitur, miseriae vero servitus. Liber est ille, qui cogi non potest ad ea quae nolit nec prohiberi ab eo quod velit. Sed quis in hac vita valeat esse, qui hanc possit libertatem habere?
5 Quis non cotidie patitur quod nollet, quisque valeat assequi omne quod vellet? Quia tamen non ad omnia quae non vult cogitur, nec ab omnibus quae vult prohibetur, nec omnino servituti subicitur. In futuro autem aut perfectam libertatem habebit, aut omnino servituti subiacebit. Ibi enim si bonus fuerit, nil patietur quod nolit, sed agere permittetur
10 quaecumque voluerit. Si vero fuerit malus, ad omnia quae noluerit cogetur et ab omnibus quae voluerit prohibebitur.

*(54. De sanitate et infirmitate)*

Quinta pars beatitudinis est sanitas, miseriae vero infirmitas. Illa homo ab ortu suo carere, hanc autem incipit tolerare. Ex quo enim
15 nascitur, prima vox eius indicat quid patiatur. Mox denique incipit esurire, sitire, lassescere, suis in pannis sordescere. Hinc caecus vel surdus, mutus vel claudus, cardiacus vel scabiosus, leprosus vel paraliticus aliove morbo efficitur infirmus. Qui si etiam quoad vixerit sanus esse videatur, hinc infirmus esse probatur, quia mox dolet, ut parum arcta-
20 tur. Quia tamen eius infirmitas quibusdam medicamentis leniri potest, nec summae infirmitati subiacet. Verum in futuro aut sic sanus erit, ut nequeat infirmari, aut ita infirmus, ut non possit medicari.

*55. De voluptate et anxietate*

Sexta pars beatitudinis est voluptas, miseriae vero anxietas. Illam
25 homines appetunt, hanc vero refugiunt. Verum cum eam in hac vita quaerunt, non nisi per anxietatem invenire possunt. Cumque ad id pervenerint quod voluptatem putant, non nisi laborando eodem perfrui valent. Quod si etiam usi fuerint immoderatius, rursum eis in anxietatem convertitur. Quia tamen in eo qualitercumque delectantur, nec omni-
30 modam anxietatem patiuntur. Post hanc vero vitam aut voluptate aut omnino replebuntur anxietate.

*(56. Similitudo ferri igniti)*

Sicut enim ferrum ignitum quaqua sui parte continet ignem, sic in se boni voluptatem, mali vero sentient anxietatem.

---

15 quid: quod FP      16 lassessere FP      22 non possit: nequeat HO      24 vero
F; autem DP *om.* HO

33–34 Cf. *De beat.*, p. 284. 21–29.

*(58. De longaevitate et vitae brevitate)*

Septima pars beatitudinis est longaevitas, miseriae vero vitae brevitas. Illa beatitudinem corporis, haec autem miseriam perficit. Tum enim primum praedictas beatitudinis partes corpus habere potest, cum eas diu retinere valet. Nam si eas omnes haberet et statim moriendo amit- 5 teret, quid sibi eas habuisse prodesset? At longaevitatem perfectam habere non potest, qui aliquando moriturus est. Quantumlibet enim vivat diutius, somnia sibi esse videtur quod vixit, cum moritur. Non ergo longaevitatem homo hic habet, ubi quandoque moriturus est. Qui tamen, quia mori citius posset, nec vitam omnino brevem hic habet. In 10 futuro autem aut longissimam aut vitam habebit brevissimam. Si enim bene vixerit nunc, tunc vivet quantum et deus. Si vero male vixerit, non nisi moriendo vivere tunc poterit. Nihil ergo brevius vita illa, cui mors semper fuerit iuncta.

Nunc autem notandum quia praedictae beatitudinis miseriaeque 15 partes ad corpus pertineant, ceterae vero quae sequuntur ad animam.

*(59. De sapientia et insipientia)*

Octava itaque pars beatitudinis ad animam pertinentis est sapientia, miseriae vero insipientia. Illam habere hacque carere homo se aestimat, si quid agnoverit quod alius nesciat. Sed quae est eius sapientia, qui se 20 ipsum ignorat? Quis enim perfecte agnoscere valeat, cuiusmodi res sit anima sua? Quisve novit, quale sit corpus eius interius, vel quale posterius etiam exterius? Quia tamen et se et alia quoquo modo cogno- scere potest, non omnino insipiens est. Verum in futuro aut perfecte sapiens, aut omnino erit insipiens. Bonus enim perfecta, quae deus est, 25 sapientia replebitur eamque 'facie ad faciem' intuebitur. Quam dum ita perspexerit, creaturae totius naturam videbit, quae in deo melius quam in seipsa consistit. Si autem fuerit malus, vera omnino sapientia privatus tantis urgebitur doloribus, ut non solum insipiens, verum omnino fiat et amens.                                                    30

*(62. De amicitia et inimicitia)*

Nona pars beatitudinis est amicitia, miseriae vero inimicitia. Perfecta autem amicitia est, quae in inimicitiam converti non potest. Sed quis hic habet tantam amicitiam, etiam filius erga patrem? Quia tamen nec

---

2 est beatitudinis HOP          6 sibi eas F; eas sibi DHOP          7 Quantumlibet DHOP; Quantumque, cum *interlin.* Quantumlibet *marg.* F          23 etiam: vel
etiam HO          29 urgebitur: urgetur HO

26 facie ad faciem: 1 Cor. 13. 12.
27–28 Cf. *Monologion*, c. 36 (Schmitt, i. 55. 4–6).

ullus hic habet inimicitiam tantam, quae converti non possit in amicitiam,
nec omnino hic habet inimicitiam summam. In futuro autem aut
amicitiam perfectam, aut inimicitiam quisque inveniet summam. Bonum
etenim quemque sic deus omnesque alii diligent boni, ut eum habere
5 odio ultra non possint. Quantum namque quisque seipsum, tantum et
tamdiu diliget alterum. Malum autem quemque sic deus omnesque boni
habebunt odio, ut nec filius quidem pietatem habeat de patre in paenis
conspecto.

(*63. De concordia et discordia*)

10      Decima pars beatitudinis est concordia, miseriae vero discordia. Concordiam homo tam raram hic habet, ut nec sibi ipsi semper concordet.
Sic enim corpus et anima dissident sibi, ut quod unum appetit, alterum
nolit. Verum quia non semper hoc faciunt, sed aliquando idem volunt,
non in discordia summa persistunt. In alia vero vita vel in concordia
15 vel in summa persistent discordia. Corpus enim et anima cuiusque
sancti, immo concordiae tantae omnes erunt iusti, quantae in praesenti
sunt oculi nostri. Sicut enim oculus unus verti non potest, quo non
vertatur et alius, sed in eandem partem semper volvuntur, sic corpus et
anima iusti nil poterunt velle diversum, sed eandem semper voluntatem
20 habebunt. Mali vero in discordia tanta persistent, ut eorum corpus et
anima semper dissideant. Nam et corpus animam odio habebit, eo quod
male umquam cogitaverit, et anima corpus, quod male cogitata opere
compleverit, pro quibus omnibus torquebuntur in poenis.

(*65. De honore et dedecore*)

25      Undecima pars beatitudinis honor dicitur, miseriae vero dedecus.
Honorari homo ab hominibus appetit, aut eorum verbis aut factis.
Verbis quidem, ut eum collaudent, factis autem, ut sibi praeponant.
Sed cum honorem huiusmodi appetit, tale est ac si mus unus quaerat
ab aliis laudari eisque in regimine praeponi. Hunc tamen honorem licet
30 nullus sit paene non habens, nemo hic potest ad plenum habere. Nullus
enim vel imperator a cunctis laudatur, vel omnibus aliis praeponitur.
Quia tamen nec ullus a cunctis hic blasphematur vel aliis omnibus
substernitur, nec omnino inhonoratur. In futuro autem aut honorabitur,
aut econtra omnino exhonorabitur. Sicut enim si quis imperator ser-
35 vulum habens languidum eum curari faceret, sanatum vestibus pretiosis
indueret, adornatum iuxta filium suum sedere faceret, sicut, inquam,
honoraret, sic unumquemque bonum ab omni corruptione mundatum

---

11 ipsi *om.* F      15 cuiusque: cuius F      16 iusti: electi (vel iusti *interlin.*) F
19 iusti HO: vel iusti FD      23 compleverit: complevit FP     torquebuntur:
torquentur HO      30 non habens: qui nolit HO    potest: poterit HO

deus pater honorabit, cum eum immortalitate indutum assidere filium
suum fecerit. Quisque vero malus sic e contra exhonorabitur, ut in
omni foetore deiectus, vermium etiam dominio subiciatur.

## (68. De potentia et impotentia)

Duodecima pars beatitudinis est potentia, miseriae vero impotentia. 5
Veram ille potentiam obtinet, qui quaecumque voluerit facere potest.
Quod quia nullus hic valet facere, nec veram hic potentiam potest
habere. Quia tamen quandoque quod vult facere potest, nec omnino
impotentiae subiacet. Verum in futuro aut vere praepotens, aut erit
omnino semperque impotens. Bonus enim quidquid voluerit facere 10
poterit, malus vero nihil quod velit agere quibit.

## (69. De securitate et timore)

Tertia decima pars beatitudinis est securitas, miseriae vero timor.
Haec alias omnes beatitudinis partes confirmat nec haberi possunt perfecte sine illa. Tunc enim perfecte homo eas habet, cum numquam 15
amittere timet. Verum in hac vita nihil potest habere unde securus
valeat esse. Sub eodem enim momento pauper ex divite, mortuus ex
vivo potest existere. Ergo nec alias beatitudinis partes nec securitatem
perfectam hic habet. Quia tamen non semper quod patitur timet, sed
quandoque effugere potest, nec summum timorem hic habet. In futuro 20
autem aut securitatem perfectam aut e contra summum habebit timorem.
Bonus enim et quidquid voluerit habebit, et nihil ex eo se amissurum
timebit. Malus vero et semper tormenta quae patietur pavebit et numquam ex eis evadere poterit.

## (71. De gaudio et tristitia)                                          25

Quartadecima pars beatitudinis gaudium, miseriae vero tristitia est.
Gaudium perfectum solus ille potest habere, qui praedictas omnes
beatitudinis partes valet obtinere. Quarum quia nullam nullus hic
habere potest, patet quia nec gaudium summum hic valet habere. Sic
et ille solus pati potest tristitiam summam, quem praedictae omnes 30
miseriae partes omnino coarctant. Verum quia nullus ex toto hic eas
patitur, liquet quia nec in summa tristitia hic habeatur. In saeculo autem
futuro aut laetitia aut tristitia quisque replebitur summa. Bonus enim
quisque perfecte poterit gaudere, quia praedictas omnes beatitudinis
partes obtinebit perfecte. Quid ergo beatius isto, qui tanto replebitur 35
gaudio? Adhuc tamen ad cumulum beatitudinis suae, aliud habebit
unde magis possit gaudere. Quia enim quisque sic ut se alterum amabit,

26 beatitudinis pars FP        27 omnes DP; omnis FHO

patet quia sic de illius felicitate ut de sua gaudebit. Quot ergo et quanta gaudia quisque obtinebit, qui de tot beatitudine sanctorum iubilabit? Quod si tantum de aliis, quos ut se diliget, gaudebit, quantum de deo, quem supra se diliget, exultabit? Tantam ergo beatitudinem possidebit,
5 quantam mens humana aestimare non sufficit. Malus vero e contra tristitia summa replebitur, quia omnes miseriae partes omnimodis patietur. In alia igitur, non in hac vita, vel beatitudinem vel miseriam quisque habebit perfectam. In hac ergo nullus esse beatus quaerat, nullus honores caducos appetat.

10 ## 72. De cupiditate mundani honoris

Sic enim agunt qui mundi huius appetunt honores, quomodo pueri qui sequuntur papiliones. Papiliones enim cum volant, tramitem rectum numquam tenent, sed huc illucque se agitant. Cumque alicubi resederint, nec ibi diu possunt morari. Hos autem cum pueri capere volunt, cito
15 post eos currere satagunt, et quia non ad suos pedes sed ad eos semper intendunt, aliquando in foveam cadunt seque immaniter laedunt. Plerumque vero, dum eos vident alicubi resedisse, incedunt suaviter et caute, ut eos valeant comprehendere. Quod dum faciunt, manibus quoque plaudunt et ad invicem dicunt, 'Ecce, iam eos habebimus, ecce, iam
20 eos habebimus.' Sed cum propius accedentes eos apprehendere tentant, papiliones alis excussis avolant. Si quando vero eos apprehenderint, exultant de nihilo, quasi magnum quid adepti fuerint.

Similiter autem faciunt qui mundi huius honores appetunt. Honores enim huius mundi numquam certam viam tenent, sed incertis diverti-
25 culis de uno ad alium transvolant. Cumque sub alicuius substiterint potestate, nec ibi diu possunt remanere. Hos ergo dum stulti homines assequi cupiunt, festinant post eos quibuscumque modis possunt. Et quia non considerant quo eos modo assequantur, sed ut quoquo modo adipiscantur, saepius in gravia crimina decidunt, quibus suas animas
30 vehementer laedunt. Aliquando vero, cum viderint eos alicubi quasi sibi paratos esse, accedunt illuc latenter et multum callide, ut quasi nullo sciente valeant eos obtinere. Quo dum appropiant, vehementer gaudent et exultant. Sed cum propius accesserint eosque se posse iam apprehendere putaverint, honores de manibus eorum se excutiunt et
35 aliqua de causa ad alios aliquos se transferunt. Quos si quando adepti fuerint, gratulantur, quasi aliquem verum honorem fuerint assecuti, cum

---

4 supra: super F      9 appetat: quaerat F      11 Sic enim *litteris maioribus* F; S *tantum litt. maiori* DHOP      14 diu: diutius D    morari: immorari HO 24 incertis: in cunctis FP

ad veri honoris culmen pervenire non possint, si non hos pro suorum
satisfactione commissorum reliquerint.

### 73. *Similitudo inter deum et aliquem dominum*

SIC ENIM inter deum et homines agitur, quomodo inter dominum
aliquem et servos illius, qui vulgo naturales vocantur. Si dominus 5
naturali servo aliquid iusserit et servus libenter domino oboedierit, agit
servus quod debet et domino placet. Si autem domini sui praeceptis
restiterit, gratiam ipsius statim amittit. Quam si voluerit recuperare ac
deinceps domino suo fideliter servire, sicut prius debuerat naturaliter
fecisse, si ei dominus iusserit, iurat quod eius oboediet praeceptis eique 10
fideliter serviet quamdiu vixerit. Quo facto dominus ei condonat quod
deliquit, et si ita sibi placuerit, aliquid proprietatis unde vivat habere
concedit. Verum aliquanto temporis transacto servus paulatim incipit
quae iuraverat oblivisci, et ab amore domini sui tepescit. Et quia ea
quae dominus iubet sibi dura videntur, prius quaedam, postmodum plura 15
transgreditur, donec in omnibus pene periurus habeatur. Sicque rursus
domini sui gratiam perdit, quam prius recuperaverat sponsione correctionis. Quid ergo amplius faciet? Quid aliud promittere potest?
Naturale ius corrupit, iusiurandum violavit. Est tamen aliud, quod
adhuc faciendum invenit servus. Licentia enim domini sui aliquid 20
retinuerat in proprietate, unde se potest, ut antea, reconciliare. Postquam ergo se errasse cognoscit, ad dominum suum redit, eum exorans
huiusmodi verbis: 'Domine', inquit, 'confiteor meam iniquitatem, quia
quod tibi naturaliter debueram quodque postmodum iureiurando
promiseram, totum ad meam transgressus sum miseriam. Sed adhuc 25
semel indulge mihi, si placet, quidquid deliqui, et ego tibi reddam quidquid proprietatis per tuam licentiam hactenus retinui. Me autem ipsum
ita in tuo servitio astringam, quod meam ex toto voluntatem dimittam,
tuam vero, in quantum potero, faciam. Et ut eam semper valeam implere, ponam me in illorum subiectione qui me illam sciant docere, et 30
admonendo, corripiendo, castigando faciant custodire. De quibus omnibus faciam tibi iusiurandum, si mihi indulseris quidquid hactenus
deliqui.' Tum dominus: 'Et ego', inquit, 'adhuc indulgeo tibi omnia
quae petis, si tu omnia feceris quae promittis. Sed hoc scias quia, nisi
hanc conventionem custodieris vel si eam casu in aliquo violaveris, nisi 35
ad eandem paenitendo redieris, per aliam conventionem me placare non
poteris.'

---

4 Sic enim *litteris maioribus* FD; S *tantum litt. maiori* HOP      9 servire: obedire
P      10 iusserit: iussisset HO      17–18 correctionis: correptionis F      18 aliud
DHP: amplius F; ergo O

Eodem itaque modo inter deum et homines agitur. Deus enim primo homini quiddam praecepit, cui si ille oboedisset ei profecto placuisset. Sed quia illius praeceptum praeteriit, gratiam eius statim perdidit. Hanc ergo si voluerit homo recuperare, sicut deus iubet, iurat in bapti-
5 smate, quod audivimus illum servum iurasse. Sed quia et hoc ipsum transgreditur, relictis omnibus monachus efficitur. Aut ergo monachus salvabitur, aut aliter non salvabitur.

## 74. Similitudo inter diabolum et improbum placitatorem

VERUM ei sciendum quia sic placitat diabolus contra hominem,
10 quomodo improbus placitator contra alium aliquem. Improbus enim placitator, licet non habeat rectum, tamen propter improbitatem suam veniens ad placitum, hoc quod est iniustum iustum, et quod est iustum ostendere vult iniustum. Sed cum eum aliquis iurisperitus audit et quia non rectam habeat causam cognoscit, iudicat esse iniustum quod dicebat
15 iustum, et esse iustum quod asserebat iniustum. Sicque convictus a placito discedit dolens, quod aliud facere non potuit. Sed postquam hoc iudicium putat esse oblivioni traditum, rursus suam incipit causam, dicens sibi fieri iniuriam. Quod si aliquis sibi dixerit hoc iam esse definitum, dicit non recte esse iudicatum. Sed ille, qui semel iam vicit,
20 non attendat ad ea quae dicit, sed tantum dicat quia quod semel bene est definitum, non est iterum incipiendum. Sic enim sine labore semper ab inimico suo se potest liberare.

Similiter autem diabolus placitat contra hominem. Locus autem placiti huius est cor hominis ipsius. Ad hunc itaque locum diabolus
25 venit ad placitum, et licet sciat quod rectum non habeat, tamen ibi asserit verum esse quod falsum est, et falsum esse quod verum est. Ibi namque dicit cogitatione quam immittit, verum esse quod homo debeat mundum diligere, divitias et honores appetere, 'desideria carnis' adimplere, haec et his similia facere; quod falsum est. Ex alia vero
30 parte dicit esse falsum quod homo debeat mundum relinquere, divitias et honores contemnere, desideria carnis abscidere, monachatum ac-cedere, haec et alia plura facere; quod totum verum probatur esse. Sed cum aliquis, qui inter rectos non rectosque cogitatus scit discernere, audit diabolum in corde suo haec dicere, iudicat iniustum esse cogi-
35 tatum quem ille dicebat iustum, et esse iustum quem affirmabat

---

3 perdidit: amisit F     9 Verum *litteris maioribus* FDP; V *tantum litt. maiori* HO    ei sciendum FDP; sciendum est HO     31 abscidere: absidere HPO(*corr.*) monachatum: ad mon. HP; et ad mon. O

---

28 desideria carnis: Gal. 5. 16.

iniustum. Et hoc iudicio facto, abicit iniustum et sequitur iustum, contemnensque saeculum accedit monachatum. Sicque diabolus convictus a cordis placito recedit contristaturque, quia vincere non potuerit. Sed postquam sperat quia homo oblitus fuerit quod antea sic iudicaverit, ad eundem cordis locum revertitur, renovatoque placito quasi non recte 5 definito conqueritur. Quod si ille ex alia parte cogitaverit quia rectum iudicavit in eo quod saeculum esse relinquendum censuit, diabolus statim non esse rectum respondet ut eum tam cito vel ita omnino desereret. Sed ille, qui semel mundum ipsumque diabolum recte superavit, non curet ea quae dicit, sed firmum teneat quia quod semel iuste est 10 stabilitum non est rursus destruendum. Et quod recte definivit relinquendum, non est iterum appetendum. Sic enim facile, deo subveniente, diabolum semper poterit superare.

### 75. Similitudo inter deum et quemlibet regem

DEUS enim ipse sic inimicitias exercet adversus diabolum, quomodo 15 rex quidam contra principem quendam inimicum suum. Hic autem rex

**76. De regno et villa** habet in suo regno villam admodum amplam; in
**et castello et dungione** villa vero castellum quoddam, supra castellum
autem unum dungionem. In villa quaedam domus sunt validae, plures vero invalidae. In castello autem firmitas est tanta, 20 ut, si quis illuc confugerit, nisi inde redierit, ab aliquo laedi non possit. Tanta vero securitas est in dungione, ut, si quis illuc poterit ascendere, numquam eum inde libeat redire. Haec autem omnia ille rex habet in potestate sua. Inimicus vero eius ita est fortis, quod quidquid extra villam invenit sine ullo obstaculo comprehensum abducit. In ipsam 25 quoque villam saepius intrat et domos quas invenit invalidas violat, eosque qui inhabitant captivos asportat. Illas vero quas firmas invenit, postquam eas irrumpere nequit, ad extremum invitus dimittit. In castellum quoque non potest ascendere nec illuc confugientibus quicquam mali facere, nisi redierint ad proelium villae. Sed si suorum amore 30 parentum redierint, quia eos audiunt occidi et male tractari, vel per foramen aut fenestram respexerint, tunc eos facile occidere aut vulnerare poterit. Quapropter necesse est eis ut numquam ad clamorem parentum attendant nec ad bellum revertantur vel respiciant, sed semper, ut coeperunt, fugiant, donec ad summitatem dungionis perveniant. Post- 35 quam enim illuc pervenerint, erunt omnino securi.

2 ad monachatum HOP     3 potuerit: potuit P     10 curet: curat F    teneat: tenet F     15 Deus *litteris maioribus* FD; D *tantum litt. maiori* HOP     18 vero: autem HO    supra: super HO      29 ascendere: aċcendere H; acendere O 32 aut (*prius*): vel HO

Itaque rex ille deus est, qui cum diabolo bellum habet. Hic in suo regno habet Christianismum, in Christianismo vero monachatum, supra monachatum autem conversationem angelorum. In Christianismo quidam in virtutibus sunt validi, plures vero invalidi. In monachatu autem
5 firmitas est tanta, ut, si quis illuc confugiens monachus effectus fuerit, nisi inde paenitendo redierit, a diabolo laedi non possit. In angelorum vero conversatione gaudium est securitatis tantae, ut quisquis illuc ascenderit, nolit umquam redire. Haec autem omnia rex, id est deus, habet in potestate sua. Inimicus vero eius, id est diabolus, tantae est
10 potestatis, quod omnes Iudaeos atque paganos, quos extra Christianismum reperit, nullo obsistente rapit et in infernum demergit. In ipsum quoque Christianismum saepius intrat et eos quos debiles invenit tentando violat, animasque corporibus inhabitantes captivas asportat. Illos vero quos fortes invenit, postquam eos superare nequit, tandem,
15 licet tristis, dimittit. In monachatum quoque non valet irrumpere, nec his qui monachi effecti sunt quicquam mali facere, nisi ad saeculum redierint corpore vel corde.

## 77. Similitudo inter monachum et potionem et medicum et abbatem

SED quia hoc saepius solet evenire novitiis, attendant quia sic agit
20 qui monachatus arripit difficultatem, quomodo infirmus qui gravem accipit potionem. Plerumque etenim contingit ut qui aliquam corporis infirmitatem patitur potionem quaerat, qua possit ab illa infirmitate curari. Cumque ei medicus dicit ut illam vel illam potionem accipiat et sic poterit sanari, emit eam vel datur ei et accipit. Sed potio fortis cum
25 viscera eius rimatur, membra omnia percurrit, malos humores contrahit, vires tollit, corpus dissolvit, terrae prosternit, desiderium maximum bibendi in eo accendit vel dormiendi vel foras ad ventum eundi, eique medicus haec interdicit, comminans quia morietur si haec fecerit: 'Heu me', inquit, 'cur hanc potionem accepi? Male mihi erat et modo
30 est peius. Heu, quanto meo malo illos vidi qui hoc consilium mihi dederunt, nec mihi quia hoc et hoc me oporteret pati praedixerunt. Si enim hoc scissem, numquam accepissem.' Sic et sic iste conqueritur, dum potione coarctatur. Cum vero mali humores defluere coeperint totumque corpus paulatim leviari, gaudet et exultat quia talem potionem
35 accepit, per quam ad pristinam sanitatem redire se sentit, et omnes qui hoc ei consilium dederunt benedicit.

---

16 effecti sunt: sunt effecti F    17 corpore vel corde: mente vel corpore HO
19 Sed *litteris maioribus* FD; S *tantum litt. maiori* HOP    24 sic *om.* F    25 viscera: vicera HO(*corr.*)    membra: membraque HO    28 haec: omnia *add.* HO
33 vero *om.* F

Similiter vero multotiens accidit, ut aliquis qui animae suae infirmitatem considerat medicinam inde spiritalem quaerat, qua ab illa vitiorum suorum infirmitate mundari valeat. Cumque ei aliquis spiritalis homo dicit quia per monachatum posset salvari, dat quidquid habet, ut in monasterio aliquo suscipiatur vel ei gratis aliquando conceditur. Sed 5 cum ordinis difficultas cogit eum vigilare cum vellet dormire, esurire cum vellet edere, sitire cum vellet bibere, tacere cum vellet loqui, legere vel cantare cum vellet quiescere, sedere cum vellet stare vel ambulare, aut stare vel ambulare cum vellet sedere, iniurias multas sustinere, propriam voluntatem ex toto deserere, 'Me miserum', inquit, 'hunc 10 habitum quare suscepi? Antea male agebam, sed modo peius ago, quia tot et tanta, quae mihi iubentur, adimplere non valeo. Vae mihi, vae mihi! Ut quid his credidi, qui hoc mihi consuluerunt? Putabam quod omnes isti homines essent sancti.' Haec et his similia novitius dicit, dum ordo imprimis illi videtur gravis. Sed postquam sentit quia sic ad 15 animae sanitatem redit totumque quod antea grave videbatur paulatim leve efficitur, deo gratias agit et omnes qui tale consilium sibi dederunt benedicit.

## 78. Contentio inter conversos et nutritos

VERUM quia de conversis atque nutritis congregatur monachorum 20 ordo, dicendum est quia solet esse contentio quaedam inter nutritos monachos atque conversos. Attendunt enim nutriti se nulla crimina commisisse nec se in saeculi sordibus coinquinasse, sed quia mundam ab infantia vitam duxerunt, et in dei servitio semper laboraverunt. Illos vero e contrario semper in malo vixisse considerant, et ideo merito 25 inferiores esse iudicant. At contra conversi, quia scientiam exteriorum habent, res monasterii sapienter tractant, nutritis ipsis necessaria inveniunt, ordinem quoque suum ferventius plerumque custodiunt, illos vero parum in his valere considerant, ideo meliores illis se aestimant. Sicque aliis alii se praeferunt, dum non suam sed aliorum infirmitatem 30 attendunt. Sed si vere monachi essent, sic esset inter eos quomodo inter homines sanctos et angelos in caelis. Angeli enim sunt quasi nutriti, sancti vero quasi conversi. Sed nec angeli sanctos despiciunt, quia tentationibus aliquando victi sunt, nec sancti angelos, quia nullam quam vincerent tentationem passi sunt. Si enim Michael diceret Petro, 'Tu 35 dominum negasti', posset Petrus respondere, 'Verum est quidem quod dicis, sed tu pro domino numquam vel unum colaphum sustinuisti'.

---

16 sanitatem: sanitem F        20 Verum *litteris maioribus* FD; V *tantum litt.* *maiori* HOP     22 atque FP; et DHO     25 in malo HO: *om.* FDP     37 tu *om.* HO *add. interlin.* P

35 Cf. *De beat.* pp. 280–1.

Quod omnino non faciunt, sed ita existunt concordes, ac si omnes essent angeli vel homines. Sic ergo sint isti, ac si nutriti sint omnes vel conversi.

### 79. *Similitudo inter monachos et angelos*

5 Sic est enim inter congregationem monachorum in terris et congregationem angelorum in caelis, quomodo inter eos qui adhuc sunt exterius in cella novitiorum, et illos qui iam sunt interius in congregatione monachorum, qui, ut praevalent, in omnibus se perfecte custodiunt. Hos enim abbas per semetipsum iam omnia docuit quae
10 vult eos observare, illis vero magistros ex istis praeponit, qui eos doceant quae debeant custodire. Isti iam probati sunt in omni humilitate et oboedientia et patientia et observatione omnium, quae ordo exposcit; illi vero adhuc probandi sunt utrum velint esse humiles, oboedientes, patientes, et observare omnia quae ordo requirit. Unumquemque ergo
15 illorum is qui ei magister deputatus est probat, et arguendo, increpando, plerumque etiam flagellando tentat an aptus ad suscipiendum in congregatione aliorum existat. Quem si viderit cuncta patienter sustinere et aliorum consortio per omnia dignum esse, venit ad abbatem, annuntians ei coram omni congregatione, 'Domine', inquit, 'novitius ille,
20 quem mihi commendastis, ita perfecte se habet omnibus modis, quod iam est dignus inter nos esse, si iubetis.' Quibus auditis abbas aut eum recipit communi consilio fratrum, aut adhuc dimittit ad exemplum aliorum novitiorum. Sicque de isto novitio condigne agitur, qui servorum dei consortio iam dignus habetur.
25    Illum autem novitium quem magister suus viderit inoboedientem, impatientem, superbum, susceptione indignum, postquam eum diu toleravit, multisque modis emendare tentavit, tandem, si nihil proficere potest, venit ad abbatem et talia refert: 'Domine', inquit, 'novitius ille, quem habebam in custodia, ut eum docerem quomodo posset esse
30 dignus conversatione nostra, ita perverse se habet in omnibus quae agit, ut nec inter reliquos novitios dignus sit conversari. Providere itaque nobis convenit, quid potius sit faciendum de eo.' Ad haec ille respondens magistrum hortatur ut eum adhuc omnibus modis emendare conetur, dicens melius esse illum inter reliquos tolerare, quam ad
35 saeculum reverti dimittere. Sicque novitius iste nec in congregatione recipitur nec a cella novitiorum expellitur. Similiter ergo est per omnia considerandum inter deum et angelos et monachos, quomodo inter illum abbatem et magistros atque novitios.

5 Sic *litteris maioribus* FD; S *tantum litt. maiori* HOP    enim *om.* HOP    15 ei *om.* HO

## 80. *Similitudo inter deum et imperatorem*

VIDENDUM etiam sic esse inter deum et angelos et homines, quomodo inter imperatorem terrenum et sibi obsequentes. Tria quippe sunt genera hominum, qui terreno imperatori serviunt. Alii enim serviunt pro terris quas habent, nihil aliud quaerentes nisi quod tenent. Alii, 5 quia recuperare terras volunt quas eorum patres aliqua sua culpa perdiderunt. Alii pro solidis et ut bene pascantur, et tamdiu ei obsequuntur quamdiu haec eis largitur. Quae si abundanter illis donaverit, laudant eum et dicunt quia vere domino tali serviendum est, qui talia sibi servientibus confert. Si vero haec illis dare destiterit, statim recedunt 10 ipso vituperato et incipiunt servire ipsius inimico. Tria igitur haec sunt genera hominum alicui terreno imperatori servientium.

Similiter autem tria sunt genera eorum qui superno imperatori deserviunt. Primum enim genus sunt angeli, aliud vero homines boni, tertium autem hi qui tantum serviunt pro terrenis. Sic ergo est per 15 omnia considerandum inter haec tria genera et deum, quomodo inter alia tria supradicta et imperatorem suum. Illos itaque dominus honestius tractat, qui nihil umquam deliquerunt nec aliud quam quod habent quaerunt. Illos vero, quorum patres sibi peccaverunt quique pro illorum haereditate serviunt, aliquanto vilius tractat modisque diversis 20 tentat, videlicet convitiando, comminando, quaedam gravia iubendo, quandoque etiam flagellando. Qui si haec omnia humiliter sustinuerint dominique sui misericordiam patienter exspectaverint, tandem eis dominus haereditatem patrum suorum reddit. Si vero noluerint haec tolerare, nec haereditatem valent recuperare nec aliud eis vult dominus 25 dare. Illi autem qui nihil aliud quaerunt quam solidos et ut bene pascantur, tamdiu imperatori obsequuntur, quamdiu talia tribuit.

## 81. *Quod monacho prosit si aliquod bonum invitus faciat*

SED ad haec quis dicat nil monacho prodesse quod invitus cogitur agere. Cui respondendum est quia contingit aliquando quempiam sic 30 abundare humoribus malis, ut nisi secetur sanari non possit. Ut igitur ab eis ex toto possit mundari, sponte sua prius se facit ligari, rogans etiam eos, qui sunt eum secturi, ut non eum dimittant, quidquid ipse dicat, donec eum perfecte secuerint. Cum ergo putredinem pungere coeperint et resecare, clamat et dicit se mali nihil habere, comminaturque 35

---

2 Videndum *litteris maioribus* FD; V *tantum litt. maiori* HOP est *add.* HO
4 enim: vero HO     7 solidis: solidatis HO     15 hi: sunt *add.* HO     17 alia:
illa F     26 solidos: solidatas HO     29 Sed *litteris maioribus* FD; S *tantum
litt. maiori* HOP     30 est HOP *om.* FD    contingit HO; contigit F(*corr.*) DP

1-27 See c. 39, above, and the references there given.

eos nisi eum dimiserint occidere. Sed illi, qui eum hoc dicere propter
dolorem sciunt, non verba illius attendunt, sed, ut coeperant, putredinem perfecte abscidunt. Cum autem ad plenum mundatus melius
habuerit, eisdem quibus antea minabatur gratias agit, quod non eum ad
5 voluntatem suam dimiserint. Quid ergo? Numquid non ideo prodest
sibi sectio, quia eam toleravit invitus, cum ad eam tolerandam se fecit
ligari spontaneus? Prodest revera, quia per eam abscisa est infirmitas et
reparata sanitas.

Similiter autem plerumque contingit ut aliquis redundet vitiis, et
10 intelligat quod aliter salvari non valeat, nisi a se fuerint resecata. Ut
ergo inde purgari perfecte valeat, alicubi in monasterio sponte sua se
alligat. Professionem etenim faciens ibi stabilitatem morum suorum
promittit, seque intra monasterii claustra eo tenore recludit, ut medici
spiritales, videlicet sui pastores, qui eum corrigere debent, quidquid
15 ipse postea dicat, non eum dimittant, sed eius vitia resecent et emendent.
At plerumque cum eum coeperint ad meliora stimulare et eius vitia
corripiendo resecare, recalcitrat atque irascitur, dicens se non esse
culpabilem unde reprehenditur, ipsosque qui eum arguunt aliquando
etiam perimere minatur. Hi vero, qui haec eum proferre propter
20 ordinis districtionem cognoscunt, non eum ideo dimittunt, sed ab eo
districte stultitiam ut praevalent abscidunt. Cum itaque fuerit emendatus
a vitiis et mitior factus, ad se reversus hisdem quibus prius irascebatur
grates reddit, quod eum reprehensum correxerint. Quid igitur? Numquid nam ideo non sibi proderit illa tanta districtio, quia eam infirmitate
25 carnis invitus ad horam sustinuit, cum ad eam sufferendam sponte sua
in monasterio se alligaverit? Proderit utique, quia et per eam liberatur
ab infirmitate vitiorum et redit ad sanitatem virtutum.

### 82. Quam magna sit spes monachi professi

SED DICET aliquis: Melius esset, ut deo sine professione serviret
30 spontaneus, quam in monasterio professione se alligans servire cogeretur
invitus. Cui ita respondendum est, quia tanta distantia est inter illum
qui non vult facere deo promissionem serviendi sibi et eum qui eam
libenter facit, quanta inter homines duos, qui ambo ex debito debent
servire domino uni; sed unus eorum accedit ad eum et dicit: 'Domine,
35 tibi ex toto corde servire volo, sed me tibi esse fidelem promittere nolo,
quia, si hoc tibi promisso postea tibi peccarem, gravius delinquens

2 coeperant: separant HO(corr.)        10 salvari: sanari HO        valeat: possit D
29 Sed dicet litteris maioribus FD; S tantum litt. maiori HOP        31 ita om. FP
est om. FD

28–73. 23 Cf. Ep. 121 [ii. 29].

graviori vindicta dignus existerem. Quanto autem melius potero serviam
tibi, sed si quando peccavero tibi, iudica me ut illum, qui se tibi esse
fidelem minime promittit.' Alter vero venit et dicit: 'Domine, toto ex
corde meo te diligo tibique fidelitatem et subiectionem promitto, ut,
si aliquando fecero contra praeceptum tuum, non me iudices ut alienum, 5
sed emendes ut proprium servum.' His itaque dictis evenit, ut ambo idem
peccatum postea faciant ac deinde paenitentes ad misericordiam domini
sui veniant. Dicit itaque dominus illi qui sibi fidelitatem promittere
noluit, 'Quare hoc fecisti?' At ille, 'Domine', inquit, 'confiteor quia
deliqui, sed tamen non me tibi non esse delicturum promisi.' Sed ille, 10
'Ideone', inquit, 'noluisti mihi fidelitatem promittere, ut posses contra
me liberius peccare? Ergo et ego contra te non ut erga meum, sed ut
adversus alienum agam totumque quod erit mei iuris, usque ad ultimum quadrantem exigam.' Hoc ita iudicato convertitur ad alium et
dicit, 'Et tu, male serve, qui mihi fidelitatem promiseras, et ideo tibi 15
magis cavere debueras, quare hoc fecisti?' At ille, 'Domine', ait, 'confiteor revera me deliquisse tibique fidelitatem promisisse. Sed postquam me paenitet quia deliqui, debeo ego peius pati quia tibi fidelitatem
antequam deliquissem promisi, quam ille qui hanc tibi non vult promittere etiam postquam peccavit? Ideo quippe me esse volui tuum, ut, 20
si quando peccarem, non me iudicares ut alienum, sed emendares ut
proprium.' At dominus, 'Ita est', inquit, 'ut dicis. Cum ergo voluero de
te vindictam accipiam ut de meo.'

Sic autem et deus inter professum monachum et nolentem profiteri
iudicat, si eos contra eum peccasse paeniteat. Non solum autem pro- 25
fessum mitius iudicat non professo, sed quolibet laico adhuc in saeculo
constituto. Licet enim uterque idem peccatum committat, tamen si
toto ex corde monachum deliquisse paeniteat eumque, cui se subdidit,
ordinem ferventi amore custodiat, maiorem quam laicus misericordiam
consequetur, quantumlibet ille paeniteat saecularibus adhuc detentus. 30
Si vero paenitere noluerit, maiori quam laicus damnationi subiacebit.

### 83. Similitudo inter monachum peccantem et laicum

QUOD ut apertius a simili videamus, homines duos unius domini servos
intueamur. Ambo itaque a domino illo possessiones proprias obtineant
sibi iureiurando promisso quod ei fideles existant. Unus tamen eorum 35
conditione tali hoc faciat, quod, si quid in eum quandoque delinquat,
de proprio suo prout fuerit iustum sibi emendet. Alter vero dominum
adeo diligat ut nil proprium retinere, sed omnibus ei dimissis familiarius

---

32 Similitudo F      33 Quod *litteris maioribus* FD; Q *tantum litt. maiori* HOP

malit servire. Hoc etiam pactum cum eo componat, quod, si aliquando quid contra eum committat, de seipso non de re aliena sed ut de proprio, quam voluerit vindictam assumat. His igitur actis, si culpam eandem committat uterque ac deinde paenitentia ducti velint emendare, sed ille
5 de proprio quod nec adhuc totum vult dare pro satisfactione culpae illius, iste de seipso quem etiam totum domino mancipaverat prius, videatque dominus quod ille tantum facere nolit vel postquam sibi peccavit, quantum iste priusquam in eum delinqueret fecit: de quo, inquam, maiorem velle videtur habere misericordiam? An cum illo
10 videtur velle mitius agere, quem operibus comprobat se minus diligere? Quod si hunc alterum velit durius arguere, 'Serve' inquiens 'male, tu quanto mihi eras familiarior, tanto es culpabilior', potest iste sibi respondere: 'Domine', inquiens, 'verum est quod dicis, sed quamdiu paenitere nolui. At postquam toto ex corde paeniteo, meque ipsum in
15 emendationem trado, numquidnam peius illo debeo pati, qui nec illud quod habet, tibi totum vult dare pro sui satisfactione commissi? Iustumne videtur ut, quia te magis dilexi, minorem debeo misericordiam consequi? Immo eo maiorem mihi facere debes misericordiam, quo nullam maiorem tibi facere possum satisfactionem.' Quid aliud dominus
20 diceret, quam quod veritas habet? Hunc ergo mitius iudicat ut ex toto proprium, illum vero severius ut minus sibi privatum.

Sic ergo et deus celerius indulget monacho qui se ei totum committit, quam laico dare nolenti vel sua pro his quae commisit.

*84. Similitudo inter monachum et arborem*

25 UT ENIM rursus a simili potest videri, acceptabilius est deo bonum opus monachi quam hominis cuiusquam saecularis. Solet quippe accidere duos esse homines sub domino uno singulas habentes arbores in proprio solo. Arbores autem illae fructum bonum ferunt utraeque. Verum illi, quia dominum inaequaliter diligunt, et ei de fructu earum impariter
30 serviunt. Unus enim eorum, quia eum minus diligit, cum arboris suae fructus fuerit maturus, colligit fertque inde domino suo quantum sibi visum fuerit. Alius vero dominum adeo amat, ut ad eum veniens arborem ipsam sic ei offerat dicens, 'Domine, arborem habeo quandam, bonum valde fructum ferentem. Quae quia vestrae congruit dignitati, malo eam
35 vestri esse iuris quam mei. Eam igitur offero vobis, ut amodo vobis fructificet soli. Ipsam quoque vestro assignabo praeposito, ut ex ea fructum colligat, indeque vobis prout vos velle noverit diligenter deserviat. Sed et ego, quanta diligentia potero, eandem vobis custodire

17 debeo: debeam P    24 Iterum alia (*scil. similitudo*) F    25 Ut enim *litteris maioribus* D; U *tantum litt. maiori* FHO; Et P    33 dicens *om.* FP    Domine: inquit *add.* FP

curabo.' Cuius igitur horum obsequium domino illi magis videtur acceptum? An illius qui quando quantumque voluerit dat ei de fructu propriae arboris? Immo magis illius, qui arborem totam dat ei cum fructu.

Sic ergo et servitium monachi deo est magis acceptum quam hominis 5 saecularis. Ipsi enim sunt homines duo, qui sub deo velut arbores quasdam habent seipsos. Ipsi quoque utrique sunt apti ad ferendum fructum operis boni. At quia non eodem modo diligunt deum, nec ei pariter bene operando deserviunt. Saecularis enim, quia eum minus diligit, tunc tantum cum habuerit animum bene operandi, boni operis 10 offert deo quantum voluerit. Monachus vero eum dilexit in tantum ut ad eum accedens totum ei offerret seipsum, factis ac si verbis alloquens eum: 'Domine', inquit, 'meae hactenus potestatis eram, quodque mihi libebat bonum malumve, faciebam. Verum quia tuus omnino debeo esse tibique soli bona tantum opera fructificare, me totum tuae trado 15 potestati, ut amodo tibi fructificem soli. Quod ut melius facere valeam, uni ex ecclesiae tuae praelatis me subdam, qui me custodiens ea tantum opera doceat agere, quae tibi noverit magis placere. Sed et ego pro modulo meo custodire meipsum studebo.' Cuius igitur munus deo est acceptabilius? An illius qui sibi offert quaedam ex operibus suis, 20 plurima vero subtrahit? Immo illius magis, qui dat ei seipsum cum operibus cunctis.

Nec ideo propria privatur mercede, quia saepe bonum opus cogitur agere. Sicut enim is qui arborem totam commisit praeposito domini sui, ut ex ea fructum colligeret ex quo et domino suo prout eum velle nosset 25 deserviret; ut, inquam, proprium non perdit meritum si ille colligat fructum priusquam maturescat, aut in arbore dimittat e contra donec putrescat, sic monachus qui se totum commisit praelato ut eum custo- diret eaque opera tantum ab eo agenda exigeret quae deo placere potius nosset, sic, inquam, propriam non perdet mercedem si quid operis boni 30 agere cogatur antequam velit, vel e contra prohibeatur cum agere velit, donec et ipsam amittat voluntatem agendi. Non igitur omittere debet quidquid boni praelatus ei praecipiat, vel praesumere ut agat a quibus- cumque eum prohibeat. Sit enim illius praevidere quid praecipiat quidve prohibeat, huius vero sequi eum in bono per omnia. Sed ut hoc 35 voluntate oboedienti faciat, noverit a simili quot sint voluntatis sub- ditorum genera.

12 offeret HOP; offerret FD (*corr.* offerat)    ac si: ac HO      14 libebat *De sim.*: licebat FD(*corr.*) HOP    20 sibi: ei HO    ex: de HO      26 meritum: mercedem HO     29 ab eo HOP: *om.* FD

23–37 Cf. *Vita Anselmi*, ii. 11 (p. 76).

### 85. Similitudo inter matronam et divinam voluntatem

Accidit quandoque matronam aliquam filias cum ancillis suis magistrae commendare, ut eas opera mulieribus congrua doceat exercere. Illis vero praecipit, ut ei cunctae oboediant, quodque sibi faciendum
5 iniunxerit expedite adimpleant. Hoc itaque disposito, magistra eas in unum congregat, iniungit cuique quid agere debeat, et ne foras egrediantur observat.

### 86. De filiabus matronae

Quibus ita sub eius magisterio astrictis, bonae quidem filiae per omnia
10 sibi obtemperant, sed nec abeundi foras licentiam quaerere curant.

### 87. De ancillis eius bonis

Ancillae quoque similiter faciunt, excepto quod instabiliores existunt. Quia enim taedet eas in custodia diutius esse, licentiam foras exeundi quaerunt quandoque. Quam si obtinere non valent, non inde tristantur
15 vel murmurant, tantum dicunt quia datam libenter acciperent. Quod si eis concessa fuerit, egrediuntur quo eis visum fuerit, cessantque interim ab operibus suis.

### 88. De ancilla latrone

20 Inter eas autem quandoque est latro quaedam, praeceptis magistrae vix oboedire volens. Sed quia custodia ei taedio semper existit, licentiam exeundi saepius quaerit, causas quae rationabiles videantur adinvenit. Quam si obtinere non potest, contristatur vehementer et dolet, suaeque magistrae si audet durius respondet. Si vero aperte ausa non fuerit, occulte detrahit, quodque faciebat opus intermittit. Quod si operari
25 fuerit iussa, praetendit protinus quod sit infirma. At si quando se solam viderit, protinus exilit, ostium petit, huc illucque circumspicit, mandat illi vel illi licentiam quaerere secum loquendi. Quod si reperta fuerit atque correpta, prosilit statim in huiusmodi verba: 'Quid', inquit, 'feci, quo sic debeam corripi? Quae mira visa sum agere, quia inferuntur mihi
30 tot contumeliae? Sed iam satis apertum videtur, quam iniuste contra me agatur.' Itaque residet maesta, dolens quod ita sit reprehensa. At postquam ad modicum dolor ille recesserit, maturitatem quandam praetendit. Cumque aestimat quod et ab aliis reputetur matura, licentiam rursus quaerere tentat. Quam si habere nequiverit, protinus subdit:
35 'Stultus est', inquit, 'qui bene agit, cum aeque boni tractentur et mali.' Quod si licentiam habere poterit, foras confestim egreditur, huc illucque vagatur, iuvenum consortia expetit, multa non agenda committit.

2 Accidit: A *littera maiori* FDHOP     25 At F: Et HO Aut P D(*corr.*)     29 quo: quod D     31 agatur: agitur HO

*(89. De oboedientia, licentia et inoboedientia)*

Ut ergo hac similitudine potest colligi, tria sunt genera voluntatis in subditis.

Horum autem primum oboedientia, secundum licentia, tertium dici potest inoboedientia. Haec vero genera omnia inveniri possunt in 5 monachis, quos matrona quaedam magistrae cuidam commendavit, id est voluntas divina voluntati abbatis eorum supposuit. Ex his igitur fieri per omnia consideremus, ut superius in similitudine audivimus.

*90. Similitudo inter monachum et denarium*

RURSUS a simili debemus videre, quot in perfecto monacho debeant 10 esse. Tria cuique bono insunt denario, quae cuique bono monacho inesse debent. Denarius quippe bonus puro ex aere, recto pondere, monetaque legitima debet constare. Si enim ex his unum defuerit, venalis esse non poterit. Ut ergo venalis valeat esse, haec tria pariter debet habere.

Haec quoque debet habere et monachus, ut vere monachus esse 15 reputetur. Eius quippe metalli puritas pura est eius oboedientia. Nulla enim inoboedientiae impuritas, sed sola in eo esse debet oboedientia. Rectum vero illius pondus stabilitas est propositi eius. Non enim leviter exsufflari debet ab eo quod accepit, sed usque in finem perseverare stabilis. Illius autem moneta habitus est monachilis atque tonsura, ante 20 et retro, et consimilia. Sicut enim denarius a moneta dinoscitur, cuius regionis sit, sic ab istis monachus, cuius sit ordinis. Is autem monachus, qui adeo est senex ut ante et retro iam nequeat inclinare, denario illi similis est, cuius monetam temporis antiquitas iam delevit. Is vero, qui habitum monachilem non adhuc suscepit et ideo nomen non habet 25 monachi, assimilatur nummo monetam nondum habenti, et ideo nondum venali. At sicut qui thesaurum congregare desiderat, huiusmodi nummum aeque ut habentem monetam amat, sic deus, qui thesauro caelesti nos omnes reponere cupit, huiusmodi hominem aeque ut habitum monachi habentem ibi reponit. Quem autem viderit habitum 30 quidem monachicum habere, sed ex aere impuro, id est inoboedientem esse, hunc thesauro caelesti numquam reponit, sicut nullus denarium falsum suo thesauro reponere quaerit. Quem vero viderit oboedientem esse, etsi aliquando fragilitate peccet humana, non hunc tamen repellit, si statim paeniteat. Ut enim ab invalido denarius falsus, sic a debili 35 differt monachus falsus. Invalidus quippe denarius minus habet pondus

10 Rursus *litteris maioribus* FD; R *tantum litt. maiori* HOP

1–8 In *De sim.* this chapter has been greatly extended on the basis of *Vita Anselmi*, ii. 11.

quam debeat, sed illud quod habet, puro ex aere constat. Falsus vero
eandem quam bonus monetam praetendit, sed interius latet falsitas
aeris. Sic falsus monachus eundem quem bonus habitum habet, sed
inoboedientiae falsitas interius latet. Debilis vero sed oboediens, licet
5 non tantam quin cadat quandoque habeat stabilitatem, oboedientiae
tamen retinet puritatem. Mox etenim paenitet eum quia deliquit;
quod ei praecipitur pura oboedientia facit. Ille ergo ut denarius falsus
a caelesti thesauro repellitur, hic vero pro sui modulo vigoris ibi
reponitur. Nihil igitur cuiquam prodest habitum monachi exteriorem
10 habere, si non studuerit et interiorem habere.

## DE DUOBUS GENERIBUS RELIGIONIS

Duo sunt quippe ordinis genera viro religioso convenientia. Unum
exterius, quo religiosus videtur; aliud vero interius, quo religiosus
habeatur. Et illud quidem exterius factitii, hoc vero interius naturalis
15 est ordinis. Factitius quippe ordo factitiae sunt consuetudines, ut in
ordine monachorum reperiuntur plures. Has etenim homines adin-
venerunt, quibusdamque de causis rationabilibus servandas instituerunt.
Naturalis vero naturales sunt virtutes, ut humilitas, caritas et aliae plures.
Has enim deus ipse naturaliter indidit homini suaeque causa salutis
20 servandas mandavit. Ille itaque factitius ordo sine isto nil homini prodest, iste vero sine illo etiam salvare hominem potest. Ut tamen servari
valeat iste, valde est sibi necessarius ille.

*91. Similitudo inter corrigiam et sotularem et inter ordinem factitium et*
*naturalem*

25   Sic enim est inter illum istumque ordinem, quomodo inter corrigiam
et sotularem. Corrigia namque sola colligata pedi, nullo est munimento
sibi. Immo magis inconveniens esse videtur, si sibi sola circumligetur.
Sotularis vero etiam solus pedem munit, satisque decenter convenit sibi.
Ne tamen cadat vel tortus fiat, necessaria sibi est corrigia, ut ligetur ex ea.
30   Sic licet factitius ordo nil solus prosit, sed magis dedeceat, naturalis
vero sine illo et prosit et deceat; ut tamen iste firmius teneatur, necessarius ille sibi habetur. Hinc quippe est quod, qui religionem interius
servare desiderat, habitu monachili exterius se alligat, qui quod exterius

11 DE . . . RELIGIONIS F     12 Duo sunt *litteris maioribus* FD; D *tantum litt.*
*maiori* HOP     14 habeatur FDP: habetur HO     16 reperiuntur: inveniuntur
HO     18 Naturalis vero: ordo *add.* HO

11–22 In *De sim.* this paragraph forms the concluding section of c. 90.

ostendit semper eum esse coarguat. Quod si postea noluerit esse, magis
dedecet eum habitus ipse. Si enim verbi gratia monachus superbus fuerit
qui habitu exteriori humilitatem praetendit, multo inconvenientius esse
videtur quam si careret humilitatis habitu. Decet igitur ut quod ostendit
exterius, studeat et habere interius. Nil enim paene exterius habet in 5
habitu vel consuetudine, quod non eum commoneat aliquid interius
habere.

### 92. De vestibus monachi

Quod enim viles nigrasque fert vestes, ut se vilem reputet peccatorem-
que commonet. Quod vero eisdem a capite usque ad pedes tegitur, hoc 10
eum facere a principio vitae usque ad finem hortatur. Quod autem eaedem in modum sunt crucis, eum semper habere commonet memoriam
dominicae passionis.

### 93. De corona et tonsura monachi

Corona denique capillorumque tonsura eum esse sacerdotem et regem 15
demonstrat. Sacerdotes quippe in lege mitra tegebant caput, ad similitudinem cuius huic raditur caput. Reges autem corona utuntur, ad
cuius similitudinem huius capilli tondentur. Haec itaque cohortantur
eum ut sacerdotis et regis gerat officium.

### 94. De spirituali officio monachorum　　　　　　20

Officium sacerdotis erat in lege generis diversi pecora mactare. Huius
ergo officium debet esse leonem crudelitatis, lupum rapacitatis, taurum
feritatis, vulpem astutiae, hircum immunditiae, glirem somnolentiae,
equum et mulum luxuriae, asinum pigritiae, aliaque bestialia vitia in
se occidere.　　　　　　25

Regis autem officium proprium est regere regnum, hostes inde pro-
pellere, ne iusto iniustus iniuriam faciat providere, malis depressis bonos
exaltare. Hoc itaque officium debet esse et monachi, ut suae mentis
regnum regat et corporis. Hinc enim omnia expellere debet vitia,
praevidere ne malus bono appetitus resistat, sed ut bonus malum sibi 30
semper subiciat. Quidquid postremo exterius ostendit in habitu vel
consuetudine, studeat et interius habere. Alioquin nil sibi corona sive
tonsura proderit ullusve habitus vel consuetudo monachilis.

At sunt plerique qui ordini factitio imputant quod naturalem non
servant. Dicunt enim bono animo se pati non posse quod eis 35
imponuntur consuetudines tantae. Queruntur etiam quod in saeculo

22–25 Cf. Dicta, c. 1, p. 110.

meliores fuerint eosque monachatus deteriores effecerit. Verum quisquis
hoc dicit, denario falso est similis.

### 95. *Similitudo inter monachatum et ignem*

Falsus quippe denarius bonus plerumque esse videtur. At si in ignem
5 fuerit missus, protinus falsus esse probatur. Sic plerumque male mori-
geratus homo bonis esse moribus videtur in saeculo. At si monachus
fuerit effectus, culpisque postmodum exigentibus regulariter increpatus,
protinus probatur non esse quod videbatur. Qui enim humilis videbatur et patiens, mox superbus invenitur et impatiens. Quod si hoc
10 imputaverit ordini, tale est ac si denarius dicat igni, 'tu me falsum fecisti'.
Non enim eum falsum fecit, sed quod erat ostendit. Sic denique istum
non ordo male morigeratum effecit, sed quia hoc esset declaravit. Non
igitur ordinem, sed seipsum accuset moresque perversos in bonos com-
mutet. Nisi enim bonis esse moribus videatur, bona quae exterius agit
15 parvipenduntur.

### 96. *De interiori virtute et exteriori*

Duo quippe virtutis sunt genera, quae inter se sic differunt ut corpus
et anima. Unum enim interius et invisibile, aliud vero exterius est atque
visibile. Interius namque est caritas, humilitas, patientia, benignitas
20 ceteraque similia. Exterius vero ieiunare, eleemosinas dare, in orationibus
vigilare, lacrimari aliaque huiusmodi. At sicut corpus sine anima non
diu subsistere valet, anima vero sine corpore potest, sic exterius genus
sine interiori non diu subsistit, cum hoc interius faciat sine exteriori.
Diu enim caritatem habere quis potest, etiamsi non ieiunat, cum diu pro
25 deo ieiunare non possit, si eum non amet. Ut tamen plerumque spiritus
malignus corpus assumit illudque vegetando subsistere facit, sic inanis
gloria cor hominis intrat illudque genus virtutis exterius simulat. Sicut
enim caritas ieiunare, sic et inanis gloria facit. At sicut corpus exani-
matum cito foetet atque contemnitur, sic exterius genus sine interiori
30 despicitur. Cum enim quispiam ieiunio quidem intentus, sed irasci facile
videtur, si de ieiunio laudetur ab aliquo, confestim respondetur ab altero :
'Quis', inquit, 'curet de illius ieiunio, qui sic inflammatur pro nihilo?'
Si autem frequentius manducare sed humilis et patiens videatur esse,
si quia non ieiunat ab aliquo reprehendatur, ilico ab altero respondetur :
35 'Bene', ait, 'ut manducet promeretur, quia adeo patiens est atque
benignus.'

13 in bonos: in bonum HO     16 De duobus generibus virtutis F    17 Duo
litteris maioribus FD; D tantum litt. maiori HOP     33 manducare FDHOP:
manducaret De sim.

### 97. Similitudo inter monachum et hortulanum

VERUM sciendum ad virtutes tendenti, quod agere debeat more hortulani. Hortulanus quippe, qui plantare appetit herbas, prius terrae naturam, ubi eas plantet, considerat. Nisi enim terrae et earum natura convenerit, crescere vel fructificare nullatenus poterunt. Sic qui vir- 5 tutum facere vult plantarium, quo in loco sui plantet eas, sibi est praevidendum. Si enim locus fuerit vitiosus, et ipsae virtutes in vitia rediguntur.

### 98. De aedificante domum

RURSUS sic eum agere decet velut qui domum aedificare debet. Qui 10 enim aedificium facere vult stabile, soliditatem prius considerat terrae, quo scilicet firmum fundamentum supponere, parietem erigere, tectum superimponere, tutusque possit inhabitare. Sic qui virtutum facere vult aedificium quo securus inhabitet ab insidiis daemonum, quo in loco sui construat illud sibi est praevidendum. Si enim locus firmus non fuerit, 15 nec aedificium diu subsistere poterit. Hoc itaque solum vel terra pura est humilitas, cuius cunctis virtutibus congruit natura easque velut firmum fundamentum sustentat. Tamdiu enim virtutes aliae subsistere valent, quamdiu firmamentum humilitatis retinent.

### (99. Quod superbia sit vallis maxima bestiis vitiorum plena) 20

Ipsa namque est velut mons magnus, in cuius cacumine lux splendidissima, in valle vero profunda densitas est tenebrarum magna. Superius quoque personae multum honestae, inferius vero in valle multum malae inhabitant bestiae. Sunt etiam dispositi gradus, quibus a valle usque ad montis cacumen ascenditur. Qui ergo in valle moratur, tenebrarum 25 densitate caecatus, a bestiis saepe invaditur. Qui vero hinc exiens ascendere incipit, quo altius ascendit, eo rarescentibus tenebris lux ei clarescit. Bestiae quoque persequi eum omittunt, honestaeque personae sibi obviam veniunt. Cum autem usque ad montis cacumen pervenerit, inter ipsas personas luce clara quiescit. 30

### (100. De monte humilitatis et septem gradibus eius)

Vallis itaque profunda superbia est, quae quo extollitur, inferius iacet. Densitas vero tenebrarum ignorantia sui, id est cum quis non agnoscit

---

2 Verum *litteris maioribus* FDP; V *tantum litt. maiori* HO        6 sui: vel solo
HO        10 Rursus *litteris maioribus* FDP; R *tantum litt. maiori* HO        11 vult
facere HOP        14 sui: suo P *om.* HO

---

20–81. 23 In *De sim.* this section (99–108) has been drastically revised on the basis
of *Dicta*, c. 1; cf. also Ep. 418 [iii. 137] (Schmitt, v. 364. 10–12).

quod sit contemptibilis. Malae autem bestiae sunt vitia eos qui se
ignorant conculcantia. Gradus vero, quibus ad montis cacumen ascenditur, septem sunt humilitatis gradus, quibus ad eius perfectionem
pervenitur. Qui ergo in valle superbiae commanens tenebris ignorantiae
5 sui caecatur, vitiis quibuslibet saepe conculcatur. Qui vero relicta
superbia per humilitatis gradus ascendere incipit, quo plures ex eis
ascenderit, eo ignorantia rarescente aperitur sibi cognitio sui. Vitia
quoque non ut prius eum infestant, sed honestae personae, id est virtutes,
ei appropinquant. Cum autem usque ad supremum humilitatis gradum
10 ascenderit, inter ipsas virtutes in clara sui cognitione quiescit.

(*101–8. De septem humilitatis gradibus*)

Primus itaque humilitatis gradus est quemque cognoscere contemptibilem se esse. Et quia sunt quidam qui contemptibiles quidem se esse
cognoscunt sed inde non dolent, secundus est dolere contemptibilem se
15 esse. Quia vero sunt alii qui se esse contemptibiles dolent sed confiteri
nolunt, tertius est confiteri se contemptibilem esse. At quia rursus sunt
aliqui qui se esse contemptibiles confitentur sed nolunt ut ita credatur,
quartus est persuadere contemptibilem se esse. Verum quia quidam
contemptibiles quidem volunt credi sed hoc sibi nolunt dici, quintus est
20 pati ut dicatur contemptibilis. Quod quia quidam patiuntur sed tamen
pati nolunt ut contemptibiliter tractentur, sextus est pati ut contemptibiliter tractetur. Sed quoniam et hoc quidam inviti patiuntur, septimus
est amare ut contemptibiliter tractetur.

Ubi postquam quis ascenderit, clara est in luce, id est in perfecta sui
25 cognitione. Inter honestas quoque personas, id est virtutes, commoratur,
quae omnes hoc humilitatis monte velut aedificium quoddam fundantur.
Huius denique humilitatis omnes illi gradus sunt necessarii, sicut a simili
perspicue potest videri.

109. *Recapitulatio graduum humilitatis*

30 Si ENIM dominus quispiam servum haberet, quem pro culpa sua
tradere morti deberet positaque ratione cum eo, suam servus culpam
occultare velut in tenebris vellet; aut si cognosceret, non inde doleret;
aut si doleret, coram aliis domino licet iubente confiteri nollet; aut si
confiteretur, persuadere nollet ut hoc ita crederetur; aut si vellet
35 culpabilis credi, pati tamen nollet ut diceretur culpabilis; aut si hoc sibi

---

12 gradus humilitatis F      16 sunt *om.* DPF(*corr.*)      22 tractentur FDP
23 tractentur P      30 Si enim *litteris maioribus* DP; S *tantum litt. maiori* FHO

4–23 Cf. *De beat.* pp. 288–9 below; Ep. 285 [iii. 75] (Schmitt, iv. 204. 27–29).

dici pateretur, non tamen pati vellet ut sicut culpabilis tractaretur; aut hoc patiens, non ita tractari amaret, licet hoc velle dominum sciret: non ei profecto culpam illam dominus dimitteret, immo magis ut iniquum servum eum puniret. Sic nec nostras nobis culpas dominus dimittet, si non nos gradibus iisdem humiliaverimus sicut ipse iubet. 5

### 110. Quomodo unusquisque se minorem omnibus putet

VERUM quia nonnumquam ideo extollimur quia nos aliis non recte comparamus, videndum est nobis quo id modo facere debeamus. Si enim nos aliis volumus comparare, ea tantum attendere debemus quae a nobis in nobis non a deo quasi praestita sunt nobis. Sic namque agit qui de 10 bonis a deo sibi praestitis super alium extollitur, velut qui vestibus alienis indutus eis gloriatur. Non ergo haec aliorum bonis comparare debemus, sed mala tantum nostra quae a nobis in nobis habemus. Quod si fecerimus, inferiores nos esse ceteris omnibus nobis videbimur. Quod contra quia superbi faciunt, etiamsi sint omnibus peiores, omnibus 15 tamen se iudicant esse meliores. Sua enim bona tantum attendentes, aliorum malis comparant, quorum mala nullatenus considerare deberent.

### 111. Quod obsit consideratio alterius peccati

Consideratio namque vel cognitio alieni peccati mala multa in diversis parit. Si enim peccator est qui alterius culpam considerat, malo illius 20 exemplo in suo peccato perseverat. Si vero paenitens a peccato, a paenitentia frigescit eodem exemplo. Quod si eodem peccato vel etiam alio tentabatur, facilius exemplo illius superatur. Si autem tentatione carebat, eo ipso tentatur quod vitium illius considerat. Si vero est iustus, praeferendo se illi in superbiam extollitur. Quem si diligebat etiam in 25 deo, incipit tamen eum habere odio. Non ergo facile consideranda est alterius culpa, cuius consideratio tot generat mala. Virtus vero illius semper debet attendi, quia eius consideratio per contrarium facit. Ipsa namque peccatorem converti, paenitentem paenitere magis, tentatum tentationi resistere, non tentatum sic permanere, iustum humiliari, 30 diligentem magis diligere facit. Alterius igitur virtutem non vitium, suumque vitium non virtutem attendere quisque debet.

---

6 Quomodo humiliari debemus F      7 Verum *litteris maioribus* FD; V *tantum* *litt. maiori* HOP     10 nobis sunt F     11 extollitur *De sim.*: ex eis tollitur P; ex \*\*\* (*rasura*) tollitur FD; ex eis extollitur HO     12 eis: est FDP; ex eis HO; *om. De sim.*

---

32 At this point *De sim.* adds cc. 112–16 from *Dicta*, c. 1, which had already provided the material for the revision of cc. 99–108.

(*118. Similitudo inter caenovexium et caritatem*)

HAEC namque rursus consideratio facit, ut alter alteri beneficium quodcumque potest impendat, nullumque beneficium suo sibi merito impendendum credat. Sic est enim de beneficio inter accipientem et 5 dantem, quomodo de caenovexio inter portitorem praecedentem et subsequentem. Si enim duo caenovexium sic accipiunt, ut praecessurus vertat ad illud vultum vel secuturus dorsum vel uterque dorsum ad locum quo tendunt, recte illud portare nequibunt. Si autem praecessurus dorsum et secuturus vertat ad illud vultum, eo tantum modo recte portare 10 poterunt. Ita quoque si beneficium accepturus vertat ad illud vultum, dicendo suo illud merito fieri sibi debere, vel daturus dorsum, dicendo quia non illud sibi debet dare, vel uterque dorsum quo tendunt, id est illo nolente accipere vel isto dare simpliciter propter deum, beneficium illud remanebit imperfectum. Si autem accepturus vertat ad illud dor- 15 sum, dicendo suo sibi merito illud non esse dandum, et daturus vultum, dicendo quia semper sibi bene est faciendum, eo tantum modo recte illud explebunt. Haec autem uterque tunc vere credere poterit, si suam solummodo infirmitatem attenderit.

## *119. Similitudo inter qualitates corporis et animae*

20 QUOD ut perfecte facere possit, noverit duo esse genera humanae fragilitatis. Sicut enim qualitatis corporeae, sic etiam genera sunt duo qualitatis animae. Qualitas quippe corporis aliquando subitanea, aliquando vero est continua. Subitanea, ut cum repente repentina infirmitate nigrescit, sed mox transeunte infirmitate ad colorem pristinum 25 redit. Continua, ut cum assiduam patitur infirmitatem, quae sibi assiduum parit pallorem. Sic animae qualitas aliquando subitanea, aliquando vero continua. Subitanea, ut cum irruente subita tentatione subito in peccato nigrescit, sed statim per confessionem et paenitentiam ad priorem pulchritudinem redit. Continua, ut cum assidue in peccato 30 iacet, per quod et assidue ante deum deformis apparet. Haec autem genera duo qualitatis animae genera sunt duo indignitatis suae. Qui indignus est secundum subitaneam qualitatem, non ideo tamen ad iudicium sibi assumit Christi corpus et sanguinem. Qui vero secundum continuam indignus existit, ille ad iudicium ea sibi assumit.

---

2 Haec *litteris maioribus* FDP; H *tantum litt. maiori* HO    6 accipiunt: accipiant HO    7 dorsum vel: sibi *add.* D; se *add.* PF(*corr.*); si *add.* HO    12 quo tendunt *expunxit* F    20 Quod *litteris maioribus* FD; Q *tantum litt. maiori* HOP

---

2–18 In *De sim.* this section has been revised on the basis of *Dicta*, c. 16, which also provided the material for *De sim.*, c. 117.

### 120. De cordis immunditia

NOVERIT quoque qui suam discutere infirmitatem intendit, tria esse genera immunditiae cordis. Primum namque genus est amor non amandorum, veluti luxuriae et similium. Secundum vero odium eorum, quae odio non debent haberi, sicuti est odium alienae prosperitatis. 5 Tertium autem nec amor nec odium, sed quaedam cogitationis vanitas, ut cum cogitamus unde iste veniat vel quo ille vadat.

### 121. Similitudo inter corporis et animae infirmitates

RURSUS attendat duo esse genera infirmitatis animae, quemadmodum sunt infirmitatis corporeae. Corporis namque infirmitas aliquando quasi 10 naturalis, aliquando vero casualis. Quasi naturalis namque est, ut ficus ab ipsa hominis infantia sibi continuus. Casualis vero, ut febris, quae frigore repentino vel alio casu accidit sibi. Haec itaque, quia occasione accidit extrinseca, una potest facilius curari medicina. Illa vero, quia homini quasi naturaliter adhaeret, non una repentina curari sed assidua 15 tamen potest medicina levari et minui, donec facillime valeat ferri.

Ita quoque vitiorum, quae sunt infirmitates animae, alia quasi naturalia, alia vero sunt casualia. Quasi naturalia quippe sunt, ut ingluvies et luxuria, quae carne ex ipsa concrescunt homini ab infantia. Casualia vero, ut mendacium quod aliqua extrinsecus accedenti causa 20 saepe profertur etiam non praemeditatum. Haec ergo, quia causis exterioribus accidunt, leviori custodia evitari possunt. Illa vero, quia intus naturae cohaerent, licet non una omnino abstinentia deleri, continua tamen instantia eo usque possunt imminui, quo facile satis tolerari possint. His ergo delendis semper instare debemus, licet non ea omnino 25 delere possimus. Sicut enim naturalem corporis infirmitatem patiens stulte agit, si sibi medicinam adhibere neglexerit quia semel vel bis adhibita non statim curatus fuerit, sic naturali vitiorum infirmitate detentus insipienter facit, si sibi custodiam adhibere destiterit quia aliquotiens adhibita statim a tentatione liberatus non fuerit.      30

### 122. De appetitu; et quid intersit inter appetitum et voluntatem

Nullus namque appetitu vitiorum carere omnino potest, sed eum vice appetitus verae commoditatis quasi naturaliter retinet. Postquam enim humana natura perfectam beatitudinem amisit, et perfectam sui commoditatem perdidit, sed semper naturaliter habet affectionem eiusdem 35

---

2 Noverit *litteris maioribus* D; N *tantum litt. maiori* HO      9 Rursus *litteris maioribus* FD; R *tantum litt. maiori* HOP

32–85. 18 Cf. *De conceptu virginali et peccato originali*, c. 4 (Schmitt, ii. 144. 4–21).

commoditatis. Et quia perfectam commoditatem habere non potest nec perfectae commoditatis appetitum amittere valet, habet appetitus ingluviei et luxuriae aliarumque falsarum commoditatum et per hos incedit quaerendo illam perfectam commoditatem cuius naturalem
5 habet appetitum. Hos autem appetitus aliquando diabolus accendit et per eos voluntati aliquod peccatum suggerit, aliquando vero per semetipsum ipsi voluntati persuadet, ut eosdem appetitus ad peccandum incitet, ut cum ebrioso qui amplius bibere nequit aliquid assum velle comedere suggerit, ut habeat appetitum amplius bibendi. Sic autem
10 diabolus incitat voluntatem ad peccandum, aut per hos appetitus, aut per semetipsum, velut si aliquis latro aliquem ad se despoliandum incitaret, aut artificio aliquo quo carnem eius calefaceret, aut dicendo ei simplici verbo ut se exueret.

Appetitus vero isti non aliud sunt quam quaedam necessitates com-
15 moditatis. Non enim idem est appetitus quod voluntas. Appetitus namque mali non est malus, sed voluntas mali est mala. Hos ergo appetitus, quia diabolus semper accendit, studio magno et custodia sunt restringendi.

*123. Similitudo inter aquam et humanam naturam*

20 Humana namque natura tam facile per vitia, quam per planum diffunditur aqua. Sic ergo agere debet qui eam restringere appetit, velut qui aquam currentem retinere contendit. Sicut enim ille aquam concludit in stagnum atque coercet, sic iste naturam infra regulam aliquam cohibere debet. Utque ille procurat, ne qua parte dirumpatur stagnum
25 qua effluat aqua, sic et iste procurare debet ne suam in quoquam violet regulam quo ad peccatum proruat. Sic enim restringi carnis appetitus possunt, quod est quandam facere pacem inter ipsam carnem et spiritum.

*(124. Quod quattuor modis pax agatur)*

QUATUOR quippe modis pax agitur, quibus homo ad veram quietem
30 perducitur. Aut enim fit ab aliquo inter aliquos duos, aut inter semetipsum et alterum, aut inter carnem et spiritum, aut inter naturam et corruptibilitatem, quae tamen in praemium recipitur post hanc solum vitam. Duo itaque primi modi fiunt per concordiam, tertius per spiritus

6 eos: eas F(*corr.*) DPH(*corr.*)     29 Quatuor *litteris maioribus* F; Q *tantum litt.* *maiori* DPHO     31–32 naturam et corruptibilitatem F (incorruptibilitatem *corr.*) PHO: corruptibilitatem nostram et incorruptibilitatem *De sim.* D(*corr.*)     32–33 quae ... vitam: quam deo donante expectamus *De sim.* D(*corr.*)     32 solum HO: solam FP

27 At this point in *De sim.* there is an addition taken from *Vita Anselmi*, i. 31 (p. 55). 29–86. 4 In *De sim.* this chapter has additions to the above text, taken from *Dicta*, c. 13.

victoriam sibi subiugantis carnem, quartus vero per remunerationem. Si enim in hac vita primos tres modos perfecerimus, in alia remunerationem incorruptibilitatis naturae percipiemus. Tum denique primum nostra natura in statu erit perfecto omniumque quos habere potest beatissimo.

### 125. De quadripartito statu naturae humanae

QUATUOR quippe humanae naturae sunt status, quibus pro diversis meritis beata vel misera redditur. Duo namque primi beati, duoque postremi sunt miseri. Beatorum autem alius minus beatus, alius vero est beatissimus. Ita quoque miserorum alius minus miser, alius vero miserrimus est. Status itaque minus beatus ille fuit, quo ante peccatum Adam in paradiso stetit. Beatissimus vero est ille, quo nunc in caelo sanctorum sunt animae. Minus autem miser noster est status, quo dum in hoc vivimus saeculo sumus. Miserrimus vero ille erit, quo reprobi permanebunt in poenis inferni. Ut igitur in beatissimo statu aeternaliter quiescamus, in dei servitio temporaliter laboremus. Nam et aeternum praemium aeterno promerendum servitio esset, si utrumque simul esse posset.

### 126. Similitudo inter hominis obsequium et praemium

Verum quia homo aeternum habere non posset praemium nisi deo aeternum laborando exhiberet obsequium, deus suae praemium vitae quae est aeterna vitaeque hominis quae est temporalis servitium comparat. Si enim homo quamdiu vixerit deo deservierit, et deus ei hoc, quoad vivet et ipse, recompensabit. Quod si non a principio quidem vitae suae deo servire coeperit, sed ex quo tamen coeperit, finem ad usque perseverabit, deus ab eo vitae praecedentis non exiget servitium, sicut nec ipse a deo vitae illius praecedentis praemium. Si autem homo e contra quoad vixerit deo male servierit, et deus ei malum rependet meritum quamdiu et ipse vivet. Quod si non a principio quidem vitae suae male sibi coeperit servire, sed ex quo tamen coeperit finem ad usque voluerit perseverare, non ei deus vitae praecedentis servitium bonum recompensabit, sicut nec ipse vitae illius praecedentis praemium malum habere voluerit. Nam et suae praecedentis vitae bono et dei praecedentis vitae malo carebit praemio. Deo igitur serviat semper omnis homo quisque eo quo est ordine constitutus ab ipso.

6 Quatuor *litteris maioribus* F; Q *tantum litt. maiori* DHOP      19 nisi: si *codd*. 22 ei hoc FP: hoc ei D; in hoc HO      23 quoad vivet: quo adiuvet F(*corr*.)DP; eum adiuvabit HO      et ipse, recompensabit: et ei ipse rectum recompensabit HO 28 vivet: vixerit FDHOP *De sim*.

## 127. De tribus hominum generibus seu ordinibus

TRES quippe sunt hominum ordines, videlicet orantes, agricultores, defensores. Hos autem ordines sic ad diversa deus officia in hoc mundo disposuit, quomodo quidam paterfamilias oves et boves canesque
5 maximos sua in domo distribuit.

## 128. Exemplum ovium, boum et canum

Oves namque ad hoc habet, ut lac sibi ferant et lanam; boves vero, ut terram exerceant; canes autem, ut tam oves quam boves a lupis defendant. Si ergo horum quodque animalium suum gerat officium,
10 illud ad vitam dominus servat, quia eius sibi utilis est vita. Si vero officium quod est suum non egerit, morte sola iudicatur dignum, quia eius vita nullum fert fructum. Si enim ovis lac vel lanam non attulerit, bos autem terram non exercuerit, quem alium ferre fructum poterunt? Rursus, si canis custodiae pecudum deputatus eas lupos permiserit
15 laniare aut easdem ipse vel alios canes coeperit strangulare, quid aliud dominus agere quam eum debet obruere?

Sic et de illis deus ordinibus agit, quos ad officia diversa in hoc mundo disposuit. Quosdam namque, ut clericos monachosque, ad hoc disposuit ut pro aliis orent, mitesque ut oves lacte praedicationis eos imbuant,
20 lanaque sui boni exempli ferventes in dei amore faciant. Alios vero, ut agricultores, ad hoc disposuit ut de suo velut boum labore ipsi vivant et alii. Quosdam etiam, ut milites, ad hoc ut asperitatem ostendant tamque orantes quam agricultores ab adversis gentibus velut a lupis defendant. Si ergo sui quisque officium impleat, longam promeretur vitam,
25 quia ceterorum vivit ad utilitatem. Si vero illud agere noluerit, vita ipsa indignus existit, quia fructum non affert propter quem vivit. Si enim clerici monachique orationem vel praedicationem aliis impendere vel bonum exemplum praetendere, vel agricolae terram noluerint excolere, quod aliud poterunt officium explere? Rursus, si milites alios defendere
30 noluerint aut etiam more rabidorum canum eosdem aut seipsos occiderint vel oppresserint, quid de illis, nisi quod de rabidis canibus debet fieri? Unusquisque ergo sui ordinis gerat officium, ne et totum quod vivit deputetur mendacium.

## 129. De mendacio

35 Si enim quod ordinis est sui non egerit, omnis eius exterior mentitur habitus, qui eum ordinis illius esse testatur. Actus quoque illius et

2 Tres *litteris maioribus* FD; T *tantum litt. maiori* HOP      11 dignum: digna FP      14 eas: eos FD(*corr.*)P      15 easdem: eosdem P

35–88. 16 Cf. *De Veritate*, c. ix (Schmitt, i. 188–9).

verba ipsaque mentitur cogitatio, quia mendacium testantur pro vero.
Cum enim quippiam agit vel dicit vel cogitat, sic esse agendum, dicendum
cogitandumque aliis indicat. Plus namque plerumque loquitur homo
actu quam verbo, sicut hoc potest videri exemplo.

### *130. Exemplum de medico*       5

Si enim medicus herbam quandam diceret aegroto salutiferam esse,
et non ex ea comederet, aliam vero mortiferam esse, ipse tamen ex ea
gustaret, plus ei actu quam verbo diceret, quia plus ei hanc actu quam
eam verbo comedendam suaderet. Cum igitur quippiam quis agit vel
dicit vel cogitat, sic esse agendum, dicendum cogitandumque ceteris 10
indicat. Quod si ita est, verum actu et verbo menteque loquitur. Si vero
non est, iisdem omnibus e contra mentitur. In quantum igitur verum
dicitur, bene; in quantum vero mendacium profertur, male vivitur quia
omne peccatum mendacium esse probatur. Siquidem non nisi cogitatione, locutione et opere peccatur, quibus quotiens peccamus, menti- 15
mur. His itaque tribus dei timorem ponamus custodem, quia testante
scriptura 'timor domini expellit peccatum'. Timor denique spiritus
sancti est donum aliorumque omnium primum.

## DE SEPTEM DONIS SPIRITUS SANCTI

### *131. De septem donis spiritus sancti*       20

SEPTEM quippe spiritus sancti sunt dona, videlicet timor, pietas,
scientia, fortitudo, consilium, intellectus, sapientia. Horum autem
donorum, ut dictum est, timor est primum aliorumque quoddam veluti
fundamentum. Hunc namque spiritus sanctus mentis in campo supponit aliaque dona, suo quodque ordine, velut in aedificio superimponit. 25
Prius enim mentem metuere facit, ne pro peccatis suis a deo separetur
et in poenis inferni cum diabolo torqueatur. Huic deinde timori superimponit pietatem, cum menti sic metuenti sui ipsius compassionem
aspirat pieque recolere facit quam misera erit si a deo separata et in
inferno cum diabolo fuerit torta. Dehinc vero scientiam superimponit 30
pietati, cum mens quia sic timet sibique compatitur, quo valeat modo
salvari scrutatur, eique spiritus sanctus eius cognitionem rei largitur.
Exinde autem fortitudinem superimponit scientiae, cum mens pavida
sibique compatiens iamque quid agere debeat sciens, fit fortis spiritus
sancti dono ad operandum quod didicit, quibusque se posse salvari 35

---

20 De septem donis spiritus sancti FDO; *om.* HP　　　21 Septem *litteris maioribus*
FD; S *tantum litt. maiori* HOP

---

17 Eccli. 1. 27.

confidit. Post haec vero consilium fortitudini superaedificat, cum mens iam fortis ad operandum, quae pie timendo scit esse facienda, sui experimento didicit spiritus sancti gratia quid de his omnibus aliis consulere debeat.

5 *132. De donis spiritus sancti quinque ad activam, duo vero ad contemplativam vitam pertinent*

Haec autem quinque spiritus sancti dona ad activam, duo vero quae sequuntur, id est intellectus et sapientia, ad contemplativam pertinent vitam. Ipsa tamen spiritus sanctus primis quinque superimponit, ut 10 suorum aedificium donorum possit omnino compleri. Postquam enim spiritus sanctus mentem facit paventem sibique compatientem et ea, quae scit esse facienda, fortiter operantem et de ipsis sui exemplo aliis consulentem, accendit eandem ad intelligendum, cur haec vel illa deus praecipiat, cur homo, licet alteri benefaciat, nullam ab eo remunera- 15 tionem exigere debeat. Quorum ut intellectum spiritus sanctus menti aspirat, ad postremum etiam sapientiam superaccumulat, cum quod videlicet ratione intelligit fit sibi sapidum atque dulcissimum, soloque rectitudinis amore sequitur quod intelligit esse sequendum. Ab hac tamen sapientia, quam extremam posuimus, spiritus sanctus sua 20 dinumerare dona per prophetam incipit et usque ad timorem, a quo coepimus ascendere, dinumerando descendit. Verum sciendum quia nobis innuit descendendo, quomodo ex eis construat in nobis aedificium ascendendo. Hoc igitur aedificio ita composito sanctus in eo spiritus residet, totamque familiam domus interioris, id est omnes animae sensus, 25 ad obsequium sui disponit.

*133. De qualitatibus animae et moribus*

Hinc animae qualitates, quae prius erant instabiles, iam in bonos redigit mores. Mores quippe qualitates sunt animae in habitum iam redactae. Non enim tunc mores dicuntur, cum cito adveniunt citoque 30 recedunt, sed cum in anima stabiles existunt.

*134. Mores alii boni, et mali alii sunt*

Horum autem morum alii boni, alii vero sunt mali. Boni ergo virtutes, mali vero vitia dicuntur.

*135. De virtute et vitio*

35 Virtutes autem bona exterius opera, vitia vero pariunt mala. Non tamen quotiens agitur opus virtutis vel vitii, virtus ipsa vel vitium

---

9 Ipsa: Ipse F(*corr.*)P      11 paventem: potentem PF (timentem *corr.*)

19–21 Cf. Is. 11. 2–3.

proprie dicitur haberi. Tunc enim tantum habentur cum ex consuetudine possidentur, unde et homines iusti vel vitiosi dicuntur. Cum autem perfecte habentur, licet ipsa omnino sint dissimilia, haud tamen dissimilia semper habent opera.

### 136. De sapientia et stultitia quandoque in eodem convenientibus     5

Quaedam enim ex ipsis, ut sapientia perfecta atque stultitia, eadem faciunt plerumque fieri opera. Sicut enim perfecte sapiens dimittere non vult quin agat quod sibi bonum videtur, sic et ille qui perfecte est stultus. Verum hoc ideo ille facit quia scit bonum non esse ut illud dimittat, stultus vero quia sic putat. Est autem alius medius, nec ita 10 sapiens quin metuat falli, nec ita stultus ut in malo quod coepit perseverare velit. Hic ergo quod sibi bonum videtur persaepe dimittit, quia magis quam sibi alterius consilio credit.

### 137. De odio et amore peccati

Item perfectum peccati odium perfectusque amor eiusdem idem 15 plerumque opus exterius exhibet. Sicut enim qui perfecte odit in se peccatum, non curat quis illud agnoverit, sic et qui idem in se perfecte diligit. Verum hoc ille ut sibi deus indulgeat, iste vero pro sua facit impudentia. Est autem alius medius, qui nec ita odit ut omnes velit scire, nec rursus sic amat ut et omnes velit nescire. Hic igitur et pluribus 20 illud abscondit et uni tamen per confessionem patefacit.

### 138. De humilitate et superbia

RURSUS perfecta humilitas perfectaque superbia opera quaedam habent similia. Sicut enim perfecte humilis cum peccat, vult ut eius praelatus suam districte puniat culpam, sic et valde superbus. Verum hoc 25 ille pro eiusdem culpae remissione, iste vero vult pati pro indignatione. Dedignatur namque ut praelatus illius sui misertus vel ad modicum sibi parcat, immo magis ut suam immoderate puniat culpam desiderat. Est autem alius medius, qui nec omnino districte puniri nec suam sibi culpam vult ex toto damnari. Hic itaque cum aliquando peccat, partim 30 puniri partimque dimitti sibi suam culpam desiderat. Hic namque illud habet verecundiae genus, quae partim coram deo partimque est coram hominibus.

### 139. De tribus generibus verecundiae

TRIA quippe sunt verecundiae genera, quae et ipsa exterius operantur 35 diversa. Alia namque est coram deo tantum, alia vero tantum coram

---

3 haud: haut DP; aut HO      23 Rursus *litteris maioribus* FD; R *tantum litt. maiori* HOP      35 Tria *litteris maioribus* D; T *tantum litt. maiori* FHOP

hominibus, alia partim coram deo partimque coram hominibus. Verecundia enim coram deo est tantum, cum quia sumus quales non esse
decet erubescimus, nostraque peccata si non obesset aliis coram omnibus
fateremur. Verecundia vero coram hominibus tantum est, cum, quia
5 agnoscimur quales non esse debemus, verecundamur, nostraque delicta
etiam uni detegere per confessionem erubescimus. Verecundia autem
partim coram deo partimque coram hominibus est, cum nec ita de nostris
peccatis coram deo erubescimus ut ea coram omnibus fateri velimus,
nec ita rursus coram hominibus ut ea vel uni detegere per confessionem
10 erubescamus. Quae itaque verecundia est tantum coram hominibus, est
bona; quae vero partim coram deo, partim coram hominibus, est
melior; quae autem coram deo tantum, est optima. Haec enim postrema,
ut dictum est, si non aliis obesset, suam hominem confiteri culpam
coram hominibus faceret. Media vero nec ita est perfecta ut coram
15 hominibus velit, nec ita imperfecta ut saltem coram uno per confessionem suam erubescat culpam fateri. Prima autem etiam coram uno
erubescit culpam fateri. Bona tamen est et ipsa, quia licet erubescendo
culpam tamen confitetur vel uni quandoque. Ipsa quoque unum ex illis
est tribus, quibus experimentum bonum de iuvene capitur.

20 *140. De tribus quae notantur in iuvene*

TRIA quippe in iuvene notantur quibus ad probitatem venturus
praenoscitur. Haec autem sunt taciturnitas, corporis continentia, verecundia. Taciturnitas videlicet, ut primus taceat, postremus dicat. Corporis autem continentia, ut non leviter oculos huc illucque reducat,
25 manus pedesve moveat, sed omnia corporis sui membra decenter contineat. Verecundia vero, ut erubescat coram hominibus, cum quid
illicitum agit totusque rubore suffusus ostendat quia erubescit. Ad
haec itaque tria iuvenis quisque nitatur, quia unoquoque eorum ad
altiora provehitur. Siquidem tacendo et audiendo sapientium doctrinam,
30 scientiam paulatim concipit, quibusdam incrementis ad spiritalem vitam
per eorum verba pertingit.

*141. Similitudo inter diversa alimenta et praecepta*

Sicut enim alimentis diversis ad perfectam corporis aetatem, sic
praeceptis dissimilibus ad spiritalem perducitur vitam. Ut enim prius
35 educatur simplici lacte matris, dehinc alio aliquo, deinde farinae com-
mixto, postea micis panis, postmodum etiam crustis, donec quolibet

---

1–19 Verecundia . . . capitur *om.* P　　　　3 **si** non obesset aliis D*corr.*(:) si non
esset (obessent *corr.*) *rasura* aliis F; si non aliis obessent HO　　　　8 omnibus:
hominibus FD(*corr.*)HO *De sim.*　　　21 Tria *litteris maioribus* D; T *tantum litt.*
*maiori* FHOP　　　34 vitam: *hic desinit* P; *sequitur* c. 192.

solido cibo valeat uti, sic ei primum iubetur in deum credere, dehinc eum diligere, deinde timere, postea bene operari, postmodum etiam adversa pati, quoadusque sibi praeceptum quodlibet secure possit iniungi.

### 142. Exemplum novi vasis semel imbuti

Quia spiritali doctrina semel ad plenum imbutus novo vasi similis esse videtur. Ut enim vas novum potu bono semel affectum vix eius saporem amittit etiam si alio postmodum repleatur diversi saporis, sic iuvenile cor spiritali doctrina imbutum vix eius dulcedinem perdit, etiam cum saeculari postea occupatur cui intendit. Si autem tacendo sapientium 10 verba contemnit audire, nec ad ullam attingit scientiam spiritalis vitae.

### 143. Exemplum cultri

UTQUE qui proprio caret cultro, merito esurit si alieno incidere nolit, sic et iste propria carens scientia iure fame spiritali deperit cum aliena nolit credendo scientia uti. Tacendo igitur sapientium verbis attendat, 15 ut ad scientiam spiritalis vitae doctrina eorum pertingat. Continendo vero corporis membra, ut supra dictum est, in melius proficit, quia mentem hoc modo stabiliorem et placidam reddit. Mens autem stabilis et placida placida exterius verba reddit et ipsa.

### 144. Exemplum de aqua quieta et solis radiis    20

UT enim aqua quieta, cum ex una parte radium suscipit solis, ex altera quietum et ipsum aliquo in pariete reddit, sic mens pacata suscipiens aure cuiuspiam verbum, ore remittit et ipsum pacatum. Ut vero aqua commota radium commotum, sic et mens turbata verbum reddit turbatum, sed et omnem exterius actum. Ut ergo ad quietem mentis et 25 oris et operis sibi proficiat, sua iuvenis quisque membra decenter contineat. Erubescendo autem, sicut et dictum est, in melius proficit, quia verecundia paenitentiam parit, cuius alia quidam sicca, alia vero est humida.

### 145. De paenitentia sicca et humida    30

Sicca namque paenitentia est, cum aliquem quidem sui peccati paenitet, sed humore pietatis suique ipsius compassionis caret. Humida vero est, cum habet utrumque suumque luget peccatum magna cordis contritione. Ut ad hanc ergo sibi prosit paenitentiam, non iuvenis tantum, verum et omnis homo erubescat, cum quid agit illicitum.    35

---

13 Utque *litteris maioribus* D; U *tantum litt. maiori* FHO    21 Ut *litteris maioribus* D; U *tantum litt. maiori* FHO

### *146. Exemplum arborem magnam succidere volentis*

E I autem sciendum, quem magni alicuius paenitet criminis, sibi esse agendum more arborem magnam succidere volentis. Sicut enim ille minora in circuitu arbusta prius curat succidere, ne sibi arborem ipsam
5 succidenti possint obesse, sic et huic vitia minora illi crimini vicina prius sunt extirpanda, ne qua sibi crimen ipsum destruenti ferant impedimenta.

H AEC de humanis moribus per similitudines suo interiectas loco diximus, quo diutius memoria teneantur. Sicut enim nucleus diutius
10 servatur cum testa, absumendusque recentior invenitur quam sine testa, sic aliquid per similitudinem dictum diutius memoria tenetur, recolendumque memoria occurrit recentius.

> V ITA brevis, casusque levis, nec spes remeandi;
> Quanta seres hic, tanta feres; sit cura parandi.
15 Plura seras ut plura feras, ne non seruisse
> Paeniteat, cum nil valeat iam paenituisse.

2 Ei *litteris maioribus* D; E *tantum litt. maiori* FHO      8 Haec *litteris maioribus* D; H *tantum litt. maiori* FHO      13 Vita *litteris maioribus* F; V *tantum litt. maiori* D      *Post* c. 192 *scripserunt hos versus* HO      18 *Hic scripserunt tractatum sequentem sine titulo* FF2D

---

13–16 These verses occur in the mortuary roll of Vitalis, abbot of Savigny (d. 1122), in the entry made by the monks of Abingdon. The variants show that the verses were not an original composition for the mortuary roll: 14 *for* seres hic *read* seres hinc; 16 *om.* iam; *after* paenituisse *add*:

> Qui revocas quod in arce locas, Petre, iurepotenti,
> Huic operi valvas superi plaudant venienti.

# APPENDIX

## *Utrum bono bonum sive malo malum possit esse contrarium*

LIQUET omnibus etiam simpliciter intelligentibus bono malum et e converso malo bonum esse contrarium. Illud autem videtur inquirendum,
utrum bono bonum sive malo malum possit esse contrarium. Siquidem 5
omne bonum ab illo est, qui est summum et incommutabile bonum.
Summum, inquam, bonum, quia est fons et origo omnium bonorum.
Incommutabile vero, quia apud illum 'non est transmutatio nec vicissitudinis obumbratio'. Si ergo aliquid bonum bono repugnat ut contrarium, necessario sequitur quia ipsa summae bonitatis incommutabilitas 10
varietatis vitio corrumpitur. Non enim in se penitus manet tranquilla,
quae contrariis videtur esse existendi causa. Eo namque inquieta probatur, quo ab ea contrarietatis inquietudo derivatur. Quia vero istud
nequit fieri, igitur nec illud. Id est, quia ipsa incomprehensibilis bonitatis suavissima fragrantia nequit ullius repugnantiae affici amaritudine, 15
ergo nec bonum bono potest esse contrarium.

Quod autem malum malo possit esse contrarium, diligenter intuen-
tibus satis videtur liquidum. Cui enim vel desipienti non liquet indiscre-
tam abstinentiam potius esse vitium quam virtutem aliquam, quae, quia
ratione non regitur, divini iugo regiminis minime subicitur? Quod si est 20
vitium, igitur et malum. Item. Certissimum quidem est effrenatam
ventris ingluviem, immoderatam videlicet mandendi et bibendi cupi-
ditatem, perniciosam esse malitiam. Nam qui eius voluptuosis illecebris irretitur, ad interitum quasi ligatus trahitur. Ecce iam haec utraque
mala esse certi sumus, et haec eadem contraria esse nequaquam dubi- 25
tamus. Cum enim alterum horum etiam propriae infirmitatis necessi-
tati contradicendo parcitati suggerit indiscrete deservire, alterum vero
e contra parsimoniae munditiam deserendo carnalis voluptatis super-
fluitati suadet incessanter oboedire: procul dubio contrariorum more
sibi invicem videntur repugnare. Multa quoque his similia inquirentis 30
inveniet diligentia.

Verum cum contrariorum ista sit ratio, quod numquam eodem tempore et eodem respectu simul convenire possunt in eodem subiecto,
sed cum unum ponitur mox alterum removetur, diligenti studio ani-
madvertendum quia huiusmodi contraria, id est contraria vitia, sese 35

---

3 Liquet *litteris maioribus* D; L *tantum litt. maiori* F    32 Verum *litteris maioribus* FD

8–9 Iac. I. 17

invicem ponunt, ita videlicet ut qui uni subicitur, necessario et alteri
eodem tempore et eodem respectu subiciatur. Quod quia videtur impossibile, iuvat indagare utrum queat ostendi consequenti ratione. Sed
ut expeditius inquiratur, duo tantum huiusmodi assumenda sunt con-
5 traria, et eodem modo de reliquis omnibus, ac si universale totum per
partem probaretur, intelligatur.

  Sint autem haec duo: avaritia et dissipatio. Diligenter itaque intende,
quicumque nos vel aliquid impossibilitatis vel aliquid novitatis dixisse
opinaris. Omnis equidem avarus propter avaritiam dicitur avarus.
10 Nequaquam namque proprie avarus dicitur, nisi qui avaritiae imperio
subiugatur. At ubi regnat aestus avaritiae, deest largitio cum bona
voluntate et compassio egestatis alienae. Qui enim non solum propria
strictissime tenere, verum etiam aliena inhianter concupiscit acquirere,
quid aliis compatiendo cum bona voluntate videtur tribuere? Ubi vero
15 desunt ista duo, scilicet cum bona voluntate largitio et egestatis alienae
compassio, deest proculdubio ipsa proximi dilectio. Nam qui nec
indigenti quicquam cum bona voluntate largitur, nec eius indigentiae
compatitur, is nimirum a proximi amore disiungitur. Ubi autem deest
amor proximi, deest utique et amor dei. 'Qui enim non diligit fratrem
20 suum, quem videt, deum, quem non videt, quomodo potest diligere?'
Ergo quicumque est avarus, a dei amore et proximi existit alienus. Qui
vero his duobus non fervet amoribus, sine dubio nec quatuor princi-
palibus pollet virtutum floribus, videlicet prudentia, fortitudine, iustitia
atque temperantia.

25   Sed fortassis admirando inquis: 'Unde hoc?' Audi: Quia 'in his
duobus praeceptis universa lex pendet et prophetae'. Et: Quia 'plenitudo legis est caritas'. Qui autem his quatuor non est praeditus, necessario reliquis omnibus caret virtutibus. Istae etenim quatuor virtutum
species ceteras omnes in se continent virtutes. Nam nulla virtus proprie
30 virtus dicitur, nisi vel ad prudentiam vel ad fortitudinem vel ad iustitiam
vel ad temperantiam referatur. Qui enim nec prudenter intelligit, nec
quae intelligit fortiter agit, nec iuste vivit, nec vitam modeste disponit,
quam, ut ita dixerim, vel minimam verae virtutis in se videtur habere
particulam? Quisquis igitur est avarus, non solum quatuor principali-
35 bus, verum etiam ceteris omnibus caret virtutibus. Sed qui omnibus
virtutibus caret, profecto universis vitiis subiacet. Circa humanam
namque animam virtutes et vitia videntur esse immediata contraria.

---

31–32 nec quae intelligit D: neque intelligit (que intelligit *expunxit*) F

19–20: 1 Ioh. 4. 20.
25–26 Matth. 22. 40.
26–27 Rom. 13. 10.

Semper enim homo vel virtutibus est praeditus, vel vitiis subiectus. Unaquaeque autem virtus sibi proprium vitium habet contrarium. Nec est aliquod vitium, quod alicui virtutum determinate non sit contrarium. Unde cum immediatorum ista sit definitio, videlicet quod neque simul esse possunt in eodem subiecto neque simul abesse 5 existente subiecto circa quod immediata dicuntur, sed si unum ponitur, mox alterum removetur et e converso si unum removetur, mox alterum ponitur, necessario sequitur id quod paulo ante diximus, videlicet qui omnibus caret virtutibus, universis vitiis est subditus? Ergo quicumque est avarus, non solum dissipationi, cuius gratia ista retexuimus, sed 10 etiam omnibus reliquis vitiis est subiectus. Ecce itaque dum regnante in quolibet avaritia, simul regnant et omnia cetera vitia, qualiter sicut per apostolum dicitur 'modico fermento tota massa corrumpitur'. Non inconvenienter ergo dicitur, quia idem subiectum et eodem tempore et eodem respectu duobus contrariis vitiis subicitur. 15

Possumus etiam et alia ratione illud idem probare. Eadem siquidem lex inter vitia videtur esse, quam quidam adulteri inter se solent habere. Est enim quoddam genus adulterorum, qui, cum se invicem cognoverint, statim congregant se in unum ac huiusmodi inter se statuunt legis decretum, videlicet quod quisquis illorum alicuius sponsam de- 20 cipere poterit, postquam ipse adulterium perpetraverit, quod ipsa adultera omnibus in commune erit. Quo definito, ab invicem discedunt, circumquaque discurrunt, ac illud nefandum pactum omnimodis custodire satagunt. Cum igitur aliquis illorum aliquam deceperit, mox postquam ipse peccatum perpetraverit, antequam ad illam introduxerit 25 aliquem sociorum suorum, ipsa non inconvenienter iam dici potest communis adultera ipsorum omnium. Nam adulter ipse unumquemque illorum ad illam introducturus est congruo tempore. Ac idcirco, licet adhuc minime omnes ad suae nefandae voluntatis pervenerint consummationem, tamen propter certam suae pessimae consuetudinis com- 30 munionem iam omnes miseram illam suae ditioni quodam modo videntur habere subiectam. Unde et omnes singuli eam non inconvenienter possunt appellare suam.

Istam quippe legem, ut praediximus, vitia inter se videntur habere. Vitia namque tamquam fraudulentissimi adulteri discurrunt per omnes 35 partes istius mundi, ac animas hominum, quae naturali iure omnes sui conditoris sponsae debent esse, suis fallacissimis fraudulentiis conantur decipere. Cum vero aliquis ex his pessimis adulteris aliquam deceperit, postquam ipse adulterium perpetraverit, idem postquam animam illam

16 Possumus *litteris maioribus* FD

13 1 Cor. 5. 6.

a sui conditoris amore disiunxerit, statim in illam aliquem ex sociis suis
introducit. Ille quoque, postquam introductus fuerit, et alium introducit. Sed et ille introductus similiter facit. Sicque unum vitium post
aliud ingreditur, donec anima illa miserrima omnibus vitiis plena
5 habeatur. Quicumque ergo aliquod vitium in se recipit, mox postquam
ipsum vitium cordis sui hospitium possederit, antequam in illum aliquod aliud introductum fuerit, miser ille iam vitiis omnibus quodam
modo videtur esse subiectus. Nam per illud solum vitium si in eo aliquamdiu moratum fuerit, universa vitiorum multitudo in illum intrabit.
10 Et ideo licet adhuc in eo minime omnia vitia insint actualiter, tamen
propter praedictam illorum consuetudinem iam omnia quodam modo
videntur inesse potentialiter. Unde et universitas vitiorum iam miserum
illum tamquam proprium possidet servum. Igitur cum quaedam vitia
sibi invicem repugnent ut contraria, quisquis aliquo vitio est infectus,
15 necessario et duobus contrariis vitiis est subiectus. Non inconvenienter
ergo dicitur, quia idem subiectum et eodem tempore et eodem respectu
duobus contrariis vitiis subicitur.

### *193. Similitudo militis*

SICUT miles temporalis armis munitus est temporalibus, sic miles
20 spiritualis debet armis munitus esse spiritualibus. Quaecumque enim
temporali militi contra hostem visibilem sunt necessaria, ipsa eadem
spiritualiter intellecta et spirituali militi contra hostem invisibilem sunt
pernecessaria. Sed quae sunt illa, quae temporali militi sunt necessaria?
Imprimis siquidem caballus, qui ei adeo est necessarius, ut recte dici
25 possit suus fidelissimus socius. Cum illo namque et occurrentem
aggreditur hostem et persequitur fugientem, et cum tempus postulat,
fugit persequentem. Deinde frenum additur, quo ipse equus regitur.
Non enim in directum viam teneret, si miles eum freno minime regeret.
Apponitur et sella ipsi militi admodum idonea. Quia tunc primum super
30 equum suum decenter ascendere et firmiter sedere poterit, cum viderit
eum super se sellam habere. Adduntur etiam et calcaria ad eundum
ipsum equum excitandum valde necessaria. Saepius namque nec gressum

---

18 De similitudine temporalis et spiritualis militis (*vel* militis spiritualis) DP; De
spirituali milite et eius armis HO; *tit. om.* F        19 Sicut *litteris maioribus* D; S
*tantum litt. maiori* FPHO        31–32 eundum ipsum P: ipsum eundum F; ipsum
eundem D; ipsum *om.* HO

---

18 The two similitudes which follow were added as cc. 193 and 194 to *De sim.* in the
thirteenth century, and they are not found in the earliest manuscripts of this enlarged
version of *De moribus*. Nevertheless, the inclusion of the first of these similitudes in all
the manuscripts of *De moribus*, and of the second in the group FDP, shows that they were
associated very early with this work, and this is the justification for including them here.

quidem moveret, si miles eum calcaribus non urgeret. Quorum alterum
est dextrum, alterum vero sinistrum. Dein miles suis armis induitur,
quibus ab hostis sui incursu defenditur. Lorica vestitur, ne in aliqua
sui corporis parte vulneretur. Galea caput eius ornatur, ut et ipse inde
decoretur et eius principale securum habeatur. Scutum praetenditur, 5
ut ipse totus inde protegatur. Lancea in manibus tenetur, ut inde hostis
adhuc longe semotus transfigatur. Gladio accingitur, unde idem hostis
cominus iuguletur. Ista itaque omnia temporali militi sunt valde necessaria. Nequaquam namque bene armatus esse poterit, si vel unum ex
istis quamlibet minimum ille defuerit. Nec proprie dici poterit miles 10
legitimus, quia adhuc erit imperfectus.

Verum ista omnia, ut praediximus, spirituali militi nihilominus sunt
necessaria. Spiritualem vero militem nostrum dicimus interiorem hominem. Hic etenim debet omni tempore suo creatori militare. Equus
autem militis huius est corpus ipsius. Sicut enim equus militi est neces- 15
sarius, sic interiori homini corpus. Nam quemadmodum miles cum
equo contra suum pugnat adversarium, sic et interior homo cum
corpore contra diabolum. Cum corpore namque et occurrentem diabolum expugnat, eius tentationibus viriliter resistendo, et fugientem
cruciat instanter persequendo, et persequentem, cum ratio postulat, 20
deridet, prudenter fugiendo. Cum enim homo bene vivere incipit, mox
diabolus illum decipere totis viribus satagit. Cui si ille non consenserit,
sed eius tentationibus et animo pariter et corpore viriliter restiterit, mox
ipsum diabolum devincit. Hoc est enim diabolum devincere: eius sug-
gestionibus fortiter resistere. Qui si etiam in bonis operibus et animo 25
et corpore instanter perseveraverit, et quidem diabolum magno perse-
cutionis cruciatu ferit. Tunc etenim miles Christi diabolum persequitur,
cum in bene operando perseverantiam amplectitur. Cum vero ipsi diabolo, summa dei providentia iuste disponente omnia, super hominem
potestas tribuitur, tunc illum persequi dicitur. Sed plerumque miles 30
Christi eius ad modicum cedit vesaniae, ut adhuc domino suo possit
fructificare. Iuxta quod idem ipse dominus de membris ipsius diaboli
suos discipulos admonuit dicens: 'Si vos persecuti fuerint in una civitate, fugite in aliam.' Quod cum miles Christi facit, ipsum diabolum
prudenter illudit. Non enim fugit quia eum timeat, sed ut domino suo 35
adhuc praedam acquirat. Valde itaque est necessarius nostro militi suus
equus, id est interiori homini corpus exterius.

Sciendum vero quia proprium est militis praeesse, equi autem subesse.

2 Dein FD: Dehinc HO; Deinde P

33–34 Matth. 10. 23.

Militis imperare, equi obtemperare. Nequaquam namque miles contra
adversarium decenter pugnare poterit, nisi equus suus sibi subiectus
fuerit et nisi sibi per omnia oboedierit. Sed quia est animal mutum et
non habet intellectum, miles capiti eius frenum imponit, quo eum huc
5 et illuc etiam cum noluerit, secundum propriam voluntatem flectere
possit. Neque enim expedite adversus suum pugnare poterit adversarium, nisi in equo suo habuerit frenum. Nam quomodo ipsi hosti fortiter resisteret, cum sibi proprius equus multotiens repugnaret? Decet
itaque, ut in equo suo habeat frenum, si vult expedite pugnare contra
10 adversarium. Debet autem secundum equi qualitatem freni providere
quantitatem. Si enim oboedientem equum habuerit et quietum, in eo
parvum et suave debet ponere frenum. Si vero rebellem et indomitum,
magnum in eo et asperum necesse est imponat frenum. Si autem medio-
crem, et in freno providere debet mediocritatem.
15 Similiter et miles Christi, si vult legitime certare contra diabolum,
debet in equo suo habere frenum. Frenus autem, quo huiusmodi equus
regitur, abstinentia dicitur. Per abstinentiam namque debet interior
homo exterioris lasciviam refrenare et eum secundum propriam voluntatem huc atque illuc flectere. Nam sine huiusmodi freni regimine
20 nullatenus expedite adversus diabolum poterit pugnare. Sed ipsa
abstinentia debet esse discreta. Secundum enim corporis sui qualitatem
decet, ut interior homo provideat abstinentiae quantitatem. Alioquin
non solum sibi non erit ad ullum adiumentum, immo ad maximum
impedimentum.
25 Notandum quoque quia frenus duo lora solet habere, quae miles in
manu sua debet tenere et sic equum suum regere. Sed si alterum plus
altero traxerit, nequaquam ipse equus in directum viam tenere poterit.
Ut autem in directum viam teneat, necesse est, ut miles utraque lora
aequa manu trahat. Quid itaque per duo lora freni nisi duo membra
30 abstinentiae debent intelligi? Alia namque abstinentia est nimium
remissa, alia supra modum districta. Quae si inaequaliter interior homo
exteriori indixerit, id est si unum plus quam alterum ei iniunxerit,
nequaquam rectam viam tenere poterit. Aut enim propter nimium
remissam abstinentiam superbiet, aut propter plurimum districtam
35 deficiet. Restat igitur, ut neutram indiscrete corpori iniungat, sed discretionis manu mediocritatem teneat.
Debet autem miles iste super equum suum sellam habere. Eius sellam
credimus esse mansuetudinem. Hanc enim debet interior homo super
exteriorem ponere, ut et super eum firmius sedere et eum decentius

14 freno FHO: eo DP     debet providere HO     25 frenus FDHO: frenum P

possit regere. Videlicet ut nullum membrum huc vel illuc inordinate
moveat, sed omnia decenter et mansuete contineat. Ut nihil agat aspere,
sed omnia cum tranquillitate.

Sunt etiam et calcaria huic militi ad excitandum equum suum pernecessaria. Ista siquidem calcaria duo sunt exhortationum genera. Duo 5
namque sunt genera exhortationum, quibus interior homo exteriorem
debet excitare ad opus bonum. Quaedam namque exhortationes sunt
de timore, quaedam vero de amore. Illae autem, quae sunt de timore,
dicuntur sinistrae. Quae vero de amore, dicuntur dextrae. Sed de quo
timore et de quo amore? De timore gehennae et de amore vitae aeternae. 10
De timore horribilis calamitatis et de amore delectabilis iucunditatis.
De timore perpetuae miseriae et de amore perennis gloriae. Quia ergo
noster exterior homo est infirmus et corruptibilis, saepius aliqua in-
stante gravitate a bono opere vellet cessare. Sed cum interior homo eum
ab incepto bene operandi itinere senserit velle torpere, mox eum quasi 15
miles equum suum calcaribus debet excitare praedictis exhortationibus,
aliquando videlicet sinistris, aliquando vero dextris; id est nunc timore,
nunc amore, et quandoque simul utrisque.

Haec de equo et de his, quae ad eum pertinent, disseruimus, iam vero
ad militem nostrum redeamus, et quibus armis armari debeat attentius 20
inquiramus. Militem nostrum, ut praediximus, nostrum esse interiorem
hominem credimus. Verum sicut constat de temporali milite, nullatenus
miles iste cum adversario suo sine armis bellicis poterit certare legitime.
Nam quomodo membra sua a mortiferis diaboli iaculis servaret illaesa,
nisi indueretur lorica? Quam securitatem principali suo obtineret, vel 25
quem timorem ipsi hosti incuteret, si galeam in capite minime haberet?
Quomodo etiam a virulentis antiqui serpentis ictibus tam se quam equum
suum defenderet, nisi scutum praetenderet? Unde vero ipsum hostem
transfigeret, si lanceam in manibus nequaquam teneret? Aut unde idem
hostis iugularetur, si miles Christi gladio non accingeretur? Sunt itaque 30
admodum necessaria nostro militi sua arma.

Arma ista licet sint bellica, non sunt tamen temporalia, sed spiritualia.
Non sunt carnalia, sed intellectualia. Sicut enim docet apostolus,
spiritualibus spiritualia comparare debemus. Siquidem miles noster
spiritualis dicitur, sed et eius adversarius nihilominus spiritualis esse 35
creditur. Quid itaque consequentius, quam ut isti tales adversarii armis
adversum se invicem dimicent spiritualibus? Ut ergo miles Christi
contra ignita diaboli iacula ex omni parte se muniat, sine mora loricam

12 De timore ... gloriae *om.* HO        18 quandoque: et *add.* D et iam *corr.* F

34 Cf. 1 Cor. 2. 13.

suam induat. Eius quippe lorica attestante scriptura dicitur iustitia.
Nam quemadmodum lorica annulis contexitur, sic iustitia bonis operibus perficitur. Opera namque iustitiae sunt quasi annuli loricae. Sed
ipsa iustitia debet esse continua. Manifestum quidem est de lorica, quia,
5 si fuerit interrupta, ad tuendum militem minus sit idonea. Eodem modo
intellige de iustitia, si et ipsa fuerit interrupta. Illa siquidem iustitia
interrupta dicitur, quae quandoque intermittitur. Qui ergo intermittit
iustitiam, quasi interruptam induit loricam. Sed miles iste nequaquam poterit contra adversarium suum fortiter pugnare. Igitur ut
10 miles Christi antiquo hosti viriliter resistat, loricam iustitiae inviolatam
custodiat; id est sine intermissione operibus iustitiae studeat insistere.

Debet etiam miles iste galea caput suum ornare, videlicet ut et ipse
inde decorus appareat et ipsi hosti ob tantum securitatis signum terrorem
non minimum incutiat. Caput huius militis non inconvenienter dici
15 potest intentio ipsius interioris hominis. Nam sicut caput praeest
ceteris membris corporis, sic intentio videtur praeesse ceteris instrumentis interioris hominis. Ut enim nos docet usus ipse, intentio in nobis
solet praecedere, deinde cura, sollicitudo, studium et cetera huiusmodi,
ut ipsa intentio opere valeat demonstrari, ac si quaedam membra solent
20 subsequi. Quid autem intelligere debemus per galeam nisi beatam
spem? Nam quomodo galea sursum dirigitur, sic beata spes semper ad
superiora sustollitur. Tunc ergo miles Christi super caput suum galeam
ponit, cum intentionem suam beata spe munit. Id est, cum quidquid
boni intendat agere, hoc solummodo facit ob spem beatae et perennis
25 gloriae.

Est etiam et clipeus nostro militi valde necessarius. Hunc quippe
debet praetendere, ut a virulentis diaboli iaculis tam se quam equum
suum valeat defendere. Scutum militis huius fidem esse docet apostolus:
'Sumite', inquit, 'scutum fidei, in quo possitis omnia tela nequissimi
30 ignea extinguere.' Fides namque tamquam scutum inexpugnabile
ardentissima vitiorum tela solet excipere, ac metu gehennae et caelestis
regni credulitate mortificando extinguere. Possumus etiam aptissime
per scutum patientiam intelligere. Sicut enim scutum excipiendo adversarii tela militem temporalem servat incolumem, ita patientia
35 excipiendo mortifera diaboli spicula militem spiritualem. Notandum
quoque quia miles ex sinistro latere scutum solet praetendere. Per
sinistram quippe partem intelligere possumus adversitatem. Scutum itaque miles Christi ex sinistro praetendit latere, cum patientiam et animo
et corpore amplectitur in adversitate. Numquam enim in prosperitate

1 Cf. Eph. 6. 14.
29-30 Eph. 6. 16.

est virtus patientiae. Ille autem vere patiens esse creditur, qui et adversis atteritur et tamen ab spei rectitudine non flectitur.

Restat igitur, ut miles iste absque mora lanceam manibus arripiat, gladio se accingat, ac sic audacter ad singulare certamen accedat, hostique suo viriliter se obiciat. Lanceam debet arripere, ut inde ipsum 5 hostem valeat transfigere. Gladio debet accingi, unde idem hostis queat iugulari. Quid autem intelligendum est per lanceam, nisi providentia? Sicut enim temporalis adversarius adhuc longe semotus transfigitur lancea, ita hostis antiquus quasi adhuc longe divisus quodammodo transfigitur providentia. Verum, ut diximus, miles noster ipsam lanceam 10 debet tenere manibus. Saepius in divinis scripturis, quia per eas solemus operari, opera per manus solent designari. Lanceam itaque in manibus tenere est in operibus providentiam habere. Cum enim miles Christi aliquid proponit agere, statim ad ipsum opus mentis intuitum debet dirigere, et ad quem finem tendat, diligenti providentia circumspicere. 15 Quod si tetenderit ad finem malum, mox illud anathematizando tamquam mortiferum respuat venenum. Sin autem ad finem bonum videatur tendere, sive sit leve sive sit grave, intrepidus ipsum opus debet arripere, ac hilari devotione perficere. Si igitur miles Christi hanc providam sollicitudinem in omnibus operibus suis iugiter habere studuerit, ipsum 20 adversarium suum tamquam lancea providentiae transfixum facillime superare poterit.

Quid vero significet gladius, nobis exponere pretio dignum duxit apostolus: 'Et gladium', inquit, 'spiritus, quod est verbum dei.' Et iterum: 'Vivus est sermo dei et efficax et penetrabilior omni gladio 25 ancipiti, et pertingens usque ad divisionem animae et spiritus', et cetera. Verbum quippe dei non inconvenienter gladius spiritus, spiritualis videlicet, seu anceps dicitur gladius, quia quod huiusmodi gladius agit corporaliter, verbum dei agere videtur spiritualiter. Anceps namque gladius ex utraque parte solet incidere. Sic et sermo dei quasi ex utra- 30 que parte videtur incidere, cum corda hominum duobus modis solet compungere, scilicet nunc terrendo, nunc blandiendo, nunc mortem aeternam sonando, nunc vitam sempiternam promittendo. Cum ergo miles Christi hanc verbi dei sectionem et in se et in quoscumque valet satagit exercere, ipsum antiquum hostem gladio quodammodo videtur 35 iugulare. Quasi enim iugulando eum usque ad interniciem prosternit, dum longe a finibus suis, a cordibus videlicet, in quibus ante inhabitaverat, gladio verbi dei illum violenter expellit. Valde itaque, ut praediximus, sunt necessaria spirituali militi sua arma.

1 qui et: et *om.* HO; in *add.* P

24 Eph. 6. 17.            25–26 Hebr. 4. 12.

## 194. Similitudo cellerarii

SALOMON ex persona sponsae dicit in canticis: 'Introduxit me rex in cellam vinariam.' Videamus quomodo prudens cellerarius soleat ordinare dolia in cella vinaria. Siquidem iuxta ostium illud ponit dolium, 5 in quo est debilissimum vinum. Iuxta quod et aliud ponit, in quo aliquantulum melius vinum habetur. Sed et iuxta illud tertium sistitur, in quo adhuc melius vinum continetur. Sicque quanto dolia ab ostio disiunguntur, tanto in eis melius vinum habetur. Novissime vero, videlicet in angulo, illud ponitur dolium, in quo continetur pretiosissimum 10 vinum. O mira prudentia! Optimum vinum nequaquam ponit iuxta ostium, sed illud quod est vilissimum. Sed quare? Propter ingredientes videlicet et egredientes. Si enim bonum vinum esset iuxta ostium, ipse cellerarius non minimum inde ab ingredientibus sive egredientibus incurreret damnum. Citius namque diripitur quidquid prope manus 15 invenitur. Et ideo viliorem potum anteponit, potiorem vero postponit. Solet etiam et aliam facere prudentiam. Cum aliquem in cellarium suum introducit, iuxta modum quo eum diligit, ei ad potandum tribuit. Quem enim parum diligit, illi de viliori potu tribuit. Quem vero aliquantulum diligit, ei de mediocri potu tribuit. Quem autem plurimum 20 diligit, huic de optimo dolio ad potandum tribuit.

Dicit itaque sponsa: 'Introduxit me rex in cellam vinariam.' Rex iste rex regum cellam habet vinariam, in quam sponsa sua, fidelis videlicet anima, se gratulatur introductam. Eius cella vinaria dicitur scriptura sacra. In hac cella quatuor habentur dolia mellifluae dulcedinis plena, 25 quorum ista sunt nomina: simplex historia, allegoria, moralitas, anagogen, id est intellectus intendens ad superiora. Ista quippe dolia modo, quo superius diximus, sunt ordinata. Primo namque loco in scriptura sacra tamquam iuxta ostium est simplex historia, deinde allegoria, postea moralitas, novissime vero quasi in angulo est anagogen, id est 30 contemplatio. Valde dulcis potus est in historia, sed et dulcior in allegoria, dulcissimus vero in moralitate, longe autem incomparabiliter dulcior in anagogen, id est in contemplatione.

Potus, qui continetur in primo dolio, id est in historia, sunt simplicia gesta sanctorum et exempla. Quibus dum intendimus, animas nostras 35 magna dulcedine quodammodo potamus. In secundo autem dolio, id est in allegoria, est fidei instructio. Per allegoriam namque ad fidem

1 De cellario domini DP *tit. om.* F    2 Salomon *litteris maioribus* FD; S *tantum litt. maiori* P    32 dulcior: dulciter PFD (dulcis *corr.* F; dulcior *corr.* D)

2-3 Cant. 2. 4.
21 Cant. 2. 4.
22 rex regum: 1 Tim. 6. 15.

instruimur, et in interiore homine admirandae suavitatis sapore imbui-
mur. In terto vero dolio, id est in moralitate, est morum compositio.
Per moralitatem etenim mores nostros componimus, et quasi mirae
dulcedinis potu refecti, hilares et amabiles proximis nostris apparemus.
Potus, qui continetur in quarto dolio, illo videlicet, qui stat in angulo, 5
id est in anagogen, est quidam suavissimus divini amoris affectus. Cuius
ineffabili dulcedine, cum anima nostra reficitur, ipsi summae divinitati
quodammodo unitur. Cum igitur cellerarius iste aliquos in cellarium
suum, sanctam videlicet scripturam, introducit, modo quo superius
diximus eis ad potandum tribuit. Simpliciores namque et rudes in fide 10
ac eius amore de primo dolio solet potare, id est de historia; capaciores
vero de allegoria; perfectiores autem de moralitate; perfectissimos quidem de anagogen, id est de contemplatione.

Sciendum vero quod quisquis de quarto dolio, de illo videlicet qui
stat in angulo, id est de anagogen, biberit, quantulumcumque inde 15
gustaverit, statim ob miram ipsius potus dulcedinem ebrius erit illa
videlicet ebrietate, ad quam sponsus electos suos invitat in canticis:
'Comedite, amici, et bibite, et inebriamini, carissimi.' Quicumque etenim de potus huius dolii suavissimo sapore imbuitur, mox ad mundi
huius turbines tamquam ebrius insensibilis redditur.                    20

Habet autem istud cellarium in se quoddam ostium. In isto vero
ostio quaedam clavis habetur, per quam infidelibus clauditur et fidelibus
aperitur. Ostium huius cellarii, id est sanctae scripturae, est recta fides.
Clavis autem humilitas. Qui ergo vult intrare in cellarium domini, id
est in sanctam scripturam, necesse est ut intret per ostium et clavem, 25
per fidem videlicet et humilitatem. Debet namque certissime credere
quidquid dicit sancta scriptura verum esse. Deinde sensum ipsius
scripturae, ac si pro foribus pulsando, humiliter debet investigare.
Nullus etenim sine fide et humilitate in cellarium domini ad sui utilitatem poterit intrare. Poterit quidem tamquam fur irrumpere et 30
quadam vi saecularis scientiae de primis doliis quasi quasdam guttas
lambere, sed ad ultimum dolium, in quo continetur illud vinum quod
laetificat cor hominis, id est ad anagogen, nullatenus quibit pertingere.
Quisquis igitur in cellario domini de omnibus doliis id est de historia, de allegoria, de moralitate, de contemplatione sufficienter bibere 35
desiderat, rectam fidem cum summa humilitate habere studeat.

18 Cant. 5. 1.
33 Cf. Ps. 103. 15.

# II

# ALEXANDRI MONACHI CANTUARIENSIS
# LIBER EX DICTIS BEATI ANSELMI

# NOTE

The main text which follows is that of the second recension, using MS. B as a base. The errors of B (which are recorded in the notes) have been corrected from Dur and K for the *Dicta* and from A whenever possible for the *Miracula*, but the independent errors of these manuscripts have not been recorded. The titles at the head of each chapter of the *Dicta* are those of B; the occasional variants of Dur have been noted, but the titles in K, which differ only insignificantly from the *Capitula* are not normally recorded. There are no titles at the head of the individual *Miracula* in A and B, from which the texts of the two recensions are taken, and they have been supplied from the list of titles at the beginning of the work. The variant readings of the first recension of the *Dicta* and the complete text of the first recension of the *Miracula* are printed at the foot of the page. The manuscripts used are:

*First recension*

  A    Cambridge, Corpus Christi College, 316

*Second recension*

  B    Cambridge, Corpus Christi College, 457
  Dur  Durham Cathedral Library B. iv. 32
  K    Cambridge University Library Kk. 4. 20

A few readings have been recorded from

  H    Heidelberg University Salem ix, 30
  N    British Museum, Cotton Nero A vii.

but in general the manuscripts of fragments of the work described above (pp. 27–29) have proved useless as witnesses to the text.

# II

## LIBER EX DICTIS BEATI ANSELMI

### PROLOGUS

COMPELLIS me, venerabilis abba et sanctae Romanae ecclesiae legate,
5 domine Anselme, ut tibi quaedam de dictis magnifici viri Anselmi,
Cantuariorum archiepiscopi, avunculi tui, transmittam, quae cum
loqueretur in commune, ut potui, excepi, mihique soli, ne memoriae
dilaberentur, litteris quam brevissime potui commendavi, penes me
cupiens illa reservari.
10 Verum a nonnullis me nesciente cum inspecta fuissent, pars eorum
transscripta, pars vero distracta est. Nunc igitur pauca—utpote simpliciter exarata sunt—quae remanserunt, in unum coartata tibique trans-
missa, sic oro, ut ab omni qui haec legere voluerit suscipiantur, quatinus
si quid in eis minus bene dictum repertum fuerit, non illius, sed meae
15 parvitatis sensu processisse sciatur. Si quid autem bene, eius ab ore
sanctissimo derivasse credatur.
Quae sicut diversis in locis ac temporibus excepi et litteris commendavi, sic quid eorum praeiaceret quidve sequeretur, non curavi; sed
solum ut quaeque sententiola in se haberet quid offerre ad aedificatio-
20 nem intenderet.
In fine autem huius opusculi tria de miraculis beati Jacobi apostoli et
alia nonnulla quae sequuntur posui, quae a quibus acceperim, in ipsis
patebit relationibus.

2 LIBER EX DICTIS BEATI ANSELMI De monte humilitatis B; *tit. om.* Dur K
4–11 Compellis ... Nunc igitur: Cum quaedam de dictis magnifici Anselmi Cantuariorum archiepiscopi, quae cum loqueretur in commune ut potui excepi, et ne a memoria dilaberentur litteris quam brevissime potui commendavi, a nonnullis me nesciente
cum inspecta fuissent pars eorum transcripta, pars vero distracta est, nunc igitur K
4–5 Compellis . . . tibi Dur: *haec verba in rasura a manu s. xvi scripta sunt* B
12 sunt *om.* Dur        17–23 Quae . . . relationibus *om.* K        19 offerre: quod
*add.* Dur

*Prior rec.*: 2 *Tit. om.*        3–23 Prol. *om.*

# CAPITULA

1–109. 41 Capitula *om.* K    31–109. 41 Capitula xxi–lii *om.* Dur    32–33 *In textu sequenti capitula XXI et XXII invertuntur.*

*Prior rec.*: 1–109. 41 Capitula *om.*

12 1 Ioh. 3, 2.

# Capitulum I

## De monte humilitatis et septem gradibus eius
## et duabus eiusdem montis custodibus

Dominus et redemptor noster spiritu septiformis gratiae plenus, pro-
fundam superbiae vallem volens nobis obstruere, et montem humilitatis 5
commendare, 'omnis', inquit, 'qui se exaltat, humiliabitur, et qui se
humiliat, exaltabitur.'

Superbia namque quasi vallis maxima est, bestiis vitiorum plena,
tenebris obsita. Quam si quis inbibit eaque delectatur, a luce procul
dubio alienatur veritatis. Nam donec ipsa humilitas, quae veritatis 10
sedes est, sibi familiaris extiterit, in tenebris est, non habens cognitionem sui et lucem veritatis non discernit, quia 'animalis homo non
percipit ea quae dei sunt'.

Unde fit ut in valle ista tenebrosa vitiorum sit copia, quasi bestiarum
crudelium magna multitudo. Denique crudelitas ut leo, calliditas ut 15
vulpecula, invidia ut serpens, iracundia ut rana, ceteraque vitia quasi
mortifera animantia ibidem conversantur. Quae quanto plus cuiquam
familiaria fuerint, tanto minus quam sint crudelia animadvertuntur.
Consuetudo etenim est vitii, ut non facile videatur ab eo qui illud
tenendo sectatur, sed postquam illud execratus fuerit et se ab illo 20
alienare contenderit, tunc demum videt in quanta foeditate et miseria
iacuerit et quam graves morsus malae bestiae toleraverit.

Humilitas autem mons magnus est, in cuius summitate lux est non

---

*Prior rec.*: 2–3 De septem gradibus montis humilitatis    4–7 Dominus . . .
exaltabitur *om.*        8 Superbia namque quasi: Non est in altum elevata
superbia, licet quidam autumant, sed demissa et    est *om.*    9–13 tenebris
obsita . . . dei sunt: et caligine tenebrarum densissima. Nam quanto amplius quis
superbia involvitur, tanto lucem veritatis minus intuetur. Nec clare potest
discernere iustum ab iniusto, quamdiu in tenebris, in caecitate scilicet, cordis
sui superbi iacet, sed quae sunt distorta, aeque ut recta sectatur.    15 multitudo magna    15–17 Denique . . . conversantur: Nam leones crudelitatis et
vulpes male calliditatis, serpentes quoque venenose invidie et rane iracundie,
ceteraque vitiorum animalia ibi habundant    18 familiares    crudeles
19 vitii est    ab eo videatur    illud: illo    20 tenendo sectatur: utitur
postquam illud execratus fuerit: mox ut cessaverit    20–21 ab illo se alienare
contenderit: alienaverit    21 videt: intuetur    22 malae bestiae: quam
malarum bestiarum

---

1–114.    13 Cf. *De moribus*, c. 100–8; *De beat.* pp. 288–9 below; *Epp.* 285 [iii. 75] and
418 [iii. 137] (Schmitt, iv. 204. 27–28; v. 364. 10–12); *Regula S. Benedicti*, c. vii.
   6–7 omnis . . . exaltabitur: Luc. 18. 14       11 in tenebris est: cf. Ioh. 12. 35
   12–13 animalis . . . sunt: 1 Cor. 2. 14

modica, et honestarum personarum, id est sanctarum virtutum, pulcherrima turba. Huius altitudo septem gradibus ascenditur.

Primus itaque gradus in monte humilitatis est cognitio sui. Hunc
ita unusquisque debet habere, ut se inferiorem omnibus iudicet, imitans
5 apostolum, qui se iudicat omnium sanctorum minimum. Nam si esset
aliquis homo, qui ita peccasset ut dominus ei iusto iudicio pedes et
manus amputare, oculos evellere et totum dilaniare posset, nec tamen
faceret sed ex sua misericordia illum toleraret, vehementer se domini
sui debitorem cognoscere deberet, et eo magis humiliari, quo se minus
10 meruisse tolerari perpenderet.

Nos igitur domino nostro in multis offendimus, et in tantum, ut ex
vindicta iustitiae suae membratim nos possit dilaniare, aut iugi languore
torquere, et poenis aeternis intrudere. Ex qua offensione non solum
iram dei promeruimus, sed etiam totam creaturam adversum nos
15 excitavimus. Etenim si servus cuiusquam a domino suo recederet et
inimico domini sui adhaereret, non solum ipsum dominum, sed etiam
totam eiusdem domini familiam iustissime irritaret.

Cum igitur dominum creatorem cunctorum offenderimus, adversum
nos omnem creaturam, quantum spectat ad meritum nostrum, in iram
20 commovimus. Potest ergo nobis iusta consideratione terra dicere: 'Non
debeo vos sustinere, sed potius absorbere, quoniam non timuistis a
domino meo peccando recedere.' Potest cibus et potus dicere: 'Non
meruistis, ut vos pascere debeamus, immo potius ut confusionem et
necem vobis praeparemus.' Sol quoque: 'Vobis ad salutem non debeo
25 lucere, sed ad vindictam domini mei penitus comburere.' Sic etiam singula quoque creatura contra nos potest assurgere irrefragabili ratione.

Proinde expedit nobis humiliari, ne diu dilata vindicta tanto acrius
adveniendo mala nostra puniat, quanto diutius toleravit quod punire
poterat. Ut ergo humiliemur, quid simus, quid nati fuerimus, vel quid
30 fecerimus mente pertractemus, et nos multo dignos supplicio fore

---

29 fuerimus: fuimus ABKDur

*Prior rec.*: 2 Huius . . . ascenditur: Sed quicumque ad hunc pervenire desiderat, necesse est, ut per gradus quosdam ascendat, si hunc cognoscere et inhabitare affectat      4 habere debet      7 evellere: eruere      8 toleraret:
nonne *add.*      11 offendimus: omnes *add.*      ut: nos      12 nos possit *om.*      aut:
paenis aeternis tradere aut *add.*      13 torquere . . . intrudere: in praesenti tempore et post hanc vitam inferno possit committere, si ita placuerit ei
16 dominum: exacerbaret *add.*      17 familiam: eius *add.*      21-22 a
domino meo non timuistis      29-30 vel quid fecerimus: quidve futuri
erimus      30 dignos supplicio: supplicio dignissimos

---

4 se inferiorem omnibus iudicet: cf. *Reg. S. Benedicti*, c. vii. si omnibus se inferiorem credat      5 omnium sanctorum minimum: cf. Eph. 3. 8.      11 in multis
offendimus: Iac. 3. 2.

cognoscemus. Qui se talem iudicat, iam in primo gradu humilitatis
stat.

Secundus gradus est dolor. Nam sunt nonnulli, qui se peccatores esse
fatentur, sed nullum inde habent dolorem. Qui necesse est ut doleant,
si veniam mereri volunt; quia non valet ut se cognoscat quis pecca- 5
torem, nisi inde habeat dolorem. Nam si domino suo aliquis peccaret
et inde dolorem non haberet, quid putas de eo dominus diceret?
Quomodo ei offensam dimitteret, quamdiu eum minime dolere sciret?
Ridiculum potius quam aliud videretur, si veniam peteret unde non
doleret. Necesse est igitur ut dolorem habeat, quisquis de perpetratis 10
culpis veniam consequi desiderat.

Deinde sequitur confessio, quia qualiter se peccator cognoscat et
doleat, confiteri debet. Multi etenim sunt, qui se peccasse cognoscunt
et dolent, et tamen celant, quoniam quidem confiteri erubescunt. Et
quoniam sciunt confessionem ad salutem necessariam fore, in cordibus 15
suis coram deo paenitere et illi confiteri proponunt, multoque maiorem
paenitentiam agere, quam aliquis eis, si confiterentur, vellet imponere.
In qua re penitus decipiuntur, quia nullus deo quicquam potest confiteri
quod ignoret. Omnia enim nuda et aperta sunt ei. Vult itaque deus ut
quicumque illi peccaverit, ac si ipse nesciret, ita suo loco alii nescienti 20
confiteatur, quatinus hoc indicio manifeste probet quia, si deus nesciret,
ipse veraciter ei manifestando aperiret.

Ad haec. Si is, qui maiorem paenitentiam ex proprio arbitrio non
confessus vult agere quam aliquis si confiteretur vellet ei imponere,
putat se maius quid fecisse ex propria voluntate quam si confiteretur, 25
penset apud se quid sibi plus constiterit, an confiteri et parvam paenitentiam agere, an sine confessione spontanea voluntate longo paenitere
tempore. Cumque magis eligit paenitentiam gratis protelare quam
reatum suum per confessionem manifestare, agnoscat pro certo quia
nondum confessionem illa sua spontanea paenitentia, licet gravis fuerit, 30
recompensavit, quoniam quidem nondum sibi tantum constitit graviter
clam paenituisse, quantum confessionem, cui facere debuit, fecisse.
Quare minus semper est quamlibet graviter sine confessione paenitere,
quam puro ex corde confessionem facere.

Cum itaque tres gradus in montem humilitatis habeamus, sequitur 35

26 se *om.* B

*Prior rec.*: 1 cognoscemus: cognosceremus    4 fateantur    5 volunt:
desiderant    8 eum: pro offensione sua *add.*    9–10 unde non doleret: de
hoc unde se non dolere fateretur    10 igitur est    27–28 tempore paenitere    30 illa: illam    32 confessionem, cui facere debuit: si confiteretur
quam peccaverat

persuasio. Nam sicut necesse est ut confiteamur, sic sciendum est quod
ita confiteri debemus, ut hoc ipsum quod confitemur, ita esse per-
suadeamus. Tunc etenim pura est confessio, si eam sequitur voluntaria
persuasio.

5   Hanc comitatur concessio, ut scilicet qualem se quis iudicat et dolet,
confitetur et suadet, talem se quoque ab aliis iudicari concedat. Sunt
enim plerique satis semetipsos iudicantes, sed nequaquam ferre possunt
ut ab aliis vituperentur. Qui ut montem humilitatis ascendant, necesse
est ut, sicut despiciendos iudicant, sic etiam alios, si se iudicando
10 despexerint, tolerare sciant.

Qua ex re opus est patientia, quae sexto loco graduum montis
humilitatis est posita. Haec ita unicuique familiaris esse debet, ut,
quandocumque aliqua iniuria cuilibet fit, ita eam suscipiat, quasi commodum sibi magnum fieret. Profecto si aliquis servorum cuiusquam
15 rationabilis viri peccavisset, et dum sibi exinde multae fierent molestiae
non reclamaret, sed potius iuste talia pati se diceret, citius apud dominum misericordiam inveniret. Nos itaque, qui multa contra creatorem
nostrum commisimus, tanto studiosius humiliari debemus, quanto propensius indulgentia eius nos indigere videmus.

20 Nec solum absque murmuratione pati molestias, sed etiam ut graviter
puniamur ad vindictam dei amare debemus. Qui amor supremus gradus
montis huius esse videtur, quoniam quidem tunc est deo grata satis-
factio, cum in eius mente qui satisfacit nulla manet murmuratio, sed
pia iugiter fervet dilectio. Nec dubium quin citius veniam impetret,
25 qui non solum pro suis excessibus dignum se supplicio iudicat, sed etiam
ad satisfactionem creatoris ab omni creatura dei vindictam pati desiderat.

Cum itaque quilibet, ut dictum est, habeat sui cognitionem, dolorem, confessionem, persuasionem, concessionem, patientiam, amorem,
30 gradatim ascendendo ad arcem montis humilitatis venit, ubi nulla ei
poterit nocere tempestas, quia iugis ibi manet inviolata serenitas. Nam
quantumcumque alii tumultuentur, ipse in suae humilitatis statu
immobiliter manet. Non enim facile quid, unde suum dominum iterum

---

25 pro: per B

---

*Prior rec.*: 1 persuasio: quae unicuique habenda est *add.*    Nam sicut: Cum
enim      est: sit      sic *om.*        2 quod confitemur ipsum        3 etenim:
enim        5 Hanc: Quam        9 sicut: semetipsos *add.*        12 posita
est        13 eam ita        15 viri: hominis        18–19 propensius: magis
19 eius indulgentia        20 molestias: debemus *add.*        21 debemus *om.*
22 huius: humilitatis est tunc        28 quilibet: hominum *add.*        33 quid:
ad rem quamlibet

offendat, reiterabit, si quantae molis fuerit peccatum cognoverit, unde
et dolorem habuerit, atque confitendo, persuadendo, concedendo,
patientiam et amorem habendo digne deo satisfecerit. Cum hoc agere
coeperit, in initio et gradatim ascendendo magnas tribulationes et
adversitates sentiet, quia quicumque ad servitium dei accesserit, opus 5
est ut animum suum ad tentationem praeparet. Nemo enim extemplo
fit optimus. Nam sicut in valle superbiae multae sunt vitiorum bestiae,
ita quoque in via, qua gradatim ascenditur ad summitatem montis,
multarum tribulationum impugnationes reperiuntur, quoniam quidem
'multae tribulationes iustorum, sed de omnibus his liberabit eos dominus'. 10
Verum quanto altius ascenderit, tanto pauciores sentiet. Cum autem ad
summitatem venerit, nil prorsus erit quod eum deicere possit, si huius
montis, huius inexpugnabilis castri custodiam graviter adhibuerit.

Montis huius pulcherrimi duae sorores sunt custodes: verecundia
scilicet, quae est ante deum, et verecundia, quae apud homines est. 15
Nam cum aliquis tentatur, si ante suae mentis oculos has duas firmiter
reducit custodes, non facile superatur. Sic enim sibimetipsi loqui debet.
Si ego hoc vel illud peccatum fecero, quomodo ante deum et sanctos
angelos eius, qui me vident, oculos meos levare potero? Quomodo ante
oculos hominum, cum hoc cognitum fuerit, apparere potero? Quid 20
dicam, cum reatum meum omnis creatura dei videbit, boni et mali,
angeli et diaboli me accusabunt, inclamabunt, damnabunt? Nequaquam
peccabo, immo 'propter te, domine, morte afficiar tota die', 'custodiamque vias meas, ut non delinquam'. Sic sibi unusquisque proponat, sic
semetipsum consideret, sic se ab irruentibus bestiis vitiorum eruat.      25

Sed considerandum quia verecundia, quae ante deum est, semper est
libera et custos fidelis; illa vero, quae apud homines, nonnumquam
fallax et latro pessima. Solet enim contingere, ut aliquando mentem
alicuius, ubi saepefatus mons constituendus est, hirtus luxuriae vel alia
quaelibet vitiorum bestia tentet irrepere. Quam cum verecundia quae 30
apud homines est, ne intraret, arcere deberet, sibimetipsi interdum sic
male consulendo loquitur: 'Magna erit confusio, si huic tentationi
luxuriae aditum dedero, sed nullus hominum hoc videbit, et ego bene
celabo nec amplius cognitum erit. Modice nunc voluptati consentiam,
et cum voluero, memetipsum corrigam, ac paenitendo satis melior, 35

*Prior rec.*: 1 reiterabit: redibit      quantae molis: quanti ponderis      4 coeperit: inceperit      6 extemplo: repente      10 his: iis      14 pulcherrimi *om.*
15 ante: apud   est apud homines      18 deum: dominum      29 saepefatus
mons: mons supradictus      30 irrepere: inrepere      31 arcere: prohibere
32 confusio: verecundia

10 multae ... dominus: Ps. 33. 20.
23 propter ... die: Ps. 43.22.      23–24 custodiamque ... delinquam: Ps. 38. 2.

quam modo sim, efficiar. Multi enim post ruinam surrexerunt, et postmodum meliores fuerunt.' Sic nimirum verecundia, quae est apud
homines, malo suo consilio nonnumquam fallit, et malam vitii bestiam
in montem, quem tueri deberet, intrare permittit. Quae facile custode
5 permittente ingreditur, sed non facile expellitur. Nam si is, qui scelus
commiserit, confiteri aliquando decreverit, eadem cogitatio, quae prius
promittebat quod se emendaret mox ut voluisset, post perpetratam
culpam dicit: 'Quomodo confitebor? Qua fronte reatum meum aperiam?
Non amplius honorem habebo, si me manifestavero, sed qui modo
10 appretior, omni tempore vilis amodo ero. Quid igitur faciam? Saturabor
voluptuose vivendo, nondum viam iustitiae tenere valeo.'

Ecce, quomodo miser homo decipitur, quam callide vincitur, quam
astute superatur! Quippe humilitatis montem homo paulatim proficiendo statuit, ipse custodes eiusdem montis constituit, ipse semet-
15 ipsum male custodiendo deicit. In me siquidem est unde cum dei gratia
proficio, in me etiam unde deficio. Non mihi vim proficiendi aliquis
facit, non ad defectum aliquis venire cogit. Tantum suggerit deus,
suggerit ratio, suggerit virtus, ut recte vivam, et est in me materia quod
hoc facere possum, si volo; et e contra suggerit diabolus, suggerit
20 appetitus et vitium, ut voluptuose vivam, et habeo possibilitatem hoc
faciendi, si contradicere nolo. Quandocumque dei voluntati concors
fuero, aditum mentis meae bene custodio, sed si a dei voluntate dis-
cordavero, ostium mentis meae ad subvertendum montem quietis meae
vitiis aperio. Quae ut facilius aditum habeant, 'misericordia' dei, quae
25 'magna est', plerumque repraesentatur, quatinus eo facilius eis con-
sentiatur, quo celerius eandem misericordiam affore paenitenti putatur.

Sed sciendum est quia tempore tentationis ante perpetrationem culpae
numquam dei misericordia debet cogitari, sed iustitia et iudicium eius,
furor et indignatio illius. Haec debent pensari, haec ante mentis oculos
30 adduci, haec saepenumero cum magno horrore tractari. Quando quis
tentatur, non debet dicere: 'misericordia' dei 'magna est'; sed dicere:
'horrendum est incidere in manus dei viventis.' Quando appetitus

---

*Prior rec.*: 4 tueri deberet: deberet custodire    4–5 facile . . . ingreditur: cum intrare permissa fuerit    5 sed *om.*    expellitur: expelli
poterit    6 decreverit: voluerit    8 confitebor: confiteor    10 a-
modo vilis    13 homo humilitatis montem    15 cum dei gratia *om.*
16 proficiendi vim    20 voluptuose: male    22 sed si: Si autem
25 eo: tanto    26 quo: quanto    30 adduci: reduci    tractari: re-
tractari

---

24–25, 31 misericordia . . . est: cf. Ps. 85. 13.
32 horrendum . . . viventis: Hebr. 10. 31.

luxuriae quemlibet pulsat, non cogitet quacumque die peccator ingemuerit omnia peccata eius oblivioni tradentur, sed potius saepe recogitando tractet, quod maledictus omnis qui peccat in spe. Et illud: 'Vae genti peccatrici, populo gravi iniquitate, filiis sceleratis, semini nequam.' Si autem per incuriam fuerit peccati admissio, tunc demum dei miseri- 5 cordia propensius cogitetur, ne superveniat veniae desperatio. Tempore tentationis modis omnibus unusquisque debet conari ne superetur, quia, licet deus veniam peccanti promiserit, non tamen spopondit, ut peccanti daret voluntatem paenitendi. Cum itaque certum sit quod dei gratiam promeretur quisquis a malo declinat et fecerit bonum, et iram et 10 indignationem dei incurrit omnis qui facit peccatum, magnopere curandum est ne vitia committantur, quia ignotum est si post commissionem peccati ad rectam voluntatem paenitendi valeat revocari.

Cum ergo verecundia quae est apud homines interdum fallat multisque modis aditus vitiorum in nobis fiat, verecundia quae est apud deum, 15 quae fallere nescit, quando ad mentem revocatur et locum suum, quem tueri deberet, fallente sorore vitiis subversum quasi porcorum rostris disiectum invenit, vehementer ingemit, dolet atque turbatur, saepe etiam lacrimas fundendo fatigatur. Haec nonnumquam dum facit, subtiliter quaerit qualiter bestia intraverit, quae causa fuerit, quod exordium eius, 20 quisve sit aditus. Et dum illam vehementer execratur, dolet ac lacrimatur, fallax soror fallaciter eam plerumque sic consolatur: 'Quare tantum doles et tot lacrimis suspiriisque affligeris? Gravius te ille et ille peccavit, et tamen veniam impetravit. Numquid non memoraris prophetae dicentis, "dixi, confitebor adversum me iniustitias meas domino, 25 et tu remisisti iniquitatem cordis mei"? Humanum est peccare, nec tanti ponderis est peccatum, ut illud aestimas.' Taliter male consulendo temptat lenire dolorem; sed fidelis custos, quae se coram deo accusari formidat, sicut fallere nescit, sic malum consilium admittere contempnit. Nam commissa et dolendo plangit, et plangendo indesinenter 30 sui conditoris indulgentiam quaerit atque locum suum curiosius deinceps custodit.

---

29 sicut: sic B

---

*Prior rec.* 10 a malo declinat: declinet a malo     fecerit: facere     13 peccati: vitiorum     valeat revocari: amplius quis reducetur     19 fundendo fatigatur: fundit     dum facit: faciens querimoniam     20 fuerit causa 23 suspiriisque affligeris: temetipsum affligis     24 tamen *om.*     impetravit: optinuit     24–26 Numquid . . . mei *om.*     27 ut illud aestimas: quanti illud facis     28 dolorem tentat lenire     31–32 deinceps: amodo

---

1–2 quacumque die . . . tradentur: cf. Ez. 33. 12–13.
3–4 Vae . . . nequam: Is. 1. 4.
10 a malo . . . bonum: cf. Ps. 36. 27.     25–26 dixi . . . mei: Ps. 31. 5.

## Capitulum II. De sedibus humilitatis, quas superbia plerumque invadit

Duae sunt humilitates: una ex conscientia, et altera ex scientia. Sed illa, quae est ex conscientia, minor est quam altera. Conscientiae humi-
5 liatio non est improbanda, nec tamen illi quae est scientiae ullatenus coaequanda. Humilitas ex conscientia est, cum quis se nulla probitatis arte subnixum considerat, et ne inter suos vilis habeatur sese in suis actibus humiliat. Haec quia non tam voluntaria quam necessaria est, magna mercede remuneranda non est.
10   Ex scientia humilitas est, cum is qui se laudandis rebus praeminere conspicit humiliatur, tantoque ardentius humiliationi adhaeret, quanto se honorum fastigiis exurgere videt. Talis humilitas est voluntaria et idcirco laudabilis magnaeque digna retributionis. Qui ergo perfecte humilis esse desiderat, in operatione, voluntate et opinione debet humi-
15 liari. In his enim quasi propriis sedibus debet humilitas requiescere, radicari et iugiter delectari.
   Sed quia superbia humilitati contraria est, easdem sedes plerumque invadit, sibique in eis habitationem statuit. Superbia igitur aliquando est in sola operatione, aliquando in voluntate, nonnumquam in opinione.
20 Sed ea quae est in sola operatione, est levis, illa vero quae est in volun- tate vel opinione, gravis. Ea autem quae est in voluntate, nocivior est quam sit illa, quae est in opinione. Illa vero quae est in opinione insanabilior est ea quae in voluntate consideratur. In sola operatione superbia est ut si quis non vocatus ex simplicitate sua penes regem locum
25 sedendi accipiat. In opinione sola est quando quis opinatur se merito laudari et exaltari debere, quamvis nolit nec aliquid extrinsecus operetur unde valeat notari quanta interius superbia vexetur. Quae tanto est insanabilior, quanto occultior. In voluntate tantummodo nonnumquam est, quia saepe multi cupiunt honorari, tametsi honore minime se dignos
30 existiment vel dicant, nec aliquid exterius agant unde facile depre- hendantur qualiter in voluntate superbiant. Quae tanto gravius nocet, quanto iniustius habetur. Nam nullus velle debet honorari, quia soli

3 Duae: Quae B

---

*Prior rec.*: 2 plerumque: nonnumquam        3-13 Duae . . . retributionis *om.*        13 ergo *om.*        15 his: hiis        18 statuit: facit        19 non- numquam: aliquando        21 gravis: non sine gravitate est        Ea autem: At ea        22 quam sit *om.*        Illa . . . in opinione *om.*        23 consideratur in voluntate        26 nec: neque

---

17-118. 16 Cf. *Ep.* 285 [iii. 75]; *De moribus*, cc. 21-25.

deo honor debet exhiberi, sicut scriptum est: 'soli deo honor et gloria.'
Quod 'quidam' negligentes 'circa fidem naufragerunt'. Unde salvator
ad Iudaeos: 'Quomodo', inquit, 'potestis credere, qui gloriam ab
invicem quaeritis?' 'Fides enim sine operibus mortua est.' In quantum
igitur ea quae fidei contraria sunt quis operatur vel concupiscit, in tan- 5
tum a fidei constantia decidit. Nec habet fidei retributionem, qui eius
non habet operationem, cum illam habere possit si voluerit.

Cum itaque his tribus modis superbia operari consideretur, septem
diversitatibus eam posse dividi videtur. Equidem ut praelibatum est,
aliquando est in sola operatione, aliquando in sola voluntate, aliquando 10
in sola opinione, aliquando in operatione et voluntate, aliquando in
operatione et opinione, aliquando in voluntate et opinione, nonnumquam vero in operatione, voluntate et opinione. Hanc ergo quicumque
vitare voluerit, etiam minimas partes eius, si declinare studuerit,
perutile erit. Nam sicut is 'qui minima spernit paulatim decidit', sic qui 15
parva custodit paulatim ad meliora proficiet.


## Capitulum III. Qualiter illi, qui in bonitate proficere voluerit, scientia, voluntas et usus necessariae sint

Cum in omnibus actionibus nostris quaerendum sit ut boni simus,
alioquin esse beati nequaquam poterimus, videndum est quibus uten- 20
dum sit ut boni esse possimus. Tria itaque mihi esse videntur quae sunt
necessaria volenti effici bonus, videlicet scientia, voluntas, usus. Nam
nisi quis habeat scientiam bonum faciendi postquam adultus aetate
fuerit, nequaquam bonum unde salutem consequatur operari potest. Et
si habet scientiam, sed voluntatem operandi non habuerit, bonus nullo 25
modo erit. Quod si boni agnitionem et voluntatem operandi habuerit,
nec tamen eius usum velit habere cum possit, bonus non erit. Etenim
si is qui citharista esse debuerit citharam non cognoscit, qualiter citharoedus erit si instrumentum illud non agnoverit? Et si cognoverit, sed

---

*Prior rec.*: 6 habet: habebit    8 septem: sex    9 eam: rationabiliter
*add.*    11–13 in operatione . . . nonnumquam vero *om.*    13 ergo: igitur
16 proficiet: proficit    17–18 Qualiter . . . sint: Quae sunt habenda, ut bonus
efficiatur    19 nostris: summopere *add.*    20–21 alioquin . . . utendum
sit: quia aliter beati esse non poterimus, quaerendum est quibus rebus utendum
sit    22 volenti effici bonus: ut bonus quilibet efficiatur    videlicet
*om.*    23 bonum faciendi: quid sit bonum    23–24 postquam . . . fuerit
*om.*    24 unde salutem consequatur *om.*    25 habet scientiam: noverit
28–29 citharoedus: citharista    29 agnoverit: cognoverit

---

1–2 soli . . . naufragerunt: cf. 1 Tim. 1. 17, 19.
3–4 Quomodo . . . quaeritis: Ioh. 5. 44.    4 Fides . . . est: Iac. 2. 20, 26.
15 qui . . . decidit: cf. Eccli. 19. 1.

tangere illud noluerit, qualis citharista erit? Si autem illud agnoverit et
tetigerit, sed eius usum habere contempserit, numquid propter cognitionem et voluntatem sine usu peritus erit? Minime. Taliter namque,
licet quis habeat scientiam bene vivendi et voluntatem, numquam tamen
5 bonus erit, nisi etiam boni operis iuxta possibilitatem suam usum
tenuerit.

 Sunt autem quidam sanctarum scripturarum ignari, et dum aliquid
de eis quod possent ad aedificationem sui retinere audiunt, contemnendo
dicunt: 'Ad quid istud tantillum tenebo? Non ex re tam parva sapiens
10 ero. Cur ergo mihi laborem imponam? Dimittam, quiescam, vivam ut
potero, quia frustra sapientiae amplius studebo. Non enim omnes
peribunt, qui sapientes non sunt.' Haec et his similia piger et insipiens
sibimet proponit, nec percipit quia antiquus hostis ad interitum eius
talia sibi suggerit, quatinus in omni vita sua nulli utilitati intendat, sed
15 in negligentia et torpore semper vivat, ut pereat.

 Alius quoque 'Satis', inquit, 'sunt sapientes in mundo, satis scriptores,
satis qui habent peritiam artium. Non est opus ut ego me discendo
fatigem. Praeterea pueritiam iam exivi, senectuti appropinquavi, nec
possem ad magnum scientiae fructum venire, si amplius inciperem
20 laborare.' Sic secum tractat, et in sui torporis desidia perseverat.

 Simili modo etiam nonnumquam peccator irretitur, ne ad bonae
operationis exercitium aliquando exurgat. Solet enim contingere ut is
qui luxuriae inquinamento foedatur interdum semetipsum cognoscat et
facti sui paeniteat. Sed cum iterum tentatio et locus peccandi affuerit,
25 dicit 'Quare istam voluptatem perderem? Satis etiam hanc admittere
potero, sicuti multas alias feci, et cum satiatus tot delectationibus fuero,
omnia simul confitebor et bonus efficiar. Non enim bonus ero propter
hoc quia ab hac sola me abstinebo. Quare satiabor, donec deo de omnibus
satisfaciam, et tunc tantum ieiunabo tot afflictionibus, tot verberibus
30 corpus castigabo, tantum eleemosinis et parsimoniae studebo, ut nihil
in me remaneat dignum supplicio.'

 Talia nonnulli interdum sibimet consiliantur, et fuscati erroris caligine a via rectitudinis elongantur. Nam quanto sunt pauperiores scientiae ac bonitatis, tanto ardentiores esse deberent ut aliquam particulam
35 de scientia et bonitate capere valerent. Et qui hodie quicquam boni

---

*Prior rec.*: 2 tetigerit: tangere voluerit   3 peritus: citharista *add.*
Minime: Non  Taliter namque: Sic nimirum   5–6 iuxta . . . tenuerit:
usum habeat, si potuerit   7 Sanctarum scripturarum autem quidam sunt
8–9 contemnendo dicunt: contemnunt dicendo   10 mihi laborem imponam: laborabo  12 his: hiis  17 artium: legendi et concinendi *add.*
20 tractat et: tractans  22 is: iis  29 tantum: et tantum *add.*
32–33 fuscati . . . elongantur: non parum tali consilio decipiuntur

operari potest, minime in crastinum debet differre. Unde scriptum est,
'Quodcumque potest manus tua, instanter operare'.

Verum huiusmodi homines ita negligentes imitantur pauperes insipientes. Siquidem pauper insipiens, cum obolum acquirit vel aliud quid
parvi munusculi, dicit, 'Ad quid istud tantillum servarem? Non propter 5
hoc dives ero. Expendam itaque hoc in nucleis aut qualibet re mihi de-
lectabili, ne illius cura custodiae ulterius impediar.' Sic stolidus, dum
parvipendit modica, numquam proficit ad maiora. Sapiens autem pauper
parva quae nanciscitur custodit, et quo minus se habere considerat, eo
magis nacta retinere nititur, quatinus ex congerie parvulorum ad meliora 10
quandoque proficiat. Sic nimirum iis qui se pauperes scientiae ac
bonitatis sentiunt opus est facere, si ad aliquem effectum scientiae vel
bonitatis velint pervenire. Nam sicut plura grana tritici massam faciunt,
et multi nummi divitem constituunt, sic multae scientiarum sententiae sapientem faciunt, et plures bonitatis actiones bonum quemlibet 15
efficiunt. Quemadmodum quoque is qui pauper est, qui pauca tritici
grana colligere negligit, modium numquam implebit, nec is qui paucos
servare nummos contemnit dives nummorum suo studio umquam erit,
sic qui scientiae ac bonitatis minima contemnit nequaquam ad perfectionem aliquando pervenire poterit. Profecto sicut ille 'qui minima 20
spernit paulatim decidit', sic ille qui pauca custodit paulatim proficit.
Cum igitur scientia sit necessaria ut bonus efficiatur, et manifestum
sit nullum eam posse comprehendere qui minimas eius partes neglegit
colligere, nisi forte quis subito illuminetur, sicut apostoli et prophetae,
quaerendum est quo pacto cum gratia dei illam valeamus adquirere.   25

Tribus itaque causis videtur mihi illam nancisci posse: doctrina
scilicet, experimento, ratione. Per doctrinam quippe, quae capitur
lectione et sermone, scientia adquiritur, quia quisquis legit aut legentem
sive loquentem audit, ad hoc ut eorum, quae referuntur, scientiam habeat
intendit. Experimento vero adquiritur scientia, dum rei, quam aliquis 30
probaverit, certam habet notitiam. Ex ratione quoque percipitur, cum
per naturalem mentis discretionem in illis quae agenda sunt quis
solidatur.

11 iis: is BK Dur

Prior rec.: 6 mihi om.      7 illius cura: cum eius      10 nititur: desiderat
15 actiones bonitatis      16 Quemadmodum quoque: At sicut      18 nummos servare      erit: nisi dei miraculo aut invencione bone rei aut dono
alicuius ditatus fuerit add.      22 bonus: quilibet add.      23 partes eius
25 cum gratia: post gratiam      26 illam nancisci posse: illa posse adquiri
27 scilicet om.      28 sermone: sermocinacione   quisquis quia      29 sive:
sic      32 illis: is   agenda: facienda   quis: quisquis

2 Quodcumque...operare: Eccle. 9. 10.    20-21 qui...decidit: cf. Eccli. 19. 1.

'Scientia' igitur his adquiritur, sed quia 'inflat', nisi eam 'caritas
aedificet', nil prorsus proficit absque bonitatis voluntate. Voluntas
itaque bona est quae dei voluntati subiecta est. Quae tunc voluntati dei
subiecta est, quando id vult quod deus vult illam velle debere. Et tunc
5 iusta sive recta dicitur, quando id quod deus vult eam velle debere
amplectitur. Non semper velle debemus quae deus vult, sed hoc velle
debemus, quod deus vult nos velle debere. Hinc Moyses, cum ei diceret deus, 'Dimitte me, ut irascar populo huic et faciam te in gentem
magnam', 'Parce', inquit, 'domine, irae tuae, ne forte dicant Aegyptii
10 "Callide eduxit eos, ut interficeret in montibus".' Sic cum voluit beatum
Martinum ab hac vita transire, si discipuli eius tunc temporis hoc idem
voluissent, crudeles utique extitissent. At noluerunt quod deus voluit,
sed voluerunt quod deus voluit eos velle debere, et viam iustitiae tenuere.
Qui ergo cum scientia voluntatem bene operandi portat, maxima ex
15 parte bonitati appropinquat.

Unde sciendum est quia quicumque bonam voluntatem habere
desiderat, necesse est ut a vanitate sese alienare studeat. Nam sicut una
operatio aliam a se diversam operationem excludit, sic cogitatio cogitationem expellit, et voluntas voluntatem repellit. Cum enim manu
20 scribo, non agrum sero, et cum severo, scriptionem excludo. Sic utique
cum inane quid cogito, non interim utilitatem penso, et cum utile quid
pensavero, inanitatem expello. Sic quoque cum malam voluntatem circa
aliquid habeo, bonam interim circa eandem rem eodem respectu tenere
nequeo. Et si bonam habere incepero, malam protinus repello. Quare
25 palam est videre quod cogitatio cogitationem, et voluntas voluntatem
expellit, sicut operatio operationem repellit. Qui igitur bonam voluntatem vel cogitationem habere desiderat, mox ut pravam senserit bonam
resumat, teneat, quatinus per eius praesentiam pravitatem expellat.
Constituatque sibi unusquisque hanc regulam, ut non alia velit aut
30 cogitet, quam possit honeste ac sine offensione coram hominibus proferre. Et sicut coram populo vereretur quicquam turpe loqui, sic coram

*Prior rec.*: 1 his: rebus *add.*      2 voluntate bonitatis      2–3 Voluntas
. . . dei voluntati *om.*      5 sive: et      7–10 Hinc . . . in montibus *om.*
10 Sic cum voluit: Voluit enim deus      11 transire: tollere      eius tunc
temporis *om.*      idem *om.*      12 utique: itaque      13 quod: quoniam      viam iustitiae tenuere: non peccaverunt      17 a vanitate: a pravitate
sese alienare studeat: se convertat      20 agrum *om.*      sero: semino
severo: seminavero      21 utilitatem: ad utile      cum: si      23 interim
circa: minime adversus      23–24 eodem respectu tenere nequeo: in eodem
tempore teneo      24 habere: tenere      28 pravitatem: pravam

1–2 Scientia . . . aedificet: 1 Cor. 8. 1.
8–10 Dimitte . . . montibus: cf. Exod. 32. 10–12.
10–13 Cf. Officium festi sancti Martini (11 Nov.), in tertio Nocturno.

deo vereatur quod honestum non fuerit cogitare. Nam sicut verbum
prolatum insonat auribus hominum, sic cogitatio atque voluntas per-
strepit et clamat in auribus dei, cui 'omnia nuda et aperta sunt'. Qui
autem suam cogitationem ut bona sit custodire contemnit, ad bonam
voluntatem non facile pervenit. Si quis ergo bonus esse desiderat, bonae 5
voluntatis studio ardenter inhaereat.

His igitur de propositis intellectis, quam necessarius sit etiam usus
bonae operationis 'omnibus qui cupiunt pie vivere', omnibus, ut puto,
palam est videre. Quippe sicut corpus humanum sine frequenti ciborum
subministratione nequit subsistere, sic anima absque virtutum fre- 10
quentatione nulla potest ratione vivere. Debet igitur unusquisque usum
bonitatis magnopere diligere, nec mirari si ceciderit interdum a bene
coeptis, cum bene coeperit vivere, quia nemo repente fit optimus. Qui
ergo ad effectum bonitatis venire desiderat, necesse est ut scientiam,
voluntatem et usum habeat.                                            15

## Capitulum IV. Quot modis bonitas dicatur, et quia omnibus bonis hominibus et sensibili creaturae, angelis atque deo sit utilis et bona, et malis mala

Quoniam superius dictum est quae sint illi habenda, qui bonus fieri
desiderat, congruum videtur bonitas quot dicatur modis indagare, 20
deinde quibus valeat, quatinus eo diligentior ad studium bonitatis quilibet efficiatur, quo fructus uberior exinde provenire probatur. Esse
perspicuum arbitror tres bonitates, videlicet essentiam, commoditatem,
iustitiam. Omne quod est, in eo quod est bonum est. Quod autem est
commodum, duplex bonum est, quia est et commodum est. Sed aliud 25
est commodum per usum, aliud per effectum, aliud per utrumque.
Dulcis namque cibus, sed noxius, per usum commodus est, sed minime

---

*Prior rec.*: 3 in auribus dei: ante deum        cui . . . sunt *om.*         5–6 Si
quis . . . inhaereat: Qui igitur bonus esse affectat, bonae voluntatis studium
teneat         7–8 His igitur . . . operationis: Usus quoque bonae operationis
quam necessarius sit        10–11 frequentatione: sustentatione        12–13 si
. . . vivere: cum bene vivere coeperit, si interdum a bene coeptis ceciderit
16–18 Quot . . . mala: Quod bonitas cuiusque fidelis omnibus bonis hominibus
sit utilis et insensibili creaturae, angelis atque deo, et mala malis        19 quae
sint *om.*        habenda *om.*        20–21 congruum . . . valeat: tria esse necessaria,
videlicet scientia, voluntas, usus, congruum videtur inquirere, si etiam et aliis
prosit, quod bonus quilibet efficitur        21–22 quilibet: quisque        22 probatur:
perspicitur        22–123. 5 Esse . . . videtur *om.*

---

3 omnia . . . sunt: Hebr. 4. 13.
8 omnibus . . . vivere: 2 Tim. 3. 12.

per effectum. Amara medicina per usum incommoda est, sed per effectum commoda, quia utilis. Cibatio dulcis et salubris per usum et effectum commoda est, quia gustu suavis et effectu sit salutaris. Iustitia vero, quia essentialiter est bona et commoda et iusta, simplici essentiae
5 vel commodo plurimum praestare videtur.

Sciendum est ergo quod bonitas cuiusque omni creaturae utilis et bona est, exceptis daemonibus et damnatis hominibus. Deo etiam, qui nullius est indigens, quadam et non improbabili ratione videtur quasi prodesse. Hominibus igitur utilis est cuiusque bonitas, quia, quando
10 quis ex vitae merito ad aeternam beatitudinem pervenit, numerus electorum incrementum accipit. Qui quanto amplius creverit, tanto minus aeterna retributio expectanda erit. Nam cum numerus ille sanctorum dei completus fuerit, retributio iustorum absque dubio mox accipienda erit. Quia licet iam quidam eorum cum deo sint et summa
15 felicitate potiantur, tamen bipartita eis gloria tunc erit cum numerus ille consummatus fuerit, quia in anima et corpore simul iugiter gaudebunt, quatinus in ipsis suis corporibus in quibus deo placere studuerunt continua visionis dei laetitia perfruentur.

Verumtamen donec numerus ille compleatur, hoc gaudium non
20 habebunt, 'ne sine nobis', ut ait apostolus, 'consummantur'. Nam si unusquisque fidelis mox ut hanc vitam deserit corpore simul et anima aeternam beatitudinem consequeretur, omnis qui hoc videret eius sanctitatem sequi compelleretur, itaque meritum fidei quasi evacuari videretur. Ipsa enim iugis miraculi exhibitio ad bene agendum omnibus
25 fieret coactio. Denique si mare absque vehiculis pedibus siccis ex imperio quilibet fidelis transire, vel ignem absque laesione valeret pro libitu palpare, quod natura non patitur nisi competenti ratione, pro nihilo suae fidei quaereret meritum cuius ubique caperet experimentum. Nunc autem quia miracula 'sunt infidelibus et non fidelibus' et fidei
30 meritum servatur in futuro, aequaliter moriuntur iustus et impius quamvis inaequali retributione remunerentur. Bonus itaque utilis est

---

*Prior rec.*: 6 est ergo: itaque est    cuiusque: uniuscuiusque    6–7 et bona *om.*    8 indigens est    8–9 videtur quasi prodesse: prodesse videtur 9 igitur: quippe    bonitas cuiusque    11 incrementum *om.*    accipit: crescit 15 tamen bipartita: duplex tamen    16 simul: amodo    17–18 quatinus . . . perfruentur *om.*    19 Verumtamen: Sed    non: nequaquam 22 omnes . . . viderent    23 compellerentur    itaque: et sic    fidei meritum    25 siccis pedibus    26–27 valeret pro libitu palpare: utpote aliud quod palpare valeret    30 in futurum

---

20 ne... consummantur: Hebr. 11. 40.    29 sunt... fidelibus: cf. 1 Cor. 14. 22. 31–127. 13 Cf. *De beat.*, pp. 287–8; *Cur Deus Homo*, i. 18 (Schmitt, ii. 79. 28–80. 13); *De moribus*, cc. 43–45.

iis qui cum deo sunt, quia eorum numerum sua praesentia auget, et illis qui inpraesentiarum sunt vel adhuc futuri sunt prodest, quia locum in illo coetu beatorum implet qui nullo modo vacuus esse potest. Enimvero quamdiu unus de illo numero defuerit, saeculi consummatio beatave sanctorum perfecta in animabus et corporibus retributio minime 5 fieri poterit. Quare expectanda est iustorum completio, ut fiat eorum plena retributio. Qui ergo se beatorum numero aggregat ad tam bonam beatitudinem beatamque bonitatem perficiendam adiutorium impendit, ac ideo omnibus bonis qui sunt vel erunt valde utilis existit. Facit etiam et aliud, siquidem malitiam excludit, quia non facile inter bonos diu 10 pravus poterit durare.

Soli ac lunae ceterisque creaturis bonus homo utilis est, quia in consummatione bonorum commutabitur in melius omnis creatura. 'Sol quippe', ut ait propheta, 'lucebit septempliciter, sicut lux septem dierum', 'et luna erit sicut sol'. Porro aliae creaturae, licet pulcherrimae 15 sint, pulchrioris tamen ac melioris status commutationem accepturae sunt. Nec mirum si altissimus et artifex summus hoc facere possit, cum hominum ingenio ex favilla vili fiat materia quae sit solida ac visu penetrabilis visuique iocunda, utpote vitrum. Nimirum credibile est ultra humanam opinionem formam naturae fore speciosam, cum illam 20 deus commutaverit in statum iam amplius non commutabilem.

Angelis quoque bonus homo est utilis, quia se amicum omnibus facit. Qui enim mihi amicum adquireret, qui me tamquam semetipsum diligeret, et quem ego uti me ipsum amarem, magnas ei reddere gratiarum actiones deberem. Sic utique qui sancto Michaeli vel alicui aliorum 25 beatorum spirituum sive pariter omnibus talem amicum adquireret, eorum procul dubio gratiam iustissima ratione haberet. Qui ergo semetipsum talem amicum cuilibet exhibere contendit, nulli dubium quin dignus sit magnae retributionis. Quisquis ergo bonus esse studuerit, in bonorum amicitiam transibit, ita ut unumquemque tamquam semet- 30 ipsum amabit et omnes eum veluti seipsos diligent. Nec quia beati Michaelis amicus erit, ideo alterius beati spiritus ita amicus non erit, sed potius quia unius tam magnam amicitiam habebit, aliorum quoque

16 tamen: tantum B

---

*Prior rec.*: 1 illis: iis     5 beatave . . . retributio *om.*     7–9 ad tam bonum . . . ac ideo *om.*     9 valde utile existit: auxilium parat     etiam: autem 10 aliud: bonitas *add.*     11 durare poterit     18 vili *om.*     materia fiat visu *om.*     19 est: esse puto     20 speciosam: pulcherrimam     21 iam amplius non commutabilem: amodo incommutabilem     25 aliorum *om.* 28 cuilibet: sanctorum *add.*     31 seipsos: semetipsos

---

13–15 Sol . . . sol: cf. Is. 30. 26.     23–25 Cf. *Vita Anselmi*, i. 29 (p. 49).

parem amicitiam habere necesse erit. Tantus enim amor tantaque concordia inter eos est, ut omnes amici unius sint amici alterius. Cum itaque
bonus homo ab unoquoque singulatim et ab omnibus pariter angelis
amabitur tantum, quantum ipsemet se amat, et ipse omnes aequali
5 fervore amoris diliget, quicumque bonus extiterit, magnum quid boni
angelis faciet.

Cum igitur bonus homo beneficium praestet, ut dictum est, omnibus
bonis hominibus scilicet atque angelis omnique insensibili creaturae,
utrum ipsi deo sit utilis quaeramus. Omnipotens dominus civitatem
10 quandam magnam et speciosam ad suam gloriam aedificavit, quam
civium copiosa multitudine replevit. Quorum nonnulli, cum propriam
voluntatem potius eligerent facere quam sub voluntate et ordinatione
dei manere, miserabiliter corruerunt et in quantum ad eos attinuit
aedificia magna et spatiosa vacua remanserunt. Ut ergo aliquis, qui
15 urbem magnam fieri ordinasset, qui multa palatia construxisset, multas-
que mansiones ad urbis aedificationem fecisset, sed inhabitatores non
haberet, et omnes quoscumque potuisset ad se invitaret, sic facit deus.
Omnes enim ut ad se veniant sibique ad aedificationem suae civitatis
subveniant precatur, admonet, invitat, bonas leges pollicens, pacem et
20 securitatem promittens. Ibi namque iura legum inviolabiliter servantur,
consuetudines optimae, laeta dies. Nullus siquidem incursus malorum
ibi, pestis nulla, violentia remota, rapina nulla. Praeterea locus est
amoenus et magna dulcedine refertus, domus paratae, ampla aedificia,
diversi generis mansiones. Unde ipse dominus: 'In domo patris mei
25 mansiones multae sunt.' Et propheta: 'O Israel, quam magna domus
dei, et quam ingens locus possessionis eius! Magnus et non habet consummationem. Excelsus et immensus.' Ad hanc itaque domum, ad
mansiones has, nos dominus invitat dicens, 'Venite ad me omnes qui
laboratis et onerati estis, et ego reficiam vos'. Qui venire voluerit, dei
30 adiutor erit, quia civitatis eius cooperator erit. Unde apostolus, 'Dei',
inquit, 'adiutores sumus', 'dei aedificatio estis'. Qui ergo in bonitate

---

17 invitaret: mutaret B Dur

---

*Prior rec.*: 7 ut dictum est: uti superius ostensum est      9 quaeramus: et
quod ipse dominus dederit, inde succincte dicamus *add.*      13 et in quantum
ad eos attinuit *om.*      14 aedificia: et domus atque aedificia      15 magnam:
aut vicum *add.*      17 et *om.*      20 servantur: ibi *add.*      21 laeta
dies: ibi cives suas opes ex timore alicuius nolunt abscondere, immo gaudent
omnibus eas palam apparere      22 pestis nulla,: omnibus *add.*      23 magna
dulcedine refertus: iocunditate planus

---

24–25 In domo . . . sunt: Ioh. 14. 2.      25–27 O Israel . . . immensus: Bar. 3. 24.
28–29 Venite . . . vos: Matth. 11. 28.      30–31 Dei . . . estis: 1 Cor. 3. 9.

constiterit non solum sibi et omni creaturae utilis erit, sed etiam ipsi et omnium conditori beneficium praestabit. Quanto itaque sudore unusquisque bonitati debeat studere, manifesta puto veritatis ratione patere.

Notandum autem quod, sicut bonitas hominis bonis omnibus est ad 5 laetitiae incrementum, sic daemonibus et malis omnibus est ad detrimentum. Daemonum quippe sanctorum consummatio erit interminabilis luctus et aeterna damnatio. Nam cum isti obtinuerint corporis et animae gaudium sempiternum, illi ibunt amplius non exituri in supplicium aeternum. Quod quia illos non latet, modis omnibus laborant sanctorum 10 incrementum impedire, quoniam quidem donec ultimus de illo beatorum numero aggregetur non includentur, sed habent potestatem tentandi electos dei, quatinus qui probati victoriam obtinuerint digna remuneratione coronentur, victi vero atque prostrati puniantur. Hinc est quod pastor ecclesiae admonet dicens, 'Vigilate, quia adversarius 15 vester diabolus tamquam leo rugiens circumit quaerens quem devoret'. Illum autem devorat quem sua suggestione in malis actibus indurat.

Cum itaque sanctorum consuetudo sit aliorum bonis operibus arridere uniuscuiusque profectui congaudere, quia 'gaudium est angelis dei super uno peccatore paenitentiam agente', malorum vero bonorum 20 studiis invidere, valde timendum est iis qui aliorum benefactis invident ne malorum consortium habeant quos imitantur, et a beatorum societate penitus disgregentur a quibus mala voluntate sua separantur. Siquidem magis puto eius salvationem sperandam esse qui parum boni facit et de benefactis aliorum favendo gaudet, quam illius qui multa laudabiliter 25 fecisse videtur et bonis actibus aliorum invidet. Is enim cui benefacta aliorum placent, si damnatus esse debuerit, iuste taliter conqueri poterit, 'De vestra iustitia, o sancti dei, semper laetus fui, omnium benefacta mihi placuerunt, nec ulla displicuerunt. Nunc autem ex merito actuum vestrorum gloriam capietis, mali vero damnationem. Si ergo beatitudinis 30 vestrae particeps non fuero cum de benefactis vestris semper gavisus sim, inde dolorem accipiam unde semper gaudebam. Quod quam sit absurdum et vos dedeceat, ipsa iustitia quam in vobis semper amavi decernat. Etsi mea operatio ad vitam promerendam non sufficiat,

---

*Prior rec.*: 1 sed etiam: etiam sed     ipsi: suo *add.*          3 bonitati debeat studere: niti debeat, ut bonus efficiatur     5 hominis: uniuscuiusque     6 laetitiae *om.*          24 de *om.*          25 favendo gaudet: favet          26 aliorum *om.* 27 esse debuerit: fuerit          32 dolorem: damnationem          33 vos dedeceat: dedecens vobis          34 decernat: iudicet     ad vitam . . . sufficiat: quia non sufficit vitam habere non debet

---

15–16 Vigilate . . . devoret: 1 Petr. 5. 8.     19–20 gaudium . . . agente: Luc. 15. 10.

saltem bona voluntas quam de omnibus vobis habui mihi nunc sufficere
valeat. Si is qui multa bona fecit plenam mercedem accipit, is quoque
qui parum quid fecit pro suo modulo habere mercedem debebit. Cum
ergo omnibus vobis bene voluerim omniumque vestrum incrementis
5 gavisus sim, quomodo omnium vestrum bonam voluntatem habere
non debeo? Si vero bene mihi omnes pro recompensatione bonae
voluntatis meae volueritis, salvabor, quia omne quod vultis sine difficultate potestis.' Taliter ille de se causari poterit, quia proximus saluti est
qui bonam voluntatem habuerit.
10    Quia igitur quae sint necessaria ut homo efficiatur bonus, et quod
bonitas eiusque omnibus bonis hominibus, insensibili creaturae, angelis
ac ipsi deo utilis sit, pro nostro modulo tractando quaesivimus, quantum
boni sibiipsi faciat, quisquis bonus fuerit, restat esse quaerendum.


Capitulum V. De quattuordecim partibus aeternae commodi-
15 tatis sive beatitudinis, quarum septem sunt corpori aptandae,
et septem animae, quae sibi acquirit, qui bonus extiterit

Quaeritur inter homines, quid sit quamobrem sancti dei terrena despiciunt, gloriam omnemque delectationem mundi contemnunt, seseque
parcitati multisque tribulationibus diversi generis dederunt; et respon-
20 detur, quia propter commodum, propter beatitudinem hoc faciunt. Quam
cum quaesierint, dicitur quia eam 'nec oculus vidit nec auris audivit
nec in cor hominis ascendit'. Mirantur ad haec, et quid sit quod in istis
lateat verbis, ratione capere nequeunt. Nam ea quae agunt pro summis
commodis ducunt, et esse alia vel meliora quam illa quae noverunt vix
25 credere possunt. Pro magno siquidem commodo sive beatitudine
ducunt venari, avibus caeli ludere, iocis et spectaculis interesse.
     Verum quaeramus, utrum in venatione, ludis, spectaculis, verum

*Prior rec.*: 2–3 fecit . . . fecit: fecerit . . . fecerit          11 eiusque: uniuscuiusque          12 ac: atque          pro nostro modulo tractando quaesivimus:
dictum est          13 restat esse quaerendum: dicendum esse arbitror. Nunc
igitur huius rei meta ponatur et quod deus dederit de alia, in sequentibus dicatur
14–15 beatitudinis sive commoditatis          15 sunt: quae *add.*          aptandae:
aptantur          16 septem: quae *add.*          animae: ascribuntur *add.*          qui: quisquis
extiterit: efficiatur          17 *Ante* Quaeritur *praecedunt*: Superius enunciatum
esse meminimus, quae sunt habenda in aedificatione bonitatis et quibus ipsa
bonitas sit utilis. Nunc autem investigare iuvat quantum boni sibimet idem ipse
faciat qui bonitati adhaeserit          20 commodum: et *add.*          22 haec: hoc
26 caeli avibus          27 ludis,: sive *add.*

14–141. 11 Cf. *De moribus*, cc. 48–71; *De beat.*, pp. 274–86; *Proslogion*, xxv.
21–22 nec . . . ascendit: 1 Cor. 2. 9.

commodum vel beatitudo vera consistit. Beatitudo etenim est sufficientia
commodorum sine omni indigentia, vel commodum sine omni incommoditate. Si ergo venari in se illam beatitudinem vel tale commodum
habet, omni incommodo penitus caret. Sed non caret incommodo quia
si careret sine intermissione quivis hominum venari valeret. Non igitur 5
ibi commodum istud vel beatitudo. Simili modo in ludo avium non
reperitur beatitudo ista, non in ioco, non in quolibet spectaculo. Ubi
ergo est? Forsitan in magnis aedificiis, in castris munitissimis, in auro
et argento, in equis et magnis possessionibus. Sed si est in istis et qui
haec habet beatus est, tunc ab omni sollicitudine cura et labore liber 10
est. At certe videmus quia ii qui haec habent maiori cura, sollicitudine
atque labore gravantur. Non igitur in istis vera commoditas vel beatitudo est. Ubi ergo quaeremus illam? Alias quaeramus si invenire
volumus, quia in istis eam invenire non possumus.

Notandum est duas esse beatitudines et duas miserias. Una beatitudo 15
est quam Adam habuit in paradiso et perdidit, altera in caelo quam
habent angeli et sancti, quos dominus assumpsit. Una miseria est in
terra quam singulis horis patimur, altera in ergastulo inferorum quam
perditi post mortem patientur. Illa beatitudo, quam habuit Adam in
paradiso, fuit temporalis. Illa vero caelestis, propter quam factus est, 20
aeterna. Illa miseria vel tribulatio, quam in praesenti patimur, finem
habet. Illa vero, quae in inferno est, omni fine caret, quae etiam 'mors
secunda' appellata est. Beatitudo itaque, quae promittitur sanctis, tam
magna est tamque mirabilis, ut eam 'nec oculus viderit nec auris
audierit nec in cor hominis ascenderit'. Cum itaque hanc prae magni- 25
tudine sui videre nequeamus, consideremus quid nos in praesenti vita
naturaliter delectet, quid bonum vel honestum videatur, si forte aliquid
inveniri possit, unde illud admirabile quod dicitur oculum non vidisse
et aurem non audisse lucidius appareat et saporem gratiorem habeat.
Nimis etenim paucis verbis comprehensum est totum illud quod electis 30
promittitur.

Et quia hoc ita est occultum, ita inclusum et multum ab infirmis mentibus separatum, conemur de tam excellenti gloria aliquid elicere, et

---

*Prior rec.*: 1 consistit: latitet    3 ergo: igitur    6 avium ludo    7 ista
beatitudo    8 munitissimis castris    10 liber: liberatus    11 ii: hii
cura: et *add.*    12 igitur: itaque    vera commoditas: verum commodum
13 ergo: igitur    21 aeterna: aeternalis    23 secunda *om.*    est:
pro qua oratur, ne renatum mors secunda possideat *add.*    itaque: igitur
illa    27 quid: hoc sit quod *add.*    29 et (*prius*) *om.*    32 quia: quoniam

---

1–2 Cf. Boethius, De consol. phil., iii, prosa 2.
20 propter quam factus est: cf. *Proslogion*, c. 1 (Schmitt, i. 98. 18).
22–23 mors secunda: cf. Apoc. 2. 11; 21. 8.
24–25 oculus . . . ascenderit: 1 Cor. 2. 9.

illud in plures partes ut limpidius clareat dividendo statuere. Profecto
si grossum infanti ad manuendum malum porrigitur, prae nimia
teneritudine sui parvuli oris illud mordere nequit. Quod si particulatim
inciditur, parvulus inde reficitur. Et quod prius intelligere cuius saporis
5 esset non potuit, iam per frusta divisum cum sapore comedit. Servata
itaque illa invisibili promissione dei, donec veniamus ubi 'videbimus
eum sicuti est', intente rimemur quid corporibus, quid animabus nostris
conveniat, quid appetere, quove delectari libere ac sine offensa valeant,
firmiter tenentes nihil honoris vel alicuius bonitatis deesse omnibus
10 quibus in illa felicitate contigerit esse.

Septem igitur mihi esse videntur quae possunt et corporibus aptari,
et sunt decentissima et ad beatitudinem vel commoditatem sufficientia.
Sunt autem haec: pulchritudo, velocitas, fortitudo, libertas, sanitas,
voluptas, diuturnitas. Porro si aliqua in his sunt quae sancti dei magis
15 fugiant quam desiderent, ut est corporis pulchritudo atque voluptas,
sciendum est non illa esse fugienda quia per se bona sunt, sed ne illorum occasione in culpam offensionis aliquatenus cadant. Nam si ea
amplectendo scirent se a bonitate non impediri nec deo displicere, profecto eis nollent carere. Non enim in futuro parva in his quoque erit
20 sanctae dulcedinis delectatio, ubi nulla erit offensionis formido.

Animae vero haec convenienter aptari videntur: sapientia, amicitia,
concordia, potestas, honor, securitas, gaudium. Haec electos dei in illo
beato regno habituros dubium non est, cum illos inhabitet ac in illis
praesideat de quo est quidquid usquam boni est et qui potens est et
25 gloriosus super omnia ineffabiliter. Sed iam ad coepta redeamus, et de
singulis quae proposita sunt aliquid scrutando breviter dicamus.

Quaeris de pulchritudine. Audi quod scriptum est: 'Iusti fulgebunt
sicut sol.' Tunc 'luna', ut ait propheta, 'fulgebit sicut sol, et sol semptem-
pliciter sicut lux septem dierum'. Si ergo corpora nostra 'fulgebunt sicut

---

*Prior rec.*: 1 limpidius: lucidius     2 infanti ... porrigitur: pomum datur
infanti ad mandendum     4–5 esset saporis     11 videntur esse    possunt et: et *om.*     12 commoditatem: commodum     13 Sunt autem
haec: Haec itaque sunt     14–20 Porro ... formido *om.*     21 Animae ...
videntur: Animae quoque totidem numero convenire videntur, que hoc ordine
computantur     22 honor, potestas     Haec: omnia *add.*     23 in-
habitat     24 qui *om.*    potens est: est *om.*     25 ad coepta: paulis-
per     25–26 de ... dicamus: brevi raciuncula hoc quod diximus ostendere
conemur et a minoribus incipientes gradatim ascendamus     28 ut ait propheta *om.*

---

6–7 videbimus eum, sicuti est: 1 Ioh. 3. 12.     22 potestas, honor; the changed
order in the second recension is based on *De beat.*, p. 283.     25 gloriosus super
omnia: cf. Dan. 3. 45.     27–28 Iusti ... sol: Matth. 13. 43. Cf. *Proslogion*, xxv. 2
(Schmitt, i. 118. 20).     28–29 luna ... dierum: Is. 30. 26.     29–130. 1 fulgebunt
sicut sol: Matth. 13. 43.

sol', qui multiplicatum lumen septem dierum habebit, magna et incomparabiliter magna illa pulchritudo erit. Accipe et aliud: 'Salvatorem
expectamus dominum Iesum Christum, qui reformabit corpus humilitatis nostrae configuratum corpori claritatis suae.' Certe quando dominus
transfiguratus est in monte coram discipulis suis 'resplenduit facies eius 5
sicut sol'. Cuius claritatis pulchritudine Petrus delectatus 'domine',
inquit, 'bonum est nos hic esse'. 'Aspectus' quoque angeli qui sedit
ad sepulchrum domini apparuit 'sicut fulgur'. Cum igitur tanta claritas hic fuerit unius angeli, quantum putas gloriosa, quam magnifica
pulchritudo erit, quando sanctorum milia numeroque carentia claro 10
corpori Iesu Christi domini assimilata cum illo apparebunt? Hanc pulchram beatitudinem ac beatam pulchritudinem David considerabat cum
diceret, 'Unam petii a domino, hanc requiram, ut inhabitem in domo
domini'. De ista pulchritudine, quae vere magna est beatitudo, multa in
sacro eloquio inveniuntur. 15

Huic pulchritudini subiecta est velocitas. Velocitatem tantam habebunt
ii qui cum deo erunt, quantam habet radius solis, vel alicuius oculi
clare videntis. Sol quippe ut in oriente super terram venit, mox in
occidentem suum radium porrigit. Similiter radius oculi, dum palpebra
aperitur, in caelum aut quovis alio non impediente obice in longum 20
dirigitur. Sic nimirum corpora nostra, cum spiritualia fuerint et ad
instar angelorum pondus aut gravitatem non senserint, facillime trans-
migrabunt quocumque voluerint. Nam et in resurrectione corporum
singulae partes uniuscuiusque hominis coadunabuntur, ita ut, si manus
vel pes alicuius aut aliud quodlibet membrum in oriente sepultum aut 25
bestiis devoratum fuerit et reliquum corpus in occidente vel septentrione
iacuerit aut in diversis mundi partibus dispersum sit, tam velociter
totum corpus congregabitur quamcito oculus clauditur aut aperitur.
Babiloniam a Iudaea multa terrarum intercapedo dirimit et tamen in

---

20 aut: ut B      23 in resurrectionem B

---

*Prior rec.*: 3 dominum: deum          6 pulchritudine: iocunditate
8 domini *om.*    fulgur: celi *add.*        9 quantum: quid    putas: quam
*add.*      10–11 assimilata claro corpori Iesu Christi domini      12 David *om.*
12–13 cum diceret: qui dicebat        16 Huic: beate *add.*      subiecta est:
subiunximus    velocitas: velocitatem      20 quovis . . . in longum: in longum, si obstaculum non fuerit, vel quovis alio        21 nimirum: utique
24 hominis: in simul *add.*      27 in diversas mundi partes

---

2–4 Salvatorem . . . suae: Phil. 3. 20 seq.      5–7 resplenduit . . . esse Matth.
17. 2, 4.      7–8 Aspectus . . . fulgur: Matth. 28. 3.      10–11 claro . . . assimilata: cf. Phil. 3. 21.      11 cum illo apparebunt: cf. Col 3. 4.      13–14 Unam
. . . domini: Ps. 26. 4.      29–131. 3 Babiloniam . . in locum suum: cf. Dan. 14.
32–38.

momento angelus Abbacuc prophetam de Iudaea in Babiloniam sustulit, quem supra lacum leonum posuit, qui Danieli prandium porrexit. Quo facto, Abbacuc protinus restitutus est in locum suum. Mirari certe potuit ubi fuerit, quando se in loco proprio tam cito invenit. Talem
5 itaque agilitatem quicumque habebit, magnum munus, magnam procul dubio felicitatem habebit.

Nec tamen felix iste sola ista felicitate contentus erit. Sequitur fortitudo, quam unusquisque beatorum tantam habebit, quantam nemo habere in praesenti vita poterit. Nam mensura eiusdem valitudinis tanta
10 erit, quanta is, qui eam habiturus est, elegerit. Si totam molem totius terrae uno digito movere voluerit, utique facillime poterit. Diabolus, dei inimicus, ex fortitudine suae naturae movet aerem, excitat ventos et tempestates, facit interdum terrae motum multaque alia satis admiranda, unde et 'fortis armatus' dicitur; et deus electis suis non dabit vel
15 parem fortitudinem vel certe multo maiorem et meliorem? Absit hoc ut aliquis sentiat, ut sano capite quivis hominum sapiat. 'Voluntatem' etenim 'timentium se faciet' dominus, quibus etiam, ut alibi dicitur, 'nihil deerit'. Si 'nihil deerit', fortitudo non deerit. Aderit itaque, et non modica.

20 Verum quia nec fortitudo nec velocitas nec pulchritudo adeo appretiantur ab illo qui liber non est, quod illa beata multitudo erit libera, dubium non est. Nam nulla maceries, nullus ignis vel aqua sive alia quaelibet materies poterit eos praepedire, ne intrent et exeant quocumque voluerint intrare vel exire. Libere dominus clauso monumento
25 exivit, libere infernum spoliavit, libere ad discipulos 'ianuis clausis' intravit. Libere sancti dei, si voluerint, infernum intrabunt, libere per ignem et ardentem picem transibunt, libere, quantum voluerint, ibi morabuntur absque laesione sui, quia in illa gehennali flamma nihil ardebit nisi tantum delicta. Et quoniam sancta illa societas ab omni
30 inquinamento peccati erit purgata, per gelida et aestuata, per diversa tormenta et stagna vaporantia transibit illaesa. Item illud vel consideratio eorundem locorum erit in arbitrio beatorum, et ad confusionem reproborum. Tanta erit eorum libertas, quanta fuerit habendi voluntas.

---

12 ventos: ventus BK

---

*Prior rec.*: 1 prophetam *om.*        8 nemo: centum milia hominum
9 in praesenti: simul *add.*    poterit: non habent      14 dicitur: vocatur
18 fortitudo non: nec fortitudo     20–21 adeo appretiantur ab illo: aliquid
appreciatur illi     21 beata illa     23 eos poterit     24 monumento:
sepulcro    26 infernum, si voluerint      29 sancta illa societas: sancti dei
30 erit purgata: erunt purgati     31 transibit illaesa: transibunt illaesi

---

14 fortis armatus: Luc. 11. 21.       16–17 Voluntatem . . . faciet: Ps. 144. 19.
18 nihil deerit: Ps. 22. 1.     25 ianuis clausis: Ioh. 20. 26.

Beatae igitur libertati et tam liberae beatitudini comitabitur gratissima sanitas. Sanitas itaque multa erit, quoniam 'absterget deus omnem lacrimam ab oculis sanctorum, et iam non erit amplius neque luctus neque clamor sed nec ullus dolor, quoniam priora transierunt'. Qui bene considerare voluerit, nulla perfecta in nobis est in praesenti saeculo 5 sanitas. Nam in omnibus nostrorum membrorum partibus, si aliquanto durius tacti fuerimus, dolemus confestimque laesi conquerimur. Et quare hoc, nisi quia ubique debiles et infirmi sumus? Electis autem dei nulla laesio supervenire poterit, non ferrum, non ignis, non aqua, non aliqua malorum mentio nocebit eis. Nulla memoria alicuius incommodi, 10 quod passus est quis eorum, poterit nocere, quoniam tanta abundantia iucunditatis ibi erit, ut de his quae iam transierunt nulla in eis mentis perturbatio ex praeteritorum recordatione fieri possit. Porro quod dicitur, 'stabunt iusti in magna constantia adversus eos qui se angustiaverunt', non hoc facient propter suae iniuriae vindictam, sed potius 15 propter iustitiam dei, in qua tunc robusti ac stabiles videbuntur. Ipsa quippe dei iustitia sicut bonis erit dulcis et firma constantia, sic malis acerba et confusionis maestitia. Hoc autem caveat qui deo placere desiderat, ut ex toto suae iniuriae vindictam illi committat, quia dicit, 'Mihi vindicta, ego retribuam'. Si vero semet vindicare coeperit, vin- 20 dicem deum eiusdem iniuriae nequaquam habebit, quoniam quidem super se illam praesumptuose accepit. Cui dicet dominus, 'Quia maluisti teipsum vindicare quam me expectare, non me amodo de vindicta debes interpellare'. Si vero domini consilium secutus vindictam suspenderit, felix erit, quia nulla offensa, nulla erit egestas, nulla imbecillitas, 25 sed sana felicitas et felicissima sanitas.

Haec quae dicta sunt, valde bona sunt, sed si saporem non habent, quasi penitus infructuosa sunt. Si autem saporem haberent, proculdubio

---

19–20 illi . . . vindicta *om.* Dur       20 vindictam B       25 inbecillis B

---

*Prior rec.*: 1 igitur: itaque        2 itaque: igitur        3 iam *om.*
5 perfecta in *om.*       6 Nam: Sicque    omnibus: aliis *add.*    membrorum
nostrorum       7 tacti: facti    dolemus *om.*    confestimque: confestim
8 dei: domini       9–10 non aqua . . . mentio *om.*       10 nocebit eis:
eis nocebunt       11 quod: hic *add.*    quis: cuivis    eorum: qui ibi
erit *add.*    poterit: quicquam *add.*       12–18 nulla . . . maestitia: minime
curet. Quod si cura ei fuerit, ad libitum vindicandi se locum habebit. Sed necesse
non erit, quia ipse deus dicit, 'Mihi vindicta, ego retribuam'.       19 ex toto
*om.*    vindictam suae iniuriae    illi: Christo       19–20 quia . . . retribuam *om.*
20 vero: autem       21 nequaquam: non       22 super se illam: eam super
se       24 interpellare: Bene vobis conveniat. *add.*       25 nulla ei erit
27 Haec: omnia *add.*       28 autem: vero

---

2–4 absterget . . . transierunt: Apoc. 21. 4.       14–15 stabunt . . . angustiaverunt:
Sap. 5. 1.       20 Mihi . . . retribuam: Rom. 12. 19.

incomparabiliter bona essent. Necessario igitur aderit voluptas, quae
beatis illis saporem tribuat, ut sapiant et intelligant 'quam sint dilecta'
et iucunda 'tabernacula' domini, et quam 'melior est dies una in atriis'
Ierusalem 'super milia'. Voluptas ergo maxima erit et cunctos immen-
5 sitate iocunditatis inebriabit. Propheta clamat: 'Inebriabuntur ab ubertate domus tuae, et torrente voluptatis tuae potabis eos, quoniam apud
te est fons vitae.' Vere mirabilis ebrietas illa, mirabilis ubertas illa,
mirabilis et domus illa! Utpote torrens praecipitando defluit, sic admirabili dulcedine domus suae nos deus omnipotens replebit. Et quia
10 exemplum sufficiens tantae suavitatis, tantae dulcedinis tantaeque bonitatis invenire nequimus, consideremus amarissimum dolorem, quem
sunt habituri reprobi, contra iucundissimam suavitatem, quam probi
habebunt. Profecto si quis mihi pupulam ignito ferro transforaret, non
modicum dolorem haberem. Et si aliam simili tormento infigeret, multo
15 maior mihi dolor esset. Quod si per omnia membra eadem paena mihi
fieret, idem dolor teneret, quid putas esset? Nonne insanirem? Nonne
penitus alterius mentis fierem? Cum me flamma undique lamberet,
combureret, poena coarctaret, cuius memoriae mea anima fieret? Sic
utique suo modo replebimur iocunditate a facie dei, saturabimur ab
20 ubertate domus domini, inebriabimur a torrente voluptatis sive delectationis ipsius dei. Temporalis delectatio, transitoria voluptas in qualibet
corporis parte solummodo sentitur, illa vero delectatio quemadmodum
ignis per totum sentiretur, ita per omnes partes corporis et animae
sentietur. Quasi totum corpus sit gula, sic delectabitur sancta illa
25 iucunditate. Si enim mali male habent in omnibus suis partibus quia
bene agere noluerunt, multi iustius boni bene habebunt in omnibus
partibus animae et corporis quia bene fecerunt.

    Habebunt itaque sancti dei hanc beatam voluptatem, quae veraciter
est delectabilis et magna beatitudo. Sed parum est hanc et alias supra-
30 dictas habere, nisi eas sine defectu valeant obtinere. Accedat igitur
diuturnitas, quae nullius finis novit metas, quia 'iusti in perpetuum

---

*Prior rec.*: 2 illis: oculis    tribuet     3 quam: quoniam     10 exemplum
sufficiens: conveniens exemplum     12–13 habebunt probi     13 pupulam:
oculi *add.*      14 infigeret: transfigeret      15 dolor mihi     Quod: Et
17 lamberet: circumveniret, undique      18 combureret: undique *add.*
coarctaret: quid putas? *add.*     anima mea     fieret: esset      19 suo: sed
prorsus alio     20 inebriamur     21 delectatio: quem *add.*       24 sit:
esset     illa sancta      25 suis: sui corporis     27 partibus animae et
corporis: suis membris     29 beatitudo magna     30 eas: eam cum ceteris
obtinere: habere      31–134. 1 quia . . . vivent *om.*

---

2–3 quam . . . domini: cf. Ps. 83. 2.       3–4 melior . . . milia: *ibidem*, 11.
5–7 Inebriabuntur . . . vitae: Ps. 35. 9 seq.     31–134. 1 iusti . . . vivent: Sap. 5. 16.

vivent'. Diuturnitas haec non novit finem, quia beatorum pulchritudo, velocitas, fortitudo, libertas, sanitas, voluptas non habent finem. Haec qui habuerit ore laeto cantabit 'lauda Ierusalem dominum, lauda deum tuum Sion, quoniam confortavit seras portarum tuarum, benedixit filiis tuis in te', quia laetabitur multum qui tali benedictione benedicetur.   5

Breviter igitur insinuatis partibus beatitudinis quae corpori videntur competere, partes quoque illas, quas supra diximus animae convenire, domino adiuvante perspiciamus.

Partium itaque illarum prima est sapientia, quam beati viri pleniter habebunt, ut nihil desit eis de omnibus quae scire voluerint. Omnia  10 quippe praeterita, praesentia et futura scient nec aliquid eorum notitiae subtrahetur, quae creator scienda creavit. Nec indigentia erit ut quis quem interroget, quis eius proavus fuerit, de cuius stirpe prodierit, quis ille vel ille sit. Omnium linguarum, omnium creaturarum, omnium artium habebunt scientiam, cogitatus etiam alter alterius aperte videbit. 15 Quidquid feci vel facio in praesenti vita omnes illi videbunt, quidquid eorum aliquis fecit et ego videbo, ac si ibi fuero. Nec inde ruborem aliquis habebit, si hac in vita deo per paenitentiam satisfecit. Ut igitur habeas unde conditori tuo non solum pro te, sed etiam pro illis qui tecum erunt, gratiosus semper existas, prae oculis de quanta miseria vos extraxerit 20 habebis, non ad confusionem, sed ad maiorem laetitiae glorificationem.

Tanto enim maior mutuae cognitionis erit exultatio, quanto mani-festior ipsa cohabitantium fuerit cognitio. Omnes quippe scimus Petrum apostolum dominum negavisse, Mariam Magdalenam peccatricem fuisse, nec eos latet quia nos scimus, nec magis pudet quam illum, qui esset 25 sanissimus nunc, puderet quod olim in proelio graviter sauciatus fuisset. Quare hoc? Certe quia facti sui paenituerunt et indulgentiam invenerunt. Sic et nos, si pro commissis veniam consecuti fuerimus, de perpetratis

---

17 ac *om. codd.*        20 vos: vox B        24 dominum: deum B

*Prior rec.*: 1 beatorum: sanctorum          3 leto ore        cantabit: cantare poterit          5 laetabitur multum: vere benedicti erunt        benedicentur 6 Breviter igitur: Igitur consideratis et breviter        7 illas: alias        animae: animabus        9 itaque: igitur        viri: sic *add.*        10 scire voluerint: noscere volent        11 aliquid: erit quod *add.*        12 subtrahetur: subtractum sit quae ... creavit *om.*        13 prodierit: prodiderit        14 ille vel ille: vel ille *add.*        18–23 Ut ... cognitio *om.*        25–26 nec magis ... fuisset: Nam si lateret, tantum hoc legendo et concinendo pronuntiamus ut eos latere non possit, et tamen inde nihil ruboris vel detrimenti habent        27 indulgentiam invenerunt: veniam consecuti unt        28 fuerimus: nihil *add.*

---

3–5 lauda ... in te: Ps. 147. 12 seq.        18–135. 23 The additions in the second recension are based on *De beat.*, pp. 280–1, below.

culpis non erubescemus. Nam si quis nobis hac in aetate improperaret
quod in infantia faciebamus, parum satis nobis constaret, eo quod
tempus et aetas illa iam pertransiret. 'Cum essem parvulus, sapiebam
ut parvulus, cogitabam ut parvulus. Quando autem factus sum vir,
5 evacuavi quae erant parvuli.' In illa itaque vita pudor non erit quod
alter alterius facta videbit, si hinc per satisfactionem illuc deo donante
pervenit. Quod enim deus mundavit nemo immundum iudicabit, nemo
improperandum fore putabit, immo pro se et iis, qui sibi sociati fuerint,
deum indesinenter laudabit.

10    Porro si angelus te sui societate pro peccatis tuis indignum iudicaret,
haberes quid rationabiliter diceres. Nam si tibi indignaretur dicens, 'tu
homo, cum sis "pulvis et cinis", intumuisti et dei mandatum neglexisti,
putridus in delictis, quo iure vis nobis coaequari, quos cernis in creatoris
obsequio iugiter conversari', responderes, 'Cum sim "pulvis et cinis",
15 mirum non est si vento temptationis aliquando impulsus corrui. Sed ubi
creatorem meum cognovi, paenitendo correxi quidquid prave commisi.
Hinc mihi tribulatio, ieiunia, vigiliae, plagae, opprobria eius pro satisfactione grata fuere. Quis autem vestrum tale quid pro illo umquam
sustinuit? Quod vero non peccastis, donum illius fuit. Praeterea cuius
20 gratia tenti estis ne peccaretis, illius me sanguis a peccati macula
redemit, qui et homo fieri voluit ut me regni sui participem efficeret.
Cum itaque mors eius sit meae sufficiens causa salutis, quivis vestrum
iuste laetabitur participem me fieri suae beatitudinis.'

In hac societate sancta erit quoque indeficiens et perfecta amicitia.
25 Nam unusquisque singulatim omnesque simul deum ac dominum suum
plus quam semetipsos incomparabiliter amabunt, et quisque quemlibet alium sicut semetipsum carum habebit. Quod si dicat quis patrem
aut parentes se amplius ceteris velle diligere, discutiat quid sentit.
Equidem tuum parentem, quisquis es qui hoc cupis, quem tu veraci et
30 ardentiori amore diligis, affectas ut omnes diligant, et non minori amore
quam tu eum diligis. Idem ego de meo amico sentio, volo atque desidero;

*Prior rec.*: 1 non *om.*    si quis: qui        2 infantia: dum cunis iaceremus
*add.*    parum satis: nihil        3 Cum: enim *add.*        5 In illa: Sic   itaque:
in illa beata *add.*        pudor non: nihil pudoris        8–23 immo . . .
beatitudinis *om.*        24 In hac societate sancta: Intus hec sanctorum agmina
26 incomparabiliter *om.*        27 habebit: Nec se diliget plus quam alium, nec
alium plus quam se, sed pari modo se et omnes alios diliget, deum autem super
se et super omnes alios *add.*        28 discutiat quid sentit : videat apud se
quid dicat et quia non bene sentit veraciter intelligat        29 cupis: dicis
30 affectas: desideras    omnes: eundem *add.*

3–5 Cum  .. parvuli: 1 Cor. 13. 11.        7 Quod . . . iudicabit: cf. Acta 10.
15.        12–14 pulvis et cinis: Gen. 18. 27.        20–21 sanguis . . . redemit: cf.
Apoc. 5. 3.

idem omnes alii. Quapropter ut sancti amoris omni ex parte plenitudo
fiat et omnis ibi suae compos voluntatis existat, necessario amabis
omnes alios sicut te, quatinus omnes diligant te veluti sese. Quod cum
sit, erit magna et perfecta amicitia, quia in singulis singulariter et in
omnibus communiter erit affectus perfecti amoris. Beata igitur amicitia 5
quae tantorum beatorum spiritus copulat in aeterna gloria.

Hinc nascitur amica concordia, quae ad instar membrorum concordiae
manebit iugiter inviolata. Haec tanta erit ut nullus aliud velit quam hoc,
quod te velle constiterit. Nam sicut una ecclesia, una sponsa, unum
corpus erimus, sic non minor concordia erit quam nunc est inter mem- 10
bra unius corporis. Membra siquidem nostra tantam habent inter se
concordiam, utpote oculi, ut nullo modo alter sine altero quicquam velit
operari. Nam si unus sursum vel deorsum, dextra laevaque velit intendere, non indiget ut alterum moneat secum conspicere, quia nullo modo
naturaliter vult aspicere absque alterius sociabili conspectione. Tantam 15
inter se habent concordiam, ut quidquid unus voluerit, hoc idem et alius
velit. Cetera quoque membra multa inter se copulantur concordia. Nam
pro pedibus et toto corpore operantur manus, pro manibus et toto corpore prospicit oculus, pro oculo et toto corpore incedit pes, nudis interdum plantis. Nec dicit, licet aliquando graviter cruentetur spinarum 20
aculeis, se nolle amplius quoquam ire; nec manus, quamvis vulneretur,
se nolle ulterius operari; nec si contigerit ut manus siromate pedem
transfodiat, aliqua adversus manum ira movetur. Tanta siquidem inter
se amoris adunantur concordia ut nulla ratione valeant dissentire
occasione aliqua, immo quidquid alicui impenditur omnibus placebit, 25
quasi sibimet impenderetur. Omnia autem capiti serviunt, et se pro illo
periculis opponunt. Ex quo manifestum est omnia caput plus quam se

---

14 modo *om.* B Dur    15 sociabili: insociabili B Dur

---

*Prior rec.*: 1–2 ut sancti . . . existat: cum cupias, ut tuum amicum diligam
sicut memetipsum, et ego desidero, ut meum amicum ames sicut temetipsum
2 necessarie amabis: me et *add.*    3 omnes: alii *add.*    7 membrorum concordiae: concordia, quae est in membris nostris    8–11 Haec . . .
corporis *om.*    12 utpote: sunt *add.*    13 unus: oculus *add.*    16 se: sese
16–17 alius velit: alter desiderat    17 se: sese    18 operatur    20 plantis: gressibus    21 amplius: amodo    22 ulterius: amplius    siromate:
securi    23 transfodiat: vulneret    24 se: sese    ratione: inter se
*add.*    25–26 placebit . . . impenderetur: et sibimet impensum esse videtur
26 autem *om.*    27 opponunt: imponunt    27–137. 6 Ex quo . . . nequit:
Ex quo manifeste perpenditur, quod caput plus quam se veraciter diligunt. Talis
ergo erit concordia in illa beatorum patria, ubi nulla dissensionis invenitur

---

8–11 Haec . . . corporis: This addition in the second recension comes from *De beat.*,
p. 282, below.    27–137. 25. The additions and alterations in the second recension
are based on *De beat.*, pp. 282–3.

veraciter amare, ipsum autem dubium non est omnium votis per omnia
concordare. Sic quoque in caelesti patria deum ineffabiliter super
omnia amabis, et omnium ad quaecumque volueris ipsius etiam dei
tecum velle habebis. Nam sicut tu a dei voluntate non discrepas, sic
5 ille tuae voluntati per omnia concordabit. Caput enim a suo discordare
corpore nequit.

Sed forte quis dicet, 'Si deus et omnes electi voluerint quod ego, cum
ibi fuero, inter maiores esse volo'. Cui respondendum puto quia in gloria
inter maiores erit; sed in persona esse aliquis maiorum qui ibi erit, velle
10 nequibit, nisi se ipsum non esse velit, quod fieri non poterit. Sed neque
in gloria maioribus par fieri velle poterit, si meritis impar extiterit,
quoniam quidem illius pulcherrimi corporis compositio iam videret
violari, quod ipse ex amore ac pulchritudine eiusdem compositionis
nulla ratione consentire poterit. Nam sicut in humano corpore nec
15 manus fungitur officio pedis, nec oculus petit esse nasus, nec auditus
odoratus, nec auricularis medius vel pollex, sic in illa gloriosa com-
positione civitatis dei nemo statum suum gradu potiori volet mutare,
in tantum quisque quod suum est amabit quia sibi sufficiet. Si enim is
qui iam in illa beatitudine locatus est maius aliquid habere cuperet
20 quam adeptus sit, eo ipso miser esset, quo nondum haberet quod
cuperet. Nam in quantum cuique deest quod honeste considerat, in
tantum miser esse ratione probatur. Miseria quippe est absentia alicuius
commodi contra voluntatem. Sed nulla ibi miseria, immo sufficiens concordia et concors sufficientia. Quare omnipotens tuae voluntatis eris,
25 cum omnipotentem tibi concordem per omnia habueris.

Potestas etiam beatis illis tanta erit, quantam quivis eorum habere
voluerit. Nam quodcumque aliquis eorum in caelo sive in terra, in mari
vel profundo inferni fieri imperaverit, absque contradictione fiet.
Mirum fortasse videtur quod dicimus, sed si bene consideratur ubi tunc

17 potiori: potiri B       24 eris: erit B

*Prior rec.* (cont.)
macula, ubi deus in omnibus omnia erit, et super omnia omnibus carus erit. Ibi
certe non minor inter omnes qui erunt membra Christi concordia firmabitur,
quam modo in corruptibili corpore corruptibilis hominis invenitur, sed tanto
maior atque preciosior illa erit, quanto constiterit quia nunquam finem habebit.
7–25 Sed forte . . . habueris *om.*       26–138. 5 Potestas . . . non parva:
*haec beatitudo ponitur post beatitudinem honoris* (138. 6–139. 8)       26 habere
*om.*       27 eorum: sive *add.*       28 fiet: factum erit       29 fortasse *om.*
videtur: videri potest

10–14 cf. *Cur Deus Homo*, i. 15 (Schmitt, ii. 73. 3–9).       22–23 Miseria . .
voluntatem: cf. *Cur Deus Homo*, ii. 12 (Schmitt, ii. 112. 11–12).       26–138. 5 The
change in the position of this section in the second recension is based on *De beat.*,
pp. 283–5.

locati vel cuius capitis membra tunc erimus, et quia nihil deerit iis qui
deum diligunt, nequaquam erit incredibile. Hanc potestatem veraciter
habebunt sancti dei, quoniam quidem omnia possidebunt cum filio dei.
Erunt itaque omnipotentes suae voluntatis. Potestas haec erit potestas
aeterna, et idcirco iis, qui eam habuerint, erit beatitudo non parva.          5

Honor quoque beatis illis magnus erit quia 'nimis honorati sunt amici
tui, deus'. Honor iste tam magnus erit, ut ab humano ingenio comprehendi non possit. Ponatur tamen exempli gratia ut servus aliquis
honoretur a domino. Certe si imperator aut rex servum suum in magno
languore inveniret, quem et ab invalitudine eriperet et honoraret ita ut 10
illum a servitute liberaret, in ordine militum poneret, multum sui domini
fieret debitor ille. Quod si eum inter primates suos poneret, regia dignitate exaltaret, quo putas gaudio exultaret? Quo amore domini sui recte
flagraret? Domini gratia ab omnibus ei honor impenderetur, omnes illi
servirent, ne indignationem domini qui eum inhonorarent incurrerent. 15
Si autem herus adhuc eundem in tantum diligeret ut illum sibi in filium
adoptaret, heredem suum statueret, iam proculdubio servi exultatio
maior fieret.

Qua ex re perpendi potest mirabilem esse illum honorem, qui datur
in aeterna vita per ipsius vitae et hominum conditorem. Qui sibi servi- 20
entes non modo in aeterna pace perenniter vivere faciet, vel suos amicos
vocari faciet, sed etiam deos ac dei filios et 'heredes dei, coheredes
autem Christi' in patria caelesti constituet, sicut scriptum est, 'Ego
dixi: dii estis, et filii excelsi omnes'. Nullum iustorum ab ista deitate
excepit deus. Sed tentemus sub exemplo intueri qualiter possis deita- 25
tem participando deificari. Sit itaque unus ignis in quo diversi generis

*Prior rec.*: 1 capitis: corporis     2 incredibile: Forte videbitur alicui potestas esse hoc, quod superius nominavimus fortitudinem, sed non est. Fortitudo
siquidem superius prolata virtus est operandi, potestas autem hic enunciata
virtus est precipiendi *add.*          4 Erunt . . . voluntatis *om.*          8 Ponatur: Ponamus     exempli gratia: sub exemplo     aliquis servus          9 rex:
aliquis *add.*          9–10 in magno . . . eriperet et *om.*          11–12 sui . . .
Quod: se debitorem domini sui servus ille esse putaret. Et          12–13 poneret,
regia dignitate *om.*          13 gaudio: ille *add.*     Quo: Quanto          14 Domini
gratia: Causa domini          15 inhonorarent: honoraret          16 in tantum eundem          18 maior fieret: pro honore illato modum nesciret          19 qui: alicui
*add.*          20 in aeterna vita *om.*     ipsius vitae et hominum: deum et omnium
sibi: ibi          21 non modo: non solum          21–22 vel . . . faciet: nec solummodo
amicos suos illos vocabit          22 etiam deos ac dei *om.*     dei: regni caelorum
22–23 coheredes . . . caelesti *om.*          23–139. 5 sicut . . . dii *om.*

1–2 nihil . . . diligunt: cf. Rom. 8. 28.          4 The addition in the second recension
is based on *De beat.*, p. 283.          6–7 nimis . . . deus: Ps. 138. 17.          22–23 heredes
. . . Christi: Rom. 8. 17.          23–139. 5 The addition in the second recension is
based on *De beat.*, p. 284.          23–24 Ego . . . omnes: Ps. 81. 6.

materies ponantur. Omnes igniuntur, sed alia plus alia. Unaquaeque
tamen servata sui natura, iuxta modum locutionis, quia ignita est, ignis
dicitur. Sic utique, sed suo quodam altiori modo omnes beati participando deitatem deificantur, qui licet alii plus et alii minus omnes tamen
5 quandoquidem deificati sunt, aequali nomine dicentur 'dii'. Qualem
igitur honorem ab omni creatura habebit, quem deus omnis creaturae
amicum habebit, fratrem appellabit, pro filio tenebit? Omnis ei creatura
inclinata erit, quod magnus et incomparabilis honor erit.

Satis et magna et gloriosa sunt haec dona dei, sed si per annum vel
10 certe toto tempore durarent putas gauderes? An pretium dares?
Gaudenter, inquis. Oportet igitur ut securitatem habeant, quatinus id
quod habent servare valeant. Securitas ergo sufficiens erit, quoniam
'neque luctus neque dolor amplius ullus erit'. Numquam perdere potero
beatitudinem tam admirabilem, nisi voluero aut nisi deus eam auferre
15 voluerit, aut quivis fortior illo qui eam auferat regnum eius invadat. Sed
securus sum, quia si eam adeptus fuero, perdere nolo; securus quoque,
quia deus 'apud quem non est transmutatio nec vicissitudinis obumbratio' eam non auferet postquam semel dederit; securus etiam quod
nullus fortior illo supervenire poterit. Quare postquam ita est, ibi esse
20 plenariam securitatem dubium non est.

Erit igitur gaudium, quod ultimo gradu accedat pro his omnibus
inaestimabile, quod penitus supereminet sensibus hominum. Quis enim
cogitare potest gaudium, quod de semetipso unusquisque habebit,
quando tantam pulchritudinem, velocitatem, fortitudinem, libertatem,
25 sanitatem, voluptatem, diuturnitatem, sapientiam, amicitiam, concordiam, potestatem, honorem, securitatemque habebit? Nullus sane hoc
gaudium dicere potest quantum est, quia nemo in praesenti vita illud
expertus est. Verum si alicui amico tuo tu—quisquis es, qui illuc venturus es—idem gaudium daret omnipotens, quid tibi videretur? Nonne
30 multum gauderes? Et si duobus vel tribus aut certe pluribus et illis,
quos non minus te amares, quid diceres? Vere gaudium magnum

*Prior rec.*: 5–6 Qualem igitur: Quid putandum est qualem       7 appellabit:
vocabit      pro filio: filium        8 inclinata: subdita      9 Satis et: et *om.*
9–10 sed . . . durarent: siquidem semper perdurare poterint      10–11 putas . . .
inquis *om.*        11 igitur: itaque      habeant: habeatur        12 habent:
semper *add.*        14 admirabilem: magnam      eam: mihi *add.*        15 quivis:
aliquis      regnum eius invadat: superveniat       21–22 gaudium . . . inaestimabile: pro hiis omnibus inaestimabile gaudium        22 Quis enim: Nam quis.
26 honorem, potestatem        26–27 gaudium hoc        27 nemo: nullus
28–29 illuc venturus: ibi futurus      29 gaudium: deus *add.*      omnipotens *om.*

5 dii: Ps. 81. 6; Ioh. 10. 34 seq.       13 neque . . . erit: Apoc. 21. 4.
17–18 apud . . . obumbratio: Iac. 1. 17.        26 honorem, potestatem: for the
changed order in the second recension, see above, p. 137.

see above, p. 137.

haberes, et ultra quam dici possit exultares. Haec utique donatio nullo modo deerit, sed vere amicis et parentibus nostris carissimis, qui ibi per dei misericordiam erimus, illud idem gaudium dabit dominus quatinus de illo qui supra nos erit gaudeamus, de nobis ipsis gaudeamus et de proximis nostris gaudeamus. Nempe gaudium illud tam magnum 5 est, ut omnes capiat in se. Omnibus superabundabit, omnes circumdabit, omnibus ex omni parte erit. Sicut pisces maris undique circa se habent mare, sic sancti dei illam magnificam suavitatem gaudii circa se undique habebunt, de quo dicitur, 'intra in gaudium domini tui'.

Breviter perspectis quattuordecim partibus beatitudinis sive com- 10 moditatis, erit forsitan qui quaereret ad quid tanta pulchritudo, velocitas et aliae nonnullae partes debeant, cum solummodo beate vivere et illa habere, quibus vita non potest carere, satis posset sufficere. Sed sciendum est quia deus in nullo indigens est, et sicut ille in omnibus est sufficiens, sic amici et ministri eius in omnibus erunt sufficientiam 15 habentes. Si enim quisquam eorum in qualibet re sentiret se impotentem esse, non tantum gauderet, quantum faciet, cum se veraciter suae voluntatis esse cognoverit omnipotentem. Proinde ut gaudium nostrum sit plenum, nihil desit timentibus deum.

Cum itaque tanta beatitudo sit amicis dei, de inimicis eius quid erit? 20 Utique 'non sic impii, non sic', sed contra hoc quod sancti erunt pulcherrimi, credendum puto quod ipsi erunt turpissimi. Nec in resurrectione immutabuntur in melius, sed sicut boni in die revelationis domini glorificabuntur, sic isti in perditionem damnabuntur. Erunt felices ad omne quod voluerint velocissimi, erunt infelices pigerrimi. 25 Contra validam beatorum fortitudinem habebunt miseri maximam debilitatem. Iusti libertatem eundi quocumque voluerint habebunt, iniusti autem aeterna clausura damnati nusquam ire poterunt. Electi dei iugi sanitate potientur, damnati vero languore perpetuo cruciabuntur. Boni saturabuntur voluptate domus domini, et mali reple- 30 buntur amarissimo poculo domus diaboli. In bonis boni diuturnitatem

---

17 veraciter: cum *add.* B

*Prior rec.*: 1 possit: potest     Haec utique: Quae quidem          3 misericordiam dei       9 undique *om.*       11 quaereret: quaerit          13 illa: ea
17–18 faciet . . . omnipotentem: faceret, cum se in omnibus veraciter sciet omnipotentem esse.          18 Proinde: Quare          20 dei: domini iesu
21 Utique: Certe          22 credendum . . . turpissimi: erunt ipsi fedissimi
23 boni: sancti          29 languore: langore

---

9 intra . . . tui Matth. 25. 21 et 23.          14–15 in nullo . . . sufficiens: cf. *Proslogion*,
c. xxii (Schmitt, i. 117. 2).          18–19 gaudium . . . plenum: cf. Ioh. 16. 24.
19 nihil . . . deum: cf. Ps. 33. 10.          21 non . . . sic: Ps. 1. 4.          30 saturabuntur
. . . domini: cf. Ps. 35. 9.

habebunt, in malis mali numquam fine carebunt. Probi maxima erunt
praediti sapientia, improbi autem confundentur sua insipientia. Amici
dei summam habebunt amicitiam, inimici vero dei maximam inter sese
inimicitiam. Erunt beati pace perpetua concordes, erunt miseri iugi
5 dissensione discordes. Iusti habebunt regiam potestatem praecipiendi,
iniusti carebunt potestate sese etiam quoquam movendi. Sancti dei
honore magno sublimabuntur, damnati vero multo dedecore opprimentur. Securi erunt boni quod bonum illorum numquam peribit,
timore mali cruciabuntur qui omni fine carebit. Maeror et desolatio iis
10 qui dominum Christum contemnunt, gaudium et exultatio illis qui eum
diligunt, 'cui gloria et imperium in saecula. Amen'.


## Capitulum VI. Qualiter probus homo de omnibus hominibus bonis et malis sibi utilitatem faciat

Bonus homo de omnibus hominibus bonis et malis bonum sibi adquirit.
15 Siquidem cum aliquid boni de homine bono vel malo audit, gaudet et
omnipotenti deo inde gratias agit. Ex quo mercedem a deo bonae
voluntatis accipit, ac si cooperator fuisset eiusdem operis. Malum autem
si audierit illis contingere, dolet. Quod sibi in mercedem reputatur,
quasi eiusdem mali destructor vel diminutor fuisset. Itaque de bonis et
20 malis hominibus probus homo sapienter sibi bonam mercedem acquirit.
Sed dicit aliquis 'De bono et prosperitate inimici mei nequeo gratu-
lari, neque de damno eius valeo contristari. Nam si ore profiteor me de
commodo eius laetari aut de damno contristari, mentior, quia illud quod
dico in corde non habeo. Et cum scriptum sit "os quod mentitur occi-
25 dit animam" et "perdes omnes qui loquuntur mendacium", summopere
cavendum est ne aliud ore proferam, aliud corde sentiam.' Haec vera

12–13 Quod probus homo de bonis et de malis omnibus sibi utilitatem facere valeat.
Dur; Qualiter bonus homo de bonis et malis omnibus sibi utilitatem facere valeat. K

*Prior rec.*: 1 Probi: Et sicut probi        2 improbi autem: sic improbi
sua: in sua        5–6 Iusti . . . movendi: *haec sententia sequenti postponitur*
7–8 opprimentur: prementur        9–11 timore mali . . . Amen: timorem
habebunt mali de malo in peius semper cadendi. Gaudium et exaltatio iis qui
dominum Christum diligunt, meror et desolatio iis qui illum contempnunt,
cui gloria et imperium nunc et in perpetuum. Amen.        12 probus: bonus
13 sibi utilitatem faciat: lucratur        14 bonis et malis hominibus        16 Ex
quo: Quod tum facit        18 audierint        20 probus: bonus        23 de
damno: non *add.*        mentior: corde mentior        illud quod: aliud quam        non
*om.*        25 et: vel

11 cui . . . amen: 1 Petr. 4. 11.        24–25 os . . . animam: Sap. 1. 11.
25 perdes . . . mendacium: Ps. 5. 7.

esse negari non potest, sed considerandum est qualiter is qui in bono
proficere desiderat sibimetipsi vim inferre debet, ut proficere valeat.
Licet carnalis appetitus meus damnum inimici mei appetat, non tamen
hoc ore profiteri debeo, sed potius damnum eius plangere et contra
appetitum carnis meae illius prosperitati favere, illius damnum solis 5
verbis, si corde simul nequeo, dicere mihi displicere. Praecepit enim
dominus ut inimicos diligamus. Si ergo eos affectuose diligere nequeo,
quoniam carnalitatem meam ad eorum amorem adhuc flectere non
valeo, tamen velle debeo eos me posse amare, et donec valeam hoc agere,
verbum, quod meae potestati subiacet, bonum et non malum de illis 10
promulgare. Cumque hoc ago, non mentior quando dico me illos diligere, quoniam 'velle adiacet mihi, perficere autem non habeo'. Condelector tamen dominico praecepto secundum rationem spiritus mei ut
eos diligam, quamvis corruptibilitas carnis meae condelectationi meae
repugnet. 15

Cum itaque voluntate rationis praecepto dei consentiam, carnali autem
voluptate sive appetitu aliud sentiam 'iam non ego operor illud, sed
quod habitat in me peccatum'. Aliud enim est sentire, aliud consentire.
Cum ergo iram, tentationem vel quodlibet aliud bonitati contrarium
sentio, si non consentio, nihil officit. 'Nulla siquidem damnatio est illis 20
qui sunt in fide Iesu Christi, qui non secundum carnalia desideria
vivunt.' Malus vero homo e contrario de bonis et malis sibi malum
accumulat, cum et bonis invideat et malis favorem exhibeat. 'Huius
finis interitus', mors et tribulatio; 'iusti autem finis Christus', vita et
exultatio. 25

## Capitulum VII. Quid sit detractio, et quot modis noceat, et quia prodest aliorum laudatio

Quia 'nescit homo', quamdiu hic vivitur, 'utrum amore an odio dignus
sit, sed omnia in futurum servantur incerta', magna sollicitudine

---

28 amore: amori B

---

*Prior rec.:* 6 dicere: demonstrare      6–7 Praecepit enim dominus: Praeceptum domini etenim est      10 bonum *om.*      17 voluptate: voluntate
18 consentire: Non possum non sentire carnis titillationem vel appetitum; possum vero non consentire. *add.*      20 illis: iis      23 cum et: et *om.*
bonis: omnibus *add.* et malis: malis autem      23–25 Huius ... exultatio *om.*
26–27 et quot ... laudatio *om.*      28–143. 12 Quia . . . caveatur *om.*

7 ut inimicos diligamus: cf. Matth. 5. 44.      12 velle . . . habeo: Rom. 7. 18.
17–18 iam . . . peccatum: *ibidem* 20.      20–22 Nulla . . . vivunt: Rom. 8. 1.
23–24 Huius . . . interitus: cf. Phil. 3. 19.      24 mors: cf. Rom. 6. 21.
24 iusti . . . Christus: cf. Rom. 10. 4.      28–29 nescit . . . incerta: Eccle. 9. 1 seq.

pensandum est omni Christiano ut, si boni operis nequiverit, saltem
voluntatis rectae conscientiam habeat, ne suo iudicio ex malae voluntatis
conscientia in damnationem cadat. Quippe nullus peccatorum conscius
aliorum in tantum timendus est, quantum ille qui ipsorum malorum
5 effector est. Nam illum potest effugere, seipsum autem nulla ratione
potest. Proinde ut sibi conscientia boni statuatur, omnis dies velut
ultimus intueatur. In qua sicut omnis cessabit excusationis altercatio,
sic inpraesentiarum dum vivitur cesset magni mali fomes proximorum
derogatio. Quae licet aestimetur a quibusdam levis, est tamen valde
10 noxialis, nutrix malitiae, iustitiae iugulatrix. Cuius perditionis modos
tentemus investigare, ut perspecta quam varie laedat, vigilantius
caveatur.

Vitium detractionis quod maxime otiositate nascitur, quam perniciosum sit, ex verbis beati Clementis, quae se ab ore sancti Petri didicisse
15 fatetur, manifeste insinuatur. Ait enim 'Tria sunt genera homicidii,
quae pari paena plectuntur: interfectio fratrum, detrectatio, odium'.
Hinc Salomon dicit, 'Noli esse in conviviis potatorum, neque comedas
cum eis qui carnes ad convescendum conferunt, quia vacantes et dantes
simbolum consumentur, et vestietur pannis dormitio'. Carnes, ut ait
20 beatus Gregorius, ad convescendum conferunt, qui fraternae detractioni
student. Potibus vacant, qui de opprobrio alienae vitae se debriant.
Simbolum dare est verba detractionis in confabulatione conferre.
Vestietur pannis dormitio, quia inopem omnibus bonis mors inveniet.
Hinc Paulus ait: 'Si comeditis et invicem mordetis, videte ne ab invicem
25 consumamini.' Comedit namque alter alterum et quasi morsum in eo
facit quotiens aliquis male loquendo quemlibet viliorem efficit. Unde
necesse est ut ab invicem consumantur, quia is, qui alterum detrahendo
comedit, consumitur ab eo quem morsibus detractionis consumere
gestit. Nam cum eius vitam per detractionem dilacerat, semetipsum ante
30 iustum iudicem domini condemnat. Sicque saepe contingit ut is, qui

---

24 Hinc: Hic B

---

*Prior rec.*: 13–14 otiositate nascitur, quam perniciosum sit: ex otiositate
solet nasci, magnopere cavendum est, quoniam quidem valde magnum malum
et perniciosum est        14 ex verbis beati Clementis: Unde beatus Clemens
inter cetera        15 fatetur: asserit    manifeste insinuatur. Ait enim: hoc
modo scribit        17–23 Hinc . . . inveniet *om.*        24 Hinc: De qua etiam
ait: dicit        26 quotiens: quotienscumque    aliquis: aliquem *add.*    quemlibet *om.*        30 Sicque: plerumque *add.*

---

15–16 Tria . . . odium: Clemens Romanus, *Ep. I ad S. Iacobum, fratrem domini*
(*P.L.* 130. 35A).        17–19 Noli . . . dormitio: Prov. 23. 20 seq.        19–23 Carnes . . . inveniet: cf. Gregorius Magnus, *Moralium in Iob*, xiv. c. 52 (*P.L.* 75. 1071A).        24–
25 Si . . . consumamini: Gal. 5. 15.        29–30 ante iustum iudicem: cf. 2 Tim. 4. 8.

alteri derogat, coram deo in damnationem cadat, quamvis ille cui
detrahitur nihil laesionis ex ipsa detractione sentiat. Ut autem ardentius
declinetur, execretur et caveatur, quid sit inquiratur, inquisita breviter
pandatur, quatinus eo facilius mentibus insideat, quo brevius intimata
elucescat.                                                              5

Detractio itaque est, quotienscumque quis ea intentione quid dicit
de aliquo, unde ipse vel minus amari aut minus appretiari possit. Haec
quam multis noceat, quam latenter varieque laedat, servata maiorum
sententia dicamus, quod possumus. Quotiens aliquid dico unde alius
vel minus amari possit aut appretiari, si is qui audit malus est, malitia 10
eius mea relatione confirmata est. Naturale siquidem est ut, sicut id
quod a nullis fieri audio, facere formido, sic illud, quod a pluribus vel
etiam paucis fieri percipio, facilius praesumo. Et quo plures eandem
rem fecisse cognovero, eo minus illam perpetrare formido.

Cum itaque aliquid dico de aliquo unde amor eius apud auditores 15
minui valeat, mali malitiam hoc audientis induro quia mox in corde suo
sic cogitando loquitur, 'Ego non solus peccavi, sed et ille et ille peccaverunt ut ego'. Sicque se in suo peccato confirmat, quia alium quoque
hoc ipsum perpetrasse cognoscit. Si autem auditor in paenitentia fuerit,
audito alium malum esse, a sua paenitudine frigescit. Nam dicit ei 20
animus suus, 'Non est opus ut tantum me affligam, quia et alii sunt mali
nec tamen tantum affliguntur'. Si vero in paenitentia non fuerit quia non
cecidit, sed aliquam tentationem senserit, tanto facilius permittet se a
tentatione superari, quanto certior fuerit alios quoque alicuius malitiae
pondere gravari. Nam ex eo quod alios prave vivere cognoscit, audaciam 25
peccandi accipit. Si autem malus non fuerit, nec paenitens, nec tentationem aliquam habuerit, et alium malum esse cognoverit, materiam
superbiendi accipit, cum alium diversis malis audit maculari et se putat

---

13 percipio: praecipio B          28 se putat: se pultat B

---

*Prior rec.:* 2–5 Ut . . . elucescat: Quid autem detractio operetur, vel quid
sit, inquiramus et inquirendo quod inde dominus dederit breviter dicamus,
non ideo quod nesciatur, sed iccirco ut quod scitur melius teneatur. Solet enim
contingere, ut ignis in aliqua materia aliquando paululum ardeat et si vento
impellitur, ad maiorem ardorem crescat. Taliter etiam mens humana salubri
admonicione pulsata ad opus agendum post suggestionem ocius surgit, ad quod
prius surgere neglexit. Sicque ut ignis vento movetur, sic mens a torporis desidia admonicione excitatur.          6 ea intentione *om.*          7 aut: vel     possit: debet          8–9 quam latenter . . . possumus: paucis attende          9 dico: ut
me in hac re modo pluraliter accipiam et hoc unusquisque de se sentiat *add.*
10 possit aut: vel minus          appretiari: debet *add.*          14 illam perpetrare: eam facere          16 valeat: debeat          19 hoc ipsum: peccatum
22–23 Si vero . . . cecidit: Si vero malus non fuerit nec in paenitentia aliqua
extiterit          25 cognoscit vivere          28 alium: alios

vitiis carere. Naturale siquidem est superbiae singularitatem semper
gaudere. Nam si aliquis incautus alios peccatorum maculis aspersos
audit, et se ab illis immunem esse sentit, tanto facilius in elationem
mentis cadit, quanto se meliorem putat esse aliis. Et e contra si rem
5 insolitam quae mala sit fecerit, tanto promptior ad illud puniendum erit,
quanto pauciores tale quid fecisse cognoverit. Si autem plures socios in
eodem facto vel simili se habere cognoverit, tardius ad paenitudinem
animum reducit.

Potest itaque colligi quam mala sit detractio, quae malis duritiam,
10 paenitentibus torporem, tentatis exemplum peccandi quasi fomenta
malitiae praestat, bonos quoque, nisi sibi vigilanti oculo praeviderint,
in elationem impellit. Quapropter summopere cavendum est peccatum
detractionis, quia fomes est magnae perditionis. Tollit enim caritatem,
sine qua impossibile est quemquam deo placere, quia 'qui non diligit,
15 manet in morte'. Plus etenim peccat qui amorem proximi a corde alterius
minuit, quam qui victum ab ore pauperis rapit. Nam sicut pretiosior
est anima quam corpus, sic gravius est animae victum auferre quam
corporis. Victus namque animae est amor dei et proximi. 'Qui enim
diligit', 'legem implet'. Qui ergo dilectionem, qua debet anima susten-
20 tari, tollit, quantum in se est animam occidit. Proinde cavendum est ne
quisquam aliquid sinistrum de aliquo loquatur, nisi propter emendationem eius hoc faciat, aut propterea ne alium malitia illius corrumpat.
Nam praelato aut illi, quem puto posse peccanti consulere et vitiorum
vulnera mederi, possum alterius malefacta propter emendationem de-
25 tegere, quae per memetipsum nequeo emendare, et ne alius corrumpatur,
sine offensa compendio monere, ne tali iungatur singulari aliqua fami-
liaritate. Aliter vero nullo modo de aliquo quicquam adversi loqui debeo.
Siquando vero verba detractionis invitus quis audit, ut peccati laqueum
declinet, statuat apud se quasi is de quo agitur in occulto adesset et
30 omnia quae dicerentur audiret, et sic ad dicta respondeat quasi in eius
praesentia cui derogatur positus esset.

Ceterum sicut nocet multis de quolibet malum dicere, sic pluribus
solet prodesse de aliis bona audire. Nam cum bona de aliquo referuntur,
ii qui boni sunt eius facta emulantur, eoque propensius in sua bonitate
35 perseverare nituntur quo alios eiusdem bonitatis sectatores laudari percipiunt. Si autem paenitentes fuerint, tanto studiosius suam paenitentiam

---

19 implet: implevit Dur B *corr.*

*Prior rec.:* 4 econtra *om.*      7 ad paenitudinem: ad paenitentiam
10 torporem: refrigerationem      19 implet: implevit      23 peccanti:
peccantem      26 compendio: se *add.*      28–31 Si . . . esset *om.*

14–15 qui . . . in morte: 1 Ioh. 3. 14.      18–19 Qui . . . implet: Rom. 13. 8.

ut boni efficiantur peragent, quanto gratiores bonos esse malis sedula
relatione persentient. Porro si mali fuerint, erubescent cum de aliis
bona referri audiant, a quibus semetipsos penitus vacuos esse considerant. Tantoque facilius ad paenitudinem revocantur, quanto plures
et forte debiliores se bona operari audiunt. Sit igitur omni Christiano 5
in sedula consuetudine bona semper de aliis aestimare, bona loqui, nihil
mali subito credere, nihil proferre, immo bona quaecumque in eis sunt
laude dicenti dilatare.

## Capitulum VIII

### Quare iustus homo comparatur quadrato lapidi 10

Vir bonus quadrato lapidi comparatur quo aedificatur domus dei, de
qua apostolus, 'templum dei sanctum est, quod estis vos'. Quadratus
lapis sex aequalia latera habet, qui ubi ceciderit in quolibet latere firmiter
iacet; comparatur viro ad perfectam bonitatem venire cupienti. Nam
sicut lapis in quolibet sui latere stabiliter iacet, sic viro ad perfectionem 15
tendenti providendum est ut in suo proposito stabilis maneat, ne dum
in vita sua in diversa venerit a sui status firmitate cadat. Denique prosperitas, adversitas, sui libertas, esse sub alterius potestate, in secreto
esse, in publico stare, sunt quasi sex latera, in quibus humanum genus
versatur; sed in quavis parte quicumque fuerit, valde nitendum est ut 20
in studio coeptae bonitatis perseveret.

*Prior rec.*: 3 audiant: audient    7 subito *om.*    nihil: nihilque    7-
8 immo . . . dilatare *om.*    10 Quare . . . lapidi: Quomodo dicitur bonus
homo quadratus lapis    11–21 Vir . . . perseveret: Quadrato lapidi comparatur vir iustus quo aedificatur ecclesia dei de qua dicit apostolus 'templum
dei sanctum est quod estis vos'. Consideremus itaque quid iste quadratus lapis
habeat, cui diximus virum iustum comparari. Lapis iste quadratus sex aequalia
latera habet. In quodcumque horum sex laterum ceciderit quantum in ipso est
firmiter iacebit. Igitur sicut sex latera quadratus lapis habet et in quodcumque
horum ceciderit firmiter iacet, sic vero ad perfectionem tendenti providendum
est ut in suo proposito permaneat, ne dum in vita sua in diversa venerit a sui
status firmitate cadat. Sex itaque mihi esse videntur, in quibus homo a sue
perfectionis firmitate facile nutare poterit, nisi contra ea praemunitus fuerit:
prosperitas, adversitas, libertatem habens, esse sub alterius potestate, in secreto
esse, in publico esse.

11–21 Cf. below, p. 195. See also *Ascriptum de ordinatione beati Gregorii anglorum
apostoli* (ed. A. Wilmart, 'Edmeri Cantuariensis nova opuscula', *Rev. des Sciences
religieuses*, xv, 1935, 213–14): Lapis enim perfecte quadratus sex aequalia latera habet,
et in quodcumque horum vertitur, quantum sua refert, firmus stat. Quae latera qualiter
in vita cuiusque viri in opere dei perfecti considerentur, brevi dicere libet . . . . Ipsius
itaque vita perfecta dicitur, qui in secreto et publico, in alterius potestate et sua
libertate, in adversitate et prosperitate deo vivit. Haec siquidem ea de quibus agimus,
quadrati lapidis latera vocamus. (For further details of this sermon, see *St. Anselm and
his Biographer*, pp. 364–6).    12 templum . . vos: 1 Cor. 3. 17.

Solet enim contingere ut is qui in prosperitate est occasionem habeat, quare bona operari nequeat. Nam rerum affluentia, familiarum copia, populosa multitudo illum a rectitudinis tramite revocant. Qui si aliquando corripitur, tantarum affluentia rerum se a boni operis studio
5 impediri fatetur. Alius est qui adversitate frangitur, vel inopia rerum vel morte amicorum vel alia qualibet causa a bona detinetur operatione. Alius est sui libertatem habens, qui quoniam sine districtione est bene agere ex sua levitate non potest. Unde corripienti se interdum solet dicere, 'Si', inquit, 'esset qui me constringeret, ego bene quae bona sunt
10 operari valerem. Sed quia non habeo qui me sub disciplinae districtione teneat, nec egomet mihi vim inferre valeo, idcirco tam negligenter vivo.' Est alius sui potestatem non habens, et quia sub alterius imperio est, ut sibi videtur, bonus esse non potest. Alius est constitutus in secreto, unde licentius vacat a boni operis exercitio, qui si inter homines esset,
15 in statu potiori suam vitam componeret. Alius est in publico, quod sibi sit impedimento. Nam si esset in secreto, his quae dei sunt intenderet studio meliori.

In his ergo diversitatibus vitae humanae cavendum est ne umquam detineatur a bono opere anima Christiana, quia qui bonus esse de-
20 creverit, necesse est ut in prosperitate, in adversitate, in sui libertate, in subiectione, in secreto et publico vitam suam custodiat. Alioquin quadratus lapis aptus aedificio domus dei nequaquam existere poterit.

## Capitulum IX

### Quot modis sentitur deus, et qualiter 'videbitur
25 sicuti est'

Quia scientia, essentia, aeternitas in deo sunt unum, et deum scire, esse et aeternaliter esse dubium non est, sciendum est quia sicut praeteritum et futurum aeternitas dei non recipit sed praesens, ita scientia eius nullo

---

*Prior rec.*: 2 bona: quae bona sunt    nequeat: non potest        6 causa: quae sibi contraria esse videtur, cuius occasione *add.*    operatione detinetur 7 quoniam: liber et *add.*        8–9 dicere solet        9 esset inquid        10 disciplina    districtione *om.*        11 egomet mihi: mihimet ipsi        12 et quia: qui iccirco quoniam    imperio: potestate        13 potest: Qua ex re vehementer errat, quoniam quidem unde melius proficere possit, inde occasionem sue pravitatis tenet *add.*    Alius: Aliquis        15 potiori: meliori        16 sit: est his: iis        17 studio meliori: liberiori studio        18–20 In his . . . necesse est: Sic ergo, ut breviter supra dictum est, in his diversitatibus vite humane solet nonnumquam impediri vita humana. Verum qui bonus esse voluerit, caveat 22 dei nequaquam existere poterit: domini non erit        24–25 et qualiter . . . est *om.*        26–148. 4 Quia . . . possumus *om.*

---

24–25, 148. 3 videbitur, sicuti est: cf. 1 Ioh. 3. 2.

omnino tempore intenditur vel remittitur, sed omnia praesentialiter
simul contuetur. Cuius claritatem aeternitatis, quia intueri nequimus,
saltem quot modis sentiatur, et quid sit 'videbitur sicuti est', ipsius
opitulatione dicamus quod possumus.

Tribus itaque modis sentitur deus, videlicet intellectu, amore, usu. 5
Per intellectum sapimus, per amorem iustificamur, per usum beati efficimur. In quantum quis deum intelligit, sapiens est; in quantum amat,
iustus est; in quantum utitur, beatus. Quando quod rectum est videmus,
deum per intellectum mentis nostrae sentimus, quoniam quidem quaecumque rectitudo est ab illo esse dinoscitur.                              10

Sicut enim ex splendore solis ipsum solem sentimus antequam illum
mane videmus, sic ex mentis nostrae speculatione deum sentimus,
quando verum quid ex ipsa veritatis luce perspicimus. Quem si frequenter in meditatione cordis nostri habuerimus, sine dubio ad eius
amorem pertrahemur. Qui cum nobis in amore fuerit, a boni operis 15
studio amor ille vacuus non erit. Sicque illum intelligendo et amando
per fidem et spem inpraesentiarum sentimus, in futuro autem non iam
per spem, sed per speciem sentiemus, quia 'videbimus eum, sicuti est'.

Non tamen omnes eum aequaliter videbunt, nec eius amore omnes
aequaliter calebunt. Sicut enim diverso modo lignum et ferrum ignis 20
ardore calent, sic caelestes spiritus vel beatorum animae inaequaliter
dei amore fervent. Nam unusquisque pro suae dignitatis merito eum
videbit et amabit, quantumque illum intellexerit, tantum amabit. Ac
sicut diversa metalla in igne posita ignis calorem licet inaequali mensura
sentiunt, quia aliud minus et aliud amplius calet, ita ii qui dei visione 25
fruuntur, alii minus, alii plus eum intelligunt, atque intelligendo in
eius amore consistunt. Unde omnes 'dii' efficiuntur, quia sicut diversa
metalla ignis ardore ignita fervent, sic isti deitatis admirabili gratia
deificati resplendent.

'Nunc autem videmus in aenigmate' et quasi in quadam pictura quae 30
dicimus, veluti pictum solem aut mare videremus. Solem quippe aut
mare cum depicta videmus, non sicut est in se aut in re, ita illa videmus.
Cum vero solem clare lucentem perspicimus, aut mare turbulentum vel

*Prior rec.*: 5 itaque *om.*    videlicet *om.*    6–7 beati efficimur: beatificamur
8 est *om.*    10 esse dignoscitur: est    19 eum omnes    23 Ac: Et
25–27 ii . . . consistunt: ii qui dei visione fruuntur, alii plus alii minus, alii
plus eum intelligunt, atque intelligendo in eius ardoris amore consistunt
30 quae: ea quae    32 in se: sol aut mare *add.*    33 vero: autem

17–18 per fidem . . . per speciem: cf. 2 Cor. 5. 7.    18 videbimus eum, sicuti est:
1 Ioh. 3. 2.    23–29 Cf. *De beat.*, p. 284. See also pp. 138–9 above.
27 dii: cf. Ps. 81. 6; Ioh. 10. 34.    30 Nunc . . . in aenigmate: 1 Cor. 13. 12.

tranquillum cernimus, rem sicuti est veraciter intuemur, quamvis
tantam quanta est intueri nequeamus. Nam quanti splendoris quantaeve
sit virtutis sol, nemo videt, maris quoque latitudinem sive profundum
nemo est qui iudicet. Sic etenim sancti dei in sua gloria deum 'sicuti
5 est' videbunt; sed magnitudinem eius divinitatis sive immensitatem
potentiae illius comprehendere nequibunt. Non enim immensus esset,
si ullius intellectu comprehendi posset.

Est igitur incomprehensibilis maiestatis eius sublimitas, quia nullius
ad altitudinem eius poterit pervenire cognoscendi facultas. Ignem quo-
10 que videmus et ardorem sentimus, tametsi totam eius virtutem intueri
nequeamus. Nam si lignum, ferrum atque plumbum ceteraque metalla
illi imposita fuerint ut caleant, unumquodque secundum suam capaci-
tatem ardorem accipit, nec tamen ab igne calorem exhaurit. Semper
enim habet in se unde calorem etiam ampliorem quam praedicta metalla
15 ceperint faciat, si fuerit res aliqua quae ceteris metallis ampliorem
ardorem accipere valeat.

Sic utique sed altiori suo modo virtus divinae maiestatis semper
superabundabit in omnibus, quae beatis spiritibus et suis fidelibus ad
gloriam illorum abundantissime dabit.

20 ## Capitulum X

### Quot causis ab hominibus servitur deo

Tribus ex causis serviunt homines deo, videlicet timore, commodo,
amore. Sunt namque nonnulli qui, si poenas in alia vita scirent non esse,
pro nulla promissione aeternorum bonorum a suis voluptatibus cessarent.
25 Sed quia cruciandos malefactores aeternaliter audiunt, timent, et ne ad
damnationem rapiantur, sola perditionis formidine a malo opere vacant,
interdum quoque bona operari videntur. Qui licet poenam illorum
qui deum minime verentur evadant, quoniam 'unusquisque' recipiet
'secundum quod gessit in corpore, sive bonum sive malum', non tamen
30 plenam retributionem invenient, quoniam quidem nullo tempore nisi
timore bene agere voluerunt. Alii autem deo serviunt ut magnum inde

*Prior rec.*: 3 virtutis sit      6 illius: eius    nequibunt: non poterunt
17 sed: licet     21 ab hominibus servitur: serviant homines     22 homines
*om.*    videlicet *om.*      22–23 timore, commodo, amore: Ex timore et commodo, ex amore     23 in alia vita: inferni    non esse scirent     28–
29 quoniam ... malum *om.*      30 invenient: promerentur    nullo tempore:
numquam     31 timore: coacti *add.*      31 agere voluerunt: fecerunt

4–5 sicuti est, videbunt: 1 Ioh. 3. 2.     21–151. 35 For this whole chapter, cf.
*Vita Anselmi*, ii. 21.     28–29 unusquisque ... malum: 2 Cor. 5. 10.

commodum habeant, sive in praesenti vita sive in futura vel certe in
utraque. Quibus pro suo servitio retributionem quaerentibus iusta
ratione respondebit deus, 'Vos mihi servistis timore compulsi, et vos
causa commodi vestri. Si vos a me damnari non timuissetis, mihi
nequaquam servire velletis. Ceterum quia perire timuistis, vos a pravo 5
opere abstinuistis. Non ergo mei causa pravam operationem declinastis,
sed quia damnationem formidastis incurrere. Quare vobis nihil iuste
debeo, quoniam quidem nihil operati estis amore meo. Vos autem, qui
propter commoditatem vestram mihi decrevistis servire, videte si vobis iusta consideratione aliquid debeam. Gratia commodi vestri mea 10
mandata servastis, non quia me diligebatis sed quoniam a me lucrari
volebatis. Non igitur me sed commodum vestrum dilexistis. Nam sicut
ii qui regi propter aurum obsecundantur, non regem sed aurum cupiunt,
sic vos in quantum mihi servire videbamini, non causa mei servistis sed
vestri commodi. Quare palam est videre me vobis nihil debere, cum 15
aliud plus amaveritis quam me.'

Hac itaque consideratione potest videri ad salutis perfectionem
minime sufficere, si quis propter solum timorem aut solum commodum
deo servit. Attamen quia deo serviunt, bene quidem faciunt, sed necessarium est ut meliori intentione serviant si sufficientem mercedem 20
consequi volunt. Verum qui deum diligit et diligendo mandata eius
custodit non alio respectu nisi solo amore et quia rectum est hoc facere
—nam dominus et conditor omnium est—ille profecto bene servit et
bonam perfectamque mercedem adquirit. Et sicut illi prae omnibus
rebus soli 'deo bonum est adhaerere', servire atque placere, sic illi deus 25
bonum quod excellit res omnes debet reddere iusta recompensatione.

Potest etiam sub exemplo haec servitus considerari. Nam sicut in
palatio terreno diverso modo regi militatur, sic non uno modo inpraesentiarum deo servitur. Quidam enim pro suis, quas tenent,
possessionibus serviunt, alii pro stipendiis, nonnulli pro spe recuperan- 30
dae hereditatis. Sed ii, qui pro suis possessionibus serviunt, iam radicati
sunt et secure serviunt; qui vero stipendiis militant, tanto minus
ardent amore, quanto minorem atque imparem suis laboribus aestimant

---

27 etiam: et *add.* B Dur.

---

*Prior rec.*: 5 Ceterum: At        6 pravam operationem declinastis: ab
opere malo cessastis      7 incurrere formidastis    nihil: nil      10 iusta
consideratione aliquid debeam: quid debeam iusta consideratione     Gratia:
Causa     15 nihil vobis      22 rectum: iustum      23 nam: quoniam
quidem     26 omnes res      27–151. 35 Potest . . . permaxima erit *om.*

---

25 deo . . . adhaerere: cf. Ps. 72. 28.     27–151. 35 This addition in the second
recension is based on *Vita Anselmi*, ii. 21 (pp. 94–95).

retributionem. Qui vero pro recuperanda hereditate serviunt, quamvis multis magnisque anxietatibus saepenumero afficiantur, aequanimiter tamen omnia tolerant, dum per spem veniendi ad propria fortiter animantur. Tolerabilia enim ac levia omnia computant, dum in amorem
5 paternae haereditatis animum dilatant.

Ut itaque his tribus modis in curia praedivitis alicuius famulatum exhiberi videmus, sic in ecclesia dei fieri quadam similitudine valemus intueri. Nam sunt angeli qui aeterna felicitate potiti ei serviunt. Sunt homines qui eum pro commodis, quae sibi impendit, diligunt, eique
10 tenus specie deserviunt. Sunt quoque nonnulli qui eius voluntati incessabiliter parentes, hereditatem suam, quam ob culpam patris Adae perdiderunt, recuperare contendunt.

Sed beatis spiritibus in sua securitate famulantibus, qui sint, qui pro solis transitoriis impensis deo serviant, inquiramus. Sunt namque
15 nonnulli, qui terrenis lucris inhiant, et dum eis prosperitas arridet deum amant, laudant, dicentes, 'quoniam bonus, quoniam in saeculum misericordia eius'. De quibus psalmista, 'Confitebitur tibi, cum benefeceris ei'. At siquando perdiderunt divitias, quibus delectabantur, in murmurationem proruunt: quid peccaverint quare sua perdiderunt dei
20 iudicium reprehendendo quaerunt, sua quoque opera pietatis, si qua fuerint, memorando repetunt, sese frustra bona fecisse proclamant, ac per hoc satis evidenter deum iniustitiae accusant. Quid ergo aliud sunt isti nisi solidarii qui, dum bonis quasi stipendiis affluunt, servire volunt, sed superveniente tentatione servire contemnunt? Ipsa enim eorum
25 murmuratio satis ostendit, non dei, sed rerum amissarum eos amatores fuisse.

At nos qui gaudia paradisi hereditatem avi nostri Adae contendimus recuperare, deum, quo frui desideramus, non nisi pro seipso diligere debemus, cui sicut in prosperis, ita et in adversis semper servire atque
30 adhaerere canendo debemus, 'magna est gloria domini'. Quam gloriam sic inpraesentiarum gustare, gustando ruminare, desiderare, et desiderando debemus a longe salutare, ut spe veniendi ad illam subnixi, gaudentes et alacriter currentes, 'magna est gloria domini' corde dilatato clamemus. Quae si nobis hic in amore debitae venerationis fuerit, in
35 aeterna patria procul dubio iam habita dulcedo permaxima erit.

---

9 impendit: impedit B

16–17 quoniam . . . eius: Ps. 105. 1.      17–18 Confitebitur . . . ei: Ps. 48. 19.
30 et 33 magna . . . domini: Ps. 135. 5.      33 corde dilatato: cf. Ps. 118. 32;
*Regula s. Benedicti*, Prologus.

## Capitulum XI

## De tripartita consideratione laboris hominum

Quoniam inpraesentiarum, ubi sine labore non vivitur, diversa sunt studia hominum, trina divisione omnis labor sive studium, ut puto, considerari potest. Quidam etenim sunt, qui totum quod operantur ad opus 5 dei et proximi laborant, et suum proprie nihil esse volunt. Alii quidem sunt, qui de his quae ex suo labore acquirunt partem indigentibus dei amore tribuunt, et cetera in praesentis saeculi inani gloria ponunt. Alii autem sunt, qui omnia quae habent consumunt, nihil tribuunt egentibus, sed in deliciis et voluptatibus omnia expendunt.                    10

Haec tria studiorum genera sunt quasi tres homines molendinum super decurrens flumen haberent, ubi manu molerent. Unus omnem farinam suam bene colligeret, poneret in salvo, nec aliquid in flumen cadere permitteret. Alter vero partem caperet et pars reliqua in flumen cadendo periret. Tertius quidquid moleret, impetus fluminis secum 15 abstraheret. Veniente autem vespera quando a labore cessatur et fructus laboris inquiritur, quid putas singuli haberent? Qui totam servasset farinam, posset laetari quoniam haberet unde sibi panem faceret. Qui partem collegisset et cetera perdidisset, de collecta parte gauderet, de perdita doleret. Qui vero totum amisisset, absque dubio tristis esset.                    20

Per flumen saeculi decursus accipitur, eo quod ad similitudinem decurrentis aquae ad occasum ruat, et nihil sit in eo quod subsistere valeat. Molendinum vitam hominum, mola vero actus eorum significat, eo quod a mane usque in vesperam numquam finiuntur. Mane nobis erat quando nati fuimus, vespera erit quando per mortis debitum hinc 25 transibimus. Toto itaque tempore, quo hic vivitur, quasi dies est in qua bonum aut malum operando laboramus. Et sicut mola circumducta ad

---

*Prior rec.*: 2 De trina divisione studiorum omnium          3 Quoniam inpraesentiarum: Quia in praesenti vita          4 puto: omne studium *add.*          4–5 potest considerari          6 proximi: proximorum          volunt: neque fatentur esse *add.*          7 his: hiis          8 praesentis *om.* inani *om.*          9 quae habent: quaecumque habere possunt          9–10 egentibus nihil tribuunt          10 sed: omnia *add.* voluptatibus: saeculi *add.* omnia *om.*          11 genera studiorum molendinum: tria molendina          13 in salvo poneret          15 cadendo periret: caderet          19 de parte collecta          20 esset: foret          21 Per flumen saeculi decursus: Flumen pro saeculi decursu          22 aquae: fluminis 23–24 Molendinum . . . finiuntur: Molendinum quod tota die molit, praesens labor qui a mane usque ad vesperam numquam finitur

---

3 sine labore non vivitur: cf. Iob 5. 7.          11–153. 22 Cf. *Vita Anselmi*, ii. 11 (pp. 74–75): originally the two accounts appear to have been independent, but the changes in the second recension show the influence of this passage in the *Vita Anselmi*.

eundem semper locum revertitur, sic labor istius vitae singulis annis
reiteratur. Etenim aratur, seminatur, metitur, comeditur, iterumque ad
idem revertitur. Nec labor iste finem accipiet, donec vita ista funditus
cesset.

5 Qui ergo hoc in tempore laborioso saeculi voluptates reliquerunt et
alterius potestati propter deum se subdiderunt, sive sibi commissa
multiplicare iuste voluerunt, sive ab invasorum potestate sui praelati
praecepto ratione defensaverint, nihil eis ad salutem officiet, immo ad
cumulum bonae retributionis tale studium accrescet. Nam illis sine
10 dubio bene assimilari possunt qui farinam suam custodiunt, quia omne
studium sui laboris in proximorum utilitate ponunt. Isti utique in fine
vitae suae molendinum egressuri et domum reversuri ubi operum suorum
fructus comedent, cum dicetur 'voca operarios et redde illis mercedem'
laetabuntur, quia pro laboribus suis bonam mercedem habebunt.

15 Alii autem, qui nondum saeculo renuntiarunt sed in sua adhuc
propria voluntate vivunt et partem sui laboris egentibus dei amore
largiuntur, quae ad honorem conditoris vel ad proficuum indigentium
faciunt in salvo reponunt, cetera vero in decursu fluminis mundanae
labilitatis quasi cadendo pereunt.

20 Verum alii, qui omne tempus suum in vanitate ponunt, quasi omne
studium vitae suae in decursum aquae proiciunt, unde in fine suo vitae
pane carebunt. Qui cum suam farinam perisse, quasi lampades suas
extinctas esse viderint, et mendicare coeperint, dicetur eis, 'Quid
fecistis in vita vestra? Ubi posuistis studia vestra? Numquid non
25 laborastis? "Ite potius ad vendentes", scilicet ad laudatores vestros, qui
vobis "oleum laetitiae" ac laudis vendiderunt, quaerentes ab eis, quibus adhaesistis, quod in laudibus eorum expendistis. Deum quippe, cui

---

9 illis: illi B

---

*Prior rec.*: 1 istius vitae: iste     annis: more solito *add.*          2 metitur:
fit panis *add.*          6 sibi: sua     commissa *om.*          7 iuste multiplicare
voluerunt: studuerunt          7–8 potestate . . . ratione: manibus ratiocinando
ex sui praelati praecepto          8 officit          9 accrescet: proficit     11–12 in
fine vitae suae: in vespera          12–13 molendinum . . . comedent *om.*
14 laetabuntur: laeti erunt          18 reponunt: ponunt          22–23 suam . . .
viderint et *om.*          23 mendicare coeperint: mendicaverint          25–142. 2 Ite
. . . potestis: Qui cum dixerint se laborasse et omnem laborem in propria
commoditate et saeculi gaudio posuisse, respondebitur eis ut saeculum adeant
cui adhaeserunt, et quaerant ab eo, qui tunc non erit, quod in eius amore
expenderunt. Deum etenim, cui in vita sua adherere noluerunt, habere tunc
propitium nullo modo poterunt.

---

13 voca . . . mercedem: Matth. 20. 8.          22–23 lampades suas extinctas: cf. Matth.
25. 8.          25 Ite . . . vendentes: Matth. 25. 9.          26 oleum laetitiae: cf. Ps. 44. 8.
27–154. 1 cui . . . adhaerere: cf. Ps. 72. 28; 1 Cor. 6. 17.

in vita vestra adhaerere noluistis, habere nunc propitium nulla ratione
potestis.'

## Capitulum XII
### De duobus generibus virtutis

Genera virtutis duo sunt, unum austerum, alterum suave. Quorum quasi 5
corpus austerum est, suave autem quasi anima. Nam sicut corpus sine
anima mortuum est, ita austera virtus sine illa, quae dicitur suavis,
mortua esse perhibetur. Austeri generis est ieiuniis corpus affligere,
frigoris angustia stringi, cilicio vestiri, et alia his similia pati, quae sunt
incommoda humano corpori. Suavis autem generis est pietatem exercere, 10
humilitatem praetendere, patientia ceterisque spiritualibus vitae bonitatibus pollere. Qui virtutem habet asperitatis, nil ei prodest nisi etiam
in virtute valeat suavitatis. Nam qui suum corpus ieiuniis macerat, et
in actibus suis humilitatem non servat, ieiunium eius ab omnibus
execratur, iudicatur, condemnatur. Profecto cum aliquis ieiunans aut 15
cilicio utens alteriusve virtutis austerae percipitur superbire, invidere,
detrahere, abstinentia eius contemnitur, sanctitas illius vilescit, raroque,
si forte uspiam, labor eius acceptatur. Qui vero in humilitate, pietate
ac patientia ceterisque bonitatibus suavitatis animum exercitatum habet,
ab omnibus diligitur, laudatur, honoratur. Si habuerit discretam abs- 20
tinentiam et alia, quae sunt durae virtutis, bene; si non habet, non minus
amatur. Nam ab omnibus benedicitur et vita qua vivit, et cibus quem
sumit, quia benignus, quia castus et pius, quia humilis et mansuetus est.
    Cum igitur asperum genus virtutis nil valeat, nisi etiam illud quod
suave dicitur quis habeat, suave autem semper valeat, etiam si duro 25
genere careat, palam est quia sicut corpus sine anima mortuum est, ita

*Prior rec.*: 4 Quot genera virtutum sint    5 Duo sunt genera
virtutis    5–6 austerum est quasi corpus    6 Nam: Et    7 suavis
dicitur    8 esse: est    perhibetur *om.*    Austeri: igitur *add.*    corpus
ieiuniis    9 stringi: conteri    his similia *om.*    9–10 pati ... corpori:
quae corpori sunt incommoda pati    10 Suavis autem generis: Alterius vero
generis quod suave dicitur    11–12 vitae bonitatibus *om.*    12 Qui
virtutem habet asperitatis: Qui habet aliquam virtutem asperi generis    ei: sibi
13 suavitatis: suavis generis    corpus suum    14 suis actibus    eius
ieiunium    15–16 cum aliquis . . . percipitur: quando quis videt
aliquem ieiunantem aut cilicio utentem vel alterius austerae virtutis famam
optinentem    17–18 abstinentia . . . acceptatur: mox eiusdem ieiunium
contempnit, interdum etiam in vocem vituperationis taliter erumpit: 'Eius
abstinencia non fructificet, sanctitas eius dispereat, quia protervus est et invidus
et multa malicia plenus.'    19 suavitatis: lenis virtutis    21 si non: sin
23 humilis et: et *om.*    24 nil: nihil    25 suave (*prius*): lene    quis *om.*

genus austerum absque suavi genere invalidum est. Ac quemadmodum
anima sine corpore vivit, ita suave genus sine austero vivit et valet.
Quod Paulus apostolus optime discernens Timotheo scribit, dicens:
'Exerce teipsum ad pietatem. Nam corporalis exercitatio ad modicum
5 utilis est. Pietas autem ad omnia est utilis.' Per corporale exercitium
omnem austeritatem voluit notari, per pietatem vero quae suavis
virtutis sunt nobis significavit, quia non sufficit ad salutem corporalis
exercitatio, ubi non fuerit pia virtutum mentis exhibitio.

Has duas vitas sive genera virtutum in Christo et Iohanne Baptista
10 considerare possumus, quia Iohannes duram et asperam vitam duxit,
Christus autem dulcem et pietate plenam. Unde ipse dominus ad
Iudaeos: 'Venit Iohannes non manducans panem neque bibens vinum,
et dicitis: Daemonium habet. Venit autem filius hominis manducans et
bibens, et dicitis: Ecce homo vorator et bibens vinum, amicus publi-
15 canorum et peccatorum.' Attamen sciendum quia utraque vita in utro-
que fuit, sed evidentius aspera in Iohanne videtur quam lenis, et in
Christo suavis quam dura. Nam Iohannes pilis cameli utebatur, hominum conversationem fugiens, eremi vastitate contentus. Christus autem
non legitur asperas vestes induisse, nec hominum conversationem ut
20 Iohannes fugisse, sed potius cum eis manducavit et bibit, et ut ceteri
hominum requievit. Quippe cum tempestas fieret in mari et ipse in navi
dormiret, positum erat cervical sibi ad caput. Quod suae pietatis
providentia factum est, quia, si ipse sola asperitate et duritia uteretur in
mundo nec corpus suum aliqua suavitate tractari permitteret, quicum-
25 que aspera vita uti non posset, suae saluti plurimum desperaret, quia
Christum quem sequi deberet nulla umquam suavitate usum fuisse
perciperet. Nunc itaque audiens quispiam qualiter Christus vixit et
docuit, spem suae salutis accipit, si misericors et amator iustitiae fuerit,
quamvis duritiam austerae vitae per omnia sequi minime potuerit.

---

*Prior rec.*: 1 austerum genus    invalidum: mortuum    est *om.*      2 suave: lene      genus: virtutis *add.*        3 Timotheo: discipulo *add.*
5 ad omnia utilis est      6 suavis: lenis      9 sive genera virtutum
*om.*      10 Iohannes: baptista *add.*      21 Quippe: Nam      22 sibi
cervical      28 amator iustitiae: iustus      29 minime potuerit: non possit

---

4-5 Exerce ... utilis: 1 Tim. 4. 7 seq.      12-15 Venit ... peccatorum: Luc. 7.
33 seq.      17 pilis cameli: cf. Matth. 3. 4.      21-22 cum tempestas ... caput:
Marc. 4. 37 seq.

## Capitulum XIII
### Quae sit pax carnalis et quae spiritualis, et quot modi eius

Duae sunt paces et duae concordiae. Est pax carnalis et spiritualis, est concordia carnalis et spiritualis. Pax et concordia carnalis est, quam 5 habent infideles et Christiani, etiam ubi peccato concordant et inde pacem obtinent. Sed hanc pacem Christus non commendavit, immo a suis fidelibus eam sequestrandam esse significavit, ubi dicit, 'Non veni pacem mittere in terram, sed gladium'. Per terram peccatorum maculis aspersos terrenos voluit significari, et per gladium separationem, qua 10 unumquemque a carnalitate, id est a vitiosa vita, vult separari. Pacem itaque non misit in terram, sed gladium, quia carnalitati hominum non praedicat pacis concordiam, sed potius gladium separationis, dicens, 'Paenitentiam agite, appropinquavit enim regnum caelorum'. Et alibi eisdem scriptura inclamat, 'Miseri estote et lugete', 'risus vester vertatur 15 in luctum, et gaudium in maerorem'.

Pacem autem quae spiritualis est summopere Christus commendavit, quam etiam quasi ultimum vale ad passionem accedens, discipulis delegavit. 'Pacem', inquit, 'relinquo vobis, pacem meam do vobis.' De qua propheta: 'Pax multa diligentibus nomen tuum, domine, et non est 20 scandalum.' Et: 'In pace factus est locus eius.' Hinc Paulus ait, 'Si fieri potest, quod ex vobis est, cum omnibus hominibus pacem habentes'. Hinc et alias scriptum est, 'Quis est homo, qui vult vitam, diligit videre dies bonos?' Et quia unusquisque hoc appetit, protinus adiungit declarans qualiter ad hoc valeat pervenire. 'Prohibe', inquit, 'linguam 25 tuam a malo, et labia tua ne loquantur dolum. Deverte a malo et fac bonum, inquire pacem et persequere eam.' Ubi dicit, 'deverte a malo

---

26 Deverte: Diverte Dur B (*corr. ex* Deverte)

---

*Prior rec.*: 2–3 De pace facienda　　　　4–5 est concordia: est *om.*
6 inde: ex eo　　　7 obtinent: habent　　　9 terram: enim *add.*　　　10 terrenos *om.*　　et per gladium: per gladium autem　　　13 concordiam pacis
15 inclamat scriptura　　　17 commendavit: commendat　　　18 quam etiam: eamque　　　19 delegavit: dereliquit　　　20 propheta: ait *add.*　　non est: illis *add.*　　　24–25 adiungit declarans: subinfert ostendens　　　25 valeat pervenire: pervenire possit　　　26 Deverte: Diverte　　　27 diverte

---

1–158. 28 For this whole chapter, cf. *De moribus*, c. 124.　　　8–9 Non . . . gladium: Matth. 10. 34.　　　14 Paenitentiam . . . caelorum: Matth. 3. 2.
15–16 Miseri . . . maerorem: Iac. 4. 9.　　　19 Pacem . . . vobis: Ioh. 14. 27.
20–21 Pax . . . scandalum: Ps. 75. 3.　　　21 In pace . . . eius: Ps. 75. 3.
21–22 Si . . . habentes: Rom. 12. 18.　　　23–24 Quis . . . bonos: Ps. 33. 13.
25–27 Prohibe . . . eam: *ibidem*, 14 seq.

et fac bonum', generaliter omne malum et omne bonum insinuat. Malum autem qualiter debeamus declinare et bonum facere, denuntiat: 'Inquire pacem, et persequere eam.' Sed considerandum est quod dicit 'inquire', quia videtur quasi in pace quid lateat, quod nos hortatur 5 inquirere. Inquiramus ergo.

Evangelium dicit 'Beati pacifici, quoniam filii dei vocabuntur'. Est quaedam pax, quam facimus aliquando inter discordes, quae extra nos est, et multum bona est. Haec omnibus patet, et quisque facile ad hanc inter dissidentes ponendam inclinatur. Est autem alia pax, quam facere 10 debeo inter me et alium, ad quam non tam promptus est animus quam est in pacificando alium et alium. Nam taliter me debeo habere ut nulli noceam, et si mihi quispiam nocuerit patienter ferre. Ut igitur hanc pacem habeas, cave ne cuiquam noceas, et si laesus fueris, ne vindictam sumas. Unde ait dominus, 'Si te percusserit in maxilla una, praebe illi 15 et alteram'. Et alibi: 'Mihi vindictam, ego retribuam.'

Iam inquirendo duas paces invenimus, sed 'inquire' adhuc 'et persequere eam'. Tertio loco est pax quaedam inter me et me, scilicet inter spiritum et appetitum meum. Quae quanto est subtilior ad videndum et gravior ad faciendum, tanto gratiosior est in conspectu 20 dei, cum fit. Saepe evenit ut caro luxuriari vel cibo et potu nimium saturari aut de iniuria sibi illata vindictam sumere appetat, sed ratio, quia haec admittenda non sunt, ei vigilanter obstat. Nam aliquando pro illata iniuria quis commovetur, et quia se vindicare non vult, desiderat oblivisci iniuriam. Verum carnali appetitu fervente, ut vindicta sumatur, 25 fit non parva tumultuatio intrinsecus, dum spiritus carnali appetitui reluctatur. At caro si fuerit superata ratione vincente, fit pax deo acceptabilis, et est homo liber a servitute illius vitii, cum quo luctamen habebat. Si autem carnalis appetitus superaverit, pacem quidem habebit homo, sed nimis servilem et deo odibilem, et suae saluti inutilem

*Prior rec.*: 2 denuntiat: protinus subinfert        4 quid: aliquid 4–5 nos hortatur inquirere: minime patet omnibus     5 ergo: igitur; et dicamus quod dominus dederit    8 Haec: pax *add.*    9 inter . . . inclinatur: inclinatur, ut eam inter dissidentes ponat    12 ferre: feram. Non enim sufficit cuiquam ad pacem componendam inter se et alium nulli molestus esse, nisi etiam constans fuerit, illatas iniurias patienter ferre *add.* 13 cuiquam: ulli    14 in maxillam unam    15 et *om.*    17 Est tertio loco quaedam pax    20 fit: facta fuerit   ut: quod   21 appetit   22 obstat: obsistit   22–23 pro illata iniuria quis: quis pro aliqua iniuria   23 et: sed non vult: nollet    24 oblivisci: ut obliviscatur    25 parva: minima 26 si caro superata fuerit    27 liber: et tutus *add.*    28 autem *om.* 29 saluti: nimis *add.*

3, 16–17 inquire . . . eam: Ps. 33. 15.      6 Beati . . . vocabuntur: Matth. 5. 9. 14–15 Si . . . alteram: *ibidem*, 39.    15 Mihi . . . retribuam: Rom. 12. 19.

valde. Profecto in quantum vitio consentit, in tantum vitii servus est, quia 'qui facit peccatum, servus est peccati'.

Quarto loco quaedam pax consideratur inter nos et corruptibilitatem nostram adhuc futura, quae a nobis haberi non potest quamdiu in carne vivimus, quia 'corpus, quod corrumpitur, aggravat animam'. Si autem 5 tres superiores habuerimus, istam sine dubio in alia vita habebimus, ubi corruptio incorruptelam possidebit, quia ibi 'neque luctus neque clamor neque ullus dolor erit'. Hanc cum ibi pacem habuerimus, manifestum est quia beati erimus, quoniam deum in gloria sua videbimus, et omnia cum eo sine fine possidebimus.                                   10

Breviter praelibatis iis quae dicta sunt, si subtiliter consideratur, potest adhuc quaedam pax inveniri inter nos et deum facienda, sed haec, ut mihi videtur, in secundo loco vel alio quolibet est satis apta ponenda. De hac dicit apostolus, 'Habete pacem cum deo'. Et alibi: 'Gloria in excelsis deo, et in terra pax hominibus bonae voluntatis.' Hanc pacem 15 ita cum deo facere debemus, ut nulla prosperitate in superbiam elevemur, neque adversitate a statu rectitudinis relabamur. Offendunt nos corporis debilitas, direptio rerum, multaque alia; sed in omnibus deum benedicere, illique indesinenter sine omni murmurationis scrupulo debemus adhaerere. Hoc si fecerimus, bene cum illo pacem com- 20 ponemus. His autem ita consideratis, sciendum est quod illi qui sciunt facere pacem inter se et alium, quae secundo loco posita est, bene primam, quae extra se est, facere norunt; et qui habent tertiam, quae est inter rationem et appetitum, habent primam atque secundam. Quartam vero ex merito observationis harum, quas in praesenti vita 25 studio nostro cum gratia dei facere possumus, in futura vita habebimus, quando 'mortale hoc induerit immortalitatem', et corruptibilitas, qua singulis horis nunc quatimur, absorbebitur 'in victoriam'.

17 relabemur BK

*Prior rec.*: 1 valde *om.*     Profecto: Nam          4 adhuc: quandoque
8 pacem cum ibi          13 est satis apta ponenda: convenienter accipitur
14 alibi: alias scriptum est          18 rerum: et ut ad minima descendamus,
pulicum quoque infestacio *add.*     20–21 componemus: faciemus     23 est
extra se          25 Quartam vero: Nam quartam

2 qui . . . peccati: Ioh. 9. 34.          5 corpus . . . animam: Sap. 9. 15.          7–
8 neque. . . erit: Apoc. 21. 4.          9 beati . . . videbimus: cf. Matth. 5. 8 seq.
10 et omnia . . . possidebimus: cf. Matth. 19. 29.          14 Habete . . . deo: Rom. 5. 1.
14–15 Gloria . . . voluntatis: cf. Luc. 2. 14.          27–28 Cf. 1 Cor. 15. 54.

## Capitulum XIV

Quomodo cum proximis pacem et concordiam habere poterimus, et praelato oboedire debemus, et quid inde acquiremus, et deo munditiam cordis parare, et qualiter immundis cogita-
5 tionibus repugnare

Necessarium valde est, cum fratribus pacem et concordiam servare, praelato oboedire, deo munditiam cordis exhibere. Cum proximis namque id ipsum debemus sentire, 'ut unanimes uno ore honorificemus deum'. Praelato convenit oboedire, dicente apostolo: 'Oboedite prae-
10 positis vestris et subiacete eis, ipsi enim quasi rationem reddituri pro animabus vestris vigilant, ut cum gaudio hoc faciant et non gementes. Non enim expedit vobis.' Deo munditiam cordis oportet nos praeparare, quia 'beati mundo corde, quoniam ipsi deum videbunt'. Qualiter itaque haec tria serventur, videamus.
15 Ut concordiam cum proximis servemus, studeamus honore illos praevenire. Tunc siquidem fratrem suum quis honore praevenit, quando suam voluntatem eius voluntati supponit. Solent homines saeculo dediti propriam voluntatem diligere, facere, utque omnes alii sibi obtemperent desiderare. Hoc singulus quisque concupiscit, hoc
20 verbo et opere clamat. Qui si bene quid velint consideraverint, numquam profecto voluntas eorum concors erit. In hoc tamen quandam concordiam habent, quod omnes honorari desiderant, omnes amari

*Prior rec.*: 2–5 Quomodo . . . repugnare: Qualiter subditi debent vivere, ut cum proximis, prelatis et deo pacem et concordiam habeant 6–9 Necessarium . . . dicente apostolo: Licet noveritis domini et fratres qualiter vivere debeatis, quia et lectionis studio hoc didicistis et qui vobis hoc annunciet gratia dei habetis, dicam tamen aliquid, forsitan hoc idem quod scitis, ut illud saepe audiendo memoriae commendetis. Nonnunquam enim solet contingere, ut verba eius qui raro auditur firmius teneantur quam illius qui incessanter auditur. Nosse vobis necessarium est, quomodo vivatis, ut ad veram vitam proficiendo perveniatis. Inter vosmetipsos amiciciam, pacem et concordiam servare debetis, idipsum invicem sentientes 'ut unanimes uno ore honorificetis deum'. Praelato vestro subiectionem et obedientiam debetis servare, apostolo dicente 12 cordis munditiam oportet nos praeparare: exhibere debetis 13 Qualiter itaque *om.* 14 serventur, videamus: solliciti servare necessarium est 15–16 Ut . . . praevenire: Quomodo autem inter vos concordare possitis intendite. Debet unusquisque vestrum magno studio curare, qualiter ea dicat et faciat quae proximo suo placeant, ut apostolo, qui honorem invicem praevenire iubet, oboedire valeat. 18 facere, utque: eam studiose implere, ac ut 19 desiderare: desiderium habere 20 quid: quod

8–9 ut . . . deum: Rom. 15. 6. 9–12 Oboedite . . . vobis Hebr. 13. 17.
13 beati . . . videbunt: Matth. 5. 8. 15–16 honore illos praevenire: cf. Rom.
12. 10; *Regula s. Benedicti*, c. 22.

volunt, omnes suae voluntati ut alii concordent appetunt. In hoc vero
quod quique sua quaerunt et nullus quod alterius sit quaerat, multis
modis discordant. Quippe in hoc quod iste subiectionem et honorem
sibi exhiberi cupit, et ille hoc idem non minori studio sibi quaerit, nec
iste illi nec ille huic consentire poterit. Dicit iste, 'hoc vel illud mihi fieri 5
volo'; dicit ille 'nequaquam sic esse volo'. Taliter discordando pacis et
concordiae dissolvuntur vinculo.

Verum ii qui in pacis caritatisque custodia deo placere desiderant,
talem sibi vivendi regulam constituant: quidquid suis proximis placere
perpenderint, hoc et ipsi fieri velint, et quia testante beato apostolo 10
'beatius est dare quam accipere', magis diligant caritatis officium impendere quam accipere, honorare quam honorari, servire quam serviri.
Nam magnum quid maius acquirit ille, qui ex caritate servit, quam faciat
cui serviatur. Denique officium caritatis qui alteri exhibet, iam hoc unde
illi deus scit gratias habet, ille vero, qui servitium suscipit, non sic. 15
Quas enim mihi deus gratias debet, si tu vel quilibet alius me immeritum
amat? Cum itaque minus sit hoc habere unde deus bonam retributionem
redditurus est, quam id unde nullam, constat quia is qui ex caritate
ministrat, maius quid habet quam ille cui ministratur.

Ad haec: Ille, cui alterius caritas servit, munus perfunctorium ali- 20
quod accipit, videlicet honorem unum, prandium unum, vel aliud quodlibet beneficium. Alter vero, qui caritative servivit, sibi caritatem non
solum retinuit, sed etiam ampliorem quam fuerat illa, partiendo effecit.
Res quippe transitoriae minuuntur dispertitae, caritas autem quanto
plus spargitur, tanto magis amplificatur. Ex cuius administratione si in 25
me circa te, qui illam exhibuisti, dilectio crevit, tibi utique hoc ipsum
ad meriti cumulum erit, eo quod per te ipsa in me tui dilectio excrevit.
Et licet a me iam ipsum caritatis officium pertransierit, tibi tamen
remuneratio tuae caritatis, quae 'numquam excidit', semper manebit.
Quare satis potest colligi praestantius esse servire quam serviri. Servata 30
ergo in omnibus iustitia dei, magis appetant 'dare quam accipere', et
plus alterius quam propriae studeant voluntati parere. Qui sic sese
habere voluerit, voluntatis alterius concors erit, idipsum sentiens,

---

13 Nam magnum quid: Nam quidem Dur

---

*Prior rec.*: 1 suae voluntati: propriae voluntati suae        2 quique: quisque    quaerunt: quaerat        3 Quippe: Nam        4 quaerit: appetit
10–30 et quia . . . serviri *om.*        31 ergo *om.*        31–32 appetant . . . et plus *om.*

---

2 sua . . . quaerat: cf. 1 Cor. 10. 24.        6–7 pacis . . . vinculo: cf. Eph. 4. 3.
10–30 This addition in the second recension is based on *Vita Anselmi,* i. 29 (pp. 49–
50).        11 beatius . . . accipere: Act. 20. 35.        29 caritatis . . . excidit: cf. 1 Cor.
13. 8.        31 dare quam accipere: Act. 20. 35.

unanimis existens. Alioquin concordiam habere non poterit. Quomodo
enim eam habebit, nisi illam diligenter quaesierit? Quaerere ut habeat,
aliter non poterit: hoc modo quaerendo habere valebit.

Praelato nostro subiectionem et oboedientiam ex corde servare
5 debemus, aliter enim normam quam profitemur non bene tenemus.
Siquidem ille vere subiectus et monachus est qui gaudet se suum non
esse propter deum. Qui enim non ex corde sed sola subiectionis lege
oboedit, nisi se correxerit mercedem oboedientiae non habebit. Etenim
non est bonum nisi ultroneum. Oportet igitur ut ex amore legem oboedi-
10 tionis teneat, ne mercedem suae professionis amittat. Quamdiu ex
voluntate non paruerit, quantum ad se in propria voluntate persistit.
Quam in quantum habuerit, suus est, non alterius. Et si suus est, videat
qua potestate, quibus viribus, quibus armis ab impugnantibus se
defendat. Mirum est quomodo 'adversarius' qui 'circumit quaerens
15 quem devoret', illum non invadit, invadendo deglutit, deglutiendo
interimit.

Qui viam vadit qua latronibus invenitur, si non agnoscitur extemplo
invaditur, tunditur, exspoliatur. Porro si cognoscitur, sed dominum vel
advocatum non habuerit cuius reverentia atque timore latronum manus
20 evadat, veluti illum amant et appretiantur, se habent circa eum.
Si rex aut filius est regis aut praepotens aliquis, ex timore toleratus,
reverenter salutatur, illaesus quoque coepto itinere proficiscitur. Sin
autem, denudatur, tunditur. Sic, fratres, sic sine dubio fit in animabus
nostris. Deus omnipotens paravit nobis regnum suum, cui si oboedire
25 voluerimus non servi sed amici eius et filii dicemur et erimus. Oboediemus autem ei, si quidquid eum velle scire potuerimus, ex bona voluntate
nostra satagerimus exequi. Bona et oboediens erit voluntas nostra, si

---

19 non *expunxit* B

---

*Prior rec.*: 4 nostro: vestro          5 debemus: debetis          normam:
subiectionem          tenemus: tenetis          6 Siquidem *om.*          vere: vero
7 enim . . . sola *om.*          11 ad se: in se est          15 invadit: illum non
asportat, illum non occidit *add.*          15–16 invadendo . . . interimit *om.*
17 extemplo: facile          18 tunditur: et *add.*          cognoscitur, sed *om.*
20 veluti: utpote          se habent circa eum: circa eum agunt          22 quoque . . .
proficiscitur: id quo ire disponit          23 tunditur: cruciatur          23–24 Sic
fratres . . . animabus nostris: Sic domini, sic fratres karissimi, fit in animabus
vestris          25–26 Oboediemus autem ei: Oboedientes ei erimus          27 exequi
satagerimus

---

6–7 cf. J. Leclercq O.S.B. 'Écrits spirituels d'Elmer de Canterbury', *Studia
Anselmiana*, 31, 1953, 84: Beatae memoriae pater Anselmus perfectionem monachi definiens 'Monachus' inquit 'esse est gaudere se suum non esse propter deum'.
14–15 adversarius . . . devoret: 1 Petr. 5. 8.          25 non servi, sed amici eius: cf. Ioh.
15. 15.          filii dicemur et erimus: cf. 1 Ioh. 3. 1.

eius voluntati eam supposuerimus, et ei voluntarie parere curaverimus. Sic bona voluntate domini concordemur voluntati, amici dei vocabimur, filii dei efficiemur. Quod postquam effectus quis fuerit, secure quovis ire et transire poterit. Non manus latronum fortium, id est daemonum, timebit, non malos occursus timebit, quoniam rex filiusque regis erit. 5 Caveat igitur unusquisque ne quicquam aliud velit, nisi quod auctore deo vel spirituali patre suo licenter velle quiverit.

Verum licentia plerumque plures fallere consuevit. Oboedientia enim et inoboedientia contraria sunt. Harum media est licentia. Qui ergo vult quod velle non debet, nec tamen ipsum velle nisi permissus facto 10 vult adimplere, oboedientia quam in hoc amplexus est ipsum excusabit factum, sed velle, quod contra oboedientiam habuit, periculosum nisi paenituerit illi erit. Quod minus quidam animadvertentes licentia saepe falluntur. Caventes itaque ne plus aequo licentiae innitantur, quoniam quidem licentia, quamvis poenam minuat, non eam tamen ex toto 15 repellit, noverint quia nulli diabolus tantum timet appropinquare, quantum illi qui a voluntate sui praelati nequaquam vult discrepare. Nam sicut fur quod furatur illi qui celare voluerit committit, sic daemon illi qui se a cognitione sui praelati celat indubitanter prava saepius suggerit. Illi vero qui se praelato qualis sit ostendit, quia ab eius voluntate nulla 20 vult ratione discordare, non secure praesumit accedere. Quidquid enim pravi suggesserit ad verecundiam sibi vertitur, cum ille cui suggeritur aut suggestionem penitus contempserit, aut, si ad horam consensit, per confessionem et dignam satisfactionem sese emundaverit.

In omnibus itaque et per omnia deo debet subditus oboedire, et 25 praelati sui iussionem salva fidelitate dei subire. Nam si praelatus subditum peiorare iusserit, si latrocinium fornicationem aut aliquid huiusmodi discipulo suggesserit, nulla ratione oboedire debet, quia deus hoc fieri prohibet. Deo ergo per omnia oboediat, praelato suo dei voluntate servata per omnia obtemperet, et quantum in ipso est dei et magistri 30 sui voluntate servata 'cum omnibus hominibus pacem' habeat. Quisquis

---

7 spirituale B     19 celat: scelat B

---

*Prior rec.*: 2 Sic: Si     domini voluntati concordamus     dei: domini 2–3 vocabimur . . . efficiemur: vocamur . . . efficimur     5 filiusque: et filius     7 licenter velle quiverit: bene velle possit     8– 16 Verum licentia . . . noverint quia *om.*     18 quod: hoc quod 19 saepius *om.*     21 ratione vult    discordare: discrepare    accedere: appropinquare     22 suggesserit: suggerit     23 ad horam: quicquam     28 suggesserit: suggerit     29 ergo: itaque

---

2 amici dei vocabimur: cf. Ioh. 15. 15.     3 filii dei: cf. 1 Ioh. 3. 1. 8–16 This addition in the second recension is based on *Vita Anselmi*, ii. 11 (p. 77). 30–31 quantum . . . habeat: cf. Rom. 12. 18.

hoc modo dei et maioris sui voluntati subditus fuerit—tunc enim deo
oboediet, cum praelato suo in deo paruerit—sese non suum sed dei esse
fiducialiter allegare poterit. Cuius anima, cum in exitu sui corporis
fuerit, validam manum occursantium daemonum non timebit, quia
5 dominum et 'advocatum' potentem Christum habebit.

Ecce quid quantumque boni oboedientia acquirit! Cum in rationem
positus fuerit, cuius homo sit, 'unde veniat, quo vadat', quem quaerat, si
voluntate deo oboedivit, dei se esse dicere poterit; si vero in sua voluntate perstitit et ob hoc dei et praelati sui voluntati contrarius extitit,
10 mentitur si se domini esse dixerit. Quippe dum vixit, propriae non dei
voluntati vixit. Quem ergo 'advocatum' habebit? Ad quem ibit? Quis
ei auxilio erit? Quem interpellabit? Certe fugere non poterit, periculum
declinare non poterit, per medium ire necesse erit, ad vitam vel ad
mortem iter tenebit. Rogo, qua potestate, quibus viribus a manibus
15 invasorum ereptus erit? Cruciabitur miser, si voluntatis et actionis suae
deum et maiorem suum auctorem non habuerit.

Profecto sic procellis vitiorum et incursionibus daemonum quatiuntur
quicumque a sui praelati voluntate alienantur, quemadmodum naves
in vado fervente tempestate agitantur. Nam si in vado scopulis pleno
20 palus ponatur cui naves loris alligentur, quo longius a palo fuerint,
eo gravius ingruente tempestate ferientur. Quanto vero propius con-
nexae fuerint, tanto minus tempestatis gravitatem sentient. Sic utique
qui a sui praelati iusta voluntate alienatur, proculdubio in propriae
voluntatis studio periclitatur.

25 Nec dei voluntati concordabit, quamdiu a voluntate vicarii dei discordabit. Vices enim dei gerendas suscipit, quicumque in ecclesia dei
culmen praelationis assumit. Qualicumque modo illud suscipiat ipse
videat, quoniam quidem non est meum iudicare, sed eius imperio, si
iniustum non fuerit, obtemperare, dicente domino: 'Scribae et pharisaei
30 sederunt super cathedram Moysi. Quaecumque ergo dixerint vobis,
facite; quae autem fecerint, facere nolite. Dicunt enim et non faciunt.'
Et apostolus: 'Tu quis es, qui iudicas alienum servum? Suo domino stat

11 voluntate B

---

*Prior rec.*: 6 Ecce ... acquirit *om.*          11 ergo: igitur          14 iter
tenebit: transibit     a: ab     14–15 invasorum manibus     17 Profecto
sic: Sic etenim     22–23 Sic utique qui: Quisquis     23 praelati: patris
25 quamdiu: donec     31 fecerint: faciunt

---

5 advocatum ... habebit: cf. 1 Ioh. 2. 1.          7 unde ... vadat: cf. Ioh. 3. 8.
11 Quem ... habebit: cf. 1 Ioh. 2. 1.     26–27 Vices ... assumit: cf. *Reg. s.*
*Benedicti*, c. 2.     29–31 Scribae...faciunt: Matth. 23. 2 seq.     32–164. 1 Tu...
cadit: Rom. 14. 4.

aut cadit.' Et: 'Non est potestas nisi a deo. Quae autem a deo sunt, ordinata sunt. Qui ergo potestati resistit, dei ordinationi resistit.' Et alibi: 'Fratres, nolite plures effici magistri, ut non in iudicium incidatis.' Magister efficitur, qui sui rectoris facta indiscrete reprehendit. Unde in iudicium dei incidit, quia indebite sibi magisterium usurpavit. Quod 5 valde cavendum est, quia nimis 'est horrendum incidere in manus dei viventis'. Si vero facta patris reprehensione digna fuerint, leviter et modeste cum reverentia deprecetur. Scriptum quippe est, 'Seniorem ne increpaveris, sed obsecra ut patrem'.

Deo autem cordis munditiam servandam esse diximus. Ipse etenim 10 solus 'scrutator est cordis', qui conditor est mentis et corporis. Homo cor hominis videre non potest, quia nemo novit quae sunt hominis nisi spiritus hominis qui est in ipso. Deus autem, quem nulla res latet, cor hominis et intentionem libere videt. Quod qui mundum habuerit, deum videre poterit; qui vero mundum non habuerit, sine dubio deum videre 15 nullo modo poterit. Necesse est igitur ut cordis puritatem habeat, quis- quis deum in se habitatorem habere desiderat. Quem nullus habere qui- bit, nisi cor suum a terrena cupiditate evacuaverit, et amore caelesti calere studuerit. In quantum mundum dilexerit, in tantum ab amore caelesti vacuus erit. Et tanto magis Christum quisque deserit, quanto 20 magis peccando a dei iustitia recedit.

Quid enim cuidam prodest quod baptizatur si non iustificatur? Pro- fecto ille qui dixit, 'nisi quis renatus fuerit ex aqua et spiritu sancto, non intrabit in regnum dei', ipse etiam dixit, 'nisi abundaverit iustitia vestra plus quam scribarum et pharisaeorum, non intrabitis in regnum 25 caelorum'. Quare igitur multi timendo illud festinant baptizari, et hoc non timendo minime festinant iustificari? Utique deus observantia mandatorum suorum vult illum iustificari et se ab illo amari, in corde cuius ipse debet hospitari. Nam sicut thus ad olendum ignis cupit ardorem, ita ad hospitandum cupit deus amoris calorem. Qui ergo deum 30 in se hospitari desiderat, disciplinam ab illicitis abstinendi sine fictione

----

7 fuerit B

----

*Prior rec.*: 5 incidit dei          6 est cavendum          nimis *om.*          horrendum est          10 autem *om.*          servandam esse diximus: diximus nos servare de- bere          12 hominis cor          13 in ipso est          20–27 Et tanto . . . iustificari *om.*          27–29 Utique . . . hospitari: Deus vult amari, ubicumque debet hospitari          29 Nam *om.*          30 cupit: gliscit

----

1–2 Non . . . resistit: Rom. 13. 1.          3 Fratres . . . incidatis: Iac. 3. 1. 6–7 est . . . viventis: Hebr. 10. 31.          8–9 Seniorem . . . patrem: 1 Tim. 5. 1. 11 scrutator est cordis: cf. Sap. 1. 6.          12–13 nemo . . . in ipso: 1 Cor. 2. 11. 14–15 Quod . . . poterit: cf. Matth. 5. 8.          17 deum . . . habitatorem: cf. Rom. 8. 11. 23–24 nisi . . . dei: Ioh. 3. 5.          24–26 nisi . . . caelorum: Matth. 5. 20.

apprehendat. 'Spiritus enim dei disciplinae effugiet fictum, et corripitur
a superveniente iniquitate.' Non enim cohabitare possunt iniquitas et
spiritus dei, qui et amor est. Ubicumque amor dei hospitatus fuerit, et
is qui ei locum praebuit etiam in se locum iniquitati dederit, procul
5 dubio 'corripitur' et propellitur amor vel spiritus dei 'a superveniente
iniquitate', nec remanebit, si non se emendaverit, ad sui hospitis utilitatem. Equidem non coutuntur amor dei et iniquitas.

Qui ergo spiritus domini habitaculum effici voluerit, cordis munditiam
teneat, carnalia desideria procul repellat. Ac sicut mulier casta, sponsa
10 fidelis, cum adultero colloqui despicit, eius secreta verba contemnit,
nihil eorum quae desiderat clam vel aperte consentit, sic fidelis anima
in voluntate sua pravo appetitui non consentiat, eius promissionem non
recipiat, verba illius contemnat, nulla eius blandimenta admittat. Si hoc
fecerit, amicam et sponsam sine ambiguitate se dei constituit. Si vero
15 illicitis appetitibus consenserit, non sponsa sed adultera vocabitur.
Voluntas igitur nostra sit munda, ut vocetur et sit dei sponsa; nullius
immunditiae corrumpatur macula, ne efficiatur adultera. Quamdiu
voluntati dei consentit, est munda, est sponsa; quando vero a voluntate
eius dissentit, corrumpitur, maculatur, fornicatur.

20 Solet contingere nonnumquam ut aliquis, dum munditiae cordis
studere voluerit, immundos et execrabiles saepe cogitatus habeat. Quos
quia nimium odit, semetipsum eo quod tale quid sibi in mentem venit
graviter reprehendit, iudicat et condemnat. Sicque sese corripiendo
tractat, 'Miser ego, quid cogitavi? Heu me miserum! Quid sensi? Quid
25 feci? Proh dolor! quomodo a tanta immunditia, a tam nefario cogitatu,
potero expurgari? Timeo celare, timeo illud revelare. Tale quid non
solum non dicere, sed nec etiam ab aliquo vellem audire. Qualiter igitur
talem spurcitiam nominabo?' Sic apud se dum angustiatur, dum tractat
quod videre nollet, magis magisque impugnatur, tribulatur, nec liberatur.

30 Verum non sic se habeat, si liberari desiderat. Quid igitur faciet?

---

*Prior rec.*: 1 enim: quippe          3–4 et is: si is          4 ei locum
praebuit: eum hospitatus est      etiam in se *om.*     locum: quemcumque
hospitandi in se *add.*          5 et propellitur *om.*     6 nec: et non     si
non se emendaverit *om.*          6–7 ad utilitatem sui hospitis          9 desideria: a se *add.*   sicut: quemadmodum      9–10 fidelis sponsa     11 eorum:
horum     vel: sive          13 illius: eius     nulla eius blandimenta: nullam
eius blandam suasionem          14 amicam . . . constituit: amica et sponsa dei
sine ambiguitate efficitur          19 fornicatur: Unde scriptum est: Perdidisti
omnes, qui fornicantur abs te (*Ps. 72. 27*) *add.*          22 eo *om.*     quid:
aliquid          26 revelare: denudare          27 vellem: nollem          30 desiderat: vult     igitur: ergo

1–2 Spiritus . . . iniquitate: Sap. 1. 5.          7 non coutuntur: cf. Ioh. 4. 9.
8 spiritus domini habitaculum: cf. Eph. 2. 22.          20–166. 13 Cf. pp. 269–70, below.

Intende. Cum id quod execratur videre eum impugnaverit nimiumque importunum fuerit, despiciat, non attendat, assensum non praebeat. Ad aliud cogitatum suum vertat, alicui faciendae rei intendat. Non plus curet si nolens quid sentit, quam si papilio sibi prae oculis volitet. Viator qui a cane infestatur, si substiterit et se ab eius importunitate 5 defenderit, canem importuniorem illico sentiet. Si autem eius latratus despicit, transit et non attendit, mox omnis illa impugnatio canina quiescit, unde viator liber transit. Sic quicumque cordis munditiam habere contendit, vanos et infructuosos sive immundos cogitatus despiciat, cor suum avertat, omnemque impugnationem illam quam invitus 10 patitur, pro nihilo ducat. Non reiteret pensando quod cogitavit, sed penitus despiciat quidquid mali minus caute pensavit. Non enim damnantur 'qui sunt in fide domini Iesu, qui secundum carnem non vivunt'.

Taliter si vixerimus, huius rei studium si habuerimus, tales nos coram deo si exhibuerimus, eius habitaculum, eius hospites effici poterimus. 15 Quem donec vivimus si diligere et honorare satagerimus, ipse nos, quamdiu vixerit, vicem dilectionis et honorificentiae sine dubio rependet. 'Eadem quippe mensura qua mensi fuerimus, remetietur' nobis per eum, qui se dedit pro nobis et nos a voragine mortis liberavit, qui nos in aeterna patria immortalitate coronabit, 'cui honor et gloria in 20 saecula amen'.

## Capitulum XV
### De quattuor modis praecipiendi et totidem oboediendi

Aliquando bene praecipitur et bene oboeditur, interdum male praecipitur et male obtemperatur, aliquando bene praecipitur et male oboe- 25 ditur, nonnumquam vero male praecipitur et bene oboeditur. Bona est praeceptio et bona oboeditio, cum praecipitur ne castitatem quis violet, et servatur. Mala est iussio et mala oboedientia, si iubetur alicui ut furetur rem alterius vel occidat innocentem, et oboedit.

---

*Prior rec.*: 3–4 Non plus . . . volitet *om.* 10 invitus: nolens 12–13 Non . . . vivunt: Nihil enim damnationis est iis, qui sunt in Christo Iesu, si non secundum carnem ambulant 14 vixerimus: vixeritis habueritis nos: vos 15 exhibueritis poteritis 16 vivitis satageritis nos: vobis 17 vixeritis honorificentiae: honoris sine dubio: manifeste 18 fueritis nobis: vobis 19 pro nobis dedit liberavit: redemit 20–21 in aeterna . . . amen: custodiat et ad vitam perducat eternam, qui benedicens in secula fecit celum et terram. amen 23 De quattuor modis: Quattuor sunt modi totidem: quattuor 26 vero *om.* 27 quis castitatem 28 iussio est

---

12–13 Non . . . vivunt: cf. Rom. 8. 1. 18 Eadem . . . nobis: Luc. 6. 38.
20–21 cui . . . amen: Rom. 16. 27.

Bonum est praecipere et malum oboedire, ut exemplo declaratur.
Nonnumquam contingit ut aliquis captivetur, et ad capitis plexionem
vel membrorum obtruncationem ne fugiat ligetur. Si forte quis ei tunc
dicat, 'ego te ab istis vinculis solvam; fuge, quia me in vinculis pro te
5 ponam, et poenam tibi paratam recipiam', bona esset praeceptio, quia
ex caritate exiret, sed mala esset concessio, quia caritati contrairet. Nam
ubi dictum est 'alter alterius onera portate', non dictum est, 'alter alteri
onus vestrum imponite'. Qui se loco poneret captivi, onus alterius ad
portandum sumeret; captivus autem permittendo proprium onus alteri
10 imponeret. Ille ageret quod deberet; iste faceret quod dedeceret.

Mala est iussio et bona oboeditio, ut si quis mala granata vel cedrina
aut quippiam aliud quod absque labore magnoque periculo haberi non
posset, concupiscens sibi iuberet afferri. Hoc dum absque rationabili
necessitate inconsiderate postposito sui subditi periculo faceret, absque
15 dubio male iubendo peccaret. Subditus vero, licet cum periculo rem
aggredi tentaret, bene tamen faceret, cum ex debita subiectione iubentis
imperium non recusaret. Praelatus damnum peccati male iubendo
incurreret, subditus vero meritum iustitiae oboediendo acquireret. Hinc
est quod David aquam de cisterna sibi afferri praecepit, quae, quia
20 hostibus inclusa cum periculo suorum sibi allata est, paenituit prae-
cepti 'noluitque bibere, sed eam domino libavit'. Providendum itaque
omnibus qui praesunt magnopere et quae vel qualiter praecepta subditis
imponant, ne ex hoc quod licenter imperare videntur aliquid temere ac
indiscrete praecipiant, unde periculum peccati incurrant.

3 ligetur: ligatur BK Dur

*Prior rec.*: 1 Bonum est: aliquando *add.*        declaratur: monstrari potest
2 ut: quod        captivatur        3 ligatur        4 dicat: diceret        8 onus
vestrum: onera        11 mala granata vel: poma        12 aut: vel
13 concupiscens . . . afferri: desideraret        dum: si        14 faceret: sibi afferri
praeciperet        15 dubio: dubietate        17 recusaret: renueret        20 hostibus inclusa *om.*        cum periculo: in periculo        suorum: subditorum *add.*
21 libavit eam domino        21–24 Providendum . . . incurrant *om.*

7 alter . . . portate: Gal. 6. 2.        18–21 Hinc . . . libavit: cf. 2 Reg. 23. 15 seq.

## Capitulum XVI

Quae sunt habenda ad perfectionem tendenti et qualiter se
inferiorem omnibus iudicet ac spiritualem caenovexiam portet,
ut sibi domum in monte caelesti aedificet et omnes cum illo
pacem habeant     5

Dominus dicit, 'Estote perfecti, sicut pater vester caelestis perfectus
est'. Multum est necesse bonis inhaerere studiis quia, sicut nemo
regnum caelorum habebit nisi qui illud valde concupierit, ita nullus ad
perfectionem veniet nisi qui etiam ad maiora venire studuerit, quam
pervenire possit. Tria itaque fore arbitror necessaria tendenti ad per- 10
fectionem, videlicet innocentia, beneficium, praelatio. Innocentia talis
esse debet, ut nulli noceat; beneficium, ut omnibus prosit; praelatio, ut
se inferiorem omnibus iudicet, apostolo dicente 'superiores invicem
arbitrantes'.

Haec tria debet unusquisque aliis impendere, et nihil horum sibi fieri 15
ex debito exigere, si iuxta regulam tendentium ad perfectionem vivere
decreverit. Nam si servus cuiuspiam domino suo in multis peccavisset,
non solum iram domini deserviret, sed etiam omnium conservorum
suorum indignationem incurreret. Et si ei aliqua iniuria fieret, quamdiu ita peccator esset, secundum rationem nullo modo inde conqueri 20
deberet, quia bene promeruerat ut sibi contrarietas fieret. Quem enim
dominus quantum ad meritum spectat offensionis inimicum vocaret,
hunc aliquis servorum eius sibi amicum iniuste computaret. Iuste profecto haberet omnium inimicitiam, nec posset conqueri sibi iniuste fieri

---

2–5 *tit. om.* Dur

---

*Prior rec.*: 2–5 Quae sunt . . . habeant: Qualiter quis ad perfectionem
tendat et in pace vivat      6–14 Dominus . . . arbitrantes: Sunt homines, qui
se putant perfecte bene vivere, quando nihil mali aliis faciunt, et quicquid boni
valent omnibus libenter impendunt. Qui licet ita viventes bene agant, non
tamen adhuc in gradu perfectionis stant. In via quidem sunt, sed nondum ad
perfectam viam iuste vivendi pervenerunt. Tria namque sunt, quae unusquisque debet habere et eadem sibi fieri non exigere, si secundum regulam perfectionis vult vivere et imitator Christi existere, qui dicit, 'Estote perfecti, sicut
pater vester perfectus est'. Tria haec ita nominantur: innocentia, beneficium,
praelatio. Innocentiam debet habere ut nulli noceat, beneficium exhibere ut
omnibus prosit, praelationem ut se omnibus inferiorem iudicet, secundum
apostolum qui dicit, 'superiores invicem arbitrantes'.      15 unusquisque
debet      16–17 si iuxta . . . decreverit *om.*      17 cuiuspiam: alicuius    in
multis peccavisset domino suo      20 secundum: iuxta      23–24 profecto:
igitur

---

6–7 Estote . . . perfectus est: Matth. 5. 48.      13–14 superiores . . . arbitrantes:
Phil. 2. 3.

molestiam, quam promeruisset per propriam culpam. Is ergo qui talis esset, qui iniuriam domino fecisset, qui omnium iram et indignationem promeruisset, ille talis dum adhuc in culpa iaceret, si a servis domini sui se honorari postularet, quid ei dominus diceret? Nonne iuste indignare-
5 tur? Nonne diceret ei 'quid est quod agis, "serve nequam"? Cum me in multis offenderis et propter reatus tui paenitentiam deberes esse humilis, ab hominibus meis honorari quaeris? Profecto satis ostendis quod me parum appretiaris et te mihi peccasse pro nihilo ducis, ubi non solum pro mea offensione paenitentiam non agis, sed etiam ut mei te
10 honorent exigere non metuis.'

Haec et his similia posset illi dominus dicere, nec haberet voluntatem ut ei relaxaret delictum suum, quamdiu illum videret elatum et potius ab aliis quaerere honorem et gloriam, quam indulgentiam reatus sui. At licet ille offenderit, tamen consideretur modo, quasi dominus prae-
15 ceperit ut nullus suorum eidem servo aliquid mali faceret, sed potius illi commodum impendere studerent. Quod cum ita esset, quisquis illi iniuriam faceret dominum offenderet, unde iure posset conqueri quod suam dignitatem sibi illi moliretur auferre, dum servum suum absque sua iussione praesumpsisset exacerbare. Nam solius domini est aut
20 peccantem servum sua iussione punire, aut impunitum clementer dimittere. Et honorem, qui domini est, quicumque sibi indiscrete assumit, sine culpa non est. Proinde rationabiliter illum calumniari posset, qui conservo suo iniuriam fecisset. At quamvis ille qui iniuriam faceret, iuste vituperari deberet, ille tamen qui peccator existeret, pro
25 sibi illata molestia iure conqueri non posset nec deberet, sed humiliter recognoscendo culpam suam dicere: 'Mihi rectissime fit iniuria, quia ut "nequam servus" domini mei contempsi mandata. Nec conqueror si me servi domini mei affligunt, licet sint conservi mei, quia scio quod multo maiora mala quam patior iuste promerui. Nulla res quae sit
30 domini mei mihi commodum debet praestare, quia domino meo et illarum omnium non timui peccare.'

Taliter qui suo domino peccasset se deberet iudicare, ut citius apud eum veniam impetrare potuisset. Conservi autem eius, licet illum deliquisse scirent, non tamen, ut diximus, iniuriam ei facere deberent,

29 patiar B

---

*Prior rec.*: 3 iaceret: iacet      7 hominibus: omnibus      8 parum me     13 indulgentiam reatus sui: sui reatus veniam     14 consideretur: consideremus     16 commodum illi: ei commodum     18 illi *om.* suum *om.*    19 exacerbare: punire    30 commodum mihi    33 impetrare potuisset: posset impetrare     34 ut: superius *add.*    ei iniuriam

---

5, 22 serve nequam: Matth. 18. 32, etc.    23 conservo suo: cf. Matth. 18. 28, etc.

nisi dominus iussisset. Tali modo nobis necesse est vivere, et inter
nosmetipsos iudicare. 'In multis enim offendimus omnes', et idcirco
necessarium est ut si reconciliari volumus humiles simus. Sed quia
'unusquisque onus suum portabit', discat qualiter vivere debeat 'ne
in vacuum currat'. Unicuique igitur debeo, ut supra dictum est, 5
innocentiam, beneficium, praelationem. Et quia peccavi deo et domino
meo, si mihi eadem ab aliis non fiunt, per debitum exigere non debeo.
Nam non solum iram domini peccando incurri, sed etiam totius creaturae
impugnationem promerui. Debeo ergo esse humilis et servituti omnium
me subicere, nec ab aliquo innocentiam vel beneficium sive praelationem 10
quasi per debitum expetere, ne forte mihi dicat deus: 'Male serve, pro
peccato suo deberes humiliari; et quaeris modo exaltari? Satis tua
manifestat ambitio quantum pro tuo peccato doleas.'

At forsitan dicis: 'Innocentiam et beneficium libenter aliis impendam,
sed quod me omnibus inferiorem iudicare debeo, nimis mihi absurdum 15
videtur. Quippe sunt homicidae, latrones, adulteri, quibus me inferiorem iudicare nequeo.'

Haec obicis, et quomodo hoc fieri valeat quaeris. Proinde accipe.
Quandocumque comparationem volo facere inter me et alium, sola mala
mea et bona ipsius considerare debeo. Si vero inter duos alios discre- 20
tionem fecero, utrique bonitatem potero considerare et secundum profectum eorum sententiam dare, videlicet alterum altero meliorem esse.
Verum inter me et alium si comparationem fecero, semper illum mihi
praeponere debeo. Nam si in te virtutes, prudentia, vel artis bonae quid
fuerit, non tibi imputare debes sed domino qui hoc tibi praestitit. 25
'Quid enim habes quod non accepisti? Si autem accepisti, quid gloriaris, quasi non acceperis?' Etenim si quilibet dominus servum suum
vestibus pretiosis indueret, et sic indutus idem servus ad forum procede-
ret; si appretiari deberet, non vestes appretiarentur, sed is qui vestibus
uteretur.                                                        30

---

28 indutus: inductus B

---

*Prior rec.*: 1 iussisset: praeciperet     nobis necesse est vivere: nos debemus
habere          3 simus humiles          5 igitur *om.*     ut supra dictum est
*om.*          6 et *om.*          9 ergo: igitur          12 modo queris          13 pro
tuo peccato doleas: doleas pro tuo delicto          15 omnibus: aliis *add.*
17 iudicare nequeo: iudicandum esse non puto          18 obicis: tacite
*add.*          18 Proinde: quapropter          19 volo: debeo          20 debeo considerare
21 utrique: utriusque          22 esse meliorem          29 is: ipse          29–30 vestibus
uteretur: vestimenta gestaret

---

2 In multis ... omnes: Iac. 3. 2.          4 unusquisque ... portabit: Gal. 6. 5.
4–5 ne ... currat: cf. Gal. 2. 2.          26–27 Quid ... acceperis: 1 Cor. 4. 7.

Talem igitur me debeo computare et in comparatione alterius considerare, qualem me natura creavit vel qualis in mundum veni. Utique nudus, vitiosus et sine omni scientia ex maternis sinibus processi. Si autem me deus aliqua bonitate quasi veste pretiosa per gratiam suam
5 postmodum adornavit, dicere non debeo hoc meum esse quasi ex me, sed illius qui hoc mihi contulit. Cum itaque me alii comparo, mea mala et bona tantummodo ipsius considerare debeo. Si ille fuerit vitiosus, et ita ut nihil boni in illo invenire queam, nihil ad me attinet, quia 'suo domino stat aut cadit'. At quia scio me peccavisse, debeo humiliari, et
10 illum, quia servus domini mei est licet peccator, mihi praeferre, venerari, beneficium exhibere. Si aliquid boni in illo esse perspexero, studiosius illi commodum et honorem impendere debeo, quia quem dominus meus bonis suis honorat, dignum est ut et ego illi serviam et venerationem impendam.

15 Si vero nihil aliud boni in eo potero reperire nisi quod dei creatura est, etiam hoc ipsum assumere et mihi praeponere debeo, meque ob reatus mei paenitudinem inferiorem iudicare. Hinc Paulus ait, 'Ego sum minimus apostolorum, qui non sum dignus vocari apostolus, quoniam persecutus sum ecclesiam dei'. Et certe omnes scimus quia,
20 postquam ad fidem Christi venit, ecclesiae dei non persecutor sed praedicator egregius extitit. Attamen quia ante baptisma peccavit et malus fuit, quamvis bonus postea exstiterit, bonum sibi non imputavit, sed malum quod fecerat planxit et sibi reputavit. Nam de bono, dum mentionem faceret dicens 'plus omnibus illis laboravi', statim subintulit
25 'Non autem ego, sed gratia dei'. Qua in re palam est videre quia, quod erat virtutibus quasi pretiosis vestibus ornatus, non sibi hoc attribuit sed divinae clementiae, quae illum talibus indumentis vestivit, nec minus propter eosdem ornatus se peccatorem iudicavit. Nam alibi dicit, 'Deus venit in hunc mundum peccatores salvos facere, quorum primus ego
30 sum'. Et iterum: 'Ego omnium sanctorum minimus', id est Christianorum. Ex quibus verbis patenter intelligitur quia secundum quod peccator erat se considerabat, non secundum hoc quod per gratiam habebat.

---

*Prior rec.*: 5 ex me: ex meo  7 tantummodo *om.*  8 in illo: in eo  9 At quia: Quia vero  me scio  11 exhibere: impendere  16 ipsum *om.*  17 Hinc: est quod *add.*  21 egregius: optimus  26 vestibus *om.*  27 quae: qui  illum: eum  vestivit: induit  28 eosdem: eos quidem  alibi: alias  30 iterum: item

---

8–9 suo . . . cadit: Rom. 14. 4.  17–19 Ego . . . dei: 1 Cor. 15. 9.  24 plus . . . laboravi: 1 Cor. 15. 10.  25 Non . . . dei: 1 Cor. 15. 10.  28–30 Deus . . . sum: 1 Tim. 1. 15.  30 Ego . . . minimus: cf. Eph. 3. 8.

Beatus quoque Benedictus, qui spiritu omnium iustorum plenus fuit, in Regula monachorum scribit, 'Tunc vere monachus est, si non solum dicat ore, sed etiam intimo corde credat se omnium infimum esse'. Quod quamvis grave sit facere, tamen ut reor, si se ut dictum est consideraverit, etiam quilibet plenus virtutum hoc sine falsitate facere 5 poterit. Nemo igitur alium temere iudicet, nisi praelatus sit cui hoc faciendi necessitas incumbit; sed innocentiam, beneficium et praelationem omnibus servata honestatis ratione exhibeat. Si autem illi eadem ab aliis exhibita non fuerint, patienter ex supradicta consideratione ferat, nec ex debito quicquam requirat. Si vero necessitatem quaerendi habu- 10 erit, leniter et per gratiam quaerat, semper iudicans se indignum esse omni commoditate et, quia deum offendit, egestate fore dignissimum. Taliter ergo ad perfectionem tendere debet, ut tria haec quae superius posuimus omnibus semper exhibeat, et se ab aliis eadem recipere indignum iudicet.                                                               15

Ad opus aliorum debet istis quasi faciem vertere, ad suum autem faciem ab istis avertere. Quando haec aliis impendit, quasi faciem vertit; quando vero eadem ab aliis recipere se indignum iudicat, quasi faciem avertit. Sic igitur debemus innocentia, beneficio et praelatione uti in faciendo et recipiendo, sicut usualiter portatur caenovexia. Atqui illam 20 qui subvehunt, faciem ad locum quo tendunt, ad locum vero unde veniunt dorsa vertunt. Tribus aliis modis potest accipi, sed non potest portari. Etenim potest accipi ut facies contra faciem vertatur, vel dorsum dorso, vel facies ad locum unde procedere et terga quo ire debeant convertantur, sed non solet nec diu ita baiulatur. Illo solo modo, quem 25 prius posuimus, videlicet ut facies convertantur ad locum quo tendunt, et terga loco unde procedunt, convenienter gestari potest. Nec minus quam a duobus baiulatur, nec caritas, sine qua nemo salvatur, minus quam inter duos habetur.

---

*Prior rec.*: 1 qui . . . fuit *om.*          4 reor: mihi videtur          7 incumbat
8 servata honestatis ratione *om.*     Si autem illi: Etsi ei          9 ex supradicta consideratione *om.*          10 vero: autem          12 deum offendit: dominum
irritavit     fore dignissimum egestate          16 autem: opus *add.*          17 ab
istis faciem     haec: ista          18 eadem: haec eadem          20–21 Atqui . . . tendunt: Nam qui illam vehunt, ad locum quo tendunt faciem          22 dorsa: dorsum          25 ita baiulatur: potest ita portari          26 convertantur: convertant
27–28 Nec . . . baiulatur: Et necessarium est, ut ad minus a duobus gestetur
28 nec: quia          28–29 minus quam: ad minus

---

1 qui . . . fuit: cf. Gregorius Magnus, *Dialogorum*, lib. ii, c. 8 (ed. U. Moricca, p. 93; *P.L.* 66. 150B).          2–3 Tunc . . . esse: cf. *Reg. s. Benedicti*, c. 7 (vii gradus). 28–29 nec caritas . . . habetur: cf. Gregorius Magnus, *Hom. 17 in Ev.*, n. 1 (*P.L.* 76. 1130A): et minus quam inter duos caritas haberi non potest.

Si ergo in monte aliquo aedificarent sibi plures homines domum, et de valle oporteret lapides et cementum et alia quae ad aedificationem domus pertinerent caenovexiis sursum in montem portare, si illi portitores instrumentum illud ita acciperent ut uterque illi dorsum aut
5 faciem, vel dorsa quo ire et facies verterent unde vellent procedere, et dum sic progredi non valerent, verbis inciperent litigare, de litigio ad pugnos et capillos venire, deinde ad arma, rogo, quid diceret, si quis praeteriens sic eos pugnantes inveniret? Nonne illos diceret insanire, dum, quia caenovexiam nescirent portare, coepissent proeliari? Certe
10 quicumque hoc videret, posset eos deridere, et insipientes aut vecordes putare.

In nobis igitur haec considerare debemus quia talem habitudinem in fraterna caritate tenere debemus, quasi quandam caenovexiam spiritualem portemus. Nos enim in excelso monte, in caelesti scilicet patria,
15 domum nobis aedificare satagimus, quae sola virtutum operatione construitur, ad quam gradibus bonitatis ascendere debemus. Qui necesse est ut fiant per innocentiam, beneficium et praelationem. Cum haec alii frequenter exhibeo, etsi mihi exhibita non fuerint patienter tolero, gradus pergendi in montem virtutum ad domum caelestis patriae mihi
20 facio et caenovexiam bene porto et domum mihi aedifico. Si autem haec alii impendere detrecto, quasi dorsum contra dorsum verto, dum illum egentem et quasi antecedentem subsequi deberem faciem illi vertendo. At si mihi haec quasi per debitum fieri quaero, et ille quod postulo facit (quamvis non libenter) quoniam exigo, quasi faciem contra faciem
25 in subvectione caenovexiae verto. Cum ergo exigo et ille quod exigitur denegat, quoniam illum per exactionem irrito, terga vertimus loco ad quem ire debemus, et facies unde procedimus.

Sic istis tribus modis qui eam portare satagit, plerumque lites et discordias suscitabit. Noscat igitur, quisquis sibi mansionem in monte
30 domini aedificare desiderat, qualiter caenovexiam, id est habitudinem

---

*Prior rec.*: 1 plures homines: homines multi      3 portari    illi: idem
5 vel *om.*   unde vellent procedere verterent     6 sic: ita    progredi: procedere    valerent: possent   inciperent verbis     8 eos sic     9 dum: propterea
*add.*     coepissent: inciperent       9–11 Certe . . . putare: Certe omnes qui viderent deriderent eos et insipientes vel insanos esse dicerent     12 In nobis igitur haec: Haec itaque in nobis    debemus: possumus     12–13 in fraterna caritate: fraternae caritatis     14 portamus     16 bonitatis gradibus     debemus: ad quam oportet nos venire per virtutum gradus *add.*
17 et *om.*   haec: hoc    18 alii: aliis    19 in montem: ad montem virtutum
. . . patriae *om.*     20 domum mihi: mihi *om.*     haec: hoc     21 detrecto: nolo     22 egentem et quasi antecedentem: antecedentem et dorsum mihi vertentem     23 haec: hoc     25 in subvectione: in subiectione ergo *om.*

caritatis quam inter se et proximum debet habere, portet, ne, si portare
nescierit, litigia saepius incurrat, nec aliquid unde sibi domus aedificetur
sursum in montem deferat. Quam nisi hic aedificare studuerit, nimis
sine dubio illic miser erit, quia non inveniet qui eum ibi hospitari velit,
si suam ibi domum non habuerit. Faciem ergo, hoc est intentionem, 5
semper habeat super innocentiam, beneficium et praelationem, ut illa
omnibus impendat; ad recipiendum vero eadem tergum illis vertat,
hoc est, indignum se illa recipere decernat. Qui se praeparat ut taliter
vivat, nulli penitus molestus erit, nulli displicebit, sed omnibus placebit,
domum quoque valde sibi necessariam hoc operando construit. Non 10
enim aliqua dissensio in mundo esset, si sic homines vivere nossent ac
vellent. Sed quia istam spiritualem caenovexiam inter sese recte portare
nesciunt, lites et bella indesinenter conserunt. Sit ut unusquisque
innocentiam et beneficium atque praelationem alteri velit impendere,
nec scandalizetur si sibimet haec eadem repensa non fuerint, et videbis 15
quod omnis discordia protinus sopita erit.

## Capitulum XVII

### De tribus naturis animae, et tribus delectationibus, et qualiter anima fit legitima vel fornicatrix

Anima tres in se habet naturas, videlicet rationem, voluntatem, appeti- 20
tum. Ratione assimilamur angelis, appetitu brutis animalibus, voluntate
utrisque. Sumus enim rationales, quod angelorum est, et proni ad
appetendum, quod brutorum animalium est, et voluntarii, quod angelorum et animalium irrationabilium est. Nam recta quidem quae volumus, secundum voluntatem volumus, et si qua illicita appetimus, per 25
voluntatem hoc facimus. Voluntas ergo inter rationem et appetitum
media est. Aliquando enim ad rationem, aliquando ad appetitum se
habet. Sed quando ad rationem se convertit, quia ea quae sunt rationa-
bilia et spiritualia sapit, dicitur homo rationalis sive spiritualis. Quando
vero ad appetitum se tenet, quia ea sapit quae sunt carnalia et irrationa- 30
bilium animalium, dicitur carnalis sive animalis. Unde scriptum est,
'Animalis homo non percipit ea quae dei sunt, stultitia enim est illi'.
'Spiritualis autem diiudicat omnia, et ipse a nemine iudicatur.'

18–19 *tit. om.* Dur

*Prior rec.*: 4 illic sine dubio    ibi eum    velit: volet        5 ergo: itaque        11–12 ac vellent *om.*        13 Sit: ita *add.*        14 impendere
velit    15 repensa: impensa        20 videlicet *om.*    22 rationales: rationabiles        30–31 irrationabilium animalium: animalia

32–33 Animalis . . . iudicatur: 1 Cor. 2. 14 seq.

Cum itaque iuxta hoc quod voluntas se habet dicitur homo carnalis sive spiritualis, sciendum est quod interdum quaedam sentiuntur in carne quibus voluntas minime consentit. Tres quippe delectationes sunt: una quae sentitur in carne praeter voluntatem, quae vocatur suggestio; 5 alia quae sentitur in voluntate cogitationis, quamvis non voluntate actionis, quae proprie dicitur delectatio; tertia quae sentitur cum voluntate operandi, quae nominatur consensus. Sed illam quae dicitur suggestio, quae in carne sine voluntate sentitur, nulla poena comitatur. Nam ubi non est consensus voluntatis, nulla sequitur poena delectationis. 10 Unde apostolus: 'Non est damnatio iis, qui sunt in fide Christi Iesu, qui secundum carnem non vivunt.' Et alibi: 'Condelector legi dei secundum interiorem hominem. Video autem aliam legem in membris meis repugnantem legi mentis meae, et captivum me ducentem in legem peccati, quae est in membris meis.' 'Interiorem hominem' vocat ipsam 15 rationem; 'legem' autem membrorum ipsam, quae sine voluntate est, delectationem; 'legem vero dei' ipsam observationem mandatorum dei. Quae et 'lex dei' dicitur, quia per deum facta est, et 'lex mentis', quia mente observanda est; sicut 'lex dei' dicitur illa, quam deus antiquis patribus instituit, et lex Moisi, quia illam Moises administravit. 'Legem 20 itaque mentis' dicit illam, quam prius 'legem dei' dixerat. 'Legem itaque peccati' vocat eam, quam prius legem membrorum nominaverat.

Sciendum quoque quod plura sunt animae nomina, quorum quaedam, licet quasdam proprietates videantur habere, tamen diversis in locis pro ipsa anima posita esse reperiuntur. Vocatur enim spiritus, mens, 25 animus, ratio, intellectus, interior homo. Illa igitur delectatio, quae sine consensu voluntatis in carne sentitur, poena caret; illa vero, quae in consensu cogitationis est, poenam habet; magis autem illa, quae fit in consensu operationis.

Cum itaque anima sit vegetabilis, sensibilis, rationalis, et pluribus 30 nuncupetur nominibus, illae tres res, quas in sui natura habet, quas primo posuimus, vigilanti oculo considerandae sunt, quia in illis aut recte se habebit et legitima erit, aut aliter et fornicatrix erit. Namque si voluntas, quae media est inter rationem et appetitum, rationi concordaverit, legitime vivit. Si vero appetitui concordaverit spreta

*Prior rec.*: 1 hoc *om.*     6 proprie *om.*     10 apostolus: ait *add.*
10–11 Non . . . vivunt: Nihil damnationis est his, qui sunt in Christo Iesu, qui non secundum carnem ambulant     19 moysi     20 itaque: autem
21 prius: ante     22 Sciendum: Notandum     anime nomina sunt
24 anima: vel parte ipsius *add.*     27 magis autem: et magis     30–31 quas primo: quas *om.*     31 posuimus *om.*     32 aliter et: si aliter fecerit
34 concordaverit: assensum praebuerit

10–11 Non...vivunt: Rom. 8. 1.     11–14 Condelector...meis: Rom. 8. 22 seq.

rectitudinis ratione, non vivit legitime. Non enim unum sunt voluntas
et appetitus. Nam saepe quis dormire vult quando appetitum dormiendi
non habet, et plerumque appetitum quiescendi habet quando dormire
nollet.

Est ergo ratio sive spiritus quasi vir, voluntas ut sponsa, appetitus 5
interdum quasi adulter. Cum ergo appetitus gulae sive luxuriae sive
vanae gloriae voluntati suggerit, quia viro id est spiritui non placebit
si consenserit, avertat se et talis suggestio nil nocebit. Si autem eandem
suggestionem cogitare delectando voluerit, quamvis id quod suggeritur
facere nolit, ex ipsa tamen delectatione pravae cogitationis se polluit, 10
et nisi se citius inde correxerit, in pravam sese actionem casurum
scierit. Nam 'qui minima spernit, paulatim decidit'. Sicut enim sponsa
alicuius, si adulteri verba susciperet ac in eis delectaretur, quamvis in
initio illi credere nollet, vix aut nullatenus se cohiberet quin aliquando
suggerenti consentiret, sic fidelis anima, sponsa dei, nisi se ab immunda 15
cogitatione cohibuerit, non facile ruinam malae actionis evadere poterit.
Siquidem quicumque immundus efficitur, cogitatione, voluntate aut
actione prava contaminatur. Hinc enim scriptum est, 'Post concupiscentias tuas non eas'. 'Nam concupiscentia cum conceperit, parit peccatum.
Peccatum autem, cum consummatum fuerit, generat mortem.'          20

Sciendum praeterea quia, sicut in corporibus aliud est forte, aliud
fragile, et pro sua qualitate quodque suum habet victum, ita animarum
quaedam sunt fragiles, quaedam fortes et iuxta sui mensuram habent ali-
moniam suam. Anima fortis delectatur ac pascitur duro cibo ac solido,
scilicet ut parce vivat, patientiam in tribulationibus habeat, aliena non 25
appetat, propria largiatur, inimicos diligat. Fortis quippe eius anima erat
qui in afflictione positus dicebat, 'Consolatio mea est, ut affligens me
deus dolore non parcat'. Debilis autem anima et adhuc tenera eget lacte,
pia scilicet ac benigna appellatione, misericordia, caritativa deportatione,
honorificentia, mansueta correptione. Fragiles etenim eorum animae 30
erant qui verba vitae audientes dicebant, 'Durus est hic sermo, et quis
potest audire eum?'

29 deportatione BK Dur: supportatione *Vita Anselmi*, i. 22.

*Prior rec.*: 1 rectitudinis *om.*        3 dormire: quiescere        6 interdum *om.*
ergo: igitur        7 voluntati: vanitati        9 delectando *om.*        10 delectatione: voluntate        12 scierit: necesse erit        17–18 Siquidem
. . . contaminatur *om.*        18 enim: quippe        18–19 Post . . . Nam *om.*
20 autem: vero        21–32 Sciendum . . . audire eum *om.*

12 qui . . . decidit: Eccli. 19. 1.        8–9 Post concupiscentias . . . eas: Eccli. 18. 30.
19–20 Nam . . . mortem: Iac. 1. 15.        21–32 This addition in the second recension is based on *Vita Anselmi*, i. 22 (p. 39).        26 inimicos diligat: cf. Matth. 5. 44.
27–28 Consolatio . . . parcat: Iob 6. 10.        28 eget lacte: cf. Hebr. 5. 12.        31–
32 Durus . . . eum: Ioh. 6. 61.

Ut ergo fidelis ac fortis anima in sua munditia in fidelitate sui sponsi, qui Christus est, consistat, nulli concupiscentiae sive appetitui consentiat, nisi prius id quod suggeritur rationis censura discutiat. Potest quippe non consentire concupiscentiae, licet non possit non sentire 5 concupiscentiam. Sed si non consentit, nihil damni patitur quia sentit. Nam invitus saepe multa quis sentit. Hinc apostolus ait, 'Malum quod nolo, illud ago', hoc est sentio. Cum ergo possit aliquis non consentire, quamvis declinare non valeat quin sentiat, magnopere cavendum est ne cum illicita concupiscentia, quam invitus sentit, saepius intrinsecus 10 familiare colloquium habeat, et exinde coram deo paulatim cadendo sordescat. Siquidem in occulta cogitatione coram deo loquimur.

Cum igitur duos sensus habeat anima—unum cum ratione, qui licitus est, alterum cum appetitu, qui non bonus est—quando ratione caret, ille qui est ex appetitu carnali fugiendus est, ne si cum eo familiaritatem 15 habeat citius in pravae actionis delectationem cadat. Quemadmodum enim si sordidus ac foetore plenus visibiliter alicui occurreret dicens cum eo se velle consiliari, non deberet ille subsistere sed lutulentum ne ab eo coinquinaretur fugere, ita quando carnalis appetitus aliquid inhonesti aut illiciti suggerit, non debet homo expectare attendendo quid 20 velit consiliari, sed celeriter moras rumpere, alias intendere, suggestionem contemnere, et ea quae rationis sunt meditari, operari, amplecti.

Qui tale studium vivendi arripere voluerit, cum dei omnipotentis gratia stare poterit. Et si forte aliquando quolibet infortunio ceciderit, si taliter se vivere veraciter instituit, ocius resurget et ad suum pro- 25 positum redibit. Si vero tale studium habere, sic vivere, sic suae salutis curam accipere neglexerit, per multas diversorum varietates errorum cum magno saepe labore transibit. Ne autem ut erronei praesentem vitam transigamus, largiatur nobis dei filius voluntate rationi per omnia concordare, ut vitam felicem valeamus obtinere.

30

## Capitulum XVIII

### De appetitu, cui ratio non dominatur

Quia ratio, voluntas et appetitus in anima humana naturaliter considerantur, qualiter se habeat appetitus, cum dominari coeperit, consideretur.

*Prior rec.*: 1 ac fortis *om.*    2 qui Christus est *om.*    3 discutiat: discernat    5 concupiscentiam *om.*    7 illud: quod *add.*    hoc est: id est    sentio: Agere enim pro omni verbo ponitur. *add.*    8 valeat: possit    12 anima habeat    16 sordidus: sordibus    22–23 cum dei omnipotentis gratia: cum gratia divina    26 neglexerit: contempserit    28 dei filius: deus

6–7 Malum . . . ago: Rom. 7. 19.    7 (*Prior rec.*) Agere . . . ponitur: cf. below, p. 338.

Appetitus igitur, cum ei ratio non dominatur, efficitur quasi quidam rex, qui propria voluntate sibi associata, magnum exercitium vitiorum conducit. Propria voluntas est quaecumque dei voluntati subdita non est. Cum itaque appetitus propriam voluntatem sibi coniunxerit, vitiorum immensam multitudinem colligit, quam quasi in praedam 5 mittendo ad quaeque illicita dispergit.

Huius scelerati regis tres inter satellites et reliquam turbam principatum tenere videntur, quos apostolus Iohannes designat dicens, 'Omne', inquit, 'quod in mundo est, aut concupiscentia oculorum, aut concupiscentia carnis, aut superbia vitae'. Concupiscentiam oculorum 10 non parva comitatur turba vitiorum. Nam curiositas novorum, spectacula, vestium sive nummorum alteriusve rei inutilis frequens inspectio, multaque alia, quorum nimia delectatione deus offenditur, oculorum concupiscentiae militare videntur. Concupiscentiam autem carnis innumerae multitudinis turba prosequitur. Etenim luxuria, ventris 15 ingluvies, amor praesentis vitae cum suis progeniis in eius militia sunt. Superbia vitae valida manu suorum militum constipatur. Denique elata locutio et superba operatio, indignans quoque cogitatio, quae fiunt variis modis, ei famulantur. Quae ubi convenerunt, quasi validus exercitus eum quem invaserunt ligant, ac per diversa vitiorum genera rotando 20 praecipitant. Qui ergo illicito appetitui consenserit, nec eum rationis freno gubernare sategerit, sciat se procul dubio illum sibi regem constituisse qui familiam talem habeat, nec se ab eorum dominatu nisi magnis laboribus posse liberari.

## Capitulum XIX                        25
### Quare delectatur deus ieiuniis et afflictionibus hominum potius quam in saturitate et quiete

Deus non delectatur in nostris afflictionibus propter ipsas afflictiones, quia non fecit hominem ut affligeretur et poenam haberet, sed potius ut

---

*Prior rec.*: 1 efficitur: est      3 conducit: ducit      5 quam: per totum mundum *add.*      6 ad quaeque illicita *om.*      8 Iohannes apostolus designat dicens: ita declarat      11 comitatur: imitatur      15-16 Etenim luxuria . . . militia sunt: Luxuria enim, commessatio atque ebrietas, cum totis progeniis suis, quae quidem plurimae sunt, in eius militia sunt.      17 militum *om.* 18-19 fiunt variis modis: multis et variis modis fiunt      19 famulantur: Tres itaque isti satellites, videlicet curiositas, carnalis voluptas atque superbia, sub rege isto principantur, quos tetra turba prosequitur. Sunt autem alia quaedam vitia extrinseca quasi conductitia, utpote sunt praestigia, odium, concupiscentia pecuniae, peieracio, furta, testimonia falsa, detractio, multaque huius⟨modi⟩. *add.*      ubi: ubique      convenerunt: conveniunt      20 invaserint vitiorum genera: vicia      22-23 qui talem familiam habeat constituisse 26 deus: potius *add.*      ieiuniis: vigiliis *add.*      potius *om.*

9-10 Omne . . . vitae: 1 Ioh. 2. 16.

gauderet ac omni afflictione careret. Cum autem aliquis apprehenditur
et diversis poenis tribulatur propter deum, veluti sancti martires qui se
occidi pro fide Christiana permiserunt, non in eius cruciatibus delectatur
deus, sed in causa pro qua ipsos cruciatus patitur. Atqui causa illa ad
5 honorem dei est, cum is qui poenis afficitur, in tantum deo credit ut nulla
ratione pro aliqua poena ab eius credulitate amoveri velit. Cum ergo
spontanea voluntate aliquis se parsimoniae ceterisque austeritatibus
dedit quatinus de suis excessibus deo in semetipso vindictam faciat,
deum procul dubio quem offenderat placatum reddit, quia in eo quo
10 peccaverat poenam sumit ad vindictam dei quem irritavit. Is autem
qui semper sancte vixit ideo utique parcitatem et afflictiones sibi
familiares habet, ut, si forte haec aliquando tolerare necessario debuerit,
eo facilius illa tempore necessitatis portabit, quo prius absque necessi-
tudine tolerare consuevit.

15 Praeterea considerandum quia deus bona mundi ad utilitatem
hominum in commune concessit, ut inde necessaria unusquisque
acciperet. Bonus igitur homo, cum se habere unde possit sustentari
conspicit, ab aliis se abstinet, ne quaelibet superfluitas eum coram deo
accuset. Nam quidquid ultra expenderit quam necessitas exegerit, ab
20 eo qui indigens est illud procul dubio rapit. Nec se a rapina excusare
poterit, quamdiu hoc quod superfluum fuerit absque rationibili causa
retinuerit. Ubi enim cibi vel potus sumpserit plus quam necesse fuerit,
ibi ultra quam deberet in accipiendo se extendit. Unde coram deo reus
existit ex superfluitate, et coram proximo ex rapacitate.

25 Notandum etiam quia post alimentorum saturitatem facilius lasciviae
animus consentit quam faciat dum carnis appetitum quis parcitate
constringit. Nec bene iustitiae frena regit, qui foedus pepigerit cum
ingluvie. Quapropter ieiuniis atque laboribus studendum est potius
quam saturitati et quieti, quatinus commissa iugi labore resecentur et de
30 cetero caveatur ne offensae parentur.

*Prior rec.*: 4 patitur: tolerat   Atqui: Nam        6 amoveri: se movere
7 aliquis: quis        8 vindictam faciat: vindicet        9 procul dubio deum
13 tempore necessitatis portabit: in necessitate tolerabit        13–14 necessitu-
dine: necessitate        19 expenderit: possederit   exigerit        20 indigens
est: ab illo *add.*        procul dubio rapit illud        21 absque: sine        22 plus
quam necesse fuerit sumpserit        23 coram deo *om.*        24 coram
proximo: ante proximum        25 Notandum: Considerandum        26 animus:
anima        27 frena iustitiae        27–28 qui foedus pepigerit cum ingluvie:
quisquis gulae parcere nescit. Proximus quoque est ruinae, qui amicus fuerit
ingluvie

2 propter deum: cf. Matth. 5. 11.

## Capitulum XX

De consecratione domus dei et quis sit cooperator diaboli; de sacrificiorum immolatione et eorum significatione, et quod templi dedicatio est diei illius qua renati sumus solemnis celebratio 5

Quia sancta dedicationis ecclesiae solemnia celebramus, congruere videtur ipsius rationem celebritatis inquirere, et quod inde investigare poterimus deo opitulante scire cupientibus communicare.

Mirum satis potest videri quid hoc sit quod dicitur deum sibi inter homines domum voluisse fieri, qui nullo indigens omnia sola bonitate 10 sua ex nihilo fecit, factam subvehit, subvectam circumdat, circumdatam implet ac superat. Sed certe, si bene consideratur, magna eius misericordia praevisum est ut sibi domus inter homines aedificaretur. Etenim cum aliquis quaeritur, primo itur ad domum eius, quoniam ibi maxime esse putatur. Si autem propriam non habuerit, ubi sit hospitatus in- 15 quiritur. Quod si hospitium non habere dicitur, incertum est ubi quaeratur, nisi forte ad praesens tunc ubilibet esse videatur. Ne igitur incertitudo esset ubi deus quaereretur, domum sibi inter homines aedificari voluit ut qui eum gratia utilitatis suae inquireret, illum in domo sua sine dubio inveniret. Nam cum dicitur hominibus deum ubique 20 praesentialiter totum esse et in omni loco adorandum esse, tot impedimenta hinc et inde occurrunt, ut paene dei memoria obliviscatur, et vix ab aliquo nisi magna urgente necessitate cum sapore mentis deprecari videatur. Quare nobis deo providente sibi inter homines domum voluit parari, quatinus cum eam quique viderent, sui domini recor- 25 darentur; in quam convenientes eo devotius ab eo auxilium quaererent, quo eandem domum ad hoc ipsum ordinatam cognoscerent. Cum igitur omnipotens deus aliquo in loco sibi domum statuit, magnam misericordiam eiusdem loci habitatoribus impendit.

---

2–5 *tit. om.* Dur     3 significatione: sanctificatione B     18 quaeretur B

*Prior rec.*: 2–5 Sermo Anselmi archiepiscopi De dedicacione ecclesie. 6 solemnia dedicationis ecclesie     7–8 videtur . . . communicare: videtur ut eiusdem celebritatis rationem quaeramus, ut quod inde deo revelante investigare poterimus, aliis quoque pro posse communicare satagamus     10 bonitate: bona voluntate     11 factam: omnia     subvectam: omnia     circumdatam *om.*     12 ac: atque     14 primo: primum     15 autem: domum *add.*     17 ubilibet: alicubi     18 incertitudo: Christi *add.*     19 gratia utilitatis suae: ad suam utilitatem     inquireret: requirere vellet     19–20 in domo sua illum     20 inveniret: invenire posset     21 adorandum: deum *add.*     22 hinc et inde: hic et ibi     ut: quod     22 obliviscitur     23–24 nisi . . . videatur: cum mentis sapore nisi magna necessitate urgente deprecatur     26 in quam: et in eam

Profecto si latronum sive praedonum alicubi multitudo esset, qui incolas illius loci depraedarentur atque vastarent, et aliquis praepotens inter illos qui ita depopularentur sibi domum aedificaret, ut angustiatos defensaret, praedones coerceret, latrones fugaret, multas ei gratiarum
5 actiones idem incolae reddere deberent. Quia cum sibi domum statuisset non ob aliud quam ad profectum aliorum, tanto propensius illum amare debuissent quicumque tuitione illius defenderentur, quanto se minus promeruisse viderent tanti viri defensionem.

Praevidens itaque deus utilitati suorum fidelium sibi inter eos
10 domum fieri fecit. 'Totus enim mundus in maligno positus est', et quasi venatores suam venationem exercent, sic daemonum multitudo circumeundo quaerunt quem devorent. Et cum aliquem dei amore tepidum sentiunt, hunc quasi venando invadunt atque invadendo per diversa vitia trahunt, sicque in sua retia venire compellunt. Cumque illum suis
15 malignantibus irretitum sentiunt, quasi immanes praedones eundem ut praedam propriam rapiunt, vel ad mortem, vel certe ad suae perversitatis cooperationem. Nam sicut boni homines cooperatores dei sunt in adquirendo animas multorum quando bene vivunt, bona praedicant, recte agunt, sic mali homines adiutores diaboli sunt, ubi exemplum male
20 vivendi aliis praebent, sive vitiosa vita sua, seu operatione perversa. Ac quemadmodum sancti viri faciendo voluntatem dei 'membra' efficiuntur 'Christi', sic qui male vivunt oboediendo satanae, membra sunt diaboli.

Maligni ergo spiritus et per se et per membra sua modis omnibus instant ut fideles Christi a bono opere impediant. Diabolus instat
25 animam Christiani interius suo modo alloquendo, suadendo, instigando, quatinus vetita perpetrare et illicita concupiscere non formidet. Anima quippe facit quod corpus operatur. Nam sine anima corpus mortuum est. Nec miretur aliquis quod diximus diabolum interius animam alloqui. Evangelium dicit quod 'diabolus immisit in cor Iudae ut traderet
30 dominum'. Et alibi: 'Post buccellam intravit in illum satanas.' Prius igitur allocutus est diabolus animam Iudae ut faceret traditionem, et

*Prior rec.*: 2 depraedaretur    vastaret         3 depopularentur: perturbarentur        3–4 ut angustiatos defensaret: ad hoc ut egentes defensitaret
5 Quia: Nam     6 quam ad profectum: nisi ad utilitatem      7 debuissent: deberent        8 viderent . . . defensionem: tanti tuicionem intuerentur
9–10 Praevidens . . . fecit: Hoc denique verum est, sed cur introducatur videndum est. Videamus igitur.        10 enim *om.*    mundus: fratres *add.*
12 amore dei    16 perversitatis: malignitatis    18 recte: bene    19 exempla        25 interius animam Christiani

10 Totus . . . positus est: 1 Ioh. 5. 19.            11–12 daemonum . . . devorent: cf. 1 Petr. 5. 8.        21–22 membra . . . Christi: cf. 1 Cor. 6. 15.        23 Maligni . . . spiritus: cf. Luc. 8. 2.        29–30 diabolus . . . dominum: cf. Ioh. 13. 2. 30 Post . . . satanas: Ioh. 13. 27.

quia eam sibi consentaneam invenit, intravit, possedit, et quantum mali per eum potuit, fecit.

Spiritus quippe diabolus est, et spiritum sive animam nostram clarius satis videt, quam oculi nostri corpora exteriora. Hinc est quod tam sedulo nos interius invadit, et tam diversa illicita suadet, ut si per unum 5 praevalere non possit saltem per aliud superando praevaleat. Sicut enim infirmo diversa fercula offeruntur, ut si de uno comedere non valeat de alio se reficiat, sic forti et studioso in bono proposito diversa malignitatis fomenta ante mentis oculos malignus spiritus ponit, ut si de uno noluerit, vel de aliquo ceterorum velit. Horum pravam suasionem non 10 possumus non sentire, sed possumus illi non consentire. Qui non consentit, nihil officit quod sentit. Membra diaboli exterius premunt, et premendo interdum servos dei ad malam operationem impellunt. Quorum impugnationem et pressuram cum damno sentimus, licet non consentiamus, nec ea nisi divina adiuti clementia declinare valemus.    15

Quod illi qui sentiunt, saepenumero perpendentes, necessitate coacti ad domum dei confugiunt, preces fundunt, lacrimis suum advocatum pulsant, ut exurgat et subveniat. Qui pietate sua saepe tribulatos liberat, aliquando etiam terribiliter vindicat. Nonnumquam autem sua occulta dispositione ad tempus tolerat, ut postea gravius puniat, 'quia non 20 relinquet dominus virgam peccatorum super sortem iustorum'. Hac igitur, ut mihi videtur, rationabili consideratione potest videri multum nobis deum providisse in hoc quod sibi domum inter homines voluit aedificari.

Sed considerandum quia aliud est domus et aliud templum. In domo 25 namque habitatur, in templo autem non solum habitatur, sed etiam sacrificatur. Verum sive dicatur domus sive templum, quamdiu ad dei servitium deputatur, templum intelligitur. In quo bestiae olim ad sacrificium dei offerebantur, quae mortem Christi, qui se per iustitiam permisit occidi, significabant. Mors quoque illa qua spiritualiter homo 30 semetipsum mortificare debet, in eadem occisione animalium figurabatur. Nam in hoc quod tunc aliquis sacrificabat, ita erat ac si diceret: 'In hoc quod hanc bestiam ad honorem dei pro peccatis meis sacrifico, quendam hominem qui dicetur Messias venturum esse significo, et eum

---

*Prior rec.:* 2 per eum *om.*        5 sedulo: sepe        12 sentit: Nihil enim dampnationis est iis, qui sunt in Christo Iesu, qui non secundum carnem ambulant *add.*    Membra: vero *add.*        13 ad malam operationem: ad opus malum    15 nec ea: nec illud        16 sentiunt: premuntur        saepenumero: sepe    27–28 ad servitium dei        28–29 ad dei sacrificium

---

9 malignus spiritus: cf. Luc. 8. 2.        17 advocatum: cf. 1 Ioh. 2. 1.
20–21 quia . . . iustorum: Ps. 124. 3.

pro peccatis totius populi oblaturum esse credo. Et sicut ad dei sacrificium hoc animal occido, ita ad honorem dei in fide illius venturi
hominis et redemptoris omnium in memetipso omnia vitia mortificabo.'
Hac causa, hac consideratione institutum est sacrificium et a sapientibus
5 viris observatum, quamvis omnes qui sacrificabant misterium eiusdem
sacrificii non noverint. Innumerabiles siquidem erant qui sacrificia et
oblationes faciebant, qui causas eiusdem sacrificii penitus ignorabant.

Attamen quia easdem oblationes ea intentione offerebant qua insti-
tutae sunt fieri, nihil minus sacrificando figurabant, quam illi qui causas
10 eiusdem sacrificii rationabiliter demonstrare sciebant. Sic utique fit in
baptismate. Nam multi baptizant qui rationem baptismatis reddere
nesciunt, sed tamen quia in fide illa qua baptismus institutus est hoc
faciunt, nihil minus baptizant quam illi qui baptismatis rationem sciunt.
Cum itaque haec sacrificia et oblationes fierent, hostiam quae immolanda
15 erat pro salute mundi significabant, peccata autem non nisi fides Iesu
Christi piabat. Fides siquidem futuri Christi, quem sacrificia praecine-
bant, homines iustificabat, et ab aeterna damnatione liberabat. Nam sicut
post adventum eius non salvatur quis nisi in eum credat, ita, priusquam
veniret, nullus salvabatur nisi qui eum venturum esse credebat.

20 Fides namque adventus eius causa fuerat salutis, quemadmodum
credere iam illum venisse fundamentum et causa salutis est. Impossibile
enim erat hominem salvari nisi ille veniret, ac pro peccato generis
humani deo satisfaceret. Quippe tam magnum erat pondus peccati, ut
deleri nisi per eum nulla ratione potuerit. Pro nulla etenim re debuisset
25 homo dei mandatum violare, et omnium conditorem in praevaricatione
sua inhonorare. Nam quantum in homine erat, deum peccando ex-
honorabat. Quod quia pro nulla re facere debuit, constat quia gravitas
eius peccati rem omnem excedit. Unde necesse erat ut tale quid pro
peccato hominum fieret, quod pondus peccati superaret, ac deo pro illata
30 iniuria satisfaceret. Hoc autem, quia fieri non potuit nisi per mortem
Christi, ut multorum vaticinio promiserat tandem diu expectatus venit,
sicut sanctus David in eius persona pronuntiavit dicens, 'Holocaustum
et pro peccato non postulasti, tunc dixi: ecce venio'. Qui ubi humani-
tatem in utero virginis suscepit, genus humanum sibi naturaliter absque
35 peccati contagione associavit.

*Prior rec.*: 10 eiusdem: easdem    fit: ut *add.*      15–16 peccata ... piabat:
sed non peccata piabant    21 est causa salutis    22 ac: et    24 nisi
... potuerit: non potuerit nisi per eum    25 omnium conditorem: deum
25–26 in sua prevaricatione    28 omnem rem    29 quod: ut    30 Hoc
autem: Quod    31 diu expectatus *om.*    32 sanctus *om.*    pronuntiavit: pronuntiat    34–35 absque peccati contagione *om.*

21–185.21 Cf. *Cur deus homo*, passim.    32–33 Holocaustum ... venio: Ps. 39. 7.

Factusque est nobis frater et socius in nostra natura sine macula
delicti, numquam desinens esse quod fuit 'ante constitutionem mundi'.
Hic igitur frater noster crescens et 'in virum perfectum' perveniens,
palam se mundo monstravit, et deum se esse minime celavit. Bene
vivebat et bene docebat, parvulos et mansuetos dulciter instruebat, 5
superbos autem et qui sibi sapientes esse videbantur, acriter interdum
arguebat. Cuius bonitatem atque iustitiae perseverantiam pravi homines
non sustinentes, multis modis multaque versutia moliti sunt eum a constantia suae praedicationis avertere. At cum eum in sua iustitia perseverare viderent, seseque adversus illum nihil proficere, tanta indignatione 10
succensi sunt, ut eum aliquando lapidarent, aliquando de supercilio
montis si potuissent praecipitarent. Verum cum sua molimina effectu
carerent, communi consilio sine omni offensa quae fuisset in eo illum
invadunt, multisque iniuriis afflictum morti vilissimae tradunt.

Sicque perseverantem in praedicatione iustitiae et veritatis illum 15
malitia hominum interfecit, quia bonitatem eius et doctrinam tolerare
non potuit. Nam sicut iudex ipse, qui eum damnaverat, coram omni
multitudine attestatus est, nihil dignum morte inventum est in eo.
Itaque homo ille, qui 'ad hoc natus' est 'ut testimonium perhiberet
veritati', tam inhoneste propter ipsam veritatem tractatus, tam crudeliter 20
occisus, ad deum, 'qui misit' eum, vadit, et se deo praesentando quasi
pro suo servitio, ut dignum est, retributionem quaerit. Cui deus pater,
cum nihil dare potuerit quod priusquam homo fieret illius non fuerit,
nam omnia cum patre et sancto spiritu ab initio creavit, iure concessit
ut mercedem, quam in sua persona accipere non potuit, ad opus fratrum 25
suorum ipse deus homo acciperet, atque eam pro voluntate sua daret
cuicumque voluisset. Merces autem magna esse debebat, quia mors eius
qui erat filius dei magna valde fuerat, et tam sublimis ut omnem incomparabiliter creaturam excelleret. Nam sicut deus melior est omni
creatura, sic mors eius dignior est omni re creata.                    30

Qua in re mors Christi et pro peccato hominum deo satisfacere potuit

---

18 morte: morti B        23 cum nihil: cui nihil B

---

*Prior rec.*: 1–2 sine macula delicti: absque contagione peccati        3 Hic: Is
12 potuissent: possent        13 fuisset: esset        16 eius bonitatem
17 iudex ipse: quidam eorum        17–18 damnaverat coram omni multitudine:
damnaverant, ut modo alios taceam, coram hominibus        22 quaerit: requirit
26 ipse deus homo *om.*        28 erat: ut semper est *add.*        sublimis: magna
ut: quod        28–29 incomparabiliter        29 *om.* excelleret: excellebat

---

2 ante constitutionem mundi: cf. Ioh. 17. 24.        3 in virum perfectum: Eph.
4. 13.        10–11 tanta...lapidarent: cf. Ioh. 10. 31.        11–12 aliquando...montis:
cf. Luc. 4. 29.        18 nihil . . . in eo: cf. Luc. 23. 22; Ioh. 18. 38; 19. 6.
19–20 ad hoc . . veritati: Ioh. 18. 37.        21 ad deum . . . vadit: cf. Ioh. 7. 33.

et fecit, quando vitam suam pro iustitia ad dei honorem dedit et magnam retributionem iustissima ratione promeruit. Quam quia in se recipere non potuit hominibus fratribus suis concessit, tali tenore ut quicumque in eius fidelitatem transire voluisset, mercedem servitii, quod Christus
5 in suscepta humanitate ad honorem dei fecit, in remissionem peccatorum acciperet, quasi ipsemet fecisset; et si in eadem fidelitate perseveraret, aeternae vitae regnum haberet. Ut autem sciretur, qui in illam fidelitatem transirent, voluit ipse dominus quatinus signum aliquod eius fidelitatis facerent. Quod quia iustius fieri debuit 'ex his quae passus est'
10 quam aliunde, ad similitudinem, qua tribus diebus ac noctibus in terra sepultus iacuit, omnes suos qui in eum crederent sepeliri voluit. Et quia grave fuerat in terra sepeliri, in aqua mergi credituros in se ad similitudinem sepulturae constituit. Quatinus sicut Christus carne mortuus est, ita qui Christiani esse voluissent, carnalibus vitiis et concupiscentiis
15 Christi amore morerentur. Et quemadmodum Christus sepultus amodo victurus surrexit, sic Christianus post mersionem baptismi, qui pro sepultura accipitur, amplius in nova vita victurus surgeret. Unde ait apostolus: 'Quicumque baptizati sumus in Christo Iesu, in mortem ipsius baptizati sumus. Consepulti enim sumus cum illo per baptismum
20 in mortem, ut quomodo surrexit Christus a mortuis per gloriam patris, ita et nos in novitate vitae ambulemus.'

In hac renovatione sacramenti tria considerantur: aqua, fides, votum. Aqua sepelit, fides mundat, votum Christo copulat, quia omnis qui baptizatur in Christi fidelitatem transire demonstratur, et veteris vitae
25 mortificatio ibidem significatur. Nam quando quis baptizatur, ita est ac si dicat: 'In hoc, quod me in ista aqua mergendo sepelio, Christi fidelitatem, qui sepultus est, amodo me servaturum voveo. Et in hoc quod me quasi sepeliens sub aquis pono, "veterem hominem", hoc est veterem vitam, "cum vitiis et concupiscentiis" amplius me mersurum
30 et mortificaturum promitto.' Cum igitur hoc sacramentum in fide Christi rite peragitur, homo amicitiis dei coniungitur. Quandocumque in fide

---

*Prior rec.*: 1 ad honorem dei    3 tali tenore: sub tali tenore    5–6 peccatorum: suorum *add.*    7 aeternae vitae regnum: vitam aeternam
8 eius: eiusdem    9 ex hiis    10 ac: et    11 qui in eum crederent
*om.*    14 voluissent: vellent    18 in mortem: in morte    20 surrexit: resurrexit    22 tria: duo    aqua, fides, votum: fides scilicet et baptismus
23 Aqua . . . omnis: Fides mundat, baptismus autem eum    24 demonstratur: demonstrat    25 mortificationem    ibidem *om.*    significatur: signat
27 voveo: significo    31 amicitiis: amicus

---

9 ex his, quae passus est: cf. Hebr. 5. 8.    18–21 Quicumque . . . ambulemus: Rom. 6. 3 seq.    28 veterem hominem: cf. Eph. 4. 22; Rom. 6. 6.    29 cum vitiis et concupiscentiis: Gal. 5. 24.

ista quis baptizatur, anima illius in Christi fidelitate ascribitur. Qui ubi
Christo, 'qui est super omnia deus benedictus in saecula', recta fide
copulatur, omnium bonorum eius absque ulla dubietate participatur.
Quando ergo baptizati sumus, in huius fidelitatem transivimus. Huius
gratiae participes facti sumus.                                                      5

Hanc itaque diem, in qua de morte renati sumus ad vitam, deberet
unusquisque celeberrimam facere, et eam saepe recolendo memorari,
in qua tam magnum bonum adquisivit, quod a potestate diaboli est
erutus, et caeli civibus connumeratus. Sed quia ex tanta multitudine
fidelium hoc competenter fieri nequit, quoniam quidem, si hoc esset, 10
singulus quisque dies ubique terrarum esset celebris, sobrie providit
Christiana religio ut in ecclesiarum dedicatione huius diei, huius fidelitatis, huius sacrosanctae copulationis fieret celebratio. Cum igitur ecclesia
dedicatur, gratia illa quae homini collata est cum Christianus fieret
commemoratur. Nec aliud innuit templi dedicatio, quam animae fidelis 15
cum deo sancta copulatio. Nam quicumque in Christiana fide baptizatur,
in ipsa hora baptismatis deo dedicatur. Fitque heres regni caelorum, qui
prius erat pabulum mortis et stipula infernorum. Huius itaque doni
atque diei dignissime mentionem facimus, in qua supernis civibus
associati sumus.                                                                    20

Nec parva aestimari debet templi dedicatio, cum uniuscuiusque
fidelis animae in ea designetur sanctificatio, et simul totius multitudinis
Christianorum cum deo copulatio. Vere magnam unusquisque habere
debet exultationem, ubi regni dei promeretur habitationem. Non parvum ei debet esse gaudium, qui de fimo elevatur in regis dei thalamum. 25
Multum venerari debet solemnia huius diei, quia in ea civis factus est
civitatis dei, ut semper gaudeat cum filio dei. Indignissimum siquidem
est non venerari diem illam, quae sibi aperuit caelestis vitae ianuam.
Cuius memoriam, si frequenter in anno potuerit, agat; sin autem, vel
semel singulis in annis celeberrime agere studeat, ne tantae gratiae 30
aliquatenus ingratus appareat.

Sit itaque dies haec omni Christiano celeberrima, in qua reducitur
ante mentis oculos illa maxima misericordia, qua sumus a morte liberati,
et ad vitam revocati. Nesciat igitur dies haec maestitiam, in qua homo
Christianus perpetuam invenit laetitiam. Dies haec dedita sit laetitiae, 35
qua ianua paradisi fideli aperitur animae. Unusquisque fratri suo

*Prior rec.*: 1 fidelitatem     2 recta: iusta     7 recolendo: colendo
8 in qua: in quo     11 sobrie: caute     34 revocati: reducti

2 qui . . . saecula: Rom. 9. 5.     6–7 diem . . . celeberrimam: cf. Lev. 23. 7, etc.
17 heres regni caelorum: cf. Iac. 2. 5.

paciscatur, quia hodie dei amicitiae homo copulatur. Haec est namque dies in qua caelestibus terrena iunguntur et 'sicut dies nox illuminatur'. Nox quippe ante baptisma fuimus, sed baptizati illuminati sumus, quia lucis perpetuae heredes facti sumus. Hanc diem computet unusquis-
5 que suae renovationi, qua de potestate diaboli transivit in manus dei, de tenebris ad lucem, de morte ad vitam; et diligenter consideret quam celebrem diem hanc facere debeat, in qua regi regnorum, domino ange-lorum, conditori cunctorum adhaesit. Certe si quis nostrum amicitiis alicuius potentis iungeretur, multum exultaret, et magnam cum suis
10 laetitiam haberet. Sic quoque inter homines alicuius victoriae dies vel boni eventus solet benedici et fieri celebris ob memoriam bonae rei quae illis accidit.

Etenim si quivis pauperum inveniret thesaurum unde locuples fieret, frequenter in corde suo diceret: 'Benedicta sit dies illa, quae mihi illuxit,
15 ut thesaurum istum invenirem. Hora illa prae omnibus horis benedicatur, in qua me contigit de domo mea exire et tam pretiosum inventum rep-perire.' Verum si ille pro lucro transitorio tantum laetaretur, multo magis in hac die sancta laetitia exultandum puto, in qua de diabolo triumphamus, quem per fidem et signum domini nostri crucifixi supe-
20 rando fugamus, ac dei omnipotentis in tantum amicitiis iungimur, ut eius non solum 'amici' sed etiam 'filii' computemur, facti 'heredes dei, coheredes autem Christi', super omnia bona ipsius, si in eius mandatis permanserimus, constituendi.

Penset igitur unusquisque apud se quid deo debeat, qui sibi tantum
25 boni tribuit; et si dives est, multum de sibi praestitis deo retribuat. Si autem nihil habet, vel bonam voluntatem habeat, quod libenter daret si haberet unde, et non minus hac in die gaudeat. Nulli parvus est cen-sus, ubi magnus est animus. Nec discrepat fructus operum, ubi idem est affectus operantium. Qui vero totum dedit, et sibi nec semetipsum
30 reliquit, vehementer laetetur, quoniam quidem ad mensuram ei retri-buetur. Nam sicut tantum dedit quantum dare potuit, ita sibi tantum dabitur quantum accipere voluerit. Nullus ergo a celebritate huius diei se subtrahat, sed omnes qui se Christianos esse gaudent in hac die

---

Prior rec.: 2 terrena celestibus    nox sicut dies illuminabitur    5 reno-vationis    8 quis: quidam    12 illis: illa    13 Etenim . . . locu-ples fieret: Ut autem si aliquis pauper thesaurum inveniret unde dives fieret 16–17 repperire: Hec talia plura exultando diceret quispiam *add.*    17 Verum: Sed    22 autem *om.*    ipsius: illius    27–29 Nulli . . . operantium *om.*    32 voluerit: poterit    ergo *om.*

---

2 sicut . . . illuminabitur: Ps. 138. 12.    21 amici: cf. Ioh. 15. 14–15.    filii: cf. 1 Ioh. 3. 1.    21–22 heredes . . . Christi: Rom. 8. 17.    30–31 ad mensuram ei retribuetur: cf. Matth. 7. 2.

gaudeant et conventum faciant, quia ubique sacrae scripturae ad hoc
nos invitant. Hanc celebritatem laetitiae concupiscens sanctus David
cum magna suae mentis iucunditate dicebat, 'Quam dilecta tabernacula
tua, domine virtutum, concupiscit et deficit anima mea in atria domini'.
Hinc rursus ait, 'Laudate nomen domini, laudate servi dominum, qui 5
statis in domo domini, in atriis domus dei nostri'. Hinc et initium
nocturnae laudis huius sacrae solemnitatis nos modulando invitat dicens: 'Filiae Sion, currite, assunt enim celebria matris vestrae solemnia,
iubilemus igitur deo nostro unanimes, qui sibi eam gratuita elegit clementia.' 'Filias Sion' ecclesiae filias dicit, quia unusquisque in quantum 10
alium ad bene vivendum instruit, in tantum mater est illius quem quasi
instruendo nutrit. In quo autem quis a quo docetur, in eo illius qui
docet, filius esse perhibetur. Quando ergo alii recte vivendi exemplum
praebes, mater; quando vero ab alio hoc idem accipis, filius es. Sic
singulus quisque potest esse mater et filius, et tota ecclesia mater, et 15
tota filius sive filia.

Haec itaque mater ecclesia copulatione Christi sanctificata, sive
universaliter tota simul consideretur, seu singulariter unaquaeque
fidelis anima, multis nominibus ex diversis considerationibus in sacro
eloquio nuncupatur. De qua apostolus: 'Templum dei sanctum est, 20
quod estis vos.' Et utique recte 'templum' dicitur, quia, sicut templum
diversis materiebus construitur, ita bonus homo ex diversis virtutibus
templum dei aedificatur. In primis enim quando baptizatur in fide
Christi, quasi fundamentum sui templi ponit, et cum super eam spem,
caritatem, castitatem, patientiam, ceterasque virtutes, quas Christianus 25
homo observare debet, posuerit, quasi templum diversis materiebus
construit, in quo conditor omnium deus hospitari possit.

In hoc itaque templo debet esse altare, sacrificium, et sacerdos qui
sacrificet. Huius templi altare est fides; sacrificium, vitiorum mortificatio;
sacerdos, spiritus sive ratio. Quotienscumque aliquod vitium in mente 30

---

*Prior rec.*: 6–7 Hinc . . . invitat: Hinc omne quod in huius diei celebritate
canimus, resonat, quod quidam prudenter considerans, animas fidelium quasi
exortans allocutus est      8 enim: autem      10 filias ecclesiae    dicit: vocat
12 In quo: In quantum    in eo: in tantum          19 in sacro: et in sacro
20 De qua: De quo ait      24 spem: et *add.*      27 conditor omnium deus:
deus omnipotens      28 altare debet esse

---

3–4 Quam . . . domini: Ps. 83. 2–3.          5–6 Laudate . . . nostri: Ps. 134. 1–2.
7 nocturnae laudis: cf. *Regula S. Benedicti*, c. 10.      8–10 Filiae . . . clementia: For this
Invitatory, as used in several English churches at Matins on the Feast of the Dedication
of the church, see *The Hereford Breviary*, ed. W. H. Frere and L. E. G. Brown, Henry
Bradshaw Society, xl, 1911, ii, p. 2; *The monastic Breviary of Hyde Abbey, Winchester*,
ed. J. B. L. Tolhurst, Henry Bradshaw Society, vol. lxx, 1933, ii, f. 168ᵛ; etc.
20–21 Templum . . . vos: 1 Cor. 3. 17.

nostra contemnendo agere despicimus, quasi illud super altare fidei per
spiritum rectum mortificando sacrificamus. Deo igitur acceptabile
sacrificium offertur, ubi appetitus luxuriae alteriusve malitiae iugulatur.
Quicumque suam iram comprimit, pro illata sibi iniuria vindictam non
5 sumit, cor suum conterit, ne pro damno inimici gaudeat, contra omnia
inquinamenta carnis et animae spiritum refraenat, sine dubio valde
bonum sacrificium facit. Unde ait propheta, 'Sacrificium deo spiritus
contribulatus, cor contritum et humiliatum'. Quod quia David rectum
non habuerat cum peccaret, illud a deo in se renovari postulat. 'Cor',
10 inquit, 'mundum crea in me, deus, et spiritum rectum innova in visceribus meis.' Quotiens vitia repellimus, et in continentia salutari
persistimus, 'spiritum rectum' habemus, per quem deo illud spirituale
sacrificium offerimus.

Qui ergo scire desiderat ubi sit hoc templum, quis ille sit, qui illud
15 paraverit, ubi oblationes et sacrificia offerantur, ubi deus hospitatus sit,
quaerat qui a se torporem et neglegentiam expulit, qui vitiorum voraginem calcavit, qui in opere dei fervidus, in bono consilio promptus,
et ad omne quod deo placet est paratus, et agnoscat vere quia ibi, ibi
inquam, ibi Christus est hospitatus. Anima siquidem talis hominis sedes
20 est sapientiae, habitaculum spiritus sancti, 'templum dei sanctum', in
quo delectatur altissimus. Nihil requirit deus a nobis nisi bonitatem,
quia 'domini est terra et plenitudo eius'. Hoc autem requirit deus ut
velis et studeas esse bonus, quoniam quidem numquam bonus eris nisi
volueris. Sed velis et intus velis, et efficieris si vere volueris, quia
25 dominus bonae voluntati incrementum dabit.

Sponsus siquidem est animarum nostrarum, quia sic venit in mundum
'tamquam sponsus procedens de thalamo suo'. Moris quippe est boni
sponsi suam sponsam tueri, gubernare, et ne aliquid adversi patiatur
modis omnibus procurare. Pro qua etiam, si necessitas ingruerit,
30 proeliatur, multas iniurias multaque verbera suscipit, et libentius se
pro illa in periculum mortis ponit, quam ipsam patiatur adversitate
multari. Sic nempe Christus fecit, sic se verum sponsum esse animarum
nostrarum veraciter probavit, quando pro liberatione earum tot adversa

---

*Prior rec.*: 3 iugulatur: mortificatur     12 habemus rectum     14 ubi
sit: ubi sunt     18 placet deo    ibi, ibi: ibi     20 sanctum *om.*
31–32 ipsam patiatur adversitate multari: ipsam quicquam patiatur adversi
32 esse sponsum

---

7–8 Sacrificium . . . humiliatum: Ps. 50. 19.     9–11 Cor . . . meis: Ps. 50. 12.
17 in opere dei fervidus: cf. *Reg. S. Benedicti*, c. 58.     20 habitaculum spiritus
sancti: cf. Eph. 2. 22.    templum dei sanctum: 1 Cor. 3. 17.     22 domini . . .
eius: Ps. 23. 1.     25 incrementum dabit: cf. 1 Cor. 3. 6.     27 tamquam
. . . suo: Ps. 18. 6.

toleravit, et 'usque ad mortem' servando iustitiam pugnavit. Hanc
animam sibi desponsat et fide suae incarnationis dotat, ut habeat
regnum beatitudinis, quando regeneratur fonte baptismatis.

Consideret ergo unaquaeque fidelis anima, sponsa dei, quantum
diligere debeat sponsum suum, amatorem suum, propugnatorem et 5
liberatorem suum. Certe si casta est, saepe eundem sponsum suum
requirit, saepe in semetipsa gemebunda suspirat, frequenter secum
tractando dicit: 'O dilecte mi, quando videbo te, quando venies ad me,
"quando veniam et apparebo ante faciem" tuam?' Nimirum mulier
casta absente sponso sollicita est de eo, et multum requirit qualiter se 10
habeat, cur tantum moretur, quando debeat redire, modisque omnibus
interim procurat ut ea dicat et faciat, unde sponso suo redeunti vehementer placeat. Colloquia fornicatorum contemnit, blandimenta despicit, praesentiam illorum execratur, nec patitur etiam ut in sua domo
aliquis turpiloquus vel modice sedeat. Sic profecto fidelis anima debet 15
apud se sollicite cogitare et saepe cogitando revolvere quia est sponsa
dei, a quo dotem accepit fidei, ut alterius amicitiam non habeat sed
solius sponsi, qui sibi de familia sua quasi honestas personas reliquit,
cum quibus potest delectari donec ipse redeat.

Honestae personae, quas Christus suae sponsae reliquit, sunt: 'caritas, 20
gaudium, pax, patientia, longanimitas, bonitas, benignitas, mansuetudo,
fides, modestia, continentia, castitas'. Cum his et aliis huiusmodi potest
sponsa dei secure delectari, habitare, colloqui. Illos quoque, qui de
huiusmodi loqui et instruere noverunt, debet sibi familiares habere, et
cum eis de amore sponsi, de fallacia praesentis saeculi, ac de futura 25
gloria saepe sermocinari. Ceterum cavendum est ne fornicatores et adulteri se immisceant, qui sponsam dei alicuius labe criminis obfuscando
corrumpant. Quorum de familia haec sunt: 'fornicatio, immunditia,
impudicitia, luxuria, idolorum servitus, veneficia, inimicitiae, contenti-
ones, aemulationes, irae, rixae, dissensiones, sectae, invidiae, homicidia, 30
ebrietates, comessationes et his similia.' Cum talibus fornicatricibus
nullam debet sponsa dei collocutionem habere, nec etiam pati eas
aliquando sua in domo residere, ne forte illarum perversa blanditia ad
pravam delectationem pertrahatur.

*Prior rec.*: 6 suum sponsum     19 potest: poterit     22 his: istis
huiusmodi: huius     23 habitare: atque *add.*     24 huiusmodi: huius
26 Ceterum: At nimirum summopere     27 alicuius labe criminis obfuscando: aliquo modo maculando     28 Quorum de familia haec: Fornicatores
vel fornicatrices sunt     31 talibus: istis     33 in sua domo

1 usque ad mortem: Phil. 2. 8. Cf. *Cur Deus Homo*, i. 12 (Schmitt, ii. 61–62).
9 quando veniam . . . tuam: Ps. 41. 3.     20–22 caritas . . . castitas: Gal. 5. 22–23.
28–31 fornicatio . . . similia: Gal. 5. 19–21.

Illis etiam, qui aliquam societatem cum istis meretriculis coeperunt,
nullam habeat communionem sponsa dei, quoniam quidem 'corrumpunt
bonos mores colloquia mala'. Omnis etenim immundus, avarus, ebriosus,
iracundus, sive alii vitio deditus, societatem et amicitiam quodam modo
5 cum illo vitio accipit, cum quo delectatur per consensum mentis. Cui
in quantum sociatur, in tantum a deo, qui suus est verus sponsus,
fornicatur. Unde scriptura clamat, 'Perdidisti omnes, qui fornicantur
abs te'. In quantum etiam pravis actionibus consentit, in tantum transit
in corpus diaboli. Nam sicut illi qui dei voluntatem faciunt, per imita-
10 tionem boni operis corpus Christi efficiuntur, sic illi qui male agunt, per
imitationem pravi operis corpus diaboli constituuntur. Scriptum quippe
est, 'Qui maledicit diabolo, maledicit animae suae'. Malus etenim homo,
in quo diabolicae operationi consentit, in eo anima eius quae praebet
consensum, diabolus esse convincitur. Quare ubi 'maledicit diabolo,
15 maledicit animae suae', quae mala et diabolica est.

Iustus igitur homo, cuius anima est sponsa dei, in quantum potest
malorum declinet consortium; et in domo, hoc est in mente sua, non
patiatur, ut aliqua inhonesta cogitatio hospitium faciat, unde sui sponsi,
cum redierit, iram incurrat. Mundam se custodiat, et quia sponsa dicitur,
20 sine filiorum procreatione esse non debet. Proinde curet quatinus con-
cipiat de viro legitimo, et modis omnibus caveat ne corrumpatur ex
adulterio. Quando quis apud se constituit ut munditiam servet, semen
prolis iustitiae quodam modo in corde suo concipit. Et cum in eadem
munditia delectatur, quasi concepta prole eiusdem munditiae imprae-
25 gnatur. Cum vero tentatio affuerit, si eam contempserit et se mundum
servaverit, iam quasi prolem munditiae, quam concepit fuitque im-
praegnatus, gignit. Taliter animae nostrae concipiunt, impraegnantur,
et prolem faciunt. Qui provocatur ad iram, si patienter tolerat et sermonem pacificum reddit, ex bono semine patientiae concepit et suam ani-
30 mam impraegnavit, unde et bonum germen protulit. Qui iniuriam
qualemcumque patitur et bonum pro malo rationabiliter reddit, ex bono
semine quasi ex legitimo viro concepit, et idcirco prolem bonam edidit.

Verum qui facile ad iram movetur, pro re parvula scandalizatur,
tumultuatur, iurgia conserit, iniuriam facit, non de legitimo viro sed

34 conserit: cum serit B

*Prior rec.*: 2 communionem habeat  quoniam: quando  3 ebriosus: sive *add*.  4 sive: seu  7 scriptura clamat: scriptum est
11 Scriptum quippe: Nam scriptum  14 consensum: assensum
17 consortium declinet  in domo: sua *add*.  18 sponsi sui  23 iustitiae:
munditiae  26 fuitque: et fuit  33 pro re parvula: pro parva re

2–3 corrumpunt...mala: 1 Cor. 15. 33.  7–8 Perdidisti...abs te: Ps. 72. 27.
12 Qui...suae: Eccli. 21. 30.  31 bonum...reddit: Rom. 12. 17.

quasi de adultero concipit, unde parturitionis tempore malum filium
parit. Hinc psalmista ait, 'Concepit dolorem et peperit iniquitatem'.
Et dominus in evangelio utramque generationem aperte notificando
discrevit, dicens 'Bonus homo de bono thesauro cordis profert bona;
et malus homo de malo thesauro profert mala'. Et: 'Non potest arbor 5
bona fructus malos facere, neque arbor mala fructus bonos facere.' Et
iterum: 'Ex fructibus eorum cognoscetis eos.' Cum igitur quispiam bene
vivit, bona loquitur, bona operatur, sciri potest quia ex bono concepit,
de quo ipsos bonos filios, ipsa bona opera, ipsa bona semina germinavit.
Cum autem quis male vivit, loquitur, et facit, constat quia de adulterio 10
concepit, quoniam quidem filios qui deo contrarii sunt et bonis hominibus genuit. Caveat itaque unusquisque sibi ut tales filios parere studeat
qui sint legitimi, ne si fuerint adulterini damnet illum deus cum filiis
suis. 'Stipendia enim peccati mors.'

Gratia autem dei, ex bonis operum filiis, qui procreantur, habebunt 15
progenitores vitam aeternam. Ad haec: Si locuples aliquis pauperculam
virginem sibi desponsaret, ac deinde illi praeciperet quatinus sibi fidem
castitatis suae custodiret quia 'in regionem longinquam' disponeret
proficisci 'accipere sibi regnum et reverti', pollicens quia si in eius
fidelitate perseveraret eam gloria et honore divitiarum magnificaret, 20
reginam potentissimam faceret, nonne talis sponsa sui fidelitatem com-
paris iustissima ratione servare deberet? Certe si capite sano saperet,
quotiens eiusdem sui sponsi recordaretur, exultaret; et si qua iniuria
sibi interim fieret, propter gaudium suae futurae gloriae aequanimiter
toleraret.                                                                    25

Anima humana in paradiso dives et virgo fuerat, quia nihil corrupti-
bilitatis noverat, sed mox ut inde exclusa est, pauper et corruptibilis facta
est. Qua corruptibilitate gravata, quasi quadam mole obruta et multa
caligine caecata, sine sensu et vero intellectu in insipientia sordebat.

---

1 adultero: altero B     22 servare: ratione *add.* B

---

*Prior rec.*: 1 tempore parturitionis     5 Et: alibi *add.*     7 iterum *om.*
8 ex bono: semine *add.*     9 de quo: unde     semina bona     11 quoniam
quidem: quando quidem     sunt contrarii deo     12 genuit: gignit     14 suis:
in abyssum inferni *add.*     15 operum *om.*     16 locuples: aliquis dives
17 deinde: post desponsationem     18 quia: vellet *add.*     disponeret *om.*
20 et honore divitiarum magnificaret: et divitiis magnis honoraret     21–
22 talis . . . ratione: eadem paupercula iuste fidelitatem eius sponsi     22 capite
sano saperet: sapiens esset

---

2 Concepit . . . iniquitatem: Ps. 7. 15.     4–5 Bonus . . . mala: Matth. 12. 35.
5–6 Non . . . facere: Matth. 7. 18.     7 Ex fructibus . . . eos: Matth. 7. 20.
14 Stipendia . . . mors: Rom. 6. 23.     18–19 in regionem . . . reverti: Luc. 19. 12.
20 gloria . . . divitiarum: cf. Ps. 8. 6 and 111. 3.

Dominus autem veniens et illuminans eos 'qui in tenebris et umbra mortis sedebant', fide suae incarnationis eam illuminavit et spem redeundi ad patriam dedit. Quam sibi in baptismatis sacramento quasi desponsavit, et ab omni labe peccati mundavit, ubi ipsa in eius fideli-
5 tatem transivit, et omnibus satanae pompis abrenuntiavit. Christus igitur, 'speciosus forma prae filiis hominum', sponsus animarum nostrarum, abiens in caelum 'in regionem longinquam accipere sibi regnum et reverti', deum patrem suum pro sponsis suis sive sponsa 'elevatis oculis in caelum' clementer oravit. 'Pater', inquit, 'serva eos, quos dedisti
10 mihi', et eos qui credituri sunt per verbum illorum in me. Singulae animae fidelium per se discretae multae sunt et quasi plures sponsae, sed in una fide et caritate simul consideratae, unum sunt et quasi sponsa una. Redemptionem quippe, quam Christus fecit, et singulariter singulis et simul omnibus fecit. Hanc cum redierit, si in sua fidelitate
15 perseverantem invenerit, 'gloria et honore' coronabit, et magnis divitiis honorabit. Hanc sponsam contemplatus propheta oculo spirituali in magna gloria constitutam in sui sponsi dextera, cum mentis suae iucunditate pronuntiavit, 'Astitit regina a dextris tuis in vestitu de-aurato'. Hunc itaque sponsum nostrum expectamus, donec ad iudicium
20 redeat et singulis dignam meritorum retributionem reddat. Ad hunc igitur mente suspiremus, et ut interim ea quae sibi placeant cum redierit faciamus, modis omnibus laboremus.

Pluribus ex causis in sanctis solemniis gaudere debemus, maxime autem in hac celebritate videtur exultandum fore, quae ad memoriam
25 revocat illam transitionem, qua unusquisque transit in tantam dignita-tem, ut sit ipsemet celebris, erutus ab ignorantiae tenebris et positus ut semper gaudeat, et in amore sui conditoris immensa dulcedine ferveat. Hanc solemnitatem festivius ceteris festivitatibus nos agere quodam modo monstramus, ubi eam multiplicatis luminaribus celebramus.
30 Quae luminarium multiplicatio nostrum designat desiderium, quod in nostri salvatoris amore accendendo multiplicare debemus. Denique

---

*Prior rec.:* 1 Dominus autem veniens: Ast veniens dominus    2 eam fide suae incarnationis    5 pompis satanae    Christus: factus *add.*    igitur: qui est *add.*    11 plures sponsae: sponsae multae    13 quippe: etenim Christus: semel *add.*    17 in dextera sui sponsi    17–18 cum iocundi-tate sue mentis    18 pronuntiavit: cecinit    21 et *om.*    21–22 faci-amus, quae sibi placeant, cum redierit    30 multiplicatio luminarium

---

1–2 illuminans . . . sedebant: Luc. 1. 79.    5 omnibus . . . abrenuntiavit: cf. Ritum baptismatis.    6 speciosus . . . hominum: Ps. 44. 3.    7–8 in regionem . . . reverti: Luc. 19. 12.    8–9 elevatis . . . in caelum: cf. Ioh. 11. 41. 9–10 Pater . . . mihi Ioh. 17. 11.    15 gloria et honore coronabit: cf. Ps. 8. 6. 18–19 Astitit . . . deaurato: Ps. 44. 10.

lucerna duo in se habere videtur, claritatem videlicet et ardorem. Qua
ex re admonemur in nostri conditoris amore fervere et in bonis operibus
indesinenter lucere. Hinc dominus ait, 'Luceat lux vestra coram hominibus, ut videant opera vestra bona et glorificent patrem vestrum, qui in
caelis est'. Hinc quoque in ecclesia dei mos inolevit ut dum missa 5
celebratur lucerna iugiter ardeat, quatinus ad dei amorem ipse luminis
ardor nos provocet, et ad bonorum exhibitionem eiusdem luminis
claritas invitet. Non igitur quis neglegentia torpeat, sed quotienscumque
sacrosancta misteria celebraturus sive auditurus accedit, mentem suam
in dei amorem excitet, et quod secundum deum vivere velit, apud se 10
firmiter proponat. Et quia in hac celebritate initium totius nostrae
beatae expectationis, uti superius ostensum est, recolimus, sive dedicetur
ecclesia, sive dies dedicationis eius sit annuus, summa devotione decet
nos haec gaudia celebrare, illi gratias agendo, qui nos de morte liberavit,
et gaudia caeli quae finem non habent, si eius consilium secuti fuerimus, 15
donabit, 'cui honor et gloria in saecula amen'.

## Capitulum XXa

### De aedificatione templi

'Templum dei sanctum est, quod estis vos', ait apostolus. Templum
duo tempora habet. Unum aedificationis, aliud dedicationis. Tempus 20
dedicationis erit in resurrectione, 'cum tradiderit' filius 'regnum deo et
patri'. Sed quia est modo tempus aedificationis, de aedificatione loquamur. Templum hoc, quod nos sumus si bene vivimus, tres principales
habet partes, videlicet fundamentum, parietes et tectum. Fundamentum
fides esse dignoscitur, quae principaliter in unitate trinitatis et trinitate 25
unitatis habet existere, secundario in sacramentis ecclesiae. Sacramenta
quippe sunt baptismus, eucharistia corporis et sanguinis domini, et alia
nonnulla quae geruntur in ecclesia. Sciendum est autem tria esse tempora fidei: praeteritum, praesens et futurum. Praeteritum autem tempus
est credere incarnatum, passum, resurrexisse dominum et ad caelos 30

---

17–195. 25 *Hoc capitulum om.* Dur     30 est: et B

*Prior rec.*: 2 admonemur: inde quasi admoneamur     3 Hinc: Unde
ait dominus     12 ostensum: monstratum     13 sive dedicationis ecclesie sit dies anniversarius     13–14 decet . . . celebrare: praesentis diei
gaudia celebrare debemus     15 fuerimus consecuti     16 in saecula: saecu-
lorum *add.*     17–195. 25 *Hoc capitulum om.* A

---

3–5 Luceat . . . est: Matth. 5. 16.     16 cui . . . amen: Rom. 16. 27.
17–195.25: cf. *Dicta*, c. 8 (pp. 146–7).     19 Templum . . . vos: 1 Cor. 3. 17.     21–
22 cum . . . patri: 1 Cor. 15. 24.

ascendisse. Praesens vero, ut in sacramentis quae praesentialiter aguntur, est credere quia 'Christus resurgens ex mortuis iam non moritur, mors illi ultra non dominabitur'. Futurum: de adventu eius ad iudicium, de carnis resurrectione, de damnatione reproborum et gloria iustorum.

5 Notandum vero est quia cuiuslibet structurae fundamentum absconditum est nec videtur et, nisi superaedificetur, infructuosum remanet. Ita et fides, nisi superaedificemus virtutes et bona opera, infructuosa remanet.

Fundamentum nostrum, ut firmius sedeat, super quadratos lapides
10 constituamus. Sic enim Salomon fecit. Quadrati lapides nos debemus esse, quia et compositos mores habere et tortitudines nostras debemus abscidere. Notandum quod lapis quadratus sex quadraturas habet, et sedet in qualibet firmiter. In quadro sex quadraturae sunt: praelatio, subiectio, prosperitas, adversitas, occultum et publicum. Quadrum
15 autem quattuor sunt virtutes principales: prudentia, fortitudo, iustitia, temperantia. Unusquisque vero, sive in praelatione fuerit seu in ceteris, sedeat in quadrato, id est has quattuor virtutes habeat.

Paries spes est. Postquam igitur quis spem habuerit ut debet, iam surgunt parietes. Tectum est caritas quia, sicut tectum operit, ita
20 'caritas operit multitudinem peccatorum'. Fenestrae sunt contemplatio. Cornua est religio. Pavimentum humilitas. Pallia virtutes. Scopa castitas. In templo nostro duo altaria habeamus, sicut fecit Salomon. Unum, in quo incendebantur carnes, aliud, in quo thimiama. Duo altaria duo sunt compunctionis genera, timoris videlicet et amoris. In
25 timore vitia, in amore orationes incendamus.

18 quis: qui B

---

2–3 Christus . . . dominabitur: Rom. 6. 9.         9–10 fundamentum . . . fecit: cf. 3 Reg. 5. 17.     20 caritas . . . peccatorum: 1 Petr. 4. 8.     22–23 In templo . . . thimiama: cf. 3 Reg. 9. 25.

# MIRACULA

## Capitulum XXI
### Qualiter Iacobus apostolus daemones fugavit

Sanctae recordationis Anselmus, summus Anglorum ecclesiae pontifex, dum a patria exularet et in ecclesia Lugdunensi compellente venerabili 5 eiusdem ecclesiae antistite Hugone sibi cum suis aliquamdiu stationem fecisset, celsi consilii ac religionis vir domnus videlicet Hugo, Cluniacensium abbas, eum ad suam ecclesiam quadam vice importunis precibus venire coegit.

Ubi cum duobus mensibus moraremur, frequenter in die antistes 10 videlicet et abbas colloquebantur de caelestis vitae patria, de virtutis morum institutione, de bonorum virorum sancta et admirabili operatione. Quibus cum saepe interfuissem, de beato Iacobo apostolo, fratre Iohannis evangelistae, et alia nonnulla, quae eodem abbate narrante cognovi, memoriae ne posteris laterent commendare curavi. 15

Tres milites dioceseos Lugdunensis ecclesiae sibi condixerunt ut orandi causa sanctum Iacobum apostolum adirent, et profecti sunt. Qui cum essent in via eiusdem peregrinationis, mulierculam invenerunt, quae viaticum suum et res, quas secum in via tulerat, in sacculo deferebat. Cum autem equites intuita fuisset, rogavit ut sui miserti sarcinulam 20 quam ferebat suis in iumentis amore beati apostoli deportarent, seseque tanti itineris labore alleviarent. Quorum unus peregrinae petitioni

I  Tres milites sub dicione Lugdunensis archiepiscopi degentes pacti sunt se sanctum Iacobum causa orationis adire et profecti sunt. Qui cum in via essent, muliercula quaedam eiusdem peregrinacionis socia rogavit unum illorum, quatinus sacculum suum quo honusta fuerat, quia pedes erat, super equum suum amore sancti Iacobi portaret. Nomen militis 5 Geroldus erat. Qui libenter annuens sacculum pauperis suscepit et

I et II *distinguunt duas recensiones Miraculorum in codd. A et B: cf. supra, pp. 26–27.*
1 DE SANCTO IACOBO APOSTOLO B

2 Cc. 21, 22, and 23 (second recension with some earlier readings) were copied with minor alterations into the great collection of Miracles of St. James in the *Codex Calixtinus* (ed. W. M. Whitehill, 2 vols., Compostella, 1944, 276–83). For further details of the relationship see R. W. Southern, 'The English Origins of the Miracles of the Virgin', *Mediaeval and Renaissance Studies*, iv, 1958, 188–90, 205–8.
9 For the date of this visit to Cluny, see above, pp. 31–32.

II annuens, marsupium suscepit et portavit. Igitur veniente vespera mulier
insecuta milites de sua sarcinula sibi necessaria accipiebat, et primo
gallorum cantu cum peregrini pedites proficisci solent equiti sacculum
reddebat, sicque expedita laetior iter agebat. Taliter miles amore apostoli
5 mulierculae serviens, ad locum orationis quo tenderat festinabat. Sed
cum iter unius diei a loco distaret, pauperem infirmatum in itinere
invenit, qui eum coepit orare quatinus iumentum suum ad equitandum
sibi praestaret, ut ad sanctum Iacobum pervenire valeret. Alioquin
moreretur in via, quoniam amplius ambulare non poterat. Consensit
10 miles, descendit, impositoque mendico suae bestiae, quam equitaverat,
pauperis baculum sua in manu accepit, ferens et sarcinulam mulierculae,
quam susceperat.

    Sed cum ita pergeret, nimio solis fervore ac longi itineris lassitudine
constrictus, infirmari coepit. Quod ubi sensit, perpendens quia saepe
15 in multis multum offenderit, incommoditatem suam apostoli amore
usque ad eius limina pedibus eundo aequanimiter toleravit. Ubi apostolo
adorato et hospitio recepto, ex eadem molestia, quam in via ceperat,
lectulo decubuit, et aliquot diebus ingravescente languore iacuit. Quod

I portavit. Vespere veniente femina ad hospitium accipiebat sacculum
suum, et circa gallorum cantum, quando mos est peditum peregrinorum
iter agere, redibat illa ad militem, tradens ei sacculum, sicque expedita
cum ceteris peditibus proficiscebatur. Taliter miles amore apostoli
5 mulierculae serviens ad locum orationis quo se promiserat iturum,
tendebat. Cum unius dietae spacio a loco distaret, pauperem infirmatum
in itinere invenit, qui eum obnixe coepit orare quatinus sibi iumentum
suum ad equitandum praestaret, ut ad sanctum Iacobum pervenire
valeret. Alioquin moreretur in via, quoniam amplius ambulare non
10 poterat. Consensit miles, descendit, posito paupere in sua bestia, quam
equitaverat, eiusdem pauperis baculum sua in manu accepit, ferens et
sacculum mulierculae, quem susceperat.

    Qui dum ita pergeret, nimio solis fervore ac longi itineris lassitudine
constrictus, infirmari coepit. Quod ut sensit, cognoscens quia saepe in
15 multis multum offendit, incommoditatem suam propter sanctum
Iacobum usque ad civitatem pedibus eundo aequanimiter toleravit. Ubi
apostolo adorato et hospicio recepto ex eadem molestia, quam in via
ceperat, lectulo decubuit et aliquot diebus ingravescente langore iacuit.

15 in multis multum offenderit: cf. Iac. 3. 2.

6 Cum: Cuius A

**II** alii milites qui eius socii fuerant videntes, ad eum accedentes monent
ut sua peccata confiteatur, et ea quae Christianum refert petere quaerat,
suumque maturum exitum muniat. Hoc ille audiens faciem avertit, et
respondere non potuit. Sicque per triduum sine verbi prolatione iacuit,
unde socii vehementer maerore afflicti sunt, tum quia de eius salute 5
desperaverant, tum maxime quia suae salutem animae procurare non
poterat.

    Quadem autem die, quando eum citius exalare spiritum putabant,
illis circumsedentibus et exitum illius praestolantibus, graviter suspirans locutus est: 'Grates', inquit, 'deo et sancto Iacobo, domino meo, 10
quia liberatus sum.' Quod qui aderant quaerentes quid significaverit,
'ego', inquit, 'ex quo sensi me languore gravari, tacitus mecum cogitare
coepi quod vellem peccata mea confiteri, sacra lini unctione et dominici
corporis perceptione muniri. Sed dum haec in silentio tractarem, subito
venit ad me turba tetrorum spirituum, quae me in tantum oppressit, ut 15
neque verbo neque signo ex illa hora invenire potuerim quod ad meam
salutem pertinuerit. Ea quae dicebatis bene intelligebam, sed nulla
ratione respondere poteram. Nam daemones, qui circumfluxerant, alii
mihi linguam stringebant, alii oculos meos claudebant, nonnulli quoque

**I** Quod alii milites, qui eius socii fuerant, videntes, accedentes ad eum,
monent ut sua peccata confiteatur, et ea quae Christianum interest
petere, quatinus habeat unde suum exitum muniat. Quod ille audiens
faciem avertit et nihil respondit. Sicque per triduum sine verbi prola-
cione iacuit, unde comites illius vehementi maerore afflicti sunt, tum 5
quia de eius desperaverant salute, tum maxime quia suae animae
salutem procurare non poterat.

    Quadam autem die, quando eum citius spiritum exalare putabant,
illis circumsedentibus et exitum eius praestolantibus, graviter suspirans
locutus est: 'Grates', inquit, 'deo et sancto Iacobo, domino meo, quia 10
liberatus sum.' Quod qui aderant quaerentes quid significaverit, dixit:
'Ego', ait, 'ex quo sensi me langore gravari, tacitus mecum cogitare
coepi quod vellem peccata mea confiteri, inungui et communicari. Sed
dum haec in silencio tractarem, subito venit ad me turba tetrorum
spirituum, quae me in tantum oppressit, quod neque verbo neque signo 15
aliquid ad salutem meam ex illa hora alicui vestrum innuere potui. Ea
quae dicebatis bene intelligebam, sed nulla ratione respondere poteram.
Nam daemones, qui advenerant, alii mihi linguam restringebant, alii
oculos meos claudebant, nonnulli quoque capud meum ad libitum suum

    5 maerore: furore B

    9 illis: illi A

**II** caput et corpus meum ad libitum suum huc illucque me nolente vertebant. Sed modo paulo antequam loqui coepissem, intravit huc sanctus
Iacobus ferens sinistra manu marsupium mulierculae quod in via
tuleram, baculum vero mendici, quem portavi dum idem equitaret
5 equum meum ipsa die qua me infirmitas cepit, in manu dextera tenebat.
Et festine cum furoris indignatione veniens ad me, elevato baculo nisus
est percutere homines qui me tenuerant. Qui protinus territi fugerunt,
quos ille insecutus per angulum illum hinc exire coegit. Et ecce, gratia
dei et beati Iacobi liberatus ab illis qui me vexando premebant, loqui
10 valeo. At citius mittite et presbyterum accite, qui mihi sanctae communionis viaticum tribuat, quia diutius in hac vita non habeo manendi
licentiam.'
    Qui cum misissent, dum ille moram veniendi faceret, unum de suis
sociis publice admonuit dicens: 'Amice', inquit, 'noli amodo Girino
15 Calvo domino tuo, cui hactenus adhaesisti, militare, quia veraciter
damnatus est et in proximo periturus mala morte.' De quo ita contigisse rei veritas declaravit. Denique postquam peregrinus ille bono
fine quievit et sepulturae traditus est, reversis sociis et narrantibus
quae gesta sunt, praedictus Girinus cognomento Calvus, qui dives
20 homo fuerat, relationem eorum pro somnio duxit nec se a pravitate

**I** huc illucque me nolente vertebant. Sed modo paulo antequam loqui
coepissem, intravit huc sanctus Iacobus, ferens sinistra manu marsupium pauperculae mulieris, quod in via tuleram, baculum vero peregrini quem portavi dum idem peregrinus equitaret equum meum ipsa
5 die qua me infirmitas cepit, in manu dextra tenebat. Et appropinquans
ad me elevato baculo visus est percutere daemones, qui me tenebant.
Qui protinus territi fugerunt, quos ille insecutus per angulum illum
hinc exire coegit. Quibus remotis mox gratia dei loqui potui. At citius
mittite et presbyterum facite venire, ut illi confitear et ab eo sanctae
10 communionis viaticum accipiam, quia diutius in hac vita non habeo
manendi licentiam.'
    Qui postquam miserunt, interim dum sacerdos moram faceret,
locutus est uni sociorum suorum, ceteris audientibus, sic: 'Amice',
inquit, 'noli amplius Girino Calvo domino tuo servire neque adhaerere,
15 quia veraciter damnatus est, et in proximo mala morte moriturus.' De
quo ita contigisse rei veritas declaravit. Denique postquam peregrinus
ille bono fine quievit et sepulturae traditus est, reversis sociis et narrantibus quae viderant, praedictus Girinus cognomento Calvus, qui
dives homo fuerat, relationem eorum pro somnio duxit nec se a pravitate

**II** sua quicquam emendavit. Unde non post multos dies contigit, dum militem armis invadendo interficeret, ut ipse quoque eiusdem militis lancea transfossus interiret.

**I** sua quicquam emendavit. Unde contigit non post multos dies, dum militem armis invadendo interficeret, ut ipse quoque eiusdem militis lancea transfossus interiret.

**II** 

## Capitulum XXII

### Qualiter Iacobus apostolus mortuum suscitaverit

Prope civitatem Lugdunensem est vicus, in quo iuvenis quidam morabatur nomine Giraldus, qui arte pelletaria instructus labore manuum suarum vivebat, et matrem suam patre defuncto suis laboribus susten- 5 tabat. Hic sanctum Iacobum vehementer diligebat, ad cuius limina annis singulis venire et suam oblationem solebat offerre. Uxorem non habebat, sed solus cum matre vetula vitam castam ducebat. Sed cum diuscule se contineret, tandem vice quadam voluptate carnis superatus, cum iuvencula fornicatus est. Mane autem facto, quia prius peregrinationi se 10 disposuerat, cum duobus vicinis suis profectus est ducens secum asinum. Qui cum in via essent, invenerunt mendicum ad sanctum Iacobum proficiscentem. Quem secum et gratia societatis et potius

**I** Prope civitatem Lugdunensem est vicus, in quo iuvenis quidam nomine Giraldus, qui arte peletaria instructus iusto labore manuum suarum, vivebat, et matrem suam defuncto patre ex hiis, quae adquirere poterat, sustentabat. Hic sanctum Iacobum, apostolum, fratrem Iohannis evangelistae, vehementer diligebat, ad cuius sanctum corpus singulis 5 annis cum multo labore ex tanto itineris spacio venire et suam oblationem facere solebat. Uxorem non habebat, sed solus cum matre vetula vitam castam ducebat. Cumque diu taliter sese haberet, voluptate carnis quadam vice devictus, commixtione concubinae fornicationem incurrit. Mane autem facto, quia se ad sanctum Iacobum prius iturum paraverat, 10 cum duobus vicinis suis profectus est, ducens secum asinum. Qui cum in via non longe a vico suo essent, inveniunt mendicum ad sanctum Iacobum proficiscentem. Quem secum et gratia societatis et potius

1 See *Mediaeval and Renaissance Studies*, iv, 1958, 208–13, for a collation of the text of this chapter with the derivative versions in the Miracles of St. James (*Codex Calixtinus*, ed. W. M. Whitehill, pp. 378–82) and in the Miracles of the Virgin.

11 profectus: provectus A

II amore apostoli tulerunt, largientes ei necessaria victus. Pergentes igitur
plures cum laetitia dies fecerunt pariter.

Quorum pacificae ac caritativae societati invidens diabolus in humana
forma satis honesta ad iuvenem, qui domi fornicatus fuerat, clam
5 accessit eique dixit: 'Nosti quis sim?' At ille: 'Nequaquam.' Et daemon:
'Ego', inquit, 'sum Iacobus apostolus, quem singulis annis iam ex multo
tempore consuevisti visitare, et tuis donis honorare. Scias quia multum
gaudebam de te, quoniam quidem magnum bonum sperabam futurum
de te. Sed nuper antequam domum tuam exires, fornicatus es cum
10 muliere, nec inde usque nunc paenituisti nec confiteri voluisti. Sicque
peregre cum peccato tuo profectus es, quasi peregrinatio tua deo et
mihi foret acceptabilis. Non ita fieri oportet. Nam quicumque propter
amorem meum vult peregrinari, prius necesse est ut peccata sua per
humilem confessionem aperiat, et postea peregrinando eadem commissa
15 puniat. Qui aliter fecerit, eius peregrinatio invisa erit.' Hoc dicto ab
oculis se videntis evanuit.

His auditis homo contristari coepit, proponens in animo suo se
domum velle redire, suo presbytero confiteri, sicque coepto itinere

I amore beati Iacobi tulerunt, impendentes ei necessaria victus. Pergentes
igitur plures cum laetitia dietas pariter fecerunt.

Quorum pacificae ac caritativae societati invidens diabolus in
humana forma satis honesta ad iuvenem, qui domi fornicatus fuerat,
5 clam accessit eique taliter locutus est: 'Scis quis ego sum?' Ait ille:
'Non.' Et daemon: 'Ego sum', inquit, 'Iacobus apostolus, quem singulis
annis iam ex multo tempore consuevisti visitare et tuis eulogiis honorare.
Scias quia gaudebam de te, quoniam quidem magnum bonum sperabam
futurum de te. Sed nuper, antequam domum tuam exires, fornicatus
10 es cum muliere et in tantum nefas illud vilipendisti quod nec etiam confessionem modo facere voluisti. Sicque peregre cum peccato tuo profectus es, quasi tua peregrinacio deo et mihi acceptabilis esse deberet.
Non ita fieri oportet. Nam quicumque propter deum et amorem meum
vult peregrinari, prius necesse est ut peccata sua per humilem con-
15 fessionem aperiat et postea peregrinando eadem commissa puniat. Qui
aliter fecerit, eius peregrinatio execrabilis erit.' Hoc dicto ab oculis se
videntis disparuit.

Hiis auditis rusticus intra se contristari coepit et quia suum presbiterum, cui confiteri solebat, secum non habuerat, proposuit in animo
20 suo domum redire, et digna satisfactione peccatum suum delere, ut
peracta paenitentia sanctum Iacobum, quem diligebat, dignus posset

**II** regredi. Hoc itaque dum apud se tractaret, in eadem forma qua prius
apparuerat venit daemon dicens ei: 'Quid est quod cogitas in corde
tuo te domum velle redire, paenitudinem agere, ut ad me dignius postmodum valeas redire? Putasne tantum scelus tuis ieiuniis sive lacrimis
posse deleri? Multum desipis. Crede meis consiliis et salvus eris. Alio- 5
quin salvari non poteris. Quamvis peccaveris, ego tamen te amo, et
propterea veni ad te, ut tale consilium tibi tribuam, unde salvari possis,
si mihi credere volueris.' Cui peregrinus: 'Ita', inquit, 'cogitabam, sicut
dicis, sed postquam ad salutem mihi non prodesse hoc asseris, dic quod
tibi placet unde salvari valeam, et libens exequar.' At ille: 'Si', inquit, 10
'pleniter a delicto emundari desideras, virilia quibus peccasti citius
amputa.' Quo ille consilio territus dixit: 'Si hoc quod mihi consulis
fecero, vivere non potero. Eroque mei ipsius homicida, quod saepe
audivi coram deo esse damnabile.' Tunc daemon irridens: 'o', inquit,
'insipiens, quam parum intelligis ea, quae tibi ad salutem possint prod- 15
esse! Si taliter mortuus fueris, ad me sine dubio transibis, quia puniendo peccatum tuum martir eris. O, si esses tam prudens, ut temetipsum
occidere propter peccata tua non dubitares! Ego certe cum multitudine
sociorum meorum statim ad te venirem ac mecum mansuram animam

**I** adire Hoc itaque dum se facturum firmiter in corde suo stabiliret, in
eadem forma qua prius apparuerat venit daemon, dicens ei: 'Quid est
quod cogitas in corde tuo te domum velle redire paenitudinem agere, ut
ad me dignus postmodum valeas redire? Putasne tantum scelus tuis
ieiuniis sive lacrimis posse deleri? Multum desipis. Crede consiliis meis 5
et salvus eris. Alioquin salvari non poteris. Quamvis peccaveris, ego
tamen te amo, et propterea veni ad te, ut tale consilium tibi tribuam,
unde salvari possis, si mihi credere volueris.' Cui peregrinus: 'Ita',
inquit, 'cogitabam, sicut dicis, sed postquam ad salutem non prodesse
hoc asseris, dic quod tibi placet, unde salvari valeam, et paratus exequar.' 10
Et daemon: 'Si', inquit, 'pleniter a delicto emundari desideras, virilia
quibus peccasti sine mora amputa.' Ex quo consilio exterritus ille ait:
'Si hoc quod mihi consulis fecero, vivere non potero. Eroque mei ipsius
homicida, quod saepe audivi esse damnabile atque irremissibile peccatum.' Tunc daemon subridens dixit: 'O', inquit, 'insipiens, quam parum 15
tibi intelligis ea quae tibi ad salutem possint prodesse! Si ex isto vulnere
mortuus fueris, ad me sine dubio transibis, quia puniendo peccatum
tuum martir eris. Utinam esses tam prudens, ut temetipsum occidere
propter peccata tua non dubitares! Ego certe cum multitudine sociorum

19 animam N: anima B

18 Utinam: Ut A

**II** tuam laetus acciperem. Ego', ait, 'sum Iacobus apostolus, qui tibi consulo. Fac, ut locutus sum, si ad meum vis venire consortium, et tui
facinoris invenire remedium.'

    Quibus dictis peregrinus simplex animatus ad facinus, nocte sociis
5 dormientibus cultellum extraxit, et quidquid virile fuerat in partibus
illis sibi amputavit. Deinde versa manu ferrum erexit, eiusque acumini
se iniciens sibi ventrem transfodit. Cum autem sanguis ubertim efflueret,
ac ille palpitando tumultuaretur, experrecti socii vocaverunt illum
sciscitantes quid haberet. Qui cum illis responsum non daret sed anxius
10 extremum spiritum traheret, consternati concite surgunt, luminare
accendunt, et socium semimortuum nec iam eis respondere valentem
reperiunt. Ex quo stupefacti simul et magno timore perculsi, ne mors
illius sibi imponeretur si mane in loco eodem invenirentur, fugam iniunt,
ipsum vero in sanguine suo volutatum, asinum, et egenum quem alere
15 coeperant derelinquunt.

    Mane autem cum familia domus surrexisset et occisum reperisset,

**I** meorum statim ad te venirem et animam tuam mecum in requiem meam
tollerem.'

    Quibus dictis peregrinus simplex et idiota animatus ad facinus,
respondit, 'Si mihi promittis quod salvus ero, si meipsum pro peccatis
5 meis occidero, facile ad hoc paratus ero.' Cui daemon: 'Ego', inquit,
'sum Iacobus apostolus, qui hoc tibi consulo. Fac ut locutus sum, si ad
meum vis venire consortium et tui facinoris invenire remedium.'
Respondit peregrinus: 'Quando', inquit, 'vis ut faciam?' Ait daemon :
'Hac nocte, cum dormierint socii tui.' Quid plura? Dormientibus sociis
10 extraxit ille cultellum suum, sibique amputavit quicquid virile fuerat
in partibus illis. Deinde versa manu per medium latus eodem ferro se
transfodit. Et facinus sibi praeceptum citius volens consummare, per
mediam gulam ferrum transegit, sicque trahens ad se guttur sibi in
duas partes concidit. Cuius tumultuacione socii experrecti, vocaverunt
15 illum sciscitantes quid haberet. Qui cum illis responsum non daret
sed anxius extremum spiritum traheret, consternati concite surgunt,
luminare accendunt, et socium semimortuum nec iam eis loqui valentem inveniunt. Ex qua re stupefacti simul et magno timore perculsi,
ne mors illius sibi imponeretur si in loco eodem manerent usque
20 mane, ilico surgentes fugam iniunt, relinquentes asinum, et omnia
quae illius vulnerati fuerant, necnon et egenum quem simul pascere
coeperant.

    Mane autem, cum dominus domus et familia surrexissent et mortuum

12 sibi: in A

**II** non habens certitudinem cui necem eius imponeret, advocat vicinos et
defunctum ad ecclesiam sepeliendum deferunt. Ante cuius fores, dum
fossa paratur, propter sanguinis effusionem illum deponunt. Nec multa
interveniente mora, ille qui mortuus fuerat rediit, et in stratu funereo
positus resedit. Quod qui aderant intuentes perterriti fugiunt et excla- 5
mant. Quorum clamore populi concitati accurrunt, quid acciderit
inquirunt, et mortuum vitae restitutum audiunt.

Qui cum propius accessissent et eum alloqui coepissent, quaeque circa
se acta fuerant libera voce coram omnibus enarravit. 'Ego', inquit, 'quem
a morte resuscitatum videtis, ab infantia sanctum Iacobum dilexi eique 10
in quantum potui, servire consuevi. Modo autem, dum ad eum pergere
decrevissem et usque in hanc villam venissem, adveniens diabolus
fefellit me, dicens se esse sanctum Iacobum.' Totum quoque ordinem
rei, ut supra dictum est, palam edocuit atque subintulit: 'Postquam
mihimet vitam ademi et anima mea coarctaretur exire de corpore, venit 15
ad me idem malignus spiritus qui me deceperat, ducens secum magnam
daemonum turbam. Qui confestim absque misericordia me rapuerunt

**I** in suo sanguine volutatum reperissent, non habentes certitudinem cui
necem eius imponerent, advocatis vicinis defunctum, ut sepeliatur,
ad ecclesiam deferunt. Ante cuius fores, dum fossa paratur et missa
celebratur, quia sanguis de corpore eius effluebat, illum deponunt,
quibusdam ibidem mulieribus deputatis ob eius custodiam. Quae dum 5
aguntur, rediit ille qui mortuus fuerat, et in stratu funereo ubi positus
fuerat resurgendo resedit. Quod mulieres, quae aderant, intuentes,
timore perterritae fugiunt et exclamant. Quarum clamore populi concitati accurrunt, quae sit causa clamoris inquirunt et mortuum vitae
restitutum audiunt.                                       10

Qui dum propius accessissent et eum alloqui coepissent, quaeque
circa se acta fuerant, libera voce coram omnibus enarravit. 'Ego', inquit,
'quem a morte suscitatum videtis, ab infantia sanctum Iacobum dilexi,
eique in quantum potui servire studui. Modo autem, dum ad eum
pergere decrevissem, et usque in hanc villam iter agendo venissem, venit 15
ad me diabolus dicens se esse sanctum Iacobum.' Totum quoque
ordinem rei, ut superius dictum est, cunctis audientibus edocuit atque
subiunxit: 'Postquam mihimetipsi tot vulnera inflixi et prae dolore
vulnerum anima mea exire coarctaretur de corpore, venit ad me idem
malignus spiritus, qui me deceperat, cum magno risu, habens secum 20
magnam turbam daemonum. Qui protinus absque misericordia me
rapuerunt atque secum plorantem ac miserabiles voces emittentem ad

**II** atque plorantem ac miserabiles voces emittentem ad tormenta tulerunt.
Euntes ergo versus Romam tetenderunt.

'Verum cum ad silvam, quae inter urbem et villam quae vocatur
Labicanum sita est, venissemus, sanctus Iacobus insecutus nos post
5 tergum nostrum advolavit, comprehensisque daemonibus ait: "Unde
venitis et quo tenditis?" Aiunt illi: "O Iacobe, certe nil ad te pertinet.
Nam in tantum nobis credidit, ut semetipsum interfecerit. Nos persuasimus, nos fefellimus, nos eum habere debemus." Quibus ille: "De
hoc", ait, "quod quaero, nihil respondetis, sed Christianum vos decepisse
10 iactando gaudetis. Unde malas gratias habeatis, quia meus peregrinus est
quem vos habere iactatis. Utique non hunc impune feretis." Videbatur
mihi sanctus Iacobus iuvenis et venusti aspectus, macilentus, hilaris.

'Illo igitur cogente Romam divertimus, ubi prope ecclesiam beati
Petri apostoli erat locus spatiosus in planitie aeris, in quo turba in-
15 numerabilis ad concilium venerat. Cui praesidebat domina venerabilis
dei genitrix et perpetua virgo Maria, multis et praeclaris proceribus
dextra laevaque eius considentibus. Quam ego cum magno affectu
cordis mei considerare coepi, quia numquam in vita mea tam pulchram

**I** tormenta tulerunt. Euntes itaque versus Ethnam tetenderunt, ubi inferni spiracula esse videntur.

'Verum cum venissem ad silvam, quae prope Romam ex hac parte
sita est, sanctus Iacobus post tergum nobiscum impetu mirae velocitatis
5 comprehensisque daemonibus dixit: "Unde venistis et quo tenditis?"
Aiunt illi: "O Iacobe, certe nihil ad te. Nam tantum nobis credidit, quod
semetipsum interfecit. Nos persuasimus, nos decepimus, nos eum
habere debemus." Quibus sanctus: "De hoc", ait, "quod quaero, nihil
respondetis, et Christianum vos decepisse iactando gaudetis. Unde
10 malas gratias habeatis, quia peregrinus meus est quem vos habere
iactatis. Utique sic enim feceritis, ut aestimabatis. Venite modo, sine
dubio oportet vos praesentari iudicio." Videbatur mihi sanctus Iacobus
iuvenis et venusti aspectus, macilentus, medii coloris, qui vulgo brunus
dicitur.

15 'Eo itaque cogente Romam divertimus, ubi ante ecclesiam beati Petri
apostoli in planitie aeris erat locus viridis et spatiosus, in quo innumera-
bilis turba ad consilium venerat. Cui praesidebat venerabilis dei genitrix
et perpetua virgo Maria, multis et praeclaris proceribus dextra levaque
eius considentibus. Quam ego cum magno desiderio considerare coepi,
20 quia numquam in vita mea tam pulchram creaturam usquam vidi. Non

1 tetenderunt B: *om.* A　　　13 brunus *Cod. Calixt.: om.* A

II creaturam uspiam vidi. Non magnae, sed mediocris erat staturae, pulcherrima facie, delectabilis aspectu. Ante eam beatus apostolus coram omnibus protinus constitit, et de satanae fallacia qualiter me devicerat clamorem fecit. Quae mox ad daemones conversa, "o", inquit, "miseri, quid quaerebatis in peregrino domini et filii mei et Iacobi fidelis sui! 5 Satis vobis posset sufficere poena vestra; non esset opus ut eam augeretis malitia vestra." Postquam locuta est illa beatissima, clementer super me sua lumina flexit. Daemonibus autem magno timore constrictis, omnibus qui concilio praeerant dicentibus eos contra apostolum me fallendo iniuste fecisse, imperavit domina me ad corpus reduci. Sanctus igitur 10 Iacobus me suscipiens, confestim in hunc locum restituit. Taliter mortuus et resuscitatus sum.'

Quod incolae loci ipsius audientes vehementer laetati, protinus eundem in domum suam tulerunt et per triduum secum tenuerunt, divulgantes ac demonstrantes illum, in quo deus per beatum Iacobum 15 tam insolitam rem operatus est atque mirabilem. Nam plagae illius sine mora sanatae sunt, solis cicatricibus loco vulnerum manentibus. Loco vero genitalium crevit sibi caro quasi verruca, per quam emittebatur urina. Expletis diebus, quibus habitatores loci illum secum prae gaudio tenuerant, paravit asinum suum, et cum socio paupere, quem sibi in 20

I magnae, sed mediocris erat staturae, pulcherrima facie, delectabilis aspectu. Ante eam sanctus Iacobus protinus accessit et de sathanae fallacia, qua me fefellerat, clamorem fecerat. Quae mox ad daemones versa: "O," inquit, "maledicti, quid quaerebatis in peregrino domini et filii mei et Iacobi, fidelis sui? Satis vobis posset sufficere poena vestra; 5 non esset opus ut eam augeretis malitia vestra." Postquam haec locuta est illa beatissima, clementer super me sua lumina fixit. Daemonibus autem, qui astabant, magno timore constrictis, ut loqui cessavit, omnibus qui concilio praeerant dicentibus malignos spiritus contra sanctum Iacobum me fallendo iniuste fecisse, imperavit domina me ad corpus 10 reduci. Sanctus igitur Iacobus me suscipiens confestim in hunc locum restituit. Taliter mortuus et resuscitatus sum.'

Quod incolae loci ipsius audientes vehementer laetati, protinus eundem in domum suam tulerunt, omnibus circumquaque manentibus illum demonstrantes, in quo deus per beatum Iacobum tam insolitam 15 ac mirabilem rem operatus est. Nam plagae illius ac guttur, quod sibi praeciderat, sine mora sanatae sunt, solis cicatricibus loco vulnerum manentibus, loco vero genitalium crevit sibi caro quasi verruca, per quam emittebatur urina. Expletis diebus, quibus habitatores loci illum secum tenuerant, paravit asinum suum et socium pauperem, quem 20

II via iunxerat, iter aggressus est. Sed cum appropinquasset ad limina beati
apostoli, ecce socii, qui eum reliquerant, regredientes obviaverunt illi.
Qui cum adhuc procul essent et duos illos asinum minantes intuiti
fuissent, locuti sunt ad invicem: 'Similes', aiunt, 'homines illi sunt sociis
5 nostris, quos reliquimus alterum mortuum et alterum vivum. Nec
animal quod minant differt ab illo, in quantum videtur, quod cum illis
derelictum est.' Postquam autem appropinquaverunt, et mutuis agnitionibus sese cognoscere coeperunt, agnoscentes quod actum fuerat,
vehementer exultaverunt. Et domum venientes rem per ordinem as-
10 seruerunt.

    Sed is qui resuscitatus fuerat, postquam a loco sancto rediit, hoc quod
socii prius enarraverant re ipsa confirmavit. Nam ut res digesta est
passim divulgavit, cicatrices ostendit, et etiam quod in secretiori loco
fuerat multis hoc videre cupientibus demonstravit. Hunc hominem
15 senior reverentissimus, cuius superius, domnus videlicet Hugo abbas
Cluniacensis, et omnia signa mortis eius vidit, et pro admiratione hoc,
ut relatum est, enarrare consuevit.

I pascere coeperat, atque iter inceptum aggressus est. Cumque ad
sanctum Iacobum appropinquassent, ecce socii, qui eum timore mortis
illius reliquerant, obviam illi facti sunt. Qui cum adhuc procul essent et
duos illos asinum minantes intuiti fuissent, locuti sunt ad invicem:
5 'Multum', inquiunt, 'similes sunt homines sociis nostris, quos reliquimus, unum mortuum et alterum vivum. Nec animal quod minant,
in quantum videtur, differt ab illo quod cum eis derelictum est.' Postquam autem appropinquaverunt et mutuis agnitionibus sese cognoscere
coeperant, agnoscentes quod actum fuerat, vehementer gavisi sunt. Et
10 domum venientes rem per ordinem divulgaverunt.

    Verum is qui resuscitatus fuerat, postquam a loco sancto, quo ierat,
rediit, hoc quod socii prius narraverant, re ipsa confirmavit, cicatrices
ostendit, et etiam quod in secretiori loco fuerat multis hoc videre
volentibus demonstravit. Hunc hominem senior reverentissimus domnus
15 videlicet Hugo abbas Cluniacensis vidit, et pro admiratione saepe hoc,
ut relatum est, narrare consuevit. Domnus quoque Goffridus, nepos
et monachus eiusdem abbatis, vir boni testimonii et religionis, praefatum virum et omnia signa mortis eius saepe videre consuevit, qui
hoc et aliud, quod subiunctum est, domino archiepiscopo Anselmo, me
20 praesente, narravit.

II                      Capitulum XXIII

                Qualiter oratorium suum aperuit

Nuper comes de Sancto Egidio nomine Pontius, cum fratre suo causa
orandi ad sanctum Iacobum venerunt. Qui cum ecclesiam ingressi
fuissent, et oratorium in quo corpus apostoli iacuerat ingredi non 5
potuissent, rogaverunt aedilem ut eis idem oratorium aperiret, quatinus
nocte illa ante corpus apostoli vigilias facere potuissent. Cum autem suas
preces effectu carere viderent—nam mos illic fuerat ut post solis
occubitum ianuae, donec illucesceret mane, clausae manerent—ad sua
hospitia tristes abscedunt. Quo dum pervenissent, peregrinos suae 10
societatis omnes adesse iubent. Quibus assistentibus dixit comes
sanctum se Iacobum velle adire, illis secum pari animo comitantibus, si
forte illis per semetipsum dignaretur aperire. Cumque illi concorditer

I    Nuper comes de Sancto Egidio, nomine Pontius, cum fratre suo
     Willelmo causa orandi ad sanctum Iacobum venerunt. Qui cum
     ecclesiam ingressi essent, et oratorium eius, quod in media ecclesia
     situm est, in quo corpus apostoli iacet, ingredi non possent, rogaverunt
     sacristam ut eis idem oratorium aperiret. Nam ut ii, qui viderunt, dicunt, 5
     oratorium illud in modum coronae fabricatum est, parvulum sinum
     porrigens in orientem, undique lapide adeo firmiter clausum. Quod
     exterius licenter ambitur, sed intrare non facile permittitur. Ad altare
     principale, quod extra locum illum positum est, fiunt cotidie et sacrificia
     et orationes; intra supradictum autem locum non permittitur intrare 10
     cuivis hominum nisi ex magna consideracione, et hoc hora competenti.
     Cum itaque praedictus comes custodem praefati oratorii rogavisset
     quatinus sibi aperiret, quia ante corpus beati apostoli vigilias et orationes
     facere vellet, et custos eum audire nollet, magis precibus ut vel sibi soli
     et fratri suo aperire dignaretur coepit instare, sed nulla ratione seu 15
     pretio potuit impetrare. Tristis igitur abscedens ad hospitium venit. Quo
     dum pervenisset, peregrinos omnes suae societatis advocavit. Quibus
     in unum positis dixit se sanctum Iacobum velle adire eorum con-
     sensu illisque secum comitantibus, si forte eis per semetipsum digna-
     retur aperire. Quibus concorditer assensum praebentibus paraverunt 20

---

   4–5 ingressi fuissent BN: adissent H

   2 This chapter with minor alterations is included in the Miracles of St. James
(*Codex Calixtinus*, ed. W. M. Whitehill, pp. 282–3).
   3 Pontius, 'count of St. Gilles', was count of Toulouse from *c.* 1037 till his death
in 1061.

---

   5 ii: iis A      11 cuivis: quamvis A      19 si: sed A

II libenterque hoc susciperent, paraverunt sibi luminaria, quae manibus in eisdem excubiis tenerent.

Vespere itaque facto, accensis luminaribus ecclesiam ingressi sunt, viri numero ferme ducenti. Qui venientes ante oratorium beati apostoli,
5 elevata voce precati sunt: 'Beatissime', inquiunt, 'apostole dei Iacobe, si tibi placet quod nos venimus ad te, aperi nobis oratorium tuum, ut vigilias nostras faciamus coram te.' Mira res. Necdum verba finierant, et ecce ianuae eiusdem oratorii tanto strepitu insonuerunt, ut omnes qui aderant in minutas partes eas confractas fuisse putarent. Verum
10 inspectis illis, repagula, serae, atque catenae quibus obserebantur, rupta atque disiecta sunt. Sicque ianuae sine manibus hominum invisibili quadam virtute patefactae peregrinis ingressum praebuerunt. Qui vehementer laetificati introierunt, tantoque magis ex eodem miraculo exultaverunt, quanto evidentius beatum apostolum invictissimi im-
15 peratoris militem verissime vivere probaverunt, quem tam celeriter eorum petitioni affuisse viderunt. Qua in re perpendi potest quam sit exaudibilis piae petitioni, qui servorum suorum tam benignus affuit supplicationi.

Tua itaque clementia, benignissime apostole dei Iacobe, nobis sub-
20 veniat, quatinus sic satanae fallacias in praesentis vitae curriculo caveamus, sicque bonis studiis patriae caelestis inhaereamus, ut ad eam per Christum dominum nostrum te opitulante pervenire valeamus. Amen.


I sibi luminaria, quae manibus suis in eisdem vigiliis nocte illa tenerent. Vespere itaque facto, accensis luminaribus ingressi sunt ecclesiam viri numero circiter quadringenti. Qui venientes ante oratorium beati apostoli, elevata voce precati sunt: 'O', inquiunt, 'sancte Iacobe, si tibi
5 placet quod nos venimus ad te, aperi nobis oratorium tuum, ut nostras vigilias faciamus coram te.' Mirum dictu! Vix verba compleverant, et ecce ianuae eiusdem oratorii tanto strepitu insonuerunt, quod omnes qui aderant in minutas partes esse dissipatas putaverunt. Verum illis integris manentibus, repagula, serae, atque cathenae quibus obsere-
10 bantur, confracta sunt. Sicque ianuae sine manibus hominum invisibili quadam virtute patefactae peregrinis ingressum praebuerunt. Qui vehementer laetificati ingressi sunt, tantoque magis ex eodem miraculo exultaverunt, quanto evidentius beatum apostolum invictissimi imperatoris verissime vivere probaverunt, quem tam celeriter suae petitioni
15 affuisse viderunt. Qua in re perpendi potest, quam sit exaudibilis piae petitioni, qui servorum suorum tam benigne affuit supplicationi.

17 suorum om. B

C 3501 P

## II Capitulum XXIV

### Qualiter papa Gregorius iunior malefactores destruxerit et sepulturae traditus sit

De Gregorio minore, Romanae urbis episcopo, quem Romani Sanguineum appellant, praedictus venerabilis abbas narravit quod dico. 5

Huius reverendi papae temporibus in tantum praedonum latronumque circa urbem et infra exuberavit insania, ut nullus indigena vel peregrinus sine amissione rerum suarum propter urbem quovis ire potuerit. De qua re cum saepe populum Romanum admonuisset papa quatinus tantam compesceret vesaniam, didicit eosdem praedones ex 10 nonnullis nobilibus urbis ad facinus animari, et eos tam inhoneste ac prave direptionis participari. Quos ad se vocatos monuit cessare. Verum cum eos ab incepto coercere non potuisset, et depopulatio multa fieret, coactus rei publicae consulere, militarem manum ascivit per quam tantae saevitiae potuisset occurrere. Protinus ergo nobiles huius malitiae 15 fautores cepit, quorum perpetuo exilio quosdam deputavit, plures trucidavit eorumque bona accipiens pauperibus erogavit, sicque pace reddita rapinae calamitas cessavit.

Sed post plura annorum curricula cum idem papa ad extrema venisset, quaesitum est ab eo, quo in loco sepeliri voluisset. Cumque in ecclesia 20 beati Petri apostoli se tumulari mandaret, episcopi et cardinales, qui astabant, dixerunt ei: 'Quomodo', inquiunt, 'pater, audes in ecclesia iacere, qui tot hominibus exilium et necem intulisti? Nobis tutum non videtur te in ecclesia sepeliri, qui tantum humani sanguinis tua iussione fudisti.' Quibus ille: 'Ego', ait, 'pro deo hanc vindictam exercui, 25 quoniam qui eam exequeretur non inveni. Nec delectatus sum in poena pereuntium, sed miseratus sum innocentium damna sustinentium. Ridiculum est quempiam odio nocentis innocentiam perdere. Sed ubi malitia per rationem discretionis destruitur, innocentiae non obviatur, sed potius consulitur. Quidquid ego feci, ex pietatis fonte processit. 30 Qui malis parcit, bonis plerumque nocet. Ab alio coepit dissensio, a me autem reconciliatio. Nam paupertati amicorum et peregrinantium occurri. Nec ratus sum eorum poenam mihi ad peccatum deputari, quos rigore iustitiae damnandos exterminio deputavi. Nam sicut non damnatio sed causa hominem turpem facit, sic non poena sed causa 35 peccatum inducit; etenim "si oculus tuus fuerit simplex, totum corpus tuum lucidum erit". Alioquin homicidia, verbera, omnisque illata iniuria

27 innocentium: innocentiae B(corr.) H; innocentiam N

36–37 Si oculus . . . erit: Matth. 6. 22.

II peccatum esset. Sed absit hoc. Non enim sine causa gladius in ecclesia
dei portatur, sed ad vindictam malorum et ad laudem bonorum. Cum
ergo per gladium verbi dei corrigere malitiam nequivi, gladium ex-
terminationis, cum non esset qui per me hoc faceret, accepi, et dei
5 exercens vindictam liberavi populum dei.

'Ceterum, si magis hac in re nuda oratione me uti creditis quam
ratione veritatis, ut extremum spiritum exalavero, ad ecclesiam beati
Petri me deportate, et ianuas eius claudentes seris validioribus obserate.
Quae si mihi ultro apertae fuerint, ibidem me sepelite, si vero clausae
10 permanserint, ubicumque vobis visum fuerit, corpus meum proicite.'

Fecerunt ut praeceperat, et dignis obsequiis ex more celebratis, ad
ecclesiam beati Petri illud venerabile corpus cum magna populi fre-
quentia detulerunt. At priusquam illuc pervenissent, ecclesiae valvas
multis inspicientibus claudi ac seris obfirmari fecerunt. Sed ubi corpus
15 apostolici eo allatum appropinquavit, absque hominis tactu clausurae
cum ingenti strepitu solvuntur. Fores ultro reserantur et corpus sancti
viri non modica cum laetitia illatum terrae commendatur. Qua ex re
datur intelligi quam acceptabile sacrificium eius disciplinae operatio deo
extiterit, qui defuncti corpori tantae admirationis honorem exhibuit.

## Capitulum XXV

20

### Qualiter Hildebrandus, Romanae ecclesiae archidiaconus, cognoverit cogitationem abbatis

Praefati reverendi senis relatione cognovi, quod de Hildebrando urbis
Romae archidiacono, qui postea papa factus Gregorius dicebatur, refero.
25 Hic aliquando functus legatione viri sanctissimi et praedecessoris sui
Alexandri papae in partes Allobrogum venit, ubi ei non parva multitudo
sacrorum virorum occurrit. Inter quos cum supradictus venerabilis
abbas advenisset et ab eo honorabilius ac familiarius susceptus fuisset,
eo quod ei ex antiqua cohabitatione et nota probitate plurimum carus
30 fuisset, mansit cum eo aliquot diebus.

Quadam vero die dum pariter legatus scilicet et abbas iter agerent,
supervenerunt viri nobiles atque magnifici eundem sanctae Romanae
ecclesiae legatum salutantes, eique suae servitutis famulatum offerentes.

20 For this chapter and the other stories about Hildebrand (cc. 25–30), see F. S.
Schmitt, 'Neue u. alte Hildebrand-Anekdoten aus den *Dicta Anselmi*', *Studi Gre-
goriani*, ed. G. B. Borino, v, 1956, 1–18, and the sources quoted there. William of
Malmesbury, *Gesta Regum* (ed. Stubbs, Rolls Series, ii. 322–4), gives a version of
cc. 25, 26, and 28 which he heard by word of mouth, almost certainly from Alexander.
An independent version of c. 25 is in Paul of Bernried, *Vita s. Gregorii vii* (*Pontificum
Romanorum Vitae*, ed. J. M. Watterich, i. 481: *P.L.* 148. 45).

**II** Quorum cum turba esset plurima, saepefatus abbas locum eis accedendi ad virum tribuens, antecedere coepit, remotusque est ab eo non modico spatio. Cum ergo casu post tergum conspiceret et praefatum Hildebrandum tanta nobilitate constipatum, tanta gloria tantorum virorum honorari videret, intra se cogitare coepit ac dicere: 'Deus, quanta 5 superbia homo iste intrinsecus elevatur, cum ei quasi totus mundus arrideat ac famuletur!'

Cum igitur haec cogitaret, Hildebrandus relictis omnibus his qui advenerant, urgendo animal cui insederat, festinanter ad abbatem venit eique inclamitans ait: 'Non facio, domine abbas, non facio.' Ad cuius 10 clamorem abbas perterritus: 'Quid', ait, 'non facis?' At ille: 'Non', inquit, 'intumeo, ut putas atque in tui cordis secreto rimaris. Nam honor iste meus non est, quia non pro me sed pro deo et beato Petro apostolo, cuius legatione fungor, exhibetur.' Tunc abbas erubescens et confitens quod cogitaverat, quaesivit qualiter ille hoc tam cito cogno- 15 verit. Qui ait, 'A tui cordis cubiculo pons subtilis ut capillus capitis mihi in aurem porrectus est, in quo tua cogitatio gradiens ad me usque pervenit.' Et exponens modum cogitationis valde stupidum abbatem effecit.

## Capitulum XXVI                                               20

### Qualiter idem dominum Iesum Christum viderit, et angelum percutientem et mortalitatem praedixerit

Alia quoque die dum ad monasterium quoddam venissent, ubi idem archidiaconus pro rebus ecclesiasticis aliquot diebus demorari decrevisset, ecclesiam more solito intraverunt et se in gradibus ante altare in 25 orationem dederunt. Sed ubi aliquamdiu orationi intenderent, Hildebrandus ad abbatem respiciens caput agitare coepit et siluit. Completa autem oratione, dum ecclesiam egredi voluissent, vertit se ad abbatem et ait: 'Valde mihi contrarium est quod fecisti. Sed cave ne alia hoc vice facias.' Super quo admiratus abbas, 'quid', inquit, 'feci?' Ait: 'Dominum 30 meum Christum Iesum mihi abstulisti. Nam dum eum orarem, adveniens coram me subsistere coepit. Sed dum in ipsa oratione illum alloqui familiarius voluissem, tuis pulsatus precibus me dereliquit et ad te accessit, ibique ante te diutius moram fecit. De qua re tibi calumniam protinus fecissem, sed quia illum, quem tibi praestare videbam, 35 timui, tantum caput adversum te tacitus movi.' Cui abbas an ibi dominus

---

23 Alia . . . ubi idem: Quodam tempore dum Hiltebrandus sanctae romanae ecclesiae H     dum: praefatus abbas et Hildebrandus *add.* N

21 For this chapter, see the sources quoted above.

II apparuerit se nescire dixit; sed magnam suae orationis morula dulcedinem in eo sese habuisse confessus est. At ille, 'Etiam', inquit, 'hic fuit,
et dico tibi veraciter quia hoc in loco mortalitas non minima citius erit.
Nam angelum dei supra altare in ipsa vacuitate aeris stare conspexi, qui
5 mucronem evaginatum tenebat. Quapropter properemus hinc exire;
sed quia prandium nobis paratum est, donec comederimus abire nequaquam valemus.'

Accedentes itaque ad hospitium ad mensam sederunt; sed priusquam
surrexissent, quinque homines ex ipsius domus familia subito corruentes
10 extincti sunt. Quod illi ut viderunt, magno terrore perterriti mensam
relinquentes, letanias inchoaverunt, ascensisque iumentis maturato
gressu iram omnipotentis dei declinare festinaverunt. Ab illo igitur die
praefatus valde venerabilis vitae vir eundem Hildebrandum in magna
veneratione habuit, quem prophetiae spiritum habere in duobus iam
15 signis evidenter agnovit.

## Capitulum XXVII

### Qualiter iterum salvatorem in capitulo monachorum
### viderit

Alio tempore idem Hildebrandus Cluniacum venit et aliquot diebus
20 ibidem moratus, quia legatus domini papae et monachus fuerat, fratrum
capitulo pro sua voluntate interesse consueverat. Sed quadam die dum
in eo fratres consedissent, et ipse venerabilis Hugo abbas praesideret ac
ex more offensionum calumnias audiret, auditis intenderet, intendens
diligenter prolata discuteret, discussa diffiniret, Hildebrandus in dextera
25 parte abbatis positus erat. At vero in sinistra fratres aliquanto remotius
sedebant ob ipsius patris reverentiam, et locus aliquantus vacuus
remanserat. Cumque iis quae dicebantur iuxta morem omnes intenderent, Hildebrandus subito filium omnipotentis dei, dominum Iesum,
pastorem ac rectorem omnium, ad abbatis alteram partem considere
30 conspexit. Quo viso confestim prosilire coepit, sed protinus ipso domino
innuente ne se moveret, siluit atque remansit. Abbas autem ex motu
ipsius verens ne quid incommodi pateretur, cum penes eum sederet,
silenter sciscitatur quid habeat. At ille formidans rem indicare, respondit
non nisi bonum se habere. Cumque clamores fierent et abbas arbiter
35 de singulis sententiam daret, vidit Hildebrandus ut postea referebat,
quia dominus iis qui calumniam faciebant diligenter aurem praebebat,

17 This episode is found in all the biographies of Hugh of Cluny and in Paul of
Bernried, op. cit., ed. Watterich, i. 543, *P.L.* 148. 99. For further details, see *Studi
Gregoriani*, v. 7.

II et quale de singulis iudicium abbas proferret studiosius intendebat. Quod cum diuscule fieret, tandem soluto conventu abbas surrexit et psalmodiam ex more pro defunctis fratribus incepit.

Sed conventu ecclesiam intrante psallendo, Hildebrandus in suppedaneo suae sedis protinus resedit, et erumpens cum magno gemitu in 5 lacrimas amarissime flere coepit. Quod cum abbas videret, vehementi stupore perterritus quidnam haberet inquisivit. Cum ille vix tandem a fletibus se continens, 'non me', inquit, 'reverende pater, inquietes, quia anima mea in amaritudine est. Nam illum hodie hoc in loco vidi oculis meis, qui est "speciosus forma prae filiis hominum". Te enim 10 capitulum tenente venit et in sinistra parte tui consedit. Quod cum vidissem, prosilire coepi, ut in altera parte sui essem, quatinus ipse dominus et rex gloriae in medio nostri sederet, sed confestim manu mihi innuit ne me moverem. Cuius timore constrictus remansi et silui, eiusque visione fruens ultra quam dici possit delectatus sum. Sed ecce, 15 nunc te coetum solvente ab oculis meis evanuit.'

Cumque abbas sic eum flere conspiceret, colligens ex aliis quae supra memoravimus, quae per semetipsum vera esse probaverat, nunc quoque eum minime falli, valde consternatus animo requisivit, si aliquid iniuste in eodem conventu definisset. 'Scio', inquit, 'certissime quia duriter 20 vapulabo, si quicquam a veritatis tramite deviando hodie feci.' At ille cum diceret se nihil intellexisse illum quod corrigendum esset fecisse, conferentes de ipsius domini benignitate, quam sedulo suis fidelibus illis etiam ignorantibus assit, diem in sanctitatis laetitia duxerunt.

13 nostri N: vestri BH

10 speciosus . . . hominum: Ps. 44. 3.

**II**      ## Capitulum XXVIII

### Ut idem simoniacum episcopum superaverit per 'Gloria patri'

Alexander papa generale concilium in partibus Galliae coegit, cui ipse
5 praesidens vitiorum frutices, quae in ecclesia dei excreverant, ligone
iustitiae succidit et extirpavit. Ubi dum quidam accusaretur quod
simoniace episcopatum obtinuerit, data sibi oportunitate respondendi,
tanta calliditate verborum usus est, ut a nemine superari potuerit. Cuius
nefas, quia multis patuerat, a multis hinc et inde impetitur. At ille
10 tergiversando magnae orationis firmitate suam causam defensitabat,
seseque cum suis complicibus immunem esse ab huiuscemodi culpa
constanter affirmabat. Cum vero Hildebrandus, sanctae Romanae
ecclesiae archidiaconus, tantam accusationem tantorum testimonio
tantum videret firmari, nec tamen partem contrariam aliquo modo in-
15 firmari, praecepit silentium fieri. Et accusato episcopo in medio stante,
annuente papa dixit Hildebrandus coram omnibus: 'Multi adversum
te, frater, testimonium perhibent, sed tu argumentosa factione agens

**I**      Aliud quoque isdem venerabilis pater mihi aliquando narravit, quod
eiusdem Leonis tempore, quem ipse iuvenis vidit, contigisse cognovit.

Quadam vice, dum idem venerabilis papa generale concilium celebraret, accusatus est quidam episcopus per simoniam episcopatus locum
5 optinuisse. Cui cum darentur induciae respondendi, tanta calliditate
verborum usus est, ut a nullo potuerit superari. Cuius nefas, quia multis
patuerat, a multis hinc et inde impetitur. At ille iuvata sibi nimia
tergiversacione magnae rationis firmitate suam causam defensitabat
seseque cum suis complicibus immunem esse ab huiuscemodi culpa
10 constanter affirmabat. Cum autem apostolicus tantam accusationem
tantorum testimonio tantum videret firmari, nec tamen partem contrariam aliquo modo infirmari, imperavit silentium fieri. Et illo in medio
astante qui calumniam tulerat, dixit papa coram omnibus: 'Multi
adversum te, frater, testimonium perhibent, sed tu argumentosa sermo-

---

1 For the significance of the differences between the two recensions of this story, see
above, p. 22. The sources and historical background are discussed in *Studi Gregoriani*,
v. 1–8, and T. H. Schieffer, *Die päpstlichen Legaten in Frankreich, 870–1130*, Hist.
Studien, cclxiii, 1935, 55–58.

---

2 *venerabilis pater*: in the context of the first recension, coming after c. 46, this refers
to Anselm, in whose boyhood in the time of Leo IX the incident is alleged to have
happened. The change of the setting of the story in the second recension is therefore
closely related to the change in the attribution.

**II** superari non potes. Quare spiritui sancto causam tuam committimus, orantes, ut ipse nobis manifesto indicio dignetur demonstrare, si vera sunt quae de te dicuntur, an minime. Quia ergo diceris gratiae spiritus sancti ex simoniaca pravitate contumeliam fecisse, ad comprobandam rei veritatem dic modo coram nobis aperta voce "gloria patri et filio et 5 spiritui sancto".'

    Tunc ille laetus effectus, quia satis parva re sibi videbatur se liberari posse, clamosa voce dicere coepit. Sed cum venisset ut pronuntiaret 'spiritui sancto', defecit verbum. Coepit ergo magno conatu vim sibimet inferre ut verbum proferret, sed nequiquam. Incepit iterum iterumque 10 a capite, et quod mirabile est, totum bene et clara voce dicebat, sed quando 'spiritui sancto' dicere debuerat, deficiebat et quasi elinguis fiebat. Si quid aliud dicere volebat, bene poterat; spiritum sanctum vero nulla ratione nominare poterat.

    Proinde, quia omnibus patenter innotuit quod illius causae culpa non 15 defuit, depositus a sede pontificatus non sine confusione recessit. Nonnullis etiam diebus idem exepiscopus soluto concilio in comitatu praefati reverendi abbatis fuit, sed nulla ratione, ut ipsum attestari audivi, spiritum sanctum libere nominare poterat. Cetera quaeque volebat, absque impedimento dicebat, spiritum sanctum vero si quando nominare 20 debuerat, balbutiebat.


**I** cinacione superari non potes. Quare spiritui sancto causam tuam committimus, orantes ut ipse nobis manifesto indicio dignetur demonstrare, si vera sunt, quae de te dicuntur an minime. Quia ergo diceris gratiae spiritus sancti ex symoniaca pravitate contumeliam fecisse, ad comprobandam veritatem rei dic modo coram nobis aperta voce: "gloria patri 5 et filio et spiritui sancto".'

    Tunc ille laetus effectus, quia satis parva re sibi videbatur se liberari posse, clamosa voce dicere coepit. Sed cum venisset ut pronuntiaret 'spiritui sancto', defecit verbum. Coepit itaque magno conatu vim sibimet inferre ut verbum proferret, sed nequiquam. Incepit iterum 10 iterumque a capite, et quod mirabile est, totum bene et clara voce dicebat. Sed quando 'spiritui sancto' dicere debuerat, deficiebat et quasi elinguis fiebat. Si quid aliud dicere volebat, bene poterat; spiritum sanctum vero nulla ratione nominare poterat. Qua ex re omnibus patenter innotuit, quia accusationi suae culpa non defuit.      15

---

2 indicio N: iudicio BH

---

11 est B: *om.* A

**II**             # Capitulum XXIX

## Ut Hildebrandus factus papa daemonem equitare super quodam viderit

Non multo post tempore Alexander papa Romae defunctus est, et
5 Hildebrandus, vocatus Gregorius, ad sedem apostolicam est electus.
Qui quadam vice cum ex more in Paschali solemnitate ad ecclesiam beati
Petri apostoli venisset, ut ibi missas celebraret, ex multis partibus terrarum non parvam multitudinem hominum ad eandem solemnitatem
confluxisse invenit. Inter quos duo proceres regni Francorum venerant,
10 quorum unus Rogerius, alter vero Walterus dicebatur. Qui in sua patria
dum inter se quodam tempore cum suis familiis militiam ludendo exer-
cerent, contigit ut Rogerius filium Walteri casu interficeret. Quae res
in tantum patrem pueri contristaverat, ut mallet emori quam filium
morte interfectoris illius non vindicare. Rogerius vero paenitens sui
15 facti, modis omnibus quibus poterat veniam postulabat, satisfactionem
offerebat, sed ille furibundus pro interfectione filii omnia contemnebat.

Interea parat se Walterus beati Petri apostoli limina invisere, et profectus est. Rogerius vero, ut hoc rescivit, subsecutus ad urbem venit, et
in ipsa solemni celebritate ad papam accessit, quaeque sibi acciderant
20 ex ordine referens precatus est, ut per semetipsum papa dignaretur
Walterum interpellare pro se. Apostolicus autem videns humilitatem
precantis, ubi esset Walterus interrogavit. Qui hora eadem in gradibus
ad sinistram partem altaris beati Petri apostoli sedebat, et quia calor
erat, depositis amictibus in solo renone manebat. Cum itaque papae
25 demonstratus fuisset, noluit eum ad se vocari, sed missis duobus episcopis qui aderant, mandavit quatinus beati apostoli et sui amore inter-
fectionem filii sui Rogerio condonaret. Qui cum audisset mandatum
papae et Rogerium suppliciter coram se genua flectentem conspiceret,
cum furore concite surrexit, et manibus opilatis auribus ecclesiam exivit
30 clamitans: 'Vae mihi misero, de morte filii mei me precantur, de morte
filii mei me precantur!'

Quod cum papae renuntiatum fuisset, 'ego', inquit, 'suspicabar
veraciter quia vos non audiret, ideoque nolui, ut ad me veniret. Nam
heri dum de ecclesia Lateranensi huc venirem et ante portas beati Petri
35 cum processione susceptus fuissem, iste idem tali in loco stabat, et
daemonium amplexum caput eius et collum divaricatis cruribus sibi
super scapulas sedebat. Qui quoniam adhuc illum tenet, et tenendo
equitat, eum ad me nolui vocari, quia freno daemonis fortiter tenetur,

36 amplexus B      37 tenendo: tenet B

II et iuxta praesidentis voluntatem ut animal insensatum quaquaversum minatur. A cuius dominatione atque ducatu citius interibit, nisi magna dei miseratione idem possessor eius abire compellatur.'

Haec autem cum Waltero relata fuissent, animadvertens se in loco, ut papa dixerat, in eius processione stetisse, nec se ab eo, ut putabat, 5 adhuc cognitum fuisse, magna formidine perculsus, ad papam venit et quia eius mandatum contempserat, paenitentiam egit. Cuius admonitu satisfactionem pro sui filii nece suscepit, susceptam pro eius animae redemptione protinus condonavit, sicque pace facta et benedictione apostolica solidata uterque ad propria laetus remeavit.     10

## Capitulum XXX

### Ut idem religiosum quendam fornicasse per daemonem cognoverit

Quodam tempore saepefatus reverendus senex Romam venit, et post dies aliquos cum praefato papa in Appuliam processit. Ubi pluribus cum 15 intenti fuissent, aliquamdiu demorati sunt. Expletis autem omnibus et Romam illis regredi volentibus, die quadam Gregorius abbati secretius ad se vocato dixit: 'Scias, domine abbas, quia hac in nocte quae praeteriit, magna in ecclesia dei columna Romae graviter cecidit. Vir etenim ille talis, quem ipse bene novisti, cum muliere hac in nocte tali in 20 loco fornicatus est. De quo valde contristatur animus meus, quia familiarius in eo requiescebat anima mea. Sed ne immensa tristitia absorbeatur, quia tibi familiaris est, precor ut me praecedens ad eum properare festines. Quo cum perveneris, me misisse te nulla ratione dicas, sed quia protinus negotiis me praecesseris allegare memineris. 25 Illum autem, qui vulnere peccati sic graviter sauciatus est, conveni, et primo quidem blanda ac familiari collocutione studeas linire, illicere, postea vero, nisi te praevenerit et se confitendo denudaverit, in illos qui peccaverint et confiteri nolunt sermonem converte, si forte vel sic terrore compulsus sese per confessionem emundare velit. Quod si facere 30 neglexerit, rem sibi et locum illiciti operis intimare studeas, sic tamen, ut me conscium esse rei nullo modo prodas. Nam si cognoverit me scire, absque dubietate in immensam tristitiam et fortassis debilitatem veniet

---

14 The *reverendus senex*, here as in c. 25, is Hugh of Cluny.

15 Strictly speaking Gregory VII never visited Apulia as Pope, but the author uses the term for the duchy of Robert Guiscard (see below, p. 227, when it is used for the district near Naples). Even so, it does not seem chronologically possible that Gregory and Hugh of Cluny could ever have made together the journey which provides the setting for this story.

**II** ob verecundiam mei. Quare tua sollicitudo procuret ut sanetur, quatinus cum rediero, mihi ex more occurrat et congratuletur.'

Ivit itaque abbas, et Romam perveniens ad designatum virum accessit. Quem in maerore iam atque deiectione sui vultus invenit. Qui ex 5 abbatis adventu valde exhilaratus, mox ut eum vidit, in locum secretum vocavit eique suae fragilitatis vulnus cum multis lacrimis aperuit, nec ab eo quod papa praedixerat aliquatenus oberravit. Cuius confessionem venerabilis abbas suscipiens, illi paenitentiam iniunxit et sacris monitis dolorem illius, in quantum potuit, linire sategit. A quo postquam discessit 10 et ad papam rediit, omnia ut praedixerat se invenisse ipsi occultare non potuit.

Qua in re videtur apostolicus boni patris morem gessisse, qui et filium studuit emendare ac ne maiori tristitia cruciaretur se culpam scire dissimulare.

## Capitulum XXXI

### Qualiter sanctus Firminus de Ivone vindictam sumpserit

Nec praetereundum arbitror, quod de sancto Firmino, Ambianensium episcopo, nuper evenisse narravit. Iuxta episcopium eius erat vir quidam magnarum opum, nomine Ivo de Ham, qui contra quendam alium 20 potentem inimicitias exercebat. Sed cui cum pro voluntate sua inimicari non potuisset, consideravit in episcopio beati Firmini quandam villam suis negotiis aptam et eam contra voluntatem servientium in ecclesia sancti Firmini invasit, sibique in ea habitationem fecit, unde etiam coeptas inimicitias liberius exercuit. De qua re clerus cum populo saepe 25 apud eundem Ivonem quaerimoniam facientes, rogabant, ut coeptis desisteret, quae invaserat restitueret; sed ille quaedam necessaria sibi obtendens neque raptum dimisit neque pro eo quicquam restituit. Omnes quoque, qui in eodem episcopio erant, compulit eandem villam munire, fossa, vallo, propugnaculis et ceteris instrumentis, quae neces-30 saria sunt bellum gerentibus.

Verum his omnibus paratis et clero cum populo ad sanctum Firminum clamante, auxilium de caelo mirabiliter subministratum est. Fuerat enim

---

20 cum *om.* B

---

13 ne maiori tristitia cruciaretur: cf. *Reg. s. Benedicti* c. 27, 'ne abundantiori tristitia absorbeatur'.

17 St. Firminus, the first bishop of Amiens, and patron saint of the cathedral. It is implied, quite implausibly, that this story, like the previous one, was told by Hugh of Cluny.

II alius quidam Ivo de Neael, divitiis pollens, ad quem nocte cum securus
in suo castro iaceret duo iuvenes venerunt, binas caprarum pelles in
manibus ferentes, in quibus cornua capitum et ungulae cum tibiis
a genibus deorsum derelictae pendebant. Et accedentes ad Ivonem, de
stratu suo eum levaverunt atque in medio sui cubiculi pavimento 5
ponentes, cum tergora in medio manibus tenerent, cornibus et ungulis
illum verberantes, cum virtute percutere coeperunt dicentes, 'Hoc
habeas pro villa sancti Firmini, quam invasisti'. At ille vocem validi
clamoris emittens, non se esse Ivonem de Ham, qui villam sancti
Firmini abstulerat, sed Ivonem de Neaele dicebat. Qui statim relin- 10
quentes illum, ab oculis eius evanuerunt.

Familia vero clamore sui domini commota accurrit, et re quae
acciderat cognita, vehementer obstupuit. Vir autem ille cogitans hoc
sibi illatum esse aliqua occulta dispensatione potius quam errore, confestim misit, et quid de Ivone de Ham vicino suo ageretur diligenter 15
inquiri praecepit. Cuius nuntii cum ad villam sancti Firmini venissent,
ubi praefatus Ivo sibi mansionem fecerat, inveniunt eum seminecem
de villa efferri, et omnia quae ibidem aedificaverat mandasse demoliri.
In eadem quippe nocte tantam passus est vexationem, ut paene 'usque
ad separationem animae' et corporis perductus sit. Sed cum interrogare- 20
tur, unde sibi tanta corporis debilitas tam subito acciderit, vel quare
tanta aedificia tam velociter et inconsulte evertere iusserit, nil dicere
voluit, nisi quod sic ei ut fieret tunc temporis placuit. Quod Ivoni de
Neaele cum enuntiatum fuisset: 'ego', inquit, 'rem detegam, quam ille
dicere verecundatur. Nam causa ipsius insolitis verberum ferulis 25
graviter caesus sum, sed cum exclamassem me illum non esse qui
quaerebatur, beati Firmini nuntii, qui me tormentis afficiebant, dereli-
querunt, et ad eum accesserunt.'

Quid autem hac in nocte in eo operati sunt, ipse quidem celat, sed
eius corporis invalitudo omnisque fabricae disiectio, quam in sancti 30
possessione fecerat, satis aperteque clamat. Delatus itaque vehiculis
aeger et invalidus ad propria, qui sanus corpore sed non mente invaserat
aliena, post multos dies ab aegritudine convaluit, sed mentem a malitia
non mutavit. Nam non multo post tempore, dum in malitia perseveraret
et vicinos ambitiose armis inquietaret, transfossus in praelio spiritum 35
exalavit nec quemquam ulterius inquietavit.

1 According to the *Genealogia regum Francorum* (*Hist. de France*, xiv. 6) Ivo de
Neael was a brother-in-law of Manasses, bishop of Soissons (1103–8), and of the two
successive counts of Soissons, Rainald and John.
19–20 usque ad separationem animae: cf. Hebr. 4. 12.

**II**

## Capitulum XXXII

### Qualiter Christianus quidam eguerit et egestate caruerit

Exequitur adhuc venerabilis senex narrationem suam, et de quodam, qui Christianus appellabatur, quiddam edocuit, quod memoriae com-
5 mendandum non inutile putavi. Homo ille saecularis erat, temporali substantia satis copiosus et inter suos carus et honoratus. Alterius rei non multum egebat, sed quia ambitiosus erat libenter ab aliis quaeque solebat accipere, et de suo non facile cuiquam tribuere. Hic quendam fratrem monachum habebat, qui sub imperio abbatis et regulari
10 disciplina militans viridarium et hortum custodiebat. Ad hunc igitur saepius Christianus solebat venire et de fructibus et herbis illius avare frequenter accipere, nec tamen ei vel monasterio aliquid de suo re-tribuebat.

Cumque hoc crebrius fieret ut ille de labore monachorum et de sub-
15 stantia ecclesiae gratis acciperet, nec monachus germanus illius se ab illa datione temperaret, idem Christianus ad tantam devenit inopiam, ut non haberet etiam unde cibum sumeret. Coepit itaque egere et ex sua paupertate inter suos vilis haberi. Et quod prius per avaritiae levitatem solebat impudenter quaerere, coactus est postmodum per

**I**     Quadam vice quidam mihi venerabilis senex, audiente reverendo patre Anselmo et affirmante se hoc idem iam audivisse, narravit quod memoriae commendandum non omnino inutile putavi. Quidam sae-cularis erat nomine Christianus, temporali substantia satis dives, qui
5 multum inter suos vicinos carus et honoratus erat. Alterius ope non egebat, quia de suo sufficienter habebat. At quia avarus erat, libentius ab aliis quaeque solebat accipere quam quicquam tribuere. Hic quendam fratrem monachum habebat, qui sub abbatis imperio et regulari disciplina militans viridarium et hortum ceterorum fratrum custodiebat.
10 Ad hunc saepius Christianus venire solebat, et solius avariciae causa de fructibus et herbis eius frequenter accipiebat, nec tamen ei vel mona-sterio, licet bene potuerit, aliquid de suo tribuebat.

Cumque hoc crebrius fieret quod ille de labore monachorum et sub-stantia ecclesiae gratis acciperet, nec monachus se ab illa datione
15 temperaret, idem Christianus ad tantam devenit inopiam, ut non haberet etiam unde cibum sumeret. Coepit itaque egere et ex sua paupertate inter suos vilis haberi. Et quod prius per avariciae levitatem solebat impudenter quaerere, coactus est postmodum per inopiae necessitatem

---

3 It is implied in the second recension that Hugh of Cluny was the source of this story; the first recension makes it clear that he was not.

**II** inopiae necessitatem anxius cum rubore petere. Frater quoque illius, qui ei priori tempore causa honoris potius quam necessitatis de iis quae in custodia habebat inconsulte plurima fecerat, postquam illum ad tantam venire egestatem conspexit, modis quibus potuit procurare coepit quo tantam inopiam sua ope mitigaret. Coepit igitur eius causa 5 vehementer dolere, moliri ac fatigari egestatem illam abolere. Sed quanto ad hoc monachus amplius laborabat, tanto minus proficiebat, quia de die in diem ille pro quo sollicitabatur magis ac magis decidebat. Sicque factum est, ut quod prius faciebat illi ex simplicitate dum non egeret, postea necessitatem habenti faceret ac semper egeret. Donatio 10 quippe, quae sibi videbatur honoris, dum modum nescit, vertitur ei in occasionem magni doloris.

     Sed dum aliquamdiu fieret ut monachus pro inopia illius laboraret, illeque pro sua paupertate plurimum affligeretur, die quadam secum tacitus cogitare coepit quidnam esse potuisset, quod ad tantam ege- 15 statem devenisset. Et mirans quod tantam indigentiam ex copia tam celeriter incurrerit, religiosum quendam virum super hac re consulere coepit. Qui statim qualiter in prosperitate vixerit, quidve boni fecerit, si a quoquam aliquid acceperit et non reddiderit, totamque vitam illius

**I** anxius cum dedecore petere. Frater quoque eius, qui ei priori tempore causa honoris potius quam necessitatis de iis, quae in custodia habebat, inconsulte plurima fecerat, postquam illum ad tantam egestatem venire conspexit, modis omnibus et supra vires procurare coepit, quo tantam inopiam sua ope mitigaret. Coepit igitur pro eo multum dolere 5 multisque modis laborare, quatinus egestatem illam propulsaret. Sed quanto ad hoc monachus amplius laborabat, tanto minus proficiebat, quia de die in diem is pro quo tantum sollicitabatur decidebat. Sicque factum est, ut quod prius faciebat ille ex simplicitate dum non egeret, postea necessitatem habenti faceret, et semper egeret. Dacio etenim, 10 quae sibi videbatur honoris, dum modum nescit, versa est in causam magni doloris.

     Verum dum hoc aliquandiu fieret ut monachus pro inopia illius laboraret illeque pro sua paupertate plurimum affligeretur, die quadam secum coepit tractare quaenam causa esse potuisset, quod ad tantam 15 inopiam deveniret. Quod cum intueri nequiverit et miraretur quod ex tanta copia bonorum tantam indigentiam intraverat, quendam religiosum virum consuluit. Vir autem ille qualiter in prosperitate vixerit, quidve boni fecerit, si a quoquam aliquid acceperit et non reddiderit, totamque vitam eius protinus sollicite inquisivit. Cui ille, cum statum 20

     5 sua: suam A

**II** diligentius investigavit. Cui ille cum prioris vitae statum explicuisset,
ait senex: 'Tua ambitio et fratris tui datio indiscreta est bonorum
tuorum iusta perditio. Nam ille postquam se deo dedit, non suus sed
dei fuit, nec quicquam sine eius voluntate, cui se vice dei subiecit, post-
5 modum facere debuit. Quod ubi praesumpsit, peccavit, quia in quantum
secundum propriam voluntatem quid fecit, in tantum se a subiecta
voluntate quam deo debuit servare subtraxit. De illo autem ut modo
taceam, cum tibi tua possent sufficere, quae servorum dei sunt nisi
magnae rationis causa suscipere non deberes. Et si meo credere volueris
10 consilio, de rebus ecclesiae ammodo nihil accipies, immo curabis ut tuo
ingenio et labore vivas, nec fratris tui procurationem acceptabis. De
labore et iusta acquisitione tua servis dei atque pauperibus particulam
impertire studeas, nec tam sollicitus sis qualiter a quoquam aliquid
accipias, quam ut beneficium et obsequia quibusque impendas. Si
15 multum tibi esset abundanter, tribuere deberes, sed cum nihil habeas,
saltem voluntatem bonam habeto, et gratias age deo. Si vero vel modicum lucrari potueris, partem inde pro deo studeas largiri.'
    Abiit ille et iuxta senioris consilium vitam instituere coepit. Nec
multa incesserat hora, quod ipse a sua inopia coepit relevari et in statum

**I** prioris vitae exposuisset, ait senex: 'Tua', inquit, 'avaricia et fratris
tui iniusta largicio est bonorum tuorum iusta perditio. Nam ille, postquam se deo dedit, non suus sed dei fuit, nec quicquam sine sui patris
spiritualis iussione amodo facere debuit. Quod ubi facere praesumpsit,
5 peccavit, quia in quantum secundum propriam voluntatem quid fecit,
in tantum se a subiecta voluntate quam deo debuit servare subtraxit.
At de illo ut modo taceam, cum tibi tua possent sufficere, quae servis
dei donata sunt tam leviter non deberes accipere nisi ratione magnae
necessitatis exigente. Et si meo credere volueris consilio, de rebus
10 ecclesiae amodo nihil recipies, immo curabis ut tuo labore et ingenio
vivas, nec fratris tui procuracionem acceptabis. De labore et iusta ad-
quisitione tua servis dei atque pauperibus particulam inpertire, nec tam
sollicitus sis qualiter a quoquam aliquid accipias, quam ut beneficium
et obsequia aliis impendas. Si multum tibi esset, abundanter tribuere
15 deberes; sed cum nihil habeas, vel bonam voluntatem habeto et gratias
age deo. Si autem vel modicum lucrari potueris, partem inde libenter
impertiri stude.'
    Abiit ille et iuxta quod sibi senior consilium dederat, fecit. Nec multa
mora intercesserat, quod ipse coepit a sua inopia relevari et in pristinum

6 subtraxerit A

**II** pristinum reformari. Rediit ergo ad senem gratias agens, eo quod eius consilio a tanta suae paupertatis ignominia erui coepisset. Quod quia salubre sibi experimento probavit, tenuit atque tenendo in tantum crevit, ut iuxta modum suum sufficienter haberet. Sicque factum est ut, dum laboribus aliorum uteretur et nihil daret de suo, ad inopiam veniret, 5 cum vero de labore suo dare coepisset, magis ac magis cresceret in bonis, et abundantiam inveniret.

**I** statum reformari. Rediit ergo ad senem grates referens, eo quod eius consilio a tanta ignominia suae paupertatis erutus esset. Quod quia salubre sibi experimento probavit, tenuit atque tenendo in tantum crevit, ut iuxta modum suum sufficienter haberet. Sicque factum est ut, dum laboribus aliorum uteretur et nihil daret de suo, ad inopiam 5 veniret, cum vero de labore proprio dare coepisset, magis ac magis in bonis habundaret.

## Capitulum XXXIII
**II**
### De abbate Gigone et eius iucunditate

In provincia Pictaviensi quandam ecclesiam habebat, in qua ex iure sui monasterii abbatem, nomine Gigo, ordinaverat. Qui reverendus vir licet virtute abstinentiae, orationis instantia, eleemosinarum largitione 5 laudabiliter effulserit, erat tamen in communi sermone ex sui cordis puritate atque laetitia tam iocosus, ut is, qui eum loqui audiret et vitam illius non cognosceret, nulla virtutis vestigia in eo esse putaret. Quem venerabilis Hugo saepe ut se in hac re corrigeret admonuit, sed cum haec, ut aiebat, quae levia videbantur loqui desineret, et aliqua religiosa 10 inciperet, ipse suae religionis modus non minus auditores ad iucunditatem movebat.

Quodam igitur tempore cum ad ecclesiam illius praefatus Cluniacensis abbas ex more accederet, tertia nocte antequam ad eius monasterium veniret, per visionem eidem abbati tristis apparuit, nec locutus est, sed 15 lutosum os et labia pulverulenta quae gerebat ostendit, statimque recessit. Venerabilis autem Hugo expergefactus eum intellexit de hac vita migrasse, et quia os et labia nimis ad risum et ludicra solverat, poenam peccati se habere in eisdem membris aperuisse. Mane autem facto certior de visione factus est. Nam fratres eiusdem monasterii 20 occurrerunt, qui eundem virum migrasse nuntiaverunt. Ad quod cum praefatus abbas pervenisset, ac magno maerore omnes qui ibidem

3 habebat: *scil.* Hugh of Cluny, who (it is implied) was the source of this story.

II habitabant afflictos pro sui patris amissione invenisset, referens quid de
illo viderit, rogavit ut quia nimis diffusus in verbis fuerat septem diebus
pro eius liberatione se in silentio continerent. Cumque omnes hoc
voluntarie libenterque susciperent, ex omni grege septem elegit, qui
5 hanc satisfactionem deo pro illius excessibus offerrent. Aliis autem
missas et orationum suffragia exhibere constituit, quibus ipse non
segniter ipsis septem diebus intendere studuit. Septima vero die
taciturnitatis transacta apparuit supradicto abbati, et quia illius et
fratrum adiutorio labia et os emundata habuerat gratias egit. Unde
10 venerabilis Hugo valde laetificatus fratribus statim mane quae sibi
revelata fuerant manifestavit, monens ut inde pietati benignissimi dei
et salvatoris nostri grates exsolverent.

Post aliquot autem annos, ut omnipotens deus quanti meriti vir ille
fuerit demonstraret, iucundus ut erat in vita sua, quasi iocosa mira-
15 culorum exhibitione declaravit. Nam rusticus quidam dum in ecclesia, in
qua vir dei tumulatus fuerat, missam audiret et propter sepulchrum eius
staret, nullam viro reverentiam exhibens sepulchro illius quasi appodio
incubuit. Verum ut ipse et alii, qui aderant, intelligerent quantus vir
fuerit cuius mausoleo incumbebat, in facie subito percussus est, ita ut
20 sonus eiusdem alapae per totam ecclesiam audiretur. Qui cum ictum
ferientis acriter sentiret, sed quis eum sibi intulerit minime videret,
immo terrore perterritus, a sepulchro viri dei se subtraxit, nec ad illud
nisi cum reverentia ulterius accessit.

Alio quoque tempore alius sarcinulam frumenti servandam in ecclesia
25 in sacco portavit, et eam super viri dei sepulchrum deposuit. Sed cum
ab ecclesia exire voluisset, eadem sarcinula longe a sepulchro illius
proiecta super collum rustici venit, eumque protinus sub se in terram
prostravit. Nec venit in dubium, quin hoc divina virtute, ut viro cultus
reverentior excresceret, factum sit, cum longius remotus fuerit tunc,
30 quando sarcina post tergum eius veniens super illum corruit.

## Capitulum XXXIV

### De abbate Hugone et eius taciturnitate

De huius reverendi senioris ac patris monasterii Cluniacensis, et quia
sua nos relatione iam signavit, actibus quaedam cognovi, quae silentio
35 contegi valde indigna putavi. Denique cum esset coenobiorum fundator
strenuissimus, eleemosinis ac taciturnitati praecipue deditus erat. Nam
dum apud eum moraremur, in capella, ubi divina mysteria secretius

11 benissimi B

**II** persolvebat, magnam pannorum lini ac lanae copiam vidimus, quam
comparari ad opus pauperum fecerat. Eos ante se ad mensuram maiorum
ac mediocrum a suis famulis faciebat incidi, et ipse cum illis fratribus
qui ei familiarius adhaerebant incisos horis competentibus sarciebat,
consuebat, nec interim loquebantur sed psalmodiae vacabant. Paratis 5
vestibus, egentes quos habere volebat coram se introduci faciebat, quibus
indumenta quae paraverat manu propria porrigebat. Alimenta quoque
multa procurabat, quae cum sollicitudine magna eis erogari faciebat.
Quorum etiam usui thesaurum ecclesiae, cum minor alimentorum copia
esset, plerumque solebat distrahere, ac de emptis alimoniis pauperes 10
recreare.

Quadam autem vice Romam proficiscitur, et in itinere, dum nocte
quadam maturius surrexisset atque psallendo cum fratribus viam
caperet, valida latronum manu circumvallatur ac detinetur. Cuius
continuo iumenta rapiuntur, sessores eorum deiecti, spoliatique tun- 15
duntur. Direpta est omnis suppellex, exclamant socii, vociferantur
abbatem, sed ille cum suis monachis orationi et psalmodiis intentus
nihil omnino respondit. Ad ultimum omni praeda collecta, venerabilis
vir cum omnibus qui in ipsa societate reperti sunt in captionem ducitur,
praeda inter praedones partitur, et seorsum ipse custodiae deputatur. 20
Sed licet multas adversariorum impulsiones senserit, multa multumque
adversitate anxius extiterit, numquam tamen ab inceptis dei laudibus
cessavit, sed sicut coeperat, usque ad diem in eis perseveravit. Mane
vero prima et letaniis cum suis orationibus praemissis, data benedictione
locutus est. Latrunculi vero, ut sanctae religionis illius constantiam 25
viderunt, compuncti corde quaeque diripuerant confestim restituerunt,
de illatis iniuriis veniam petierunt, participes orationum eius se fieri
suppliciter rogaverunt, et deinceps a malitia cessaturos sese promiserunt.
Factum ergo est, ut, dum taciturnitati pro deo studeret, et sua reciperet
et malivolos magis tacendo quam loquendo coerceret.　　　　30

　　1 magna B　　　6 quos: quod B

**II**        Capitulum XXXV

De Stephano rapto et eius presbitero

Vir quidam boni testimonii, Eustachius nomine, quem multi nostrorum
veridici sermonis magnaeque eloquentiae fuisse noverunt, beatae
5 memoriae Anselmo archiepiscopo me audiente narravit quae dico. Hic
in Appulia aliquamdiu moratus fuerat, ubi ea relatione virorum didicit,
partim quoque se vidisse asseruit. Fuisse olim habitationem daemonum
in monte Bebio, incolae terrae illius firma veritatis assertione allegant.
Nam in tantum ibidem vesana eorum crudelitas excrevit, ut visibiliter
10 in domibus sive agris homines atque animalia nonnumquam raperent,
et ad montis supercilium ubi ingens baratrum patebat exalans sulphu-
reum fumum secum traherent.

Quodam vero tempore Stephanus quidam dives opum, dum suos
nimia crudelitate vexaret, deducendo se in avium capturam perrexerat.
15 Sed cum illis intenderet, subito turba militum apparens eundem
Stephanum rapuit atque rapiendo cum magna festinatione recessit,
confestimque disparuit. Cuius uxori cum hoc nuntiatum fuisset, per

**I**     Multorum et non improbandae auctoritatis virorum relacione cognovi
quae dico. In monte Bebio, qui in Appulia situs est, olim habitacio
daemonum esse consueverat. Ubi tanta eorum vesania aliquo tempore
excreverat, quod visibiliter in domibus sive agris homines atque
5 animalia nonnumquam rapiebant, et ad montis supercilium, ubi
ingens baratrum patebat porrigens in altum sulphuream flammam,
secum ferebant. Cum autem aliquis tirannus aut dives malae vitae
in terris eidem loco vicinis moriebatur, maior tumultuacio furentis
flammae in eodem loco poenali fiebat. Ut enim flamma pinguedine
10 excitata maioris incendii incrementa concipit, sic idem ignis infernalis
in morte tiranni quasi exasperatus magis furere videbatur. Unde incolis,
quibus hoc in noticiam venerat, prius plerumque principum longe
positorum mors innotuerat, quam illis qui vicini erant et prope defuncto
fuerant.
15 Quodam vero tempore quidam Stephanus dives opum, dum suos
nimia crudelitate vexaret, deducendo se in avium capturam perrexerat.
Sed cum illis intenderet, subito turba militum apparens eundem rapuit
atque rapiendo cum magna festinacione recessit confestimque disparuit.

---

3 Eustace is the monk of Bec referred to below (p. 238) who accompanied Anselm
in his second exile. Since he is here spoken of in the past tense it seems that he was dead
when this account was written.
8 'mons Bebius' is Vesuvius.

**II** castra circumposita suum dominum quaeri praecepit. Qui quaesitus
cum inventus nequaquam fuisset, omnibus manifeste patuit inferorum
turbam fuisse, quae illum rapuisset. De qua re coniux illius lamentari
non desistens, conqueri coepit quod non haberet qui hoc probabili
experimento addiscere auderet.     5

Tunc quidam presbiter, capellanus eius, cui idem Stephanus multa
bona fecerat, rei veritatem se inquisiturum spopondit. Quadam itaque
die, dum sacram missarum celebrationem peregisset, sola casula deposita,
cum aliis esset indutus ornamentis, solus ad montem processit, signum
vivificae crucis in manibus ferens. Cumque fere ad summitatem venisset, 10
introitum ad interiorem hiatum montis in latere conspexit, quo protinus
tendere ausum arripuit. In cuius ingressu dominum suum, quem
quaesierat, in sella ardenti sedentem invenit. Sed idem Stephanus, mox
ut presbiterum alloqui potuit, cum increpatione exclamavit: 'Infelicis-
sime', inquit, 'quae te insania huc advexit? Cur ante tempus te ipsum 15
damnare cupis? Nimis alta tentasti, nimis praesumptuose egisti. Nisi
sacra illa fuissent quae portas, nulla tuarum dilatio poenarum fieret.
Quapropter cave, ne aliquo tempore haec sacra deponas, nisi similibus
superinduaris, quia sola eorum reverentia nunc toleraris quod confestim
non vinciris et ad nostram poenam non introduceris. Quacumque 20
die haec mandata contempseris, scito pro certo quod ad poenas huc
rapiendus eris. Ego enim hic hac sola de causa positus sum, quatinus
haec tibi praenuntiarem. Revertere igitur, nec moreris.'

**I** Quod cum uxori eius nunciatum fuisset, per castra undique posita suum
dominum quaeri praecepit. Qui cum quaesitus inventus non fuisset,
manifeste omnibus patuit inferorum esse turba, quae illum rapuisset.
Verum coniux illius lamentari non desistens, conqueri coepit quod non
haberet, qui hoc probabili experimento addiscere audet.     5

Tunc quidam capellanus eius, cui idem Stephanus multa bona fecerat,
rei veritatem se inquisiturum spopondit. Quadam itaque die, dum
sacram missarum celebrationem peregisset, sola casula deposita, cum
aliis indumentis ad montem solus processit, signum sacrae crucis in
manibus ferens. Cumque fere ad summitatem venisset, quendam 10
introitum ad interiorem hiatum ex terrae cavacione quodam in loco
factum esse conspexit, quo protinus tetendit. In cuius ingressu dominum
suum, quem quaerebat, in sella ardenti sedere conspexit. Sed idem
Stephanus, mox ut presbiterum alloqui potuit, cum increpatione
exclamavit: 'O', inquit, 'infelix, quae insania te huc advexit? Cur ante 15
tempus temetipsum damnare cupis? Nimis alta temptasti, nimium prae-
sumpsisti.' At presbiter propius accedens quaesivit si amodo quolibet

**II** Presbiter itaque magno terrore perterritus rediit, quae viderat coram
omnibus tremebunda voce saepius enarravit, et per biennium mandata
servavit. At postquam se tam prolixa spatia temporis sine laesione
transisse conspexit, delicias amplexus mandata neglexit. Siquidem balnei
5 usum appetiit, quod vestibus ablatis intravit, sed vix per momentum
in eo remansit. Nam confestim mauri homines venerunt, qui eum de
balneo extraxerunt, ac nudum coram oculis omnium plorantem atque
clamantem in illum tormentorum locum portaverunt. Qua ex re datur
intelligi quod hic quoque praefato Stephano in opera concordavit, quos
10 dei omnipotentis iudicium in eodem loco poenali copulavit.

At cum diu vexatione talium praedonum populus gravaretur, venit
quidam ignotus vir procerae staturae, cuius veneranda canities fidem
verbis praebere videbatur. Qui populo persuasit ut in compitis et triviis
finium suorum fornices triumphales erigerent, in quibus imaginem
15 salvatoris et sanctorum eius ponerent, ubi etiam luminaria nocturnis
horis coram ipsis imaginibus ardere facerent, et remedium acciperent

**I** modo liberari posset. Sed cum se penitus damnatum esse fateretur, non
amplius liberari posse, subintulit: 'Vide', inquit, 'ne aliquo tempore
balneis utaris, neque sine sacris indumentis sis, quia ex sola reverentia
eorum hac vice toleraris, quod confestim non vinciris et modo ad poenam
5 nostram non introduceris. Quacumque die has vestes deposueris, scito
quod ad nos sine dilacione traheris. Nam ego hac de causa hic positus
sum, ut tibi hoc praenunciarem.'

Rediens itaque presbiter ea quae viderat coram omnibus enarravit,
et per biennium mandata servavit. Sed postquam se tam prolixa tem-
10 poris spatia sine laesione transisse conspexit, delicias amplexus mandata
neglexit. Siquidem balnei usum appetiit, quod vestibus ablatis intravit,
sed parvulam horam fecit. Nam confestim mauri homines venerunt,
qui eum de eisdem balneis abstraxerunt, ac coram oculis omnium in
illum tormentorum locum portaverunt. Qua ex re datur intelligi quod
15 eorum opera concordavit, quos dei omnipotentis examinacio in eadem
poena copulavit.

At cum diu talium praedonum vexacione populus gravaretur, venit
quidam homo procerae staturae, cuius veneranda canicies fidem verbis
facere videbatur. Is itaque populo persuasit ut in compitis et triviis
20 finium suorum opus in modum triumphalis arcus erigerent, in quibus
ymaginem salvatoris et sanctorum eius ponerent, ubi etiam luminaria
nocturnis temporibus coram ipsis ymaginibus ardere facerent, et tantae

8 re *om.* B

II tam dirae cladis. Cuius verbis plebs fidem commendans, confestim arcus, ut adhuc videri potest, erigit, iconias ponit, administrat lucernas, sicque inimicam manum fugat. Denique ulterius ibidem non apparuit, et plaga tam crudelis rapinae cessavit.

I remedium cladis acciperent. Cuius verbi plebs fidem commendans confestim, ut adhuc videri potest, arcum erigit, yconias ponit, administrat luminaria, sicque inimicam manum fugat. Denique ulterius ibidem non apparuit et plaga cessavit.

II
## Capitulum XXXVI

### Quid daemones in monte Bebii fecerint

Nuper autem postquam Normanni eandem sibi terram subiugaverunt, res terribilis et insolita in eadem provincia contigit, ut manifestis indiciis demonstratur. Siquidem quadam die ab hora sexta usque in crastinum 5 tanta obscuritate infusus est aer, ut ab omnibus in vicinia manentibus noctem incumbere putatum sit. In qua tenebrosa caligine et crebra fulgura choruscare et tonitrua mugire et terrae motus insoliti esse coeperunt. Ex qua commotione turrium atque castrorum pars magna ruit, pars vero quae remansit ex nutatione sedula non parum debilitata 10 est. Visa est quoque multa militaris turba teterrima in ipsa pavenda tempestate montem Bebii conscendere, quae suam praesentiam satis diro monstravit effectu. Nam eundem locum purgare sive amplificare

I    Nuper autem, postquam Normanni eandem sibi terram subiugave- runt, res terribilis et insolita in eodem loco contigit, ut manifestis indiciis demonstratur. Siquidem die quadam a sexta hora usque in crastinum tanta obscuritate infusus est aer, quod ab hominibus esse nox putabatur. In qua tenebrosa caligine et crebra fulgura choruscare et tonitrua mugire 5 et terrae motus insoliti esse coeperunt. Ex qua commocione turrium at- que castrorum pars magna ruit, pars vero, quae remansit, ex nutatione non parum debilitata est. Visa est quoque multa militaris turba teterrima in ipsa pavenda tempestate montem Bebii conscendere, quae suam praesenciam satis diro monstravit effectu. Nam eundem locum mundare 10

---

1 Three eruptions of Vesuvius are recorded in the eleventh century: in 1036, 1049, and c. 1068. Only the last of these was after the Norman conquest and it is probably the one referred to here. (See Amato di Montecassino, *Storia de' Normanni* ed. V. de Bartholomaeis, *Fonti per la storia d'Italia*, 1935, p. 227 and n., where a dramatic account is given of the devastation caused by this eruption.)

**II** coepit, tantamque cineris copiam ex ipso montis cacumine proiecit, ut non solum vicinos campos sed etiam opimae telluris longe positae maximam occupaverit partem, villarum quoque et arborum per pluri- mam multitudinem operuerit. Tres etiam cursus torrentium more ab
5 eodem monte descenderunt. Unus erat ex aqua foetida, turbulenta et frigidissima; duo ex silicibus ardentibus, qui acutissimi fuerant, inter quos erant nonnulli molares, igniti lapides. Qui amplius spatio septem miliarium cucurrerunt, et arbores atque moenia, quaecumque attigerunt, ab ipsis radicibus evulserunt. Terrae quoque in itineribus suis, ubi prius
10 planities fuerat, altius quinque cubitorum excavaverunt. Nam ubicum- que torrens aquae vel lapidum discurrebat, frigiditate fluminis omnia demolita et ardore lapidum cuncta apparebant consumpta.

Sed postquam in crastinum circa tertiam tam horribilis tempestas cessavit, tres milites, qui in vicino castro fuerant, locuti sunt ad invicem
15 quod idem chaos adire temptarent, ut quid ibidem inimica turba nocte operata sit unde praedictae torrentes exierant viderent. Facto igitur triduano ieiunio, de suis excessibus confessi sacramentis dominici corporis et sanguinis sese munierunt. Sicque singuli gestantes sanctae crucis vexillum, munitis pedibus et cruribus calciamentis et duris ocreis

**I** sive amplificare coepit, tantamque pulveris copiam ab ipso montis cacumine proiecit, quod non solum vicinos campos sed etiam opimae telluris longe positae maximam occupavit partem, villarum quoque et arborum per plurimam multitudinem operuit. Tres etiam cursus more
5 torrentium ab eodem monte derivati sunt. Unus erat ex aqua foetida, turbulenta et frigidissima; duo ex silicibus ardentibus, qui acutissimi fuerant, inter quos erant nonnulli molares igniti lapides. Qui amplius spacio septem miliarium concurrerunt, et arbores atque moenia, quae- cumque attigerunt, ab ipsis radicibus evulserunt. Terrae quoque in
10 itineribus suis, ubi prius planities fuerat, altius quinque cubitorum excavaverunt. Nam ubicumque torrens aquae seu lapidum discurrebat, frigiditate fluminis omnia arefacta et demolita et ardore lapidum cuncta apparebant consumpta.

Sed postquam in crastinum circa tertiam tam horribilis tempestas
15 cessavit, tres milites, qui in vicino castro mansitabant, locuti sunt ad invicem quod idem chaos adirent, ut quid ibidem inimica turba nocte illa operata sit unde praedictae torrentes exierant viderent. Facto igitur triduano ieiunio, de suis excessibus confessi, sacramentis dominici corporis et sanguinis sese munierunt. Sicque singuli gestantes dominicae
20 crucis vexillum, munitis pedibus et cruribus calciamentis et duris

15 qui *om.* A.

**II** profecti sunt. At in ipso ascensu tam duros veprium atque spinarum aculeos reppererunt, ut graviter per media suorum munimenta pedum cruentati sint. Praeterea cineris spissitudine tanta mons operiebatur, ut interdum usque ad umbilicum in ipso cinere deorsum caderent. Foetor quoque intolerabilis ab ipsius baratri hiatu exibat, qui, quamvis 5 eis a dorso ventus flavisset, tantam tamen anxietatem illis generabat, ut saepe quasi penitus crepare debuissent e nausia vomerent.

Unde quidam eorum coeptis desistere atque redire satagebant, sed unus, qui maior eorum erat, nomine Gwillelmus, obstitit et eos hortatu suo usque ad montis supercilium secum perduxit. Quo cum pervenis- 10 sent, mirae magnitudinis fossam per gyrum ibidem factam invenerunt, quae in devexum formata puteum magnum in fundo habebat. Fossa vero intus per totum limosa, quasi sanies coagulata vel bufonum se- mentis esse videbatur, de qua ille tam dirus foetor exiebat. De puteo autem, qui deorsum fuerat, scintillans sulphureus horribiliter evome- 15 batur fumus. Quae illi cum aliquamdiu consideravissent, ait Gwillel- mus: 'Ecce, prae oculis ex parte habemus, qualis apparatus damnatis paratur. Vere est miser et nimium infelix, qui in his miseriis conversari debuerit.' Magno igitur terrore constricti reversi sunt, et enarrantes

**I** ocreis profecti sunt. At in ipso ascensu tam duros veprium atque spinarum aculeos reppererunt, quod graviter per media suorum pedum munimenta cruentati sunt. Praeterea tanta pulveris spissitudine mons operiebatur, quod interdum usque ad umbilicum in pulverem ipsum deorsum cadebant. Foetor quoque intolerabilis ab ipsius baratri hyatu 5 exibat, qui, quamvis eis a dorso ventus fuisset, tantam tamen eis anxie- tatem generabat, quod saepe quasi penitus crepare debuissent evome- bant.

Unde quidam eorum coeptis desistere et retrorsum redire satagebant. Sed unus, qui maior eorum erat, nomine Willelmus, obstitit atque eos 10 suo hortatu usque ad supercilium montis secum perduxit. Quo cum pervenissent, mirae magnitudinis fossam per girum ibidem invenerunt factam, quae in devexum formata erat, in cuius fundo puteus magnus apparebat. Fossa vero intus per totum limosa, quasi sanie coagulata videbatur esse de qua ille tam dirus foetor exibat. Quae cum illi aliquam- 15 diu considerarent, ait Willelmus: 'Ecce, prae oculis ex parte habemus, qualis apparatus damnatis paratur. Vere est miser et nimium infelix quisquis in his miseriis conversari debebit.' Tunc comites hortantes eum, ut redirent: 'Vellem', inquit, 'quatinus daemones scirent nos hic fuisse.' Et circumspiciens vidit in parte super oram fossae maxi- 20 mum saxum ex parte subter cavatum, quem partem scapulis innixi

II quae viderant vitam moresque suos ab illa hora in melius corrigere
studuerunt.

Ferunt quoque habitatores ipsius provinciae quod diebus sabbatorum
circa horam nonam innumera multitudo avicularum ab eodem loco
5 poenali quasi fornacis ore exeat, atque per devexum montis in frutectis
succrescentibus usque ad matutinum feriae secundae cum magno gaudio
consideat, quod plausus earum modulationis manifeste declarat. Ipso
autem die sole oriente ales quaedam nigerrima, cuius magnitudo vulturis
esse videtur, ab ipso monte descendit, aviculas ambit, omnesque pariter
10 ante se minando retrudit in antrum unde exierant. Sicque tota septimana non apparent excepto sabbato dumtaxat et die dominica. Unde
quidam autumant animas purgandorum esse, quae, quamvis adhuc
poenis deputatae sint, ex eo tamen quod dominicae resurrectionis diem
venerati sunt, suae remedium poenae in ipso percipiant, donec pleniter
15 expiatae quiete potiantur aeterna.

Haec autem, quia fructuosa scire putavi, dixi ut sibi vigilanter quisque
provideat, quatinus, dum hic vivitur, sic se omnipotentis dei voluntati
subiciat, laboret ac vivat, ut eius clementiam invenire valeat, ne post
hanc vitam ad talia vel peiora loca perveniat.

I ammoverunt atque per devexum fossae in puteum praecipitaverunt, ubi
incredibilem cadendo rugitum dedit; sicque reversi sunt.

Ferunt quoque habitatores terrae, quod diebus sabbatorum circa
horam nonam innumera multitudo minutarum avium ab eodem loco
5 poenali descendat atque in devexu montis in frutectis succrescentibus
usque ad matutinum feriae secundae cum magno gaudio consideat, quod
plausus earum modulationis manifeste declarat. Ipso autem die sole
oriente ales quaedam nigerrima, cuius magnitudo vulturis esse videtur,
ab ipso monte descendit, aviculas ambit, omnesque pariter ante se
10 minando in antrum unde exierant retrudit. Sicque tota septimana non
apparent excepto sabbato dumtaxat et die dominica, ut dictum est.
Unde quidam autumant animas purgandorum esse, quae, quamvis adhuc poenis deputatae sint, ex eo tamen quod dominicae resurrectionis
diem venerati sunt, in ipso suae remedium poenae accipiant, donec
15 pleniter expiatae gratia aeternae retributionis dei opitulatione potiantur.

Haec autem iccirco litteris commendanda fore putavi, ut posteris in
noticiam venirent, quatinus sibi quique praevideant, ut dum vixerint,
Christi gratiam deservire studeant, ne ad talia vel peiora post obitum
loca perveniant.

14 in: et A

**II**

## Capitulum XXXVII
### De liberatione Balduwini per beatum Quintinum

Ex monasterio beatae et perpetuae virginis Mariae quod Becum dicitur, frater quidam nomine Baldewinus, vir strenuus et bene circumspectus, haec quae dico narrare consuevit. Dum ipse adhuc in habitu laicali mili- 5 tiae saeculari deserviret, quadam vice dum inimicis viriliter pugnando resisteret, in sura unius cruris acriter vulneratus est. Ex quo cum plurimo tempore iaceret, nec a medicis aliquid remedii consequi valeret, tandem desperatione habita recuperandae salutis, a parvo puero totam sibi suram sauciati cruris abstrahi fecit. Nam tanto cruciabatur illius 10 vulneris tormento, ut moras rumpere mortis affectaret. Iacuit itaque diem ultimum expectans, et quia crus prae doloris magnitudine subrigere non poterat, contractis nervis ex vacuitate subtractae surae, pedis calcaneum fere adhaeserat femori, nec prae angustia patientis poterat aliquatenus amoveri. Sicque tormento vexatus, nihil aliud nisi mortem 15 praestolabatur.

Quadam igitur die clerici sancti martyris Quintini Vermendensis provinciae, portantes eius reliquias ad castrum ubi idem Balduinus iacuerat, venerunt. Quod illi cum enuntiatum fuisset, misit et eis hospitium suum ac quaeque necessaria forent illis ipsa nocte studuit 20 offerre. Sed quia clerici demorari non poterant, gratias agentes pro bona voluntate ipsius se pernoctare ibidem non posse responderunt. Aeger vero ut hoc audivit, contristatus quia nollent subsistere, quindecim solidos misit, et sancto offerri praecepit, statimque secutus in sella gestatoria se obviam sancto deportari fecit. Quem ut vidit, quatinus suae 25 animae misereatur precatus est, quia de salute recuperanda penitus desperaverat.

At illis abeuntibus, in subsequenti nocturno silentio sanctus Quintinus duobus secum comitantibus ad aegrum venit atque ei pro beneficio pridie sibi impenso gratias egit. Quos cum interrogaret qui essent, ille 30 qui maior dignitate ac specie esse videbatur se esse Quintinum, cui hesterno suam dederat oblationem respondit, et idcirco se venisse, ut eius plagam videret, si forte curari potuisset. At ille, 'Mi domine', inquit, 'plures iam medici me viderunt, et esse vulnus incurabile asseruerunt. Quare nihil aliud expecto nisi mortem, quam nimium 35 tardare doleo. Denique vita mea nihil mihi aliud est quam poena.' Ait sanctus, 'Tamen volo videre quid sit'; et accedens ait sociis, 'Apprehendite eum'. Qui confestim eum tenentes, sanctus Quintinus pedem

---

4 For Baldwin, monk of Bec and head of Anselm's household throughout his years as archbishop, see *St. Anselm and his Biographer*, 194–203.

II vulnerati cruris arripuit et cum virtute ad se traxit. Protinus ergo nervi
relaxando insonuerunt, et aeger dolore constrictus fortiter clamare
coepit, 'Succurrite, succurrite, quia sanctus Quintinus interficit me'.
Cuius clamore experrecti custodes atque perterriti accurrerunt, et audi-
5 entes quae visa fuerant crus vulneratum inspexerunt, et iam illud quod
paulo ante curvum reliquerant directum invenerunt. Loco autem
abstractae surae nova caro increverat. Ab illo itaque tempore aeger
meliorari coepit, donec infra paucos dies integrae sanitati restitutus est.

## Capitulum XXXVIII

10 Qualiter idem ardentem clibanum fugaverit per evangelicam
lectionem, et saluti redditus sit

Idem quoque adhuc saeculo deserviens alio tempore graviter infirmatus
est, ita ut nullus ei vitam promiserit. Cum igitur die quadam tacitus
iaceret, et plures in eadem domo milites consedissent qui eo con-
15 venerant causa illius, subito conspexit per parietem illabi clibanum
prunis ardentibus plenum, qui ante lectum ipsius aegrotantis positus
est. Ante cuius os, quod patebat, duae nigerrimae aves vulturibus
maiores consederant, quarum rostra et ungulae maximum illi terrorem
intulerant. Quae ardentibus oculis cum in eum tenderent, videbatur sibi
20 quasi suam pavitantem animam de corpore extrahere deberent. Perterritus itaque presbiterum suum concite vocavit, eique ut furnum et aves
amoveret praecepit. Sed ille putans aegrotum nescire quid diceret, non
ibi esse quid tale respondit. Tunc aeger animadvertens a se tantummodo
videri haec, clamosa voce, ut potuit, erupit dicens: 'Veraciter scias hic
25 coram me clibanum ardentem stare, et aves terribiles ante os illius considere, quarum facies nimium mihi terrorem incutit. Nec dubites me
hoc recto sensu dicere. Nam ut noveris me non delirare sed scire quae
dico, recordare quia praeterita septimana tibi palefridum dedi, quem
noviter emeram. Nunc igitur, si habes librum quem monachi solent
30 legere quando eorum quis moritur, festinanter lege, si forte sacra
scriptura haec tam terribilis inimica visio abigatur.'
Quae ut audivit ille, animadvertens ex memoria sonipedis, quem sibi
dederat, eum sanum sapere, mature librum evangeliorum accepit et
domini salvatoris passionem altiuscule recitare coepit. Nec multa mora
35 intercessit, et clibanus, qui apparuerat, cum avibus ab oculis se videntis

35 qui: quae B

12 Baldwin, the subject of this story as of the previous one, had been advocate of
the Bishop of Tournai and a distinguished layman before he became a monk of Bec.

II abscessit. Tunc aeger legentis vocem interrumpens, 'benedictus', inquit, 'deus, quia recessit iam facies illa terrifica, quae me pene usque ad insaniam terruerat. Te enim sacra verba recitante fugit, nec subsistere potuit.' Aegrotus igitur ex hac infirmitate convaluit, sed non perfunctorie cogitandum est quanti valeat sacra verbi dei lectio, quae et in homine 5 desperato debilitatem abstulit, salutem restituit, et omnem inimici machinationem funditus extinxit.

## Capitulum XXXIX

### Ut Alexander monachus per beatum Anselmum
### a praedonibus liberatus sit 10

Quae autem meritis venerabilis Anselmi, cuius in praesentia superius relata accepimus, divina pietas circa Alexandrum monachum operata sit, praeterire non debeo, cum ea vera fuisse indubitanter scio. Cum is ab Anglia functus legatione illius ad dominum papam Paschalem Romam pergeret, et citra Alpes in silvam non modicam uno ministro 15 comitatus venisset—hiems quippe erat, quando maxime peregrini rarescunt—quinque latrones in equis subito apparuerunt, qui illum rapientes in suum receptaculum nemoris in medio positum cursu rapidissimo deduxerunt, ibique illo suoque ministro perscrutatis quid-quid argenti habuerant tulerunt, ac pallio humi substrato infuderunt. 20 Admiratique unde eis tanta pecunia—nam circiter solidi trecenti fue-rant—applaudentes partiri nummos coeperunt.

Tunc Alexander recordatus Anselmi patris sui, erumpens in lacrimas clamare coepit: 'Domine pater Anselme, suffragentur mihi hodie orationes tuae. Ecce me miserum, elongatum a patria, expoliatum omni 25 substantia, famis et algoris asperitas consumet, nec erit qui tibi de me aliquid renuntiet. Deus omnipotens, recordare domini mei Anselmi, et si umquam fecit quod tibi placuit, libera me hodie amore illius. O Anselme, ubi sunt orationes tuae, ubi lacrimae, ubi benedictio tua? Fiducialiter a te benedictus recessi, sed apparet fiducia tui. Anselme, 30 per filium dei oro te, ne pigriteris vociferari pro me. Iesu Christe, pie domine, "respice in me et miserere mei" amore servi tui Anselmi.'

Cumque sic vulgariter et voce lacrimosa clamaret, percunctati sunt, quis esset Anselmus ille quem interpellaret. At ille: 'dominus meus',

---

13 Cum *om.* B     20 substrato: subtracto B

14–15 Alexander's mission to Rome lasted from about October 1101 to May 1102 (*Historia Novorum*, 132–7). It was on his way over the Alps during this mission that this incident took place.
32 respice . . . mei: Ps. 24. 16.

**II** inquit, 'est sanctus dei, et sicut veraciter deo placet vita illius, sic me
liberet hodie de manibus vestris.' In quibus verbis timor domini irruit
super eos, nimiumque perterriti quaeque tulerant reiecerunt, monacho
reddiderunt, et viae illum conducentes, ne eis malum vellet pro sua
5 captione precati sunt. Haec autem res pro magno et digna memoria
a multis est habita, quia quis umquam audivit a latrunculis inventum
thesaurum in solitudine non diripi, praesertim cum illius gratia quaeque
etiam periculosissima videantur moliri?

## Capitulum XL

10          Ut idem a suffocatione aquarum evaserit

Alio quoque tempore cum idem pater exularet, et praefatus monachus
illi comitaretur, fluvium, qui Eridanus dicitur, transire debuerunt.
Ad eandem autem aquam, cum ille monachus praecessisset, et eam
quodam in loco tantum dispergi videret ut non solum fundus in
15 locis quae praeminebant sed etiam in humilioribus intueri nonnumquam potuisset, gratia tentandi locum equo transire flumen ingressus
est. Sed cum in mediis fluctibus esset, sive daemonis fraude seu loci
mollitie, animal cui insederat quasi in palude impediri ac dimergi coepit,
cadensque monachum sicco lapidum acervo qui praeminebat sine
20 laesione deposuit. Interim supervenit Anselmus, et videns eum periclitari, cum magna voce ad deum clamavit, signum sanctae crucis porrexit,
illumque redire praecepit. Quod cum se facere posse diffideret, nec
tamen supersedere eius iussionem auderet, eodem limite quo venerat
regressus, solidum fundum invenit. Super quo ad se reversus, admirari
25 coepit et se Anselmi meritis a suffocatione aquarum liberatum fuisse
non dubitavit.

12 Eridanus: the River Po. This incident must have happened in 1103, either on the
way to Rome in September–October, or on the return journey in November (*Historia
Novorum*, 151–5).

**II**　　　　　　　　Capitulum XLI

Ut Baldewinus monachus per apostolum Petrum a dolore
tali liberatus sit

Anselmus iterum ab Anglia Romam iturus, quattuor secum monachos
duxit, Baldewinum videlicet, de quo adhuc laico superius aliqua 5
scripsimus, Eustachium, de quo etiam praefati sumus, Eadmerum,
Alexandrum. Sed mare transito cum Lugdunum venissemus, Baldewinus, qui rerum ipsius dispensator fuerat, quippiam facturus Cluniacum ivit, ad nos die postera rediturus.

Cum autem reverteretur, tantam subito infirmitatem passus est in 10
talo pedis, ut nulla ratione se a loco movere potuerit. In proxima itaque
villa lectulo decubuit, ubi in tantum fatigatur, ut mallet, sicut ipse
postea asseruit, pedem amittere, quam diutius tali anxietate vexari.
Versus itaque ad preces, 'Te', inquit, 'beatissime Petre, apostole Iesu
Christi, oro quatinus mei miserearis, et si dominus archiepiscopus, cuius 15
gratia profectus sum, iustam causam habet adeundi te et tuum vicarium

**I**　　Anno quo reverendus vir Anselmus Cantuariensis in secunda vice
pro libertate ecclesiae rege compellente Romam ivit, accidit quiddam in
via quod memoriae libuit commendare. Postquam Angliam exivimus et
totam viam prospere euntes Lugdunum venimus, quidam socius noster,
Baldewinus, vir in ordine monastico et maxime in rebus exterioribus 5
valde strenuus, quem pro sua probitate rebus suis praefecerat archiepiscopus, Cluniacum rediit pro quibusdam suis agendis, nobis moran-
tibus Lugduni aliquot diebus.

Qui cum fecisset Cluniaci quod voluerat et ad nos rediens festinaret,
tanta infirmitate in talo unius pedis percussus est, ut nullo modo, ubi 10
erat, se movere potuisset. Equidem, ut ipse postmodum retulit, tam
gravem angustiam sentiebat, quod magis optabat pedem amittere quam
paucis diebus tale quid sustinere. Versus itaque ad dominum et ad
beatum Petrum, cuius sancta limina cum patre iam dicto visitare cupiebat, dixit: 'Deus', inquit, 'omnipotens, et tu, sanctissime Petre, eius 15
apostole, de peccatis meis parcite mihi, et si dominus meus archiepiscopus iustam causam habet de hoc unde patriam exivit et Romam
petit, vel si ego in hoc suo negotio sibi in aliquo ad tuam voluntatem

5 superius: see above cc. 37, 38.
6 praefati sumus: in c. 35.
7 Anselm and his party were in Lyons from December 1103 to April 1105 as the
guests of Archbishop Hugh (*Historia Novorum*, 157–64).

II consulendi, precor ut mihi ad eius obsequium properanti medelam
conferas'.

    In his igitur verbis somno depressus, vidit beatum Petrum ad se
venisse ac super spondam sui strati coram se residisse. Et accipiens
5 pedem infirmatum sibi super genu posuit atque sciscitatus est, 'Ubi
infirmaris?' Ait, 'In talo'. Et apostolus: 'Paterisne multum?' At ille,
'Vere', inquit, 'domine, multum patior, et in tantum, ut mallem pede
carere, quam tantam angustiam diu sustinere'. Tunc beatus ille, qui
assidere videbatur, ponens digitum in medio tibiae sub genu, iocundo
10 vultu aegroto ait, 'Vis ut tibi a signo isto pedem amputem?' Ad quod
exterritus ille, 'Domine', ait, 'pro dei amicitia miserere, quia nollem
pedem perdere, si salutem possem recuperare'. Ex qua responsione
subridens apostolus dixit ei, 'Habeas modo sanitatem et pedem tuum'.
    Quo dicto visio apostoli disparuit, et aegrotus evigilans sanum se
15 repperit. De qua visione dubitare non potuit quin vera extiterit, quia
ita se subito sanum invenit ac si prius omnino nihil mali senserit.
Quantam quoque gratiam habeat is qui apparuit medendi vulneribus,
festinatae curationis probavit effectus. Nam ilico sanatus surrexit, et
certior factus de iusta coepti itineris causa, laetus et incolumis ad nos
20 pervenit, ac sibi quid in via acciderit multis coram positis enarravit.

I valere potuero, dona mihi ut ab hac tam gravi molestia, qua premor,
citius liberer.'
    In his igitur verbis obdormiens visum est sibi beatum Petrum ad se
venisse ac super spondam lectuli sui coram se resedisse. Et accipiens
5 crus infirmatum super genu posuit atque sciscitatus est, 'Ubi infirmaris?'
Respondit ille, 'In talo'. Et apostolus: 'Paterisne multum?' Et ille, 'Vere',
inquit, 'domine, nimium patior, et in tantum, quod mallem pede carere
quam tantam angustiam sustinere'. Tunc beatus ille, qui assidere videbatur, ponens digitum in medio crure, iocundo, ut est, vultu ait aegroto:
10 'Vis', inquit, 'ut a signo isto tibi pedem amputem?' Ad quod verbum
exterritus ille, 'Domine', ait, 'propter amorem dei miserere, quia nollem
pedem perdere, si sanitatem possem recuperare'. Ex qua responsione
subridens apostolus dixit ei, 'Habeas modo sanitatem et pedem tuum'.
Quo dicto visio apostoli disparuit, et aegrotus evigilans sanum se rep-
15 perit. De qua visione dubitare non potuit, quia ita se subito sanum
invenit ac si priusco tempore nihil umquam mali habuerit. Quantam
quoque gratiam habeat is qui apparuit medendi vulneribus, festinatae
curationis probavit eventus. Nam ilico sanatus surrexit, et certior factus
de iusta causa coepti itineris, laetus et incolumis ad nos pervenit, ac sibi
20 quid in via acciderit multis coram positis enarravit.

**II**         ## Capitulum XLII

## De Hugone, archiepiscopo Lugdunensi, et duobus hirundinibus

Cum ergo regrederemur a Roma, Lugduni stationem fecimus, cuius civitatis reverendus antistes, nomine Hugo, in tanta veneratione patrem 5 Anselmum habuit, ut eum nunquam nisi dominum suum vocaverit, cui etiam omnibus diebus, quibus cum eo morati sumus, magnifice valde servivit. De cuius vitae sancta institutione, quae ipse veraciter cognovi, memoriae commendare non indignum putavi.

Huic consuetudo erat singulis diebus quindecim pauperes peregrinos 10 in domo sua ponere eisque victualium plenam administrationem facere, praeter eos qui in xenodochio habebantur, atque innumeram multitudinem, quae ad portam illius veniebat, quibus maxima erat sollicitudo aliquid impertire, ne ab eo vacui abirent. In festivis diebus dei genitricis et perpetuae virginis Mariae et omnium apostolorum necnon et in 15 quibusdam aliis festis, quae simul enumerata in cartula procuratoris domus illius inveni, octoginta quattuor, in quibus constituerat aulam suam pauperibus repleri atque ad sufficientiam eis cibum potumque praeberi. Sive domi esset sive alias, ministri eius hoc absque neglegentia exequebantur. Nam tanto eis erat timori, ut mandatorum eius nec 20

**I**    Quoniam autem praefati viri reverendi, scilicet Hugonis archiepiscopi mentionem fecimus, quae de eius sanctitate, dum ibi exules a patria degerimus, agnovimus, perfunctorie transire minime debemus.

Huic consuetudo erat singulis diebus quindecim pauperes peregrinos in domo sua ponere eisque victualium plenam administrationem facere, 5 praeter innumeram multitudinem, quae ad portam eius diebus singulis veniebant, et eos qui in hospitali domo conversabantur, quibus maxime cura erat aliquid impertiri, ne penitus ab eo vacui abirent. In festivis diebus dei genitricis et perpetuae virginis Mariae et omnium apostolorum necnon et in quibusdam aliis festis, quae simul enumerata inveni, 10 octoginta quattuor, in quibus constituerat aulam suam pauperibus repleri atque ad sufficientiam eis alimenta potumque praeberi. Sive domi esset seu alias, ministri eius hoc absque neglegentia exequebantur. Nam tanto eis erat timori, quod mandatorum eius nec minima quidem

---

6 Eadmer, *Vita Anselmi*, ii. 39, gives the same testimony to Archbishop Hugh's regard for Anselm: 'Habitus est . . . non sicut hospes aut peregrinus, sed vere sicut indigena et loci dominus.'

---

2 de: in A

II minima quidem auderent transgredi. Minorum aeque ut maiorum
nomina noverat, ministeria sciebat, utilitatem videbat. Non facile
quisquam illi poterat quicquam subripere. Largus erat nec prodigus,
provisor honesti, magnae humilitatis, sapientiae atque prudentiae vir.

5 De quo quiddam refero, quod forsitan aliquibus nimis humile atque
indignum relatu videbitur, at quia mihi pro viri reverentia valde
venerabile est, illud praeterire nolo. In coenaculo, quod illius praestat
cubiculo, duae hyrundines nidificaverant. Quod cubicularii videntes,
veriti ne opus earum domino suo offensam pareret, totum quod fecerant
10 diruerunt. Illae autem non propter hoc desistentes, ad eundem laborem
regressae habitaculum sibi construunt, quod a ministris extemplo
deicitur. Sicque factum est, ut suum aedificium quater componerent,
et totidem vicibus deiectum sit.

Sed die quadam, cum episcopus in eadem domo sederet ac de suis
15 negotiis multis circumsedentibus pertractaret, venerunt eaedem aviculae,
atque ad pedes episcopi considentes totis optutibus in eum intenderunt,
et suo more quasi querimoniam facientes cum magno garritu perstrepere
coeperunt. Miratur episcopus, mirantur et omnes. Tandem autem coepit
episcopus sciscitari quidnam causae potuisset esse quia sic gemendo

I audebant transgredi. Minorum aeque ut maiorum nomina noverat,
ministeria singulorum sciebat, utilitatem videbat. Non facile quisquam
ei surripere quicquam poterat. Largus erat nec prodigus, provisor
honesti, magnae humilitatis, sapientiae atque prudentiae vir.

5 De quo quiddam refero, quod forsitan aliquibus nimis humile atque
indignum relatu videbitur. At quia mihi pro reverentia et sanctitate
viri valde venerabile est, silentio supprimere nolo. In coenaculo, quod
eius camerae praestat, duae hirundines nidificaverunt, ubi foetum suum
habere disposuerant. Quod famuli domus videntes, veriti ne opus
10 earundem avium domino suo offensam pareret, totum quod fecerant
diruerunt. Verum aviculae non propter hoc desistentes, ad eundem
laborem regressae aliam sibi domum aedificant, quae mox a ministris
destructa est. Sicque factum est, ut suum habitaculum quater componerent et totidem vicibus deiectum sit.

15 Quadam autem die, cum episcopus in eadem domo sederet ac de suis
negotiis multis circumstantibus pertractaret, venerunt eaedem aviculae,
ad pedes episcopi considentes, totis obtutibus in eum intendere et suo
more quasi querimoniam facientes cum magno garritu perstrepuerunt.
Miratur episcopus, mirantur et omnes. Tandem autem sciscitatur
20 episcopus quidnam causae esse potuisset quod sic gemendo clamarent.

II clamarent, et responsum est ab archidiacono quod forte quererent de
nidulo suo, quem saepe reaedificatum famuli demoluerant. Quod ille
ut cognovit, dixit eis: 'Iam vestrum clamorem audivi, iam satis lamentatae estis. Ceterum si de vestro nidulo conquerimini, vadite modo et
licentiam habeatis nidificandi, nec sit ausus quisdam amodo vos pertur- 5
bare.' Cuius ad iussionem protinus illae, quae gratias inclinatis capitibus
agentes mutata voce cantantes abierunt, et in ora omnium aedificare sine
mora fiducialiter coeperunt. Ab illa itaque hora in tantum securae atque
domesticae fuere, ut viderimus eas saepe admonitu hominum ad cantum
excitari et manibus fere posse tractari.                                      10

I Responsum est a quodam suorum quia forte quererent de nido suo,
quem habere non poterant. Quod ille ut audivit, innuit eis dicens: 'Iam
satis lamentatae estis. Vadite modo, et licentiam habete nidificandi, nec
sit ausus quisquam amplius vos perturbare.' Quae protinus quasi
quandam coniventiam inclinatis capitibus demonstrantes abierunt, et 5
in ora omnium aedificare sine mora coeperunt. Ab illa quidem die in
tantum securae atque domesticae fuerunt, quod ad monitum hominum
interdum cantare solebant et fere manibus tractari poterant.

II                           Capitulum XLIII
                      De Ademaro, clerico Lugdunensi

Hic reverendus vir patri Anselmo de quodam suo clerico, me praesente, narravit quod dico. Clericus ille praefatae Lugdunensis ecclesiae
canonicus fuerat, nomine Ademarus, bene literatus, sed nimis lubricus. 5
Multum erat honestus aspectu, affabilis, antistiti et clero ex sua scientia

I    Sanctae Lugdunensis ecclesiae reverendus antistes Hugo venerabili
Anselmo Cantuariorum archiepiscopo, dum a propria sede pro iustitia
exularet et apud eum non quasi hospes, sed quasi eiusdem pater vel
dominus habitaret, die quadam de suo quodam clerico, me praesente,
narravit, quod silencio praeteriri nolo.                                      5
     Clericus ille praefatae Lugdunensis ecclesiae canonicus fuerat, nomine
Ademarus, bene litteratus, sed a corporali voluptate non bene alienatus.
Multum erat aspectu honestus, affabilis, antistiti et clero ex suae scientiae

---

1 quererent: *sic* AB     6 illae quae: ille qui B

---

6 Ab: Ad A

---

6 antisti B

**II** multum amabilis. Hic quadam vice praetendens sibi quamlibet necessitudinem imminere, accepta licentia a civitate secedit et in monasterium
sanctimonialium, quod non longe distat a civitate, divertit. Ubi dum
nocte illa mansisset, vespere sanus cubitum ivit, sed mane mortuus
5 in suo lecto repertus est. Cuius pavenda mors cum pontifici et clero
suae ecclesiae denuntiaretur, vehementer afflicti mox pro eo precibus
institerunt.

Sed nocte sequenti memorato suo episcopo in visione quasi percussus
lepra demonstratus est. Quem episcopus ut vidit, sciens quia mortuus
10 fuerat, protinus cognovit, sed quia ei deformis horridaque facies nimis
erat, vehementer obstupuit. Exclamavit itaque antistes, praecipiens ei
ne propius accederet. Qui dum gradum sisteret, dixit, 'Quid est, Ademare? Tu, sicut mihi videtur, damnatus es; sed coniuro te per Iesum
Christum, dominum nostrum, et virtutem spiritus sancti, ut indices
15 mihi si umquam poteris liberari.' Respondit ille rauca et gemebunda
voce, 'Non'. Ad quam responsionem motus episcopus, 'Heu', inquit,
'miser, quid dicis? Quare non?' Ait, 'Quia post corpus'. Et antistes:
'Quid est hoc: post corpus?' Respondit, '"Non relinquitur hostia pro
peccato".' Qua facta responsione abscessit, et episcopus experrectus

**I** prudentia permultum amabilis. Hic quadam die praetendens quamlibet
sibi necessitudinem imminere, accepta licentia a civitate secedit ac
monasterium sanctimonialium, quod ferme tribus diebus longe a civitate
distat, petiit ibique moram aliquantisper facere disposuit. Sed hora
5 imminente suae discessionis subito ex hac luce raptus est. Cuius obitus
pontifici et clero suae ecclesiae sine dilatione annunciatur. Qui afflicti
tali nuncio mox pro eo precibus institerunt.

Paucis autem evolutis diebus memorato episcopo, videlicet reverendo
Hugoni, in visione apparuit. Quem episcopus ut vidit, confestim cogno-
10 vit, sed quia ei horrida facies erat, vehementer obstupuit. Exclamavit
itaque antistes, praecipiens ei ne appropinquaret ad se. Qui dum
oboediret et gradum sisteret, recordatus episcopus quia mortuus erat,
taliter eum allocutus est: 'Quid est', inquit, 'Ademare? Coniuro te per
dominum nostrum Iesum Christum et per virtutem spiritus sancti, ut
15 dicas mihi, si amplius poteris liberari.' Respondit ille rauca et gemebunda voce: 'Non.' Ad quam responsionem motus episcopus dixit,
'Heu miser, quid dicis? Quare non?' Ait ille, 'Quia post corpus'. Et
antistes: 'Quid est hoc: post corpus?' Respondit, '"Non relinquitur
hostia pro peccato".' Hac facta responsione disparuit, et episcopus

18–19 Non . . . pro peccato: Hebr. 10. 26.

**II** vehementer dolere coepit, quia ex prioris vitae merito magis sensit eum damnationis sententiam cepisse quam aliud.

Veritatis quippe attestatione quoddam peccatum est quod non remittetur hominibus neque in hoc saeculo neque in futuro. Et Iohannes dicit, 'Est peccatum usque ad mortem; non dico, ut pro eo quis oret'. 5 Hoc irremissibile et tam grave peccatum, impaenitudo esse intelligitur. Quod se incurrisse is qui apparuit non celavit, sed ex verbis apostoli aperte manifestavit, cum dixit, '"Non relinquitur hostia pro peccato"'. Paulus namque ait, 'Voluntarie peccantibus post acceptam notitiam veritatis non relinquitur hostia pro peccato.' Et beatus Gregorius: 10 'Peccatum quod hic non corrigitur, eius venia frustra postulatur.' Valde igitur pensandum est et non transitorie, ut, dum hic vivitur et licet, sic unusquisque laborare et se praeparare studeat, quatinus post mortem carnis, unde laetificetur in alia vita inveniat.

**I** experrectus vehementer dolere coepit, quia eum ex prioris vitae merito magis putavit damnacionis sententiam cepisse quam aliud.

Veritatis quippe attestatione quoddam peccatum est quod non remittetur hominibus neque in hoc saeculo neque in futuro. Et Iohannes dicit: 'Est peccatum usque ad mortem; non dico, ut pro eo quis oret'. 5 Hoc irremissibile et tam grave peccatum impaenitudo esse intelligitur. Quod se incurrisse is qui apparuit celare non potuit, sed ex verbis apostoli aperte manifestavit, cum dixit: '"Non relinquitur hostia pro peccato".' Apostolus namque dicit, 'Voluntarie peccantibus post acceptam notitiam veritatis non relinquitur hostia pro peccato'.     10

5 Est . . . oret: 1 Ioh. 5. 16.
8 Non . . . pro peccato: Hebr. 10. 26.
9–10 Voluntarie . . . pro peccato: Hebr. 10. 26.
11 Gregorius Magnus, *Moralium lib.* xvi. 68, n. 82 (*P.L.* 75. 1160).

**II**        Capitulum XLIV

## De caeco illuminato per beatum Anselmum

Ibidem cum adhuc hospitaremur, post matutinas et missarum celebrationem ministris exeuntibus solebat pater Anselmus in capella
5 demorari, et in oratione ac lacrimis cum magnis singultibus diu immorari. Quem Alexander monachus, cuius supra meminimus, die
noctuque operiens remotius ab eo penes ostium sedebat, observans
quando exire vellet, ut eum per gradus, quibus descendebatur in
cubiculum eius, per manum ne forte offenderet sustentaret. Cui cum
10 venerabilis pater privatim diceret, ut nocte dormitum iret et se solum
relinqueret, recusabat ille dicens, 'Pater, si solus fueris, et aliquid tibi
adversum contigerit, cum hoc fama divulgante passim auditum fuerit,
dicetur quia Anglos et nequam ministros habuisti. Magis nobis, qui
vobiscum profecti sumus, conveniret emori, quam deberes elidi, occi-
15 dere, vel quid adversi nobis absentibus perpeti. Quare quantum tibi
placuerit lamentare et deum precare, qua lingua et voce volueris, quia
certe solum te non derelinquam, et quae feceris bene celabo donec
vixeris.' Sic monachus suum remanere tuebatur et venerabilis pater his
facile acquiescebat. Erat enim mitissimus hominum sui temporis, ut
20 puto, qui habitabant in terra. Scientiae autem atque doctrinae quam
fuerit mirabilis, animadvertere potest qui eius volumina legerit.

Quadam itaque die, cum ibi ex more orationi intenderet, rusticus
regente baculo venit, qui se pro foribus proiciens clamare coepit,
'Domine archiepiscope, redde mihi lumen oculorum meorum, quod
25 amisi'. Eademque saepius repetens, inquietudinem generabat. Cuius
clamore cum venerabilis pater taedio afficeretur, praecepit Alexandro
ut videret quid causae haberet qui sic clamaret. Itaque ad ostium
monachus accessit, rusticum invenit, quid quaereret quaesivit, audivit,

**I**      Alio quoque tempore, dum idem post missarum celebrationem in
ecclesiola, ubi divina misteria solvebat, exeuntibus ministris remaneret,
rusticus quidam astitit ante ianuas cum lamentatione petens ut sibi
auxiliaret. Tum pater vocans me quaesivit quisnam esset quem ita
5 lamentari audiebat. Quod cum ego ignorarem, ad hostium accessi. Et
paupere invento causam lamentationis quaesivi, audivi, redii, patrique

---

2 For the important differences between the two recensions of this story, see above,
pp. 22–23; and for Eadmer's use of the story, see *Vita Anselmi*, ii. 53 (p. 131).
6 supra: cc. 39, 40.
19 Erat . . . hominum: cf. Num. 12. 3.

**II** rediit, dixit, 'Rusticus est pauper, qui amisso lumine oculorum supplicat, ut ei super oculos manum ponatis, quia confidit in deo ulterius
sese melius habiturum.' At ille, 'Adduc', inquit, 'eum, et ostium claude'.
Fecit, et introductum caecum coram eo statuit. Qui elevata manu stans
paululum oravit, et signo sanctae crucis oculos caecatos signavit. Ex 5
quibus mox spissitudo ut squama ubertim diffluere coepit. Deinde
praecepit monacho aquam sibi benedictam afferri. Fecit, et allatam
super oculos eius proiecit, sicque illum reduci praecepit.

Paruit monachus, illumque reducens dixit ut, si in crastino melius non
haberet, ad se rediret, quia eum ad pontificis benedictionem iterum 10
venire faceret. Qui ait, 'Domine, deo gratias iam video, benedictus
dominus meus archiepiscopus, qui mihi suam benedictionem ex dei
parte porrexit'. Laetus igitur recessit, palam enuntians qualiter amissum
lumen receperit.

Cum vero Anselmus capellam egrederetur, praecepit monacho, ne 15
cui loqueretur de hoc quod viderat. Paruit, sed postquam beatus ille
ex hac vita migravit, palam, ut digestum est, hoc praedicavit.

**I** in haec verba retuli: 'Rusticus', inquam, 'pauper est, qui amisso lumine
oculorum supplicat, ut ei super oculos manum ponatis, quia confidit in
deo ulterius sese melius habiturum.' At ille, 'Adduc', inquit, 'eum'.
Igitur adductus. Sanctae crucis signum eius super oculos fecit, ex quibus
mox quandam spissitudinem lacrimarum ubertim diffluere conspexi. 5
Brevique oratione facta, aquam benedictam super oculos aegroti proiecit,
sicque illum reduci praecepit.

Quod cum fecissem, dixi ei ut si in crastinum melius non haberet
ad me sine mora rediret, pollicens quia eum ad pontificem sine dubio
facerem venire. Si autem se melioratum sentiret, domi maneret. Qui 10
laetus abiens et ita se facturum spondens, ulterius ad nos non rediit,
unde eum lumen recuperasse non dubitavi.

**II**        Capitulum XLV

De puero per eum a caduco morbo liberato

Alio tempore contigit ut quidam puer scholaris, Huberti cuiusdam
nobilis viri filius, dum in scholis esset, subito corrueret atque spumaret.
5 Quod praesentes ut viderunt, magna tristitia perculsi sunt. Tunc magister scholarum duos clericos ad dominum suum, venerabilem virum
eiusdem civitatis archiepiscopum Hugonem, cuius paulo ante meminimus, transmisit, quatinus ab eo de pueri casu consilium quaererent.
Qui cum ei tunc forte balneis utenti hoc indicassent, ait: 'Concite
10 pergentes ad dominum meum Anselmum Cantuariensem archiepiscopum, rogate ut sui gratia non se moveat, sed signum sanctae crucis
de loco ubi est puero porrigat.'
    Venientes autem, aliter quam eis praeceptum fuerat, ut ipsi postea
cognoverunt, locuti sunt. Nam postquam de pueri infortunio retulerunt,
15 subinferunt: 'Ivimus ad dominum nostrum, et praecepit nobis ut vos
rogaremus, quatinus ad videndum puerum veniatis, et quid de eo nobis
faciendum sit, consulatis.' Quod Anselmus ut audivit, expavit et dixit:
'Ego nihil medicinae scio, et ideo quid ibi quaeram nescio.' Aiunt illi,
'Dominus noster sic praecepit nobis, ut tui gratia puerum benedicas'.


**I**    Eodem tempore, dum nos ibidem moraremur, contigit ut quidam
scholaris clericus, Huberti cuiusdam nobilis viri filius, dum in scholis
esset, caduco morbo subito vexaretur, et in ora omnium in terram corrueret, atque ab ore spumam proiceret. Quod qui praesentes aderant
5 ut viderent, magno terrore perculsi sunt. Tunc magister scholarum duos
clericos ad dominum suum, venerabilem virum eiusdem civitatis archiepiscopum Hugonem, cuius superius mentionem fecimus, protinus
mittere curavit, ut ab eo de pueri infortunio consilium quaererent. Qui
cum suo episcopo tunc forte in balneis residenti hoc denuntiassent, ait,
10 'Ite ad dominum et patrem meum Anselmum Cantuariensem archiepiscopum, et rogate eum ut sua gratia signum suae crucis porrigat
puero de loco ubi est.'
    Venientes autem illi, aliter quam episcopus eis praeceperat, locuti
sunt. Nam postquam de casu pueri retulerunt, subinferunt: 'Ivimus',
15 inquiunt, 'ad dominum nostrum et praecepit nobis, quatinus ad vos
veniremus, postulando ut benignitate vestra ad puerum videndum
accedatis, et signum sanctae crucis super eum faciatis.' Quod Anselmus
ut audivit, vehementer expavit et dixit: 'Ego nihil medicinae scio et
iccirco quid ibi quaeram nescio.' Aiunt illi: 'Dominus noster praecepit
20 nobis ut ex sua parte diceremus vobis, quatinus illuc, si placet vobis,

**II** Ad quod ille, 'Ego', inquit, 'non habeo meliorem benedictionem quam ille; ipsemet faciat, si placet ei, quod me, ut dicitis, facere iubet'. 'Ipse', inquiunt, 'propter suas crebras infirmitates balneis nunc utitur, et precatur ut sui amore per vos visitetur puer.'

Eadem hora sedebat Alexander, monachus eius, cum eo. Qui cum 5 illum precibus legatorum reniti videretur, dixit, 'Pater, bene potestis ire, quia locus, ubi puer iacet, prope est'. 'Scio', inquit ille, 'fili, quia non longe locus est, sed nihil, unde illi subvenire valeam, est in me. Attamen, quia praecipit dominus meus archiepiscopus, ibo.' Talis siquidem mos utriusque viri fuerat, ut neuter alium nisi dominum 10 vocaret. Igitur surrexit, ivit et cum ad scholas venissemus, iacebat puer quasi exanimis, et capiti eius pulvinar erat suppositum. Ad quem Anselmus protinus accessit, et manu extenta super eum oravit. Necdum orationem compleverat, et ecce is, qui mori videbatur, oculos aperuit. Quem protinus benedixit, atque ut ei daretur ad manducandum prae- 15 cepit, sicque reversi sumus. In crastinum autem dum ab ecclesia regrederemur, obviam nobis factus est idem puer, laetus et alacer. Et veniens ad virum dei, quaesivit quid sibi servandum foret, ne invali-

**I** pergatis et ei sanctae crucis signum porrigatis.' Ad quod ille, 'Ego', inquit, 'non habeo meliorem benedictionem quam ille; ipsemet faciat, si placet ei, quod me, ut dicitis, facere iubet'. 'Ipse', inquiunt, 'propter suas crebras infirmitates balneis nunc utitur, et rogat ut eius amore per vos infirmus visitetur.'

Eadem hora sedebam coram eo et legebam in epistolis Pauli apostoli. 5
Et cum illum precibus advenientium reniti atque lacrimari viderem, dixi, 'Pater, bene ire potestis, quia locus prope est'. 'Scio', inquit ille, 'fili, quia non longe locus est, sed nihil, unde ei subvenire valeam in me est. Attamen, quia praecepit dominus meus archiepiscopus, ibo.' Talis 10 siquidem mos utriusque viri erat, ut neuter alium nisi dominum vocaret. Igitur festinantes ivimus, et cum in claustrum venissemus ubi scholae regebantur, iacebat puer inter duas columnas quasi exanimis posito pulvinari sub capite eius. Ad quem Anselmus protinus accessit et manu extensa super eum paululum oravit. Necdum compleverat orationem, 15 et ecce is, qui mori videbatur, oculos aperuit. Finita itaque oratione et benedictione data, praecepit ut inde aeger tolleretur et ad hospitium deportaretur; sicque reversi sumus. Mane vero circa horam tertiam, completo ministerio divino, dum a capella reverteremur, obviam nobis factus est idem puer laetus et alacer. Et veniens ad patrem quaesivit 20

12 pulvis erat suppositus B

**II** tudinem iterum incurreret, quam pridie passus fuerat. De cuius reparata
sospitate venerabilis vir laetificatus, 'benedictus', inquit, 'dominus Iesus
Christus, qui te sanavit, fili. Vide amodo, ut castitatem custodias, deum
tota devotione diligas, in cuius servitio quidquid didiceris ponere
5 delibere, et ei, quia te liberavit, grates agere non cesses.' Dansque illi
benedictionem, 'Vade,' ait, 'deus te custodiat et si quae dixi servaveris,
bene tibi erit'. Itaque puer alacris recessit, nec ulterius usque ad diem
mortis illam aegritudinem sensit.

**I** quid sibi servandum foret, ne iterum incurreret infirmitatem, quam
pridie passus fuerat. Haesitans autem ille de qua debilitate loqueretur,
quia puerum penitus ignorabat, substitit percunctando quid quaereret.
Sed mox ut rem cognovit, benedicens deum de reparata eius sospitate
5 dixit: 'Amodo, fili, vide ut castitatem tuam custodias, deum tota mente
diligas, et quia te liberavit, grates ei reddere numquam desistas.' Dansque illi benedictionem, 'Vade', inquit, 'deus te custodiat'. Itaque puer
recessit, nec usque ad diem mortis eius illam aegritudinem sensit.

**II**

## Capitulum XLVI

### De Stephano, Romanae urbis iudice

Huius reverendi patris Anselmi relatione hoc quod refero didici, quod
ipse, dum adhuc in iuvenili aetate esset, verorum narratione cognovit.
5 Tempore beati Leonis papae fuit quidam archidiaconus Romanae
ecclesiae, nomine Petrus, vir magnae religionis et magna veneratione
habitus. Hic germanum fratrem habebat, vocabulo Stephanum, qui
iudex in ipsa urbe constitutus, pro sui officii qualitate satis probus atque
appretiatus fuerat. Sed Petrus archidiaconus languore correptus ad

**I**      Venerabilis vitae viro Anselmo Cantuariorum archiepiscopo narrante
didici quae dico. Tempore beati Leonis papae fuit quidam archidiaconus
Romanae ecclesiae cui Petrus vocabulum erat, vir magnae religionis et
in magna veneratione habitus. Hic fratrem habebat iudicem in eadem
5 urbe, Stephanum nomine, qui pro sui officii qualitate satis probus, satis
appreciatus satisque videbatur esse religiosus. Sed Petrus languore

---

4 Anselm was fifteen to twenty years old during Leo IX's pontificate (1049–54).
6 Peter, archdeacon of Rome is mentioned by Bonizo, *Liber ad Amicum* (*M.G.H.
Libelli de Lite*, i. 584–5) as the instigator of the mission to Henry III in 1046, which led
to the deposition of Silvester III and Benedict IX. Stephen, *sacri palatii iudex Romanus*
or *iudex Romanae sedis*, was active in 1053 and 1056, but the second of these dates is
strictly too late for our story (E. Steindorf, *Jahrbücher des deutschen Reichs unter
Heinrich III*, ii. 235 n., 350 n.; Jaffé, *Regesta Pontificum Romanorum*, no. 4348).

**II** extrema perducitur. Stephanus vero, frater eius, aliquanto tempore
interposito, subsecutus est. Qui cum defunctus esset, quia dives ac
nobilis fuerat, corpus illius triduo inhumatum servatur, dum aroma
ceteraeque species, quibus condiri debeat, parantur.

Interim autem anima illius discutienda iudici praesentatur. At cum 5
duceretur, vidit coetum sacrarum virginum, inter quas beatam Agnetem
quasi principatum tenere conspexit. Quae cum eundem Stephanum
intuita fuisset, suam ab eo faciem protinus avertit, omnesque sociae
virgines similiter illi terga verterunt. Tunc ei animo occurrit, quod olim
sanctae Agnetis ecclesiae quendam hortum abstulerat, et ob hoc se 10
a domina illa sociisque illius sic contemptum esse. Transivit autem, et
ante iudicem venit. Cui cum trepidus astaret atque iudicium suum cum
magna formidine expectaret, supervenit ille fortissimus militum
Laurentius archidiaconus. Qui terribiliter eundem Stephanum aspiciens,
per brachium illum apprehendit, et ter tam fortiter constrinxit, ut illae 15
partes brachii non parum intumuerint. Vestigia quoque digitorum ita
in eodem brachio postea apparuerunt, quasi manicae ferreae illud
fortiter constrinxissent. Quod quare fieret, illum minime latere potuit.
Quondam enim beato Laurentio tres suo iudicio domos abstulerat, et
idcirco haec sibi in signum peccati a sancto fieri cognovit.          20

**I** correptus ad extrema perductus est. Stephanus vero, frater eius, aliquanto tempore interposito subsecutus est. Qui cum defunctus esset,
parentes eius, quia nobilis et dives fuerat, corpus illius aromatibus
aliisque speciebus condire voluerunt, et ob praeparationem earundem
specierum triduo inhumatum corpus eius servaverunt.          5
Interim anima eius ad iudicandum ducitur. Sed cum duceretur, vidit
chorum sanctarum virginum, inter quas beatam Agnetem conspexit et
cognovit. Quae cum eundem Stephanum intuita esset, suam ab eo faciem
protinus avertit, omnesque sociae virginis hoc idem facientes terga illi
verterunt. Tunc ei venit in mentem, quod olim sanctae Agneti quendam 10
hortum abstulerat, et ob hoc se a domina illa sociisque illius sic contemptum esse. Transiens itaque praesentatus est iudici. Cui cum
trepidus astaret atque iudicium suum cum magno timore expectaret,
supervenit ille fortis miles Laurentius archidiaconus. Et terribili aspectu
Stephanum intuitus eius brachium apprehendit et ter in tribus locis tam 15
fortiter constrinxit, ut in tumorem partes illae brachii versae sint.
Vestigia quoque digitorum eius ita in eodem brachio apparuerunt, quasi
manicae ferreae illud fortissime constrinxissent. Quod quare fieret illum
latere non potuit. Quondam enim beato Laurentio tres domos abstulit
et iccirco haec sibi in signum peccati sui a beato viro fieri cognovit.          20

II  Deinde vita eius discutitur et perditioni addicitur, quia, dum in corpore viveret, saepe veritatem vendidisse convincitur. Iudex quippe, dum
esset praeditus gratia multae rationis, pro defensione iustitiae pretium
accipere solebat. Nonnumquam etiam pretio conductus, non rectam
5 causam sua assertione rectam esse iudicabat. Sicque in altero veritatis
venditor, in altero vero peremptor fuisse probatur. Nam ubi pretium
pro dicenda iustitia accepit, veritatem vendidit, et quando ipsam
ratione sua evertebat, procul dubio, quantum in ipso fuit, veritatem
perimebat. Quapropter ducitur, ut Iudae proditori in poenis copuletur.
10  Cum autem duceretur, audivit in tenebris voces multorum gementium, inter quas etiam Petri archidiaconi sui fratris vocem agnovit. Quam
cum nimis gemebundam esse intelligeret, permissum est sibi ut inquirere posset, quaenam causa esset, quod poenis deputatus fuisset.
Tunc ille clamans percunctatus est: 'Quid', inquit, 'est, frater, cur in
15 poenis et tenebris conversaris? Quid fecisti, unde nunc tormentaris?'
Respondit ille cum grandi gemitu dicens: 'Propter solam avaritiam
poenis deputatus sum. Nam cum essem Romanae ecclesiae archidiaconus, nimis diligebam munera, sequebar retributionem, quod
penitus mei officii non interfuit.' Et ait Stephanus, 'Poteritne tibi esse
20 remedium aliquod?' 'Erit', inquit, 'ille mihi remedium, si dominus
papa pro me sacrae communionis hostiam obtulerit, et precibus con-

I  Deinde vita eius discutitur, examinatur, damnatur, quia dum in
corpore viveret, saepe veritatem vendidisse convincitur. Iudex quippe
dum esset, et gratia sermocinationis multaeque rationis praeditus esset,
pro defensione iustitiae precium libenter solebat accipere. Nonnum-
5 quam etiam eodem precio conductus, non iustam causam sua assertione
iustam esse iudicabat. Sicque in altero veritatis venditor esse probatur,
in altero vero eiusdem veritatis emptor fuisse asseritur. Quapropter
ducitur, ut Iudae in poenis, qui veritatis proditor extiterat, coniungatur.
Cum autem duceretur, audivit in tenebris voces multorum gementium,
10 inter quas etiam Petri sui fratris vocem agnovit. Quam cum nimis
gemebundam esse cognosceret, permissum est sibi ut inquireret,
quaenam causa esset, quod poenis deputatus esset. Tunc ille exclamans
sciscitatus est: 'Quid', inquit, 'est, frater, cur in poenis et tenebris conversaris? Quid fecisti, unde tam graviter cruciaris?' Respondit ille cum
15 magno gemitu dicens: 'Propter solam avaritiam poenis deputatus sum.
Nam cum essem Romanae ecclesiae archidiaconus, nimis diligebam
munera, sequebar retributionem, quod omnino mei officii non interfuit.'
Et ait Stephanus, 'Poteritne esse tibi aliquod remedium?' 'Poterit',
inquit ille, 'si dominus meus papa sacrae communionis pro me hostiam

**II** stanter pro mea liberatione institerit.' Subintulit quoque modum missarum et orationum, qui pro se fieri debuisset, et Stephanus ab illo
remotus atque ad puteum magnae profunditatis perductus est. Qui
a summo usque deorsum hinc et inde acutissimos ferri clavos eminentes
ad se invicem habebat, per quos ille praecipitatus cadendo de clavo in 5
clavum transiit, et usque ad fundum multo vulnere conscissus ac paene
totus dilaniatus tandem pervenit, ubi domini venditorem Iudam invenit,
eique in tormentis adhaesit. Sicque illi coniunctus est, quasi penitus
illi unitus esset.

In illis ergo poenis dum esset, beato martyri Praeiecto, quem ille 10
vivens in corpore valde et prae aliis sanctis dilexerat atque ad eius
reverentiam plurima bona fecerat, quidam sanctorum dixerunt, 'O
Praeiecte, quid agis, nonne quantum miser iste te dilexerit recordaris?
Quid cessas? Cur pro illo non oras?' Quibus ille, 'Vos', ait, 'videtis
quod sanctus Laurentius et beata virgo Agnes indignati sunt ei.' 'Nos', 15
inquiunt, 'veniemus tecum, eamus precari eos, ut hanc tibi noxam
remittant, ac deinde pro eius liberatione dominum Iesum nobiscum exorent.' Laurentius itaque et Agnes interpellati venerabili martyri Praeiecto culpam donaverunt, eiusque amore dominum Iesum pro damnati

**I** deo obtulerit et multis pro mea liberatione precibus institerit.' Subintulit
quoque modum missarum et oracionum pro sua liberatione, et Stephanus ab eo remotus atque ad puteum magnae profunditatis perductus
est. Hic a summo usque deorsum hinc et inde acutissimos ferri aculeos
eminentes habebat, per quos ille in eundem lacum praecipitatus transiit 5
cadendo et usque ad profundum multo vulnere conscissus ac pene totus
dilaniatus tandem pervenit, ubi Iudam domini traditorem invenit eique
in poenis cohaerendo adhaesit. Sicque illi coniunctus est, quasi penitus
illi unitus esset.

Tali in loco dum ille fuerit, sanctum Praeiectum martyrem, quem 10
ille vivens multum dilexerat atque eius ad reverentiam plura bona
fecerat, rogaverunt quidam sanctorum dicentes: 'O Praeiecte, quid
agis? nonne recordaris quantum ille miser te dilexit? Quid cessas?
Quare illi veniam non imploras?' Ad haec ille, 'Vos', ait, 'videtis quod
sanctus Laurentius et beata virgo Agnes irati sunt'. 'Nos', inquiunt illi, 15
'veniemus tecum; veni et precemur eos, quatinus hanc noxam condonent
et postea pro eius liberatione nobiscum dominum exorent.' Laurentius
itaque et Agnes super hac re interpellati venerabili martiri Praeiecto
culpam donaverunt, eiusque amore ad dominum Iesum pro salute

10 fuerit: furit A

**II** ereptione adeuntes, veniam obtinuerunt. Protinus ergo domini imperio
nuntius ivit, qui eundem Stephanum de lacu miseriae educeret, et pro
eo qualiter Praeiectus martyr oraverit indicaret. Denuntiatum est illi
etiam quod triginta dierum haberet spatium in corpore vivendi, in
5 quibus vitam pristinam emendaret et pro paenitentia singulis diebus
centesimum octavum decimum psalmum percantaret; die vero tricesima
transiret.

Itaque revixit, et stupefactis omnibus qui aderant, funereo in strato
resedit, cunctisque rem ex ordine libera voce narravit. In argumentum
10 etiam signa quae tulerat in brachio ex constrictione beati Laurentii de-
monstrabat, quae patenter omnibus fidem indubitabilem praebebant.
Addebat quoque quoniam non amplius triginta diebus licentiam vivendi
in corpore habuisset. Tunc papa pro suo archidiacono, de quo talia
audierat, intentius orare coepit, et quidquid is qui reversus fuerat dicebat
15 pro eo fieri debere, persolvit. Transactis autem viginti novem diebus, die
tricesima, sicut locutus est, migravit. Quae res non tam illius causa qui
rediit facta esse creditur, quam nostri quibus ad cautelam denuntiatur
quatinus dum hic vivitur sic curemus mala nostra detergere, bona
sectari, ut cum ad illam quae fine caret vitam venerimus, cives patriae
20 caelestis nobis collaetari ut amicos inveniamus.

**I** damnati illius convenerunt et veniam impetraverunt. Protinus igitur
domini eiusdem nuncius ivit, qui eundem Stephanum de lacu miseriae
extraxit et qualiter pro eo Praeiectus martir oraverit indicavit. Annun-
ciavit quoque ei quod triginta dierum spatium vivendi haberet in corpore,
5 in quibus pro paenitentia singulis diebus psalmum 'beati immaculati
in via' percantaret, die autem trigesima transiret.

Itaque et stupefactis omnibus qui aderant funeri, in stratu resedit,
omnibusque rem ex ordine libera voce narravit. In argumentum etiam
signa quae in brachio gestaverat in constrictione beati Laurentii
10 demonstravit, quae patenter omnibus fidem indubitabiliter praebebant.
Addebat quoque quoniam non amplius triginta diebus licentiam vivendi
habebat in corpore. Tunc papa pro suo archidiacono, de quo talia
audierat, intentius orare, et quidquid is qui reversus fuerat dicebat pro
eo fieri debere sine mora fieri constituit. Transactis autem viginti novem
15 diebus, die trigesima, sicut praedixerat, defunctus est.

---

2 educeret: educent B

---

2 de lacu miseriae educeret: cf Ps. 39. 3.

---

13 is: iis A

5-6 beati . . . via: Ps. 118.

**II**

## Capitulum XLVII

### De presbytero, qui beatum Martinum amaverat

Hoc quoque praefatus pater narravit, quod, dum praeesset ecclesiae Beccensi, contigisse cognovit. Quidam presbyter erat sibi multum amicus et familiaris, qui beatum Martinum post deum prae ceteris sanctis amare 5 et honorare solebat. Semper de illo bona loqui avebat, servos quoque illius, monachos sive clericos, plus aliis diligebat, eisque, in quantum poterat, accuratius serviebat. In ecclesia, ubi habitabat, erat altare quoddam consecratum in honorem sancti Martini, quod ipse ex affectu magni amoris quem erga sanctum habuerat, prae aliis coepit diligere, et ne 10 supra illud pulvis iaceret, vel aliqua incompositio velaminis in eo appareret, aut circa illud quicquam iaceat immundi, summa sollicitudine procurabat. Quidquid herbarum suavis odoris habere poterat, ibi ponebat, ubi et missas facere et orationi vacare solebat. Post plures autem annos talis suae conversationis, languore correptus defunctus est. 15

Sed paucis diebus interpositis, visio Anselmo de illo ostensa est. Quadam etenim nocte expletis matutinarum laudibus, dum in ea quae dei sunt mentem porrigeret, levem subito soporem sensit, in quo

**I** Nec praetereundum puto quod idem venerandus vir narrare consuevit. Quidam presbyter erat sibi multum amicus et familiaris, qui beatum Martinum post deum prae ceteris sanctis amare et honorare solebat. Semper de illo bona loqui avebat, servos quoque illius, monachos sive clericos, prae ceteris diligebat, eisque, in quantum poterat, accuratius 5 servivit. In ecclesia, ubi habitabat, erat quoddam altare consecratum in honorem sancti Martini, quod ipse ex affectu magni amoris quem erga sanctum habuerat prae aliis coepit diligere, et ne supra illud pulvis iaceret, vel aliqua incompositio in eo appareret, aut circa illud quicquam immundi maneret, summa sollicitudine procurabat. Quidquid herbarum 10 boni odoris habere poterat ibi ponebat, ubi et missas facere et orationi saepius incumbere consuevit. Hic ita post multa tempora talis conversationis languore correptus, ad extrema perductus est.

Qui cum defunctus esset, aliquot diebus interpositis visio de eo eidem venerabili Anselmo talis apparuit. Quadam nocte expletis matutinarum 15 laudibus, dum ipse in quodam loco esset et in ea quae dei sunt mentem

12 iaceat: iacent B    13 suavis: suavi B

3 This vision, which Anselm experienced while abbot of Bec (1078–93), should be compared with Eadmer's account of his earlier vision of his dead friend Osbern, *Vita Anselmi*, i. 10 (pp. 18–20).

4 avebat: agebat A

II beatum Martinum et eundem presbiterum in aere stare conspexit. Paululum autem inferius daemonum multitudinem vidit, quae parata erat rapere presbiterum. Sed cum illum propter sancti praesentiam non auderet attingere, coepit cum iurgio conqueri, dicens: 'Quid ad te,
5 Martine, attinet presbiter iste? Quare illum tueris? Nobis oboedivit in multis, dum vixit, noster quoque post mortem esse debebit.' Ad quae, dum beatus ille respondere dedignaretur, impetum versus presbiterum cum magno strepitu daemones fecerunt. Quibus alia ex parte sanctus occurrit, ut eum ab illorum potestate eriperet. Sed dum inter se con-
10 fligerent, visio ab oculis Anselmi sublata est.

Intellexit itaque vir sapiens beatum Martinum defuncto adminiculare, et quia nondum perfecte liberatus esset, orationum suffragia illi necessaria esse. Missis igitur litteris per vicinas ecclesias rogavit pro eo supplicationes fieri, quoniam adhuc aliquo eum peccati obstaculo impediri
15 sensit. Beatum vero Martinum ab illa hora venerabilis Anselmus magis familiarem habuit, eo quod illi curam esse de sui dilectoris anima intellexit, quem etiam inter sanctos dei quasi specialem sibi patronum constituit, eiusque memoriam, donec vixit, indesinenter egit.

I porrigeret, levem subito soporem sensit, in quo beatum Martinum et eundem presbyterum in aere stare conspexit. Paululum autem inferius daemonum multitudinem vidit, quae parata erat rapere presbyterum. Cumque ad hoc daemones paratos videret, sed non audere propter
5 praesentiam sancti viri, coepit eadem infernalis turba viro dei conviciari ac dicere: 'Quid ad te, Martine, pertinet presbyter iste? Quare illum tueris? Nobis oboedivit, dum vixit, noster quoque post mortem esse debebit.' Ad quod dum vir sanctus respondere dedignaretur, daemones cum impetu et strepitu magno presbyterum invadunt. Quibus vir
10 sanctus alia ex parte occurrit, ut eum ab eorum potestate liberaret. Sed dum inter se confligerent, visio ab oculis Anselmi disparuit.

Intellexit vir sapiens itaque per beatum Martinum defunctum liberari atque vita potiri. Sed quia nondum perfecte liberatus esset, suffragia missarum et orationum tali ostensione postulare. Missis itaque litteris
15 per omnes vicinas ecclesias monendo rogavit atque monuit rogando, quatinus domini misericordiam pro fratris anima obnixius orarent; quod sic factum est, ut imperavit. Ab illa igitur hora reverendus vir Anselmus beatum Martinum magis familiarem coepit habere, quem intellexit tantopere de sui dilectoris anima curam habere. Eum itaque sibi inter
20 alios sanctos quasi specialem patronum constituit eiusque memoriam, quamdiu vixit, indesinenter egit.

4 iurgio: iurgo B    21 Cf. *Or.* xiv (Schmitt, iii. 55)

**II**

## Capitulum XLVIII

### De Maurilio, Rotomagensi archiepiscopo

Eodem tempore, ut eius dulci relatione didici, Maurilius, sanctae
Rotomagensis ecclesiae venerandus antistes, languore fatigatus, ad
extrema pervenit. Ad cuius visitationem cum quique de vicina viri 5
religiosi advenirent, qui se illius orationibus commendarent, paulo antequam extremum flatum exalaret, multis praesentibus cilicio humi
distento impositus est, ubi et spiritum emisit. Sed postquam exanimis
ibidem aliquamdiu iacuit, et circumstantes pro eo dei omnipotentis
misericordiam obsecrarent, subito rediit, et omnes in stuporem magnum 10
convertit. Cumque siluissent, avidi audire si quid diceret, ait, 'Ductus
fui ad Iordanem, ut illum transmearem. Sed cum citra flumen modice
subsisterem, vidi ex altera parte fluminis fortia castra tetrorum spirituum venire, qui me invadere atque secum tollere minaciter intende-
bant. At quia non statim me transire viderunt, circa ripam fluminis 15
castra metati sunt, ut parati essent me rapere cum pertransirem. Ex
quorum conspectu tantam formidinem passus sum, quantam non sensi

**I**    Venerabilis viri Cantuariorum archiepiscopi Anselmi narratione
cognovi, quod de sanctae memoriae Maurilio Rotomagensi archiepiscopo subterannectere curavi. Iste venerandus vir post suae sanctitatis tempora, quae in praesenti vita peregerat, ad extrema perveniens,
quique religiosi viri circumquaque manentes eundem visitare seseque 5
illius oracionibus commendare festinant. Sed cum multis praesentibus
extremum spiritum exhalare videtur, impositus est cilicio humi distento.
Ubi dum aliquandiu quasi exanimis taceret, et circumstantes pro eo dei
omnipotentis veniam obsecrarent, subito rediit et voces psallentium
interrupit dicens: 'Ductus sum', ait, 'ad flumen Iordanis, ut illud trans- 10
mearem. Sed cum ibidem ex hac parte fluminis morulam facerem,
conspexi trans flumen fortia castra tetrorum hominum venire, qui me
invadere atque secum tollere minaciter satagebant. At quia non statim
me transmeare viderunt, circa ripam fluminis castra metati sunt, ut
parati essent me rapere mox ut flumen transirem. Ex quorum conspectu 15
tantam formidinem passus sum, quantam non sensi ex quo homo natus

---

3 Maurilius, archbishop of Rouen, died on 9 August 1067 and was buried at Rouen
(Ordericus Vitalis, *Historia Ecclesiastica*, ii. 169). Anselm, as prior of Bec, would no
doubt be at his funeral. William of Malmesbury, *Gesta Regum*, ii. 327-8, gives an
independent and much better account of this incident.

---

13 minaciter: una'iter A

**II** ex quo homo natus sum. Cum ergo dubius essem quid facerem, quia
nec flumen transvadare audebam, nec remanere poteram, venerunt duo
viri in adiutorium mihi per media inimicorum castra, candidis induti
vestibus, aspectu decori, splendoris non modici, iocunda modulatione
5 concinentes atque dicentes: "'Rex in aeternum vivens', circumcinge
nos." De quorum adventu tota illa turba tetrorum territa disparuit, nec
ullatenus illis praesentibus subsistere valuit.'

Haec antistes iacens in cilicio cum retulisset, omnibus sua data
benedictione omniumque recepta, extremum spiritum exhalavit. Qua
10 in re datur intelligi eum ad lucis aeternae mansionem transisse, qui
eiusdem lucis habitatores sibi in auxilium conspexit venisse; et quod
rediit, ut visa referret, hoc dei miseratione factum esse, ne posteros
remuneratio sanctitatis illius penitus lateret, quatinus quique sibi
metuenda caverent et ad mansionem beatam ardenter anhelarent.

**I** sum. Cum ergo ignarus essem quid facerem, quia nec ex parte hac
remanere poteram, nec flumen transvadare audebam, venerunt duo viri
in adiutorium mihi ex altera parte per medium inimicum agmen,
candidis vestibus induti, splendoris magni, aspectu decori, iocunda
5 modulacione concinentes taliter dicentes: "'Rex in aeternum vivens',
circumcinge nos." De quorum conventu tota illa tetrorum turba territa
disparuit, nec ullatenus illis advenientibus subsistere valuit.'

Haec cum vir sanctus iacens in cilicio retulisset, modulacionem eorum,
qui apparuerant, iocunda voce insonuisset, omnibus sua data bene-
10 dictione omniumque recepta, spiritum exalavit extremum. Qua ex re
datur intelligi eum ad lucis aeternae mansionem transisse, qui eiusdem
lucis habitatores sibi in auxilium conspexit venisse. Et quod rediit, ut
visionem referret, hoc dei providentia factum esse, ne posteris re-
muneracio sanctitatis illius penitus lateret, quatinus quique sibi timenda
15 caverent et ad beatam mansionem indesinenter anhelarent.

**II**               Capitulum XLIX

De Ivone milite, et eius subita morte

Nec praeteribo, quod Ivoni militi contigisse narravit. Coenobio Beccensi abbas praeerat nomine Herlewinus, suus videlicet praedecessor,

14 anhelaret B

5 Rex . . . vivens: cf. Dan. 3. 9.

4 Herluin, abbot of Bec 1034–78, the predecessor of Anselm.

II vir strenuus et magnae sagacitatis, quamvis non multum litteratus. Hic
quendam consanguineum habuit, Ivonem nomine, hominem omnino
saeculari ambitui deditum. Quem Herlewinus saepe admonere solebat
ut vitam suam corrigeret, et si penitus saeculi conversationem non
derelinqueret, saltem ab eius versutia et vicinorum oppressione cessaret. 5
Sed ille monita abbatis non capiens, in suo coepto perseveravit. Quadam
vero die cum ad abbatem ex more venisset, salubriter, ut consueverat,
admonere studuit ne indulta sibi tempora contemneret, et veniens mors
quae parcere nescit eius habitaculum irrumperet, nec esset postmodum
qui ei subveniret. Ad quem ille, 'Cum', inquit, 'senuero, bonus fiam'. 10
Rogatus itaque, ut ibidem pernoctaret, noluit, sed ad propria rediit.

Circa medietatem autem noctis, cum se omnes sopori dedissent,
abbas, dum inter alios sui monasterii fratres iaceret, subito evigilavit,
et vocem cuiusdam de longe venientis audivit. Cui dum aurem studiosius
subrigeret, quid clamaretur cupiens discernere, gemitu ac lacrimis vocem 15
esse plenam discrevit. Gradiebatur per vallem versus monasterium, et
quanto plus appropinquabat, tanto clarius audiebatur. Tandem autem
Ivonem esse, suum consanguineum, intellexit, qui sic clamitans dicebat: 'Heu me miserum, heu me miserum, quod umquam natus fui!
Vae mihi, vae mihi infelicissimo!' Eademque saepius repetens, velociter 20
quasi invitus et magnam vim patiens pertransiit. Qui cum elongaretur,
rarescere coepit auditus clamoris illius, donec longius subtractus, ex
toto evanesceret.

Abbas vero vehementer territus auditu, protinus surrexit, et silenter
assumpto fratre uno, dormitorium et claustrum exivit, accitoque nuntio, 25
ut ad villam quae dicitur Pons Altimaris properaret praecepit, et qualiter
se haberet Ivo cognatus suus videret, ac cito renuntiare maturaret.
Cui cum puer diceret in vespera se Ivonem sanum et incolumem
vidisse, 'Vade', inquit ille, 'et fac quod dixi'. Concite itaque perrexit
nuntius, quo absente quid de Ivone senserit, fratri quem secum habebat 30
abbas indicavit. Mane autem facto, legatus rediit, et quid ibi invenerit
quo missus fuerat enuntiavit.

'Ego', inquit, 'ad portam domus Ivonis veni, sed omnibus sopore
sepultis vix post multos clamores auditus sum, et aperuerunt mihi.
Quos cum interrogarem, ubi dominus illorum esset, responderunt quod 35
in cubiculo dormiret. Ad quod accedens Ivonem clamavi, et uxor illius
recognoscens me, iussit aperiri mihi. Mancipium itaque ostium aperiens,
rogavit ut silenter loquerer, eo quod dominus eius dormiret. Cui ego

---

9 habitaculum: habiculum B      15 subrigerit B

26 Pont Audemer on the River Risle about twenty miles from Bec.

**II** concite ut excitaretur et ad dominum meum abbatem veniret, dixi. Quod uxor illius, quae iuxta eum iacuerat, audiens, ut evigilaret ac surgeret altiuscule precata est. Cumque non responderet neque in eo halitum sentiret, manum apposuit et illum sine flatu mortuum esse
5 lamentabiliter exclamavit. Ad cuius clamorem perterriti, lucernas accendentes Ivonem mortuum invenimus, sed nulla signa mortis excepto quod flatu carebat in eo reperire potuimus.'

Tunc abbas palam aperuit qualiter illum noctu audierit, et quia illum, quod dictu grave est, tenebrarum auctor haberet indubitanter
10 credidit. Verum quia omnibus mors talis valde terribilis est, provideat sibi quisque qui suae vocationis nescit tempus et horam, ut sit paratus ne cum venerit, si nos imparatos invenerit, dilata poena tanto severius puniat, quanto diutius toleravit quod ferire poterat.

## Capitulum L

15 ## De inclusa quam diabolus calce percussit

Nunc autem antiquus hostis, sciens quia modicum tempus habet, quam manifeste saeviat in fideles Christi, indiciis quibusdam, quae nuper contigerunt, intueri libet. Dum praefatus venerabilis pater Anselmus adhuc coenobio Beccensi praeesset, quique religionis amatores, viri ac
20 feminae, colloquium illius habere cupiebant, et ob hoc saepe ad illum diversis ex partibus veniebant. Qui vero inclusi venire non poterant nuntios mittebant, rogantes ut ad se visitandi gratia dignaretur venire. Quod ille quidem, quando opportunum erat, libenter faciebat.

Quadam autem vice precibus invitatus ad quandam magnae sanctitatis

**I** Aliud quoque eius narratione cognovi quod, licet a supradicto sit diversum, non tamen silencio putavi esse supprimendum. Dum ipse esset abbas ecclesiae Beccensis coenobii, quique religiosi viri et feminae eius colloquium habere cupiebant et ob hoc saepe ad illum ex diversis
5 partibus veniebant. Qui vero ita inclusi erant quod eum adire non poterant, suos nuncios mittebant, postulantes ut ad se visitandi gratia dignaretur venire. Quod ille quidem, quando opportunum fuerat, libenter faciebat.

Quadam autem vice quaedam religiosa femina, quae despecta prae-

6 accedentes B    7 potuerimus B

11 nescit tempus et horam: cf. Matth. 25. 13.
16 modicum tempus: cf. Ioh. 14. 19, etc.

**II** anachoritam venit; cui, postquam multa de caelestis vitae patria intimavit et abire voluisset, precata est ut cuidam puellae, quae in suo ministerio
erat et cupiebat includi, loqueretur. At ille non valens ibidem morari,
ut sibi ad monasterium mitteretur praecepit. Itaque venit, et introducta
ante pedes viri humi resedit. Quam ille, volens intelligere si gravem an 5
levem vultum gereret, aspexit, et nescio quid spirituale eius vultui
inesse conspexit, quod sibi ad magnam reverentiam feminae venit.
Siluit tamen de hoc quod in illa consideravit, et vitam pristinam ac
voluntatem eius diligenti inquisitione investigavit. Cuius sanctam
devotionem postquam agnovit, dixit ei: 'Vide, filia, ut viriliter agas, 10
quia postquam solitaria fueris, multa daemonum temptamenta senties,
quae tibi forsitan intolerabilia esse videbuntur. Ad multas ac diversas
delectationes diabolus te instigabit, timores incutiet, et forte nonnumquam verberibus afficiet, sed vim aliam tibi inferre nequibit. Si
autem in tuo proposito perstiteris, eum procul dubio superabis.'     15
    Quae sibi evenisse rei eventus probavit. Nam postquam recessit et

**I** sentis vitae gloria semet in spelunca incluserat, rogavit ut sibi ad
loquendum veniret. Cuius ille nuntiis annuens venit, eique multa de
caelestis vitae patria, ut desideraverat, intimavit. Cumque abire voluisset,
indicavit eadem matrona se quandam famulam magnae religionis ac
devotionis in suo ministerio habere quae includi desiderabat, rogans ut 5
sibi aliquod verbum solatii faceret, antequam recederet. Cui ille, 'Non',
inquit, 'tantum hic modo possum morari; sed si vultis, ut sibi loquar,
ad monasterium veniat ad me'. Cum igitur recessisset, non multis interpositis diebus nunciatum est ei eandem puellam advenisse. Quae iussa
introduci venit et coram pedibus eius humi resedit. Quam cum intuitus 10
fuisset, volens considerare si gravem an levem vultum gereret, quandam
spiritualem claritatem eius vultui inesse et inde exire perspexit, quae sibi
ad magnam reverentiam feminae venit. Siluit tamen de hoc quod in ea
consideravit, et vitam pristinam ac voluntatem eius diligenti inquisicione
investigavit. Cuius sanctam devotionem postquam agnovit, dixit ei: 15
'Vide, filia, ut viriliter agas, quia postquam inclusa fueris, multa
daemonum temptamenta senties, quae tibi forsitan intolerabilia esse
videbuntur. Ad multas atque diversas delectaciones te diabolus instigabit, multos timores incutiet, et forte aliquando verberabit; sed aliam vim
tibi nequaquam inferre poterit. Si autem in tuo proposito perstiteris, ita 20
eum superabis, quod ad te ulterius accedere non audebit.'
    Quae sibi evenisse rei eventus probavit. Nam postquam recessit et

<hr>

10 viriliter agas: cf. 1 Cor. 16. 13.

II solitariam in tugurio vitam coepit ducere, plura quae prius ignorabat
iuxta verba viri dei sentire coepit, sed memor admonitionis eius,
in quantum potuit, se ab omnibus illicitis continuit, et abstinentiae ac
orationi vehementissime constrinxit. Sed hoc antiquus hostis videns,
5 invidit, quod satis evidenter ostendit. Nocturno enim tempore palam
eam aggreditur, cum indignatione iubens ut foras egrediatur. At illa in
oratione permanens, nihil respondit, et daemon abscessit. Quod illa ut
sensit, grates deo reddidit, et finita oratione ad locum, ubi requiescere
post laborem consueverat, rediit.
10     Ubi dum se quieti dare disponeret, rediit malignus spiritus et eam in
latere graviter calce pepulit, dicens, 'Surge, maledicta pelex, et redde
mihi denarium meum'. Ex cuius voce simul et ictu perterrita, surrexit
et appropians altari, cum lacrimis exclamavit: 'Domine', inquit, 'Iesu
Christe, deus meus et defensor meus, tu scis quia nullum denarium
15 habeo, et quia ei nihil debeo.' Atque in his vocibus coram altari prostrata,
deum intenta mente coepit orare. Tunc videns malitiosus ille se et
machinamenta sua haberi contemptui, exivit, et pusillum siluit.
    Sed post modicum intervallum insolitas et diras voces tam terribiliter
emisit, ut paene illa sancta femina prae nimia timoris angustia sensum

I solitariam vitam in tugurio ducere coepit, multa quae prius non senserat
secundum viri dei verba sentire coepit; sed memor admonicionis eius,
in quantum potuit, se ab omnibus illicitis continuit et ab iis, quae
voluptatis nutrimenta esse solent, modis omnibus abstinuit. Quod anti-
5 quus hostis videns, sine magno dolore suae malitiae ferre non potuit.
Nocturno itaque tempore eam palam aggreditur, cum indignacione
imperans ut foras egrediatur. At illa in oracione persistens et nihil ei
respondens, daemon abscessit. Quod ista sentiens, grates deo reddidit,
et post debita oracionum libamina, quae iugiter reddere consuevit,
10 paululum ut requiesceret ad stratum venit.
    Tunc veniens daemon cum ingenti strepitu graviter eam in latere
pepulit dicens, 'Surge, pelex, et redde mihi denarium meum'. Ex cuius
praesentia simul et ictu perterrita, surrexit et accedens ad altare, ante
quod orare consueverat, cum lacrimis exclamavit: 'Domine,' inquit,
15 'Iesu Christe, deus meus et defensor meus, tu scis quia nihil in denario
habeo et quia ei nihil debeo.' Atque in his vocibus coram altari prostrata,
deum intenta mente coepit orare. Tunc videns ille malitiosus se et
machinamenta sua contemptui haberi, exivit et paululum siluit.
    Sed facto modico intervallo insolitas et diras voces tam terribiliter
20 emisit, quod pene illa sancta femina prae nimia angustia sensum amisit.

14 deus . . . defensor: cf. Iudith 6. 13.

II amiserit. Mox autem ad se reversa sanctae crucis signo se munivit, ac coeptae orationi animum revocavit. Quod ille fieri dolens, totam cellulam maximo quodam sonitu terribiliter concussit, quasi super eam casura a fundamentis evelli deberet. In quo strepitu fenestellam, quae in ipsa domuncula fuerat, a suo loco removit, et super eandem feminam proiecit. 5 Sed deo protegente nihil eam laesit. Nam cadendo declinavit ab illa, et super psalterium, quod manu tenuerat, cecidit. Quae res mane facto vicinis, qui noctu strepitum audiverant, innotuit, atque ad argumentum veritatis comminuta fenestra fuit.

Verum non multo post tempore venerabilis Anselmus ad easdem 10 partes venit, et eidem feminae verbum salutis fecit. Sed cum abire voluisset, retulit ei quaeque sibi acciderant, quaerens quid sibi voluerit diabolus in hoc, quod ab ea denarium suum quaesierit. Cui venerabilis pater ait:

'Denarius ille, quem sibi a te reddi praecepit, est peccatum, quod 15 genus humanum ab eius suasione accepit. Ipse enim peccati et omnis malitiae inventor ac pater est, et dum homini peccatum facere persuasit, quasi quiddam de suo proprio, quod homo prius non habuerat, commendavit. De quo usuram quasi ex debito singulis diebus requirit, et

I Mox autem ad se reversa signo sanctae crucis se munivit ac coeptae orationi intendit. Quod nimis indigne ferens diabolus terribili quodam sonitu iterum subito perstrepuit, quod totam cellulam concussit, quasi super eam casura a fundamentis deberet evelli. In quo strepitu vitream fenestellam, quae in eadem domuncula erat, a suo loco removit et super 5 eandem feminam proiecit. Sed deo protegente nihil eam laesit. Nam dum orationi iuxta altare incumberet ac psalterium suum coram se in manibus apertum teneret, proiecta fenestra nutu dei a se cadendo declinavit et super psalterium, quod manu tenebat, cecidit. Quae res mane facto nonnullis innotuit atque ad argumentum veritatis confracta fenestra fuit. 10

Verum non multum post venerabilis Anselmus ad eandem visitandi gratia venit. Quam cum de salute animae suae admonuisset, retulit ei praedicta femina quod sibi contigerat, quaerens quod sibi voluerit diabolus in hoc quod ab ea denarium quaesierit. Cui ait:

'Denarius, quem sibi a te reddi praecepit, est peccatum, quod genus 15 humanum ab eius suasione accepit. Ipse enim peccati et omnis maliciae inventor ac pater est, et dum homini peccatum facere persuasit, quasi quiddam de suo proprio, quod homo prius non habuerat, commendavit. De quo usuram quasi ex debito singulis diebus requirit, et, quod sine

---

15–263. 3 Cf. *Cur Deus Homo*, i. 7 (ed. Schmitt, ii. 58).

**II** quod sine dolore dici non debet, illam a multis numeroque carentibus
accipit. Peccati quippe usura est id agere quod in lege Christiana
inhibitum est. Quotienscumque peccato consentimus, quod diabolus
primo adinvenit et nostro generi quasi denarium commisit, reddimus illi
5 usuram eiusdem sui commissi. Nam ad hoc serpens antiquus homini
peccatum porrexit, ut exinde ad interitum hominis augmentum quasi
usuram acciperet. Quam quia relicto saeculo sibi non solvis, in tantum
dolet, ut silere nequeat. Si te hinc expellere posset, procul dubio
gauderet, quia tunc se eundem suae malitiae denarium et usuram eius
10 a te quoque habiturum speraret. De hac usura denarii, quem a te
diabolus quaesivit, spiritus sanctus per os David propheta dicit: "Ex
usuris et iniquitate redimet animas eorum." Subintelligendum utique :
Christus. Tuam enim animam ex huius denarii usura Christus dominus
redemit, ubi pura mens tua sibi soli placere delegit. Studiosum ergo
15 sit cor tuum semper ad meliora proficere, ut quanto amplius malignum
spiritum tuum et omnium insidiatorem tibi vides invidere, tanto
ardentius quae illi invisa et deo sunt placita studeas adimplere.'

Quod illa audiens, vehementer laetata est, eoque studiosius omni
custodia cor suum servavit, quo se cum antiquo hoste conflictum cepisse
20 consideravit.


**I** magno dolore dici non potest, a pluribus accipit. Peccati quippe usura
est id agere quod in lege domini prohibitum est. Quotienscumque
peccato consentimus, quod diabolus primo adinvenit et nostro generi
commisit, reddimus usuram eiusdem peccati. Nam ad hoc serpens anti-
5 quus homini peccatum suadendo porrexit, ut exinde ad interitum
hominis augmentum quasi usuram acciperet. Quam quia relicto saeculo
sibi non reddis, in tantum dolet quod silere non potuit. Si te hinc
expellere posset, multum gauderet, quia tunc se eundem suae maliciae
denarium et usuram denarii a te quoque habiturum speraret. De hac
10 usura psalmista dicit: "Ex usuris et iniquitate redimet animas eorum."
Tuam igitur animam ex huius denarii usura dominus redemit, ubi pura
mens tua soli sibi placere delegit. Studiosum ergo sit cor tuum semper
ad meliora proficere, ut quanto amplius inimicum tuum et omnium tibi
vides invidere, tanto devotius quae illi contraria et deo sunt placita
15 studeas adimplere.'

Quod illa audiens, vehementer laetata est, eoque studiosius omni
custodia cor suum servavit, quo se cum antiquo hoste conflictum cepisse
perspexit.

11–12 Ex usuris . . . eorum; cf. Ps. 71. 14.

**II**            Capitulum LI

## De puero, quem diabolus per fenestram tulit

Est vicus in Normannia, nomine Blangi, ubi fratres Beccenses cellulam habent, in qua pater Anselmus hospitatus est. Ubi dum essemus, Tytso monachus, qui eiusdem loci custos fuerat, narravit quod paucis ante- 5 quam illo venissemus diebus, dum ipse laudes matutinas quadam die dominica persolveret, daemon quendam puerum suum, qui asinorum custos fuerat, in domo furatus est atque de villa longius asportavit. Sed dum ipsis laudibus monachus intenderet, insolitus quidam tremor super eum irruit, quod veritus ne quid mali portenderet, quantocius orationem 10 terminavit et domum rediit. Famuli autem admirati sequuntur, quaerentes quid habeat. Quibus ille quid senserit indicavit, praecipiens ut accensis luminaribus diligenter omnia perlustrarent. Quo facto, lectulum et omnes pannos pueri quem reliquerant surgentes ad matutinas invenerunt, ipsum vero nusquam reperire potuerunt. De qua re vehe- 15 menter admirati sunt, quia cum tota domus firmiter obserata fuerit, qualiter inde exire potuerit omnino nescierunt. Per totam itaque villam fama dispergitur, ab omnibus quaeritur, sed nusquam invenitur.

Facta autem desperatione illum inveniendi, vespere ante ostium domus suae monachus tristis cum suis sedebat, cum subito in horreo 20 ubi iumentorum pabulum fuerat, audivit illum lamentari. Quod cum ante multis diebus firmatum seris fuisset ac minime apertum, nullum in eo fore putantes, vocem de aliquo secreto aeris loco se audire putaverunt. Sed cum clamorem reiteraret, ad domum currunt, aperiunt puerumque ibidem mirabiliter pendere inveniunt. Nam cum domus alta fuisset, 25 praecelsa in ea ad tholum usque pertingens congeries faeni erat, super cuius fere summitatem in clivo puer fuerat positus, nudus, sursum erectis pedibus et deorsum capite pendente. Qui si parumper se movisset, mortem vel membrorum confractionem cadendo incurrisset. Eum igitur, cum interrogassent qualiter illuc venerit, respondit se nescire. 30 Admirantes itaque scalas quaerunt, apponunt, et puerum sine laesione deponunt.

Cum autem quaereremus, qualiter e domo abductus primo fuisset, vocatus arbiter idem puer accessit et ait:

'Ego cum requiescerem in lectulo meo, venit nescio quis ad fenestel- 35 lam quae iuxta habebatur, et vocans me nomine meo compulit surgere et ad fenestram ire. Ad quam cum venissem, rogavit me ut sibi manum per fenestram, quae adeo parva est, paululum porrigerem. Quod cum primo facere noluissem, institit, et tandem persuasit. Itaque manum

II porrexi, quam ille accipiens tenuit, et me per fenestram, quamvis
latitudo eius semipedalis non sit, sine laesione extraxit. Quod qua arte
fecerit ignoro. Cum autem extractus fuissem, super scapulam suam me
levavit et festine recessit. Hoc cum sentirem, veritus ne mihi quid mali
5 faceret, interrogavi quis esset vel quo me deferre voluisset. At ille, "Ne
cures", ait, "quis sim, sed sustine, quia mirabile quiddam tibi hodie
monstrabo". Cui inquam, "Ego profecto tecum venire nolo, quia quis
sis penitus ignoro". Ait, "Puer es, nescis quid dicis, tace, quia ostendam
tibi qualiter anima separetur a corpore". At ipse: "Hoc per meam fidem
10 nolo videre, dimitte me."' Talia cum diceremus, venimus ad silvam non
longe hinc positam.

'Verum cum mihi in spatio illo, quo ab eo ferebar, loqueretur,
admiratus sum valde quis esse potuisset, quia pilosus erat et caput eum
non habere considerabam, sed loco capitis spissitudo pilorum quasi
15 villosa pellis in modum pilae contracta erat. Vocem autem quam audie-
bam de pectore eius prodire sentiebam. Pertimescens igitur plorare
coepi dicens, "Domine deus, adiuva me, quia credo in te". Quod cum
dixissem, statim me proiecit super acervum lapidum in ipsa silva sub
quercu mihi bene cognita, dicens, "Vae tibi, foetide, tanti ponderis es".
20 Sicque recedens, quo devenerit nescio.

'Cumque surgere et abire voluissem, venit quidam in barba prolixa,
staturae procerae senex, ducens puerum secum, qui meae videbatur
aetatis esse. Hic cum quaereret quare plorarem, dicere coepi; sed ipse
interrumpens verba mea praecepit ut silerem et dormirem. Formidans
25 itaque illum clausis oculis me inclinavi et statim obdormivi. Inde vero
qualiter vel a quibus sublatus et in domum delatus sim, penitus ignoro,
quia non evigilavi, donec vespere inventus sum, ubi plorando clamavi.'

Haec res, ut mihi innotuit, per ordinem utcumque digesta est; sed
dei omnipotentis misericordia hinc debet valde pensari, quae et puerum,
30 fortassis eo quod ad ecclesiam venire neglexit, permisit tentari et tamen
ne periret sua pietate servavit.

31 sua: tua B

**II**                              Capitulum LII

Qualiter Willelmus turbas daemonum viderit
et ab eis per bonos angelos liberatus sit

Vir venerabilis Willelmus, quem pontificatus arcem in Britannia tenere
postea vidimus, mihi narravit, quod memoriae commendare non 5
indignum putavi. Is frequenter et cum magna devotione solemniter de
angelis missas celebrare solebat. Qui cum a me percunctaretur quamobrem inde tam sedulo missas faceret, ad quaedam alia verba vertebat,
quasi quaesita indicare dubitaret. Verum mihi instanti tandem aliquando
causam aperuit mihique hoc admiranti narravit.                              10

'Ego', inquit, 'cum adhuc in studio litterarum ferverem, valida corporis infirmitate debilitatus, Doforis iacui, et de sanitate recuperanda
desperare coepi. Iacens itaque quis de me finis futurus esset, cum magna
fortitudine expectavi. Affuit presbiter, aderant clerici et servientes
cum domus familia, explorantes quando ultimum exalarem spiritum. 15
Cum itaque intempestae noctis silentio corporis molestia fatigatus, cum
amaritudine et timore mortis insomnis iacerem, subito magnam multitudinem malignorum spirituum horribilis formae conspexi turmatim
advenire, domum intrare, et totum sessionis locum in domo occupare.
Quorum aspectus maximam mihi formidinem incussit, ita ut prae 20
timore paene animam effunderem. Circumspexi, si quispiam eorum
qui super me vigilare debuerant hoc conspiceret, sed cum neminem
se movere sensissem, intellexi omnes sopore sepultos, tantoque magis
formidare coepi. Exclamare volui, sed timore nimio correptus nihil
penitus dicere potui.                                                       25

'Sedentes itaque vociferabantur de me, et convitia iaculantes, quid
de me facerent quaerendo inter se tumultuabantur. Tunc sensi matronam quandam mihi ad caput sedisse, quae imperiose locuta est eis
dicens, "Quid quaeritis vel quare huc venistis?" Qui responderunt,
"Hunc ad tollendum venimus". At illa, "Non habetis", inquit, "partem 30
in illo, quia Michael, Gabrihel et Raphahel dimicabunt adversum vos pro
illo". Ad haec verba protinus consurgentes se non habere vires adversus
eos dixerunt, sicque fugiendo discesserunt.

'Post haec aliquantula mora intercessit, et ecce truculentior et maior
eorundem daemonum multitudo advolat, quorum deformitas turpis 35
valde et terribilis erat. Nam quales in parietibus deformes et horridi
depicti apparent, tales ad me eadem hora armati lanceis, fuscinulis,

---

22 debuerat . . . conspicerent B

4 William of Corbeil, archbishop of Canterbury, 1123–36.

II tridentibus, furcis ferreis, fustibus et securibus furiosi venerunt. Et
coram me domum implentes, cum clamore valido quisque socium
seseque tumultuando arguebant quare me non invaderent. Stupebam,
admirando quod socii mei qui aderant non excitabantur tam horridis
5 validisque clamoribus. Domina vero, quam mihi ad caput residere
sentiebam, erat illa piissima mediatrix nostra, post deum spes prima,
virgo semper Maria, ut mihi videbatur. Cuius ego horulas, dum studio
litterarum ferbuissem et omnia eiusdem studii causa postposuissem,
diebus singulis dicere solebam, spem habens in eius pia clementia.
10 Praeterea paulo antequam me infirmitas cepisset, deliberaveram apud
me saecularem habitum relinquere, vitam moresque secundum spiritualem vitam componere, soli deo per omnia de reliquo servire.

'Cum itaque tetrorum spirituum admodum conterritus tremerem, illa
beatissima, quam affore sentiebam, ait eis, "Quid hic quaeritis?" Qui
15 furiose et cum tumultu clamoris magni responderunt, "Iste nobis
debetur, et ut eum ligemus ac nobiscum ducamus, huc venimus".
Quibus illa, "Non est", inquit, "vester neque vobis pars in eo est quia
Michahelis, Gabrielis et Raphaelis conflictus pro eo contra vos erit". His
auditis turbati sunt celeriterque abeuntes dicebant, "Nulla nobis pugna
20 contra eos." Illis igitur remotis locuta est illa pietatis mater, ita dicens,
"Stulte, stulte, putas te tactum virga dei posse evadere sine exami-
natione terroris? Iam propalatum est". In his verbis disparuit, et me
confestim melioratum sensi.

'Admirans autem de visione, incipiens mitigari a terroris magni-
25 tudine, ecce praenominatus sanctus Michahel archangelus cum aliis duobus magna cum velocitate pertranseunt. Quorum effigies admirabilis
et statura grandis maiorque forma hominum. Species autem sancti
Michahelis sic mihi splendida et admirabilis esse videbatur, ut, sicut
aurum sua pulchritudine et candore differt a luto, sic eius pulchritudo
30 omnibus mundi floribus, coloribus lapidum sive metallorum praecellere
videbatur. Cui vere dici potest quia "omnis lapis pretiosus operimen-
tum tuum".

'Deinde autem postquam animum collegi et ad me reversus sum,
cogitare coepi quanta est felicitas, quanta pulchritudo, quae promittitur
35 sanctis, qui "erunt in caelis sicut angeli dei"; et quam verum sit quod
dicitur "oculus non vidit et auris non audivit et in cor hominis non
ascendit, quae praeparavit deus diligentibus se". Non enim ulla res

7-8 Before he became a regular canon, William of Corbeil studied and taught at the
school of Laon (Hermann, *Miracula s. Mariae Laudunensis*, ii. 6, *P.L.* 156. 977).
31-32 omnis . . . tuum: Ezech. 28. 13.
35 erunt . . . dei: Matth. 22. 30.
36-37 oculus . . . diligentibus se: 1 Cor. 2. 9.

II transitoria tali pulchritudini potest aequiparari. Reliqui vero duo amictibus uti videbantur candore nitentibus.

'Postquam ii qui mecum fuerant expergefacti sunt, cum nullam de visione mentionem fecissent, sensi eos hoc quod videram penitus latere, et apud me secretum tenens, coepi meliorari, donec integrae sanitati 5 restitutus sum. Hac occasione sanctorum venerationem angelorum a die illa frequentare coepi, quorum suffragio tantorum tamque crudelium exactorum immanissima attrectatione vidi me liberari. Cum enim "administratorii spiritus" sint "in ministerium missi", et credantur custodes esse nobis ad salutem deputati, digni sunt si qua est veneratione 10 nostra, et utinam nos digni efficiamur eorum tuitione invictissima, et indeficienti ac salutifera amicitia!'

9 administratorii . . . missi: Hebr. 1. 14.

# *APPENDIX*

## DICTA ANSELMI ARCHIEPISCOPI

Omnis actio laudabilis sive reprehensibilis, ex voluntate habet laudem vel reprehensionem. In voluntate namque est radix et principium
5 omnium actionum quae sunt in nostra potestate, et si non possumus quod volumus, iudicatur tamen apud deum unusquisque de propria voluntate. Nolite igitur considerare tantum quid faciatis, sed quid velitis, non tantum quae sint opera vestra quantum quae sit voluntas vestra. Omnis enim actio quae fit recta, id est iusta, voluntate recta
10 est; et quae fit non recta, voluntate recta non est. Iusta voluntate dicitur homo iustus, et iniusta voluntate dicitur iniustus. Si ergo bene vultis vivere, voluntatem vestram indesinenter custodite in magnis et in minimis, in iis quae potestati vestrae subiacent et in iis quae non potestis, ne aliquatenus a rectitudine declinet. Si autem vultis cognoscere
15 quae vestra voluntas sit recta, illa pro certo est recta quae subiacet voluntati dei. Cum ergo aliquid magnum vel parvum facere disponitis vel cogitatis, ita dicite in cordibus vestris: 'vult deus ut hoc velim annon?' Si vobis respondet conscientia vestra: 'vere vult deus ut hoc velim, et placet illi talis voluntas', tunc sive possitis quod vultis sive non
20 possitis, voluntatem tamen amate. Si autem conscientia vestra vobis testatur quia deus non vult vos illam habere voluntatem, tunc toto conatu avertite ab illa cor vestrum, et si bene eam a vobis vultis expellere, in quantum potestis eius cogitationem et memoriam a corde vestro excludite.
25 Quomodo autem pravam voluntatem aut pravam cogitationem a vobis excluditis, hoc parvum consilium, quod vobis do, intelligite et tenete. Nolite litigare cum perversis cogitationibus vel perversa voluntate, sed cum vobis infestae sunt, aliqua utili cogitatione et voluntate mentem vestram donec illae evanescant fortiter occupate. Nunquam enim expel-
30 litur de corde cogitatio vel voluntas nisi alia cogitatione et alia voluntate, quae illis non concordant. Sic igitur vos habete ad utiles cogitationes et voluntates, ut toto nisu intendendo ad utiles mens vestra dedignetur eas saltem recordare vel aspicere. Cum autem vultis orare aut in aliquam

4 In: Ex *Ep. 414*    6 apud deum: coram deo *Ep.*    22 eam: illam *Ep.*
23 vestro *om. Ep.*    31 concordat *Ep.*    33 in *om. Ep.*

1 For the history of this text, which is included in the first recension of the *Dicta*, see above, pp. 29–30.

I bonam meditationem intendere, si vobis tunc importunae sunt cogitationes quas non debetis suscipere, nunquam propter illarum importunitatem bonum quod incepistis velitis dimittere, ne instigator earum
diabolus gaudeat quia vos a bono incepto facit deficere, sed eo quem dixi
modo illas contemnendo superate. Neque doleatis neque contristemini 5
de illarum infestatione quamdiu illas sicut dixi contemnendo nullum
eis assensum praebetis, ne occasione tristitiae iterum redeant ad
memoriam et suam importunitatem resuscitent. Hanc enim habet mens
hominis consuetudinem, ut hoc unde delectatur aut contristatur saepius
ad memoriam redeat, quam hoc quod negligendum sentit aut cogitat.  10

Similiter se debet habere persona in sancto proposito studiosa in
quolibet motu indecenti in corpore vel anima, sicuti est stimulus carnis
aut irae aut invidiae aut inanis gloriae. Tunc enim facillime extinguuntur
cum et illos velle sentire aut de illis cogitare aut aliquod illorum suasione
facere dedignamur. Neque timeatis quod huiusmodi motus vel cogita- 15
tiones vobis ad peccatum imputentur, si nullatenus voluntas vestra illis
se associat, quoniam 'nihil damnationis est iis qui sunt in Christu Iesu,
qui non secundum carnem ambulant'. Secundum carnem enim ambulare, est carni voluntate concordare. Carnem autem vocat apostolus
omnem vitiosum motum in anima vel in corpore cum dicit, 'Caro 20
concupiscit adversus spiritum, spiritus adversus carnem'. Facile quidem
huiusmodi suggestiones extinguimus si principium earum secundum
praedictum consilium conterimus. Difficile vero postquam caput earum
intra mentem admittimus.

Quam gravi et perpetua poena punienda erit brevitas delectationis. 25
Delectatio occidit et praeterit, vulnerabit et transibit. Miserum facit et
abit; infelicem reddit et relinquit. Quam speciosus est animae nitor,
quam felix conscientia bonis operibus plena. Si beatum se credit qui
hoc possidet quod dimissurus est post mortem, quam securus est qui
illud praemium sperat, quod nunquam amissurus est per aeternitatem. 30
Si potens dicitur qui mundo imperat, quam beatus est qui deum in
conscientia portat. Et ideo, dulcissimi filii, concupiscite mundiciam
cordis, habete dilectionem dei et proximi.

3 earum: illarum *Ep.*        20 in corpore: in *om. Ep.*        21 spiritus: autem
*add. Ep.*        24 admittimus: *hic desinit concordia inter epistolam et Dicta*

12 stimulus carnis: 2 Cor. 12. 7
17–18 nihil damnationis . . . ambulant: Rom. 8. 1.
20–21 Caro . . . carnem: Gal. 5. 17.

# III

## EADMERI CANTUARIENSIS MONACHI
## SCRIPTUM DE BEATITUDINE
## PERENNIS VITAE
## SUMPTUM DE VERBIS BEATI ANSELMI

# NOTE

The text which follows is Eadmer's definitive text in E, his own MS. Two stages of revision are shown in the apparatus. It is characteristic of Eadmer that these revisions brought only the most trivial alterations in the existing text, but were the occasion for important additions at the end. The double series of sections i–vii, i–vii, corresponding to the corporeal and spiritual joys, are numbered thus in the best manuscripts of the first and second recension. In his final revision Eadmer dropped these numbers and introduced the slightly different divisions printed below: the numbers and titles in italics are not his but those of later copyists and editors, retained here for convenience. The manuscripts referred to in the notes are

*First recension*

    D    Dijon, Bibliothèque municipale 225
    N    Cambridge, Corpus Christi College, 34

*Second recension*

    B    Cambridge, Corpus Christi College, 135
    C    Cambridge, Corpus Christi College, 332
    E    Cambridge, Corpus Christi College, 371
    L    Lambeth Palace 59

*Third recension*

    E    (as above) with its final additions

The similarities between this text and the treatment of the same theme in *Proslogion*, c. 25, *Dicta*, c. 5, and *De moribus*, cc. 48–71, are too numerous to be recorded in the notes, but the direct borrowings from Eadmer in the later recensions of the *Dicta* and *De moribus* have been recorded in the notes to those texts.

# III

## PROLOGUS SCRIPTI
## DE BEATITUDINE PERENNIS VITAE

Reverendo domino et fratri, et amico suo, Guillelmo monacho, mansuetudine, modestia et honestate vitae multum amando, frater Eadmerus,
monachorum ecclesiae Christi Cantuariensis infimus, quod deus promisit diligentibus se.

Recordatur, ut aestimo, sanctitas tuae dilectionis, honorande frater,
quia cum venerabilis pater Anselmus Cantuariensis archiepiscopus
nuper in coenobio Cluniacensi aliquantis diebus moraretur, et loquens
a religioso ipsius loci conventu pro sua reverentia devotissime audiretur,
tua prece mecum egisti quatinus verbum quod de aeterna beatitudine in
capitulo coram positis fratribus fecit, stili officio tuo conspectui prae-
sentarem. Ego igitur, utpote qui libenti animo volebam pro meo posse
tuae voluntati morem gerere, opus illico aggressus sum, aestimans illud
levioris ad explicandum negotii fore, quam postea senserim. Noverit
ergo carissima mihi dilectio tua quia tui solius causa tenuit me ne coepto
desisterem, licet fortassis melius fuisset penitus destitisse. Materia
siquidem pulchra et appetibilis, cum narratur sermone inculto et con-
temptibili, solet nonnumquam magis offendere audientis animum quam
demulcere. Quapropter vereor ne hoc ipsum in meo facto alicui con-
tingat, scilicet ne materia decens indecenti stylo digesta, id apud hominum mentes efficiat, ut quae prius per se sine scripto placebat, ex
scripti deinceps foeditate vilescat. Sed certe quod scripsi, tua sincera
dilectione provocatus tibi scripsi, hoc solum intendens, ut ea simpliciter
dicerem, quae me in eodem capitulo per id temporis, vel ab ore ipsius
patris de eadem re alibi accepisse recordari valebam. Valeat sanctitas
tua et oret pro me.

EXPLICIT PROLOGUS

2–3 Sermo Anselmi de aeterna beatitudine D; Anselmi archiepiscopi de eterna
beatitudine N; Meditatio Anselmi de eterna beatitudine B; *tit. om.* CL      4–7 *om.*
BL      14 posse meo D      20 animum audientis D      26 ab ore: alibi de ore D
27 alibi *om.* D      27–28 Valeat … pro me *om.* D

## INCIPIT SCRIPTUM QUODDAM DE BEATITU-
## DINE PERENNIS VITAE

Multi homines, quibus nonnunquam boni mores et iusta opera pro-
ponuntur, et ut se in eis saeculi vanitate postposita exerceant ad-
monentur, inquirere solent quamobrem, quo praemio, qua retributione. 5
Respondetur itaque illis quod scriptum est 'quia nec oculus vidit, nec
auris audivit, nec in cor hominis ascendit quod praeparavit deus iis qui
diligunt illum'. Quod cum illi non clare quid sit advertere possunt,
repetitur hoc ipsum aliis verbis, et dicitur eis: 'Praemium quod iis qui in
hac vita deo serviunt in futura vita recompensatur, vita aeterna, beati- 10
tudo aeterna, aeterna iucunditas, sufficientia scilicet est omnium commodorum secundum voluntatem, et sine omni indigentia.' Haec ergo
cum illis hoc modo dicuntur, bona quidem et magna, ut sunt, esse
videntur. Sed quia non intelligunt quid in ipsa vita aeterna habituri
sint, nec subito quid sit omnium commodorum secundum voluntatem 15
sufficientia et sine omni indigentia percipere possunt, haerent animo,
nec multum efficaci ad audita sapore trahuntur. Quid ergo agendum ut
haec illis aliquatenus sapiant, et sic ad opera bona evigilent? Puerorum
more cibandos existimo, qui si quando grossum aliquod pomum
edendum percipiunt, illud ob dentium teneritudinem et oris angustiam 20
absumere nequeunt, si pro illorum capacitate primo non fuerit particulatim divisum. Itaque dividamus in partes magna quae diximus, ut
inde possint ad vitam nutriri de quibus agimus. Quae ut melius eluceant,
consideremus quae in hac vita mens amet humana, et ex his prout possumus coniectemus, ea multo excellentius eos habituros in vita futura, 25
siquidem inter mundana temptationum pericula constituti dominica
fuerint praecepta secuti, atque cum ipsa illic adepti fuerint, plenitudine
desiderii sui se nequaquam fraudatos percipient. Haec, inquam, faciamus, et a minimis paulatim progrediamur.

Ecce ut primo quae ad corpus attinent bona, succincte enumeremus: 30
ista, ut aestimo, sunt quae propter se, et propter quae alia quaeque ab
hominibus appetuntur. Pulchritudo, velocitas, fortitudo, libertas, sanitas, voluptas, diuturnitas vitae. Si autem in his aliqua sunt, quae aliquando servi dei non modo non adpetunt, sed etiam magnopere in hac
vita curare subterfugiunt, ut sunt verbi gratia pulchritudo corporis 35

---

1–2 *tit. om.* BDL      7 quod: quae D      23 ad vitam *om.* D      28 nequaquam
se D

---

6–8: 1 Cor. 2. 9.          11–12 Cf. *Cur Deus Homo*, i, 24 (Schmitt, ii, 93).
18–22 cf. *Vita Anselmi*, i. 22 (p. 39).

atque voluptas, utique non idcirco id faciunt quod ea naturaliter nolint, sed ne deum in eis quoquomodo offendant. Nam si per ea nihil offensionis in deum contrahi posse certo sentirent, vel se ab amore aeternorum impediri non pertimescerent, profecto iucundius in ipsis
5 quam in eorum contrariis sese deducerent. His ita praelibatis, singula quae proposuimus brevi tractemus, et qualiter illis post corporum nostrorum resurrectionem perfruemur, prout dominus dederit, explicemus.

### (Cap. 1. De pulchritudine)

10 [i] Itaque pulchritudo bonum quoddam est, et quod naturaliter a cunctis haberi amatur. In illa igitur vita pulchritudo iustorum solis pulchritudini, qui septempliciter quam modo sit speciosior erit, adaequabitur, quemadmodum divina scriptura testatur 'Fulgebunt', inquiens, 'iusti, sicut sol in conspectu dei'. Ad haec. Corpus dominicum claritati
15 solis praelucere nescio aliquem posse ambigere. Et ei similes, attestante apostolo, erimus, qui dicit, 'Reformabit corpus humilitatis nostrae configuratum corpori claritatis suae'. Ista fatetur auctoritas, cui contradicere scitur esse nefas. Haec tamen si quis sibi velit ratione probari, credo nulli debere incredibile videri iustos pulchritudinem solis in illa vita, ubi
20 mortale hoc absorbebitur a vita, sortiri, cum vere dicantur et sint templum et sedes dei, quod nusquam in divina pagina de sole isto visibili meminimus legi.

### (Cap. 2. De velocitate)

[ii] Velocitas quae pulchritudine non minus amatur tanta nos comitabi-
25 tur, ut ipsis angelis dei aeque celeres simus, qui a caelo ad terras, et a terris in caelum dicto citius dilabuntur. Quae celeritas, si utrum sit in angelis probari necesse esset, exempli gratia dici forsitan posset hominem mortali adhuc carne gravatum mox a Iudaea per angelum in Chaldaeam delatum, indeque tradito prandio quod deferebat sine mora relatum.
30 Ergo cum istis omnino par velocitas illis erit, quibus, sicut promissa est, illorum aequalitas inerit. Apostolus etiam, qui corpora nostra quantacumque locorum intercapedine separata membratim fuerint sive dispersa 'in ictu oculi' asserit resurrectura, satis innuit quam velocitatem eadem corpora iam incorruptibilia sint habitura. 'Corruptibile quippe hoc', sicut
35 ipse testatur, 'incorruptionem et mortale induet immortalitem'. Huius

---

7 dederit dominus D        18 velit sibi DL

13–14 Matth. 13. 43.    16–17 Philip. 3. 21.    19–21 Cf. 2 Cor. 5. 4.    21 templum dei: 1 Cor. 3. 16.    27–29 Cf. Ezech. 11. 24.    33–35 Cf. 1 Cor. 15. 52–53

quoque velocitatis exemplum in radio solis licet intueri, qui statim orto
sole in plaga orientali pertingit in ultima plagae occidentalis, ut in eo
perpendamus non esse impossibile quod de nostra dicimus futura
velocitate, praesertim cum rebus animatis soleat inesse maior velocitas
quam inanimatis. Huic radio solis simile velocitatis exemplum habemus 5
in nobis. Radius quippe oculorum nostrorum in sublevatione palpe-
brarum caelum usque pertingit, et in ictu earum totus in semet ac
integer redit. Amplius. Constat quidem animas sanctorum quae jam
caelestia tenent necdum plena felicitate frui, donec incorruptibilitate
corporum suorum potiantur. Quam cum adeptae fuerint, non erit quod 10
amplius velint. Haec itaque corpora si eas a sua velocitate aliquatenus
tardiores aut graviores efficere deberent, nimirum potius eorum consortium abhorrerent quam appeterent. Igitur ea quam dicimus velocitate perfungemur cum in vera vita fuerimus.

## (Cap. 3. De fortitudine)                                          15

[iii] Post has nominavimus fortitudinem, quam plerique perosa imbecil-
litate plurimum amant. Praestabunt igitur viribus, quicunque supernis
meruerint civibus associari, in tantum ut nullatenus illis obsistere quicquam valeat, vel si movendo aut evertendo voluerint quid a suo statu
quomodocumque divertere non illico cedat. Nec in eo quod dicimus 20
maiori conatu laborabunt, quam nos modo in motu oculorum nostrorum.
Ne quaeso excidat animo, quam adipiscemur, angelorum similitudo,
quatinus si hic aut in iis quae dicturi sumus aliquod exemplum non
occurrerit, ipsa occurrat; atque in quibus angelos valere constiterit, et
nos aeque valere probet et asserat. Neminem autem qui dubitet existere 25
puto angelos ea qua volunt fortitudine fungi. Sed fortassis quaeret aliquis quid nobis illa fortitudo praestet, cum singulis tam convenienter
ut convenientius nequeant ubique dispositis, nihil mutandum, nihil
evertendum, nihilque statuendum sit, in quo vires suas quivis exerceat.
Qui haec dicit, paucis nobiscum quid in huiusmodi habeat usus humanus 30
attendat, et videbit quia non semper omnibus, quae habemus et quae
nos habere non parum gaudemus, actu utimur, sicut verbi causa visu
ipso, potestate aliqua, scientia rerum nonnullarum, et multis in hunc
modum. Sic et tunc de qua agitur fortitudo erit. Sola namque possessio
eius grata nobis erit, et exultatio grandis, licet nequaquam sit nobis 35
in actu, cunctis ut dictum est in suo statu locatis. Haec eadem quae-
stio, si aut de velocitate, aut de aliquo eorum quae ob propositi operis

intentionem dicturi sumus, quemlibet movet, eam qua hic soluta est solutionem, si apertiorem non habuerit, accipere valet.

### (Cap. 4. De libertate)

[iv] Hinc secundum quod proposuimus, ordine suo libertas sequitur,
5 quae superioribus non minus diligitur. Quicumque igitur angelorum fuerint similitudinem assecuti, eorum quoque libertatem necessario assequentur. Itaque sicut angelis nihil obsistit, nec aliquid eos impedire vel constringere potest, quin pro velle suo cuncta liberrime penetrent, ita non erit obstaculum ullum quod nos retardet, non clausura quae nos
10 detineat, non elementum quod nobis ad velle pervium omnino non extet. Exempli causa: certe dominicum corpus, cui corpora nostra configu- randa Paulus testatur ut supra meminimus, clauso sepulchro a mortuis surrexit, ac demum ad discipulos obseratis ianuis palpandum introiit, nobisque in hoc libertatis futurae documentum grande reliquit.

15             ### (Cap. 5. De impassibilitate)

[v] Super haec sanitatem amari ab hominibus diximus. Et de hac quid melius dici poterit, quam quod psalmista canit, 'Salus', inquiens, 'iustorum a domino'? Quibus autem fuerit a domino vera sanitas, quae subripere valebit infirmitas? Verum de ista sanitate, quam in saeculo
20 futuro habebimus, quod exemplum afferre queam ut quae sit intelligatur non video, quia nihil sanitatis quod ei comparare possim, aut ego in me, aut aliquis sub mortali carne degens sensit in se. Hic etenim tunc nobis sani videmur, cum nihil in nobis quod doleat sentimus. Fallimur tamen nonnumquam in hoc. Nam frequenter in aliqua parte corporis infirma-
25 mur, nec tamen hoc ipsum nisi aut motu corporis, aut tactu aliquo ullo pacto experimur. At de iis qui nec ita infirmantur, sed omni ex parte sibi sani esse videntur, quid dicemus, ut utrum sint vel non sint sani probemus? Propone tibi quemlibet sanissimum corpore, et de sanitate illius sciscitare. Sanus est suo iudicio. Hic talis paulo durius tangatur,
30 aut in aliqua sui corporis parte arctius constringatur, et statim vide- bis quia clamabit, 'Sine, laedis me, vexas me'. Quid est hoc? Nonne prius sanum se esse dicebat? et nunc modice tactus, ita dolenter suc- clamat. Istene tibi sanus videtur? Non puto. Nequaquam ergo salus huiusmodi nobis dabitur, quorum salus a domino futura esse specialiter

---

21 nil D      22–23 sani nobis D      32–33 succlamat: clamat D

12 Cf. Philip. 3. 21.     13 Cf. Ioh. 20. 27.     17–18 Ps. 36. 39.

repromittitur. 'Nam absterget deus omnem lacrimam ab oculis suorum',
et iam non erit amplius 'neque luctus, neque clamor, neque ullus dolor',
quoniam 'priora transierunt'; et 'non esurient, neque sitient amplius,
nec cadet super illos sol, neque ullus aestus'; 'dextera enim sua deus
teget eos, et brachio sancto suo defendet illos'. Quid itaque eis nocere 5
valebit quibus dextera dei tegumentum erit? Qualis autem sit sanitas illa,
certe scio me nec meo nec alicuius sensu vel experimento accepisse.
Febrium vero et diversarum infirmitatum qualitates si cuiusmodi sint
quivis interrogaret, facile forsan intelligendas exponerem, cum quia ego
illas in me, tum quoniam ab eis accepi qui eas quae sint experimento 10
didicerunt in se. At quod nec sensu percepi, nec ab ullo qui perceperit,
ut dixi, accepi, non eodem modo. Credere tamen et incunctanter, ut
mea quidem fert opinio, astruere licet, sanitatem vitae futurae ita
iugem et incommutabilem atque inviolabilem fore, ut ineffabili quadam
atque sensibili suavitatis dulcedine totum hominem repleat, et omne 15
quod alicuius in se vicissitudinis, mutabilitatis, aut laesionis suspicionem
praetendere queat, procul arceat atque repellat. Haec de sanitate dicta
sint.

### (Cap. 6. De voluptate)

[vi] Huic eo ordine quo singula de quibus instituimus tractare proposui- 20
mus, voluptatem subiunximus, quam alio nomine corporeorum sensuum
delectationem appellamus. Et haec quidem magnopere solet amari quia
singuli corporis sensus in iis, quae sibi commoda iudicant, delectantur.
Delectatur quippe, ut verbi gratia paucis dicatur, odoratus odoribus
variis, et gustus rerum diversarum saporibus diversis, necne singuli alii 25
sensus his et illis iuxta quod cuique fert naturalis appetitus. Istae tamen
delectationes non semper delectant, sed suis quoque amatoribus sui
nonnunquam taedium ingerunt. Transitoriae namque sunt et bestiales.
Illae vero, quae in futuro saeculo plene iustis administrabuntur, perpetes
sunt et rationabiles. Quare non video ut, qualiter intelligantur, possit 30
edici; praesertim cum in delectationibus vitae praesentis, quo eas
designemus exemplo nequeat inveniri. Delectationibus etenim illis quo
magis quisque utetur, eo ferventius illas amplectetur, quia ex earum
saturitate nullum fastidium ulli creatur. Quas delectationes neminem in
hac mortalitate viventem esse puto vel fuisse, qui senserit vel gustaverit, 35
ut illarum saporem vel habitudinem caeteris digerere possit. Duas enim
beatitudines, et item miserias duas, maiorem videlicet atque minorem,
esse novimus. Maiorem beatitudinem, regnum dei; minorem dicimus esse, in quo Adam primo positus fuerat, gaudium paradisi. Item

1–3 Cf. Apoc. 21. 4.    3–4 Apoc. 7. 16.    4–5 Sap. 5. 17.

maiorem miseriam, aeternum ignem gehennae; minorem fatemur, quas
incessanter patimur, aerumnas praesentis vitae. Beatitudinum autem
neutram aliquando experti sumus. Quod si saltem illam parvam beatitudinem, quam Adam in paradiso positus habuit, experti essemus, forte
5 per hanc, illam maiorem aliquomodo coniectando videre possemus; sicut
nunc in minori miseria nati, nutriti, et adulti, multa de maiori miseria,
quotiens volumus, edicere et explanare valemus. Itaque cum delectatio,
qua de agimus, constat esse una portio magnae beatitudinis, quo illam
modo explicemus ut capiatur non video, nisi forte id agamus aliqua
10 contraria similitudine magnae miseriae, quam ex minori coniectamus.
Sit igitur ante oculos cordis positus exempli causa homo aliquis, qui
tam in ipsis oculorum suorum pupillis, quam et in singulis membris
ferrum ignitum et candens infixum habeat ita ut nec medullae, nec
intestina, nec omnino quidquam in toto ipso cruciatus illius immanitate
15 vacet, vel eam levius quam in oculis aliquatenus sentiat. Quid dicam?
Angustiatur. Quis hunc existimet sanae mentis inter ista? Eodem modo,
sed penitus contraria consideratione, in illa futura vita ineffabilis
delectatio quaedam bonos inebriabit, et dulcedine sui totos eos inaestimabili exundantia satiabit. Qui dixi totos? Oculi, aures, nares, os, manus,
20 pedes, guttur, cor, iecur, pulmo, ossa, medullae, exta etiam ipsa, et
cuncta singulatim, singulaque membra eorum in commune, tam mirabili
delectationis et dulcedinis sensu complebuntur, ut vere totus homo
torrente voluptatis dei potetur, et ab ubertate domus eius inebrietur.

## (Cap. 7. De vitae diuturnitate)

25   Qui ergo haec bona fuerit adeptus, non intelligo ad quid pro commodo
corporis suus ulterius porrigatur affectus; solummodo assit ei, quam
cunctos appetere diximus, diuturnitas vitae. [vii] Sed ista illi minime
deerit, quia 'iusti in perpetuum vivent', sicut Scriptura dicit. Sunt etiam
alia, quae quidem iis quae digessimus non minus amantur; sed ad
30 animam, sicut illa ad corpus, referuntur. Quae nihilominus in septenario
numero constituta, non modicum placent menti, quae ipsorum fuerit
sapore imbuta. Sunt autem haec, sapientia, amicitia, concordia, potestas,
honor, securitas, gaudium.

## (Cap. 8. De sapientia)

35 [i] Sapientia igitur, quam omnes et in hac vita non viliter amant, tanta
in futura vita bonis erit, ut eorum quae scire voluerint nihil sit quod

---

2 Beatitudinem CLE (corr.)

23 Cf. Ps. 35. 9.        28 Sap. 5. 16.

ignorent. Scient enim cuncta quae scienda fecit deus, tam ea quae praeterita, quam quae huius saeculi sunt futura. Ibi a singulis omnes, ibi ab omnibus singuli cognoscentur; nec omnino quemquam latebit, qua patria, qua gente, qua stirpe quis editus fuerit, vel quid in vita fecerit. Hic fortassis ait aliquis, 'Quid est hoc? Peccata quae feci, scient 5 omnes? Ad hoc ea confessus sum ut delerentur, ut obliviscerentur, ut nulli amplius panderentur.' Bene. Sed cum tu in illa gloria ab omni criminis sorde purgatus vultui dei praesens adstiteris, ingratusne ei esse poteris pro tanta misericordia quam tibi fecit, remissis illis et illis delictis tuis? Et unde gratias ages, si nihil eorum unde illas iure debeas in 10 tua memoria habes? Ut igitur in illius laudibus aeternaliter iucunderis, semper de quanta sis miseria erutus, ut puto, coram habebis. Cum ergo singulorum conscientiae singulis pateant, fateri audeo ea quoque cunctis patere, pro quorum curatione tu deo iugiter gratiosus existes; non ad tuam confusionem, sed ad magnam dei glorificationem, tuamque 15 congratulationem. Nec enim tunc pro peccatis tuis te maior cordis angustia premet, scelerumque tuorum mage pudebit, quam aliquem magnis olim vulneribus saucium iamque omni ex parte sanatum aboliti languoris molestia premit, vel eorum quae in cuna positus infans egerat, nunc grandaevum pudet. Tunc quippe cum integra sanitas, perfecta 20 munditia, plena remissio, secura omnium offensionum impunitas tibi certo arriserit, cognitio eorum qui magis horrori tibi esse valebit, quam est modo beatissimo apostolorum principi Petro, qua Christum negavit, abiuratio sua; beato Paulo, qua persecutus est, immanitas sua; beatae Mariae Magdalenae, peccata sua; et multis aliis multa, quae sciuntur iam 25 donata, crimina sua? Verum super haec agnitis delictis, velut enormi ac foeda infirmitate tua, pietas, virtus, ac sapientia medici, qui te sanavit, sublimius a cunctis admirabitur, laudabitur, magnificabitur. Laus autem et magnificentia gloriae dei, tua si bene advertis gloria est. Sed dices: 'Et quidem consentio laudem dei gloriam meam esse. Verum cum hinc 30 inde tot et tot ad mei comparationem innocentes prodeant, qui consideratis vitae meae obscoenitatibus me omnino, sicut aequum erit, horrori habendum iudicent, quid dicam? Iustitia nempe suum, et suum iniustitia, praemium exigit.' In his, frater, nolo timeas; aliter erit quam existimas. Illum siquidem, quem tu tibi comparatum iudicas penitus 35 innocentem, non ibi reperies de te, quemadmodum aestimas, sentientem. Namque videns te ille, quo de agis, plane intelliget te nequaquam se, sed deum, quando peccasti, offendisse. Cum ergo viderit deum tibi tua debita funditus dimisisse, nec in cor sibi ascendet ut te inde aliquatenus

16 congratulationem: ut laete tristium praeteritorum recordamur add. C marg.
30 esse meam DL

iudicet. In hoc enim ipso deum se offendere cognosceret si te deo per
omnia reconciliatum pro iis quae olim feceras ullatenus contemnendum
cogitaret. Magis autem gratiosus admirabitur ineffabilem dei clementiam
non solum in te sed et in se. In te, quia de tam profundo iniquitatis
5 eripuit te; in se, quia sola gratia eius, ne in idem profundum rueret,
tenuit se. Laudando igitur magnificabit in te post gratiam dei vim atque
constantiam quibus enitens voraginem tanti mali viriliter evasisti, quam,
iuxta quod ipse considerabit, si derelictus a deo simili modo incurrisset,
non ita forsitan evasisset. Vides igitur quam nil improperii vulgata
10 cognitio peccati tui, immo quam multum laudis et gratiarum, cognita
remissio sui generabit? Ipsi etiam angeli si te societate sui propter tua
peccata indignum vellent iudicare, haberes qualiter contra eos iure te
possis defensare. 'Quonam', inquis, 'modo?' Audi. Propone angelum
aliquem, quasi talia tibi improperantem: 'Tu homo de pulvere factus,
15 tu pulvis quandoque futurus, contra deum te extulisti, contra praecepta
eius te in caenum omnis peccati et immunditiae tumidus deiecisti; et
nunc nostri similis esse quaeris, quos nunquam in aliquo voluntati dei
contraisse cernis?' Ad haec licet ita respondeas: 'Si ego, ut dicis, de
pulvere factus sum, forte non mirum, si vento temptationis impulsus
20 in sordes sum criminum lapsus. Verum agnita et credita misericordia
Christi, spretis omnibus quae illum nolle scire potui, in cunctis quae
illum velle intelligebam memet exercui. Unde tribulationes et angustias
in fame, siti, vigiliis, verberibus, contumeliis, aliisque modis innumeris
ad honorem ejus sustinere non dubitavi, et quaeque mundana pro viri-
25 bus nihili pendens, eius tantum solius gratiae per singula reconciliari
desideravi. Vos autem quid horum umquam sui causa sustinuistis?
Semper vos gloria, semper iocunditas est comitata. Semper vos tenuit
dextera dei atque defendit ab impugnatione omnis peccati, ita ut nulla
vos fuscaret macula eius. Itaque si a voluntate eius non cecidistis, ipsius
30 donum est, a quo iugiter tenti estis.' Sed quia haec ratio illos tantummodo respicit, qui perditioni suae vim fecerunt, et regnum caelorum
violenter rapuerunt, alii qui in illud sunt sed alio modo intraturi alia
ratione paritatem angelorum sibi sunt vendicaturi. Si quaeris qua,
forsitan ista. Dicent igitur illis: 'Quod in regno dei vestra quaerimus
35 aequalitate beari, dono et gratiae Christi Iesu domini nostri id adscribi-
mus, qui ad hoc dignatus est homo fieri et pati et mori, ut nos ab omni
delicto in sanguine suo iustificatos ipsius regni sui consortes efficeret.
Vos igitur considerate an sanguis Christi, qui est pro nobis effusus,

---

29 vos fuscaret: vobis subriperet DL    eius: illius DL

22–23 Cf. 2 Cor. 11. 27; 12. 10.    31–32 Cf. Matth. 11. 12.

queat nobis esse perfecta causa salutis.' Quid ad haec angeli, qui libenter
eo quod boni sunt rationi adquiescere volunt, dicerent, nisi quae dicta
sunt ratione niti, et huiusmodi homines iure sua aequalitate debere
potiri? Cum itaque angeli atque homines, quos magis te iudicaveras
innocentes, tibi consentiant, tibi in cunctis pro veritate rationis honorem 5
deferant; perpende, si vales, quam grata sit sapientia ista, qua tu sic ab
omnibus, sic omnes a te agnoscentur in vita illa.

### (Cap. 9. De amicitia)

[ii] Nonne consequenter ex ista quae cunctis erit communis sapientia,
quaedam inaestimabilis amicitia procreabitur, quae in tantum singu- 10
lorum intima erga singulos suo fervore compleat, ut amor cuiusque in
quemque cuique sufficiat? Nec enim video quomodo aliter esse possit;
praesertim cum omnes unum corpus Christi sint, et Christus qui est
ipsa pax, sit omnium caput; nec minori sese affectu complectantur,
quam membra unius corporis sibi invicem copulantur. Amabis igitur 15
omnes ut ipsum te; et amaberis ab omnibus, ut ipsi a se. Putas abundans
eris in dilectione, quando haec tibi fuerit in possessione? Attamen istam
transi, et contemplare ipsum per quem haec bona tibi provenere, et
percipies quia ille plus quam tu teipsum, et quam omnes alii, incomparabiliter amabit te; et tu super teipsum, et super omnes alios, ineffabili 20
quadam suavitate illum amabis.

### (Cap. 10. De concordia)

[iii] Sed quoniam solet aliquando contingere inter homines, ut ii qui sese
altrinsecus unanimiter amant non in omnibus ubique concordent dum
huic secus ac illi videtur, et quod hic appetit, ille fugit, necessario 25
addenda praescripto amori concordia est; ne si ullatenus vel in puncto
defuerit, aliqua laesio tanto bono subrepere possit. Erit itaque tanta in
cunctis concordia, ut in nullo sentias aliquem discrepare ab eo quod te
constiterit velle. Corpus unum erimus, ecclesia una erimus, sponsa
Christi erimus, quicumque ibi erimus. Non ergo maior tunc inter nos 30
discordia erit, quam nunc est inter membra unius corporis. Verum sicut
vides in motu oculorum, quod illuc quo unus vertitur mox alius sequitur, ita quocunque tuum velle converteris, velle omnium sine disceptа-
tione illico tibi praesto habetis. Quid dixi omnium? Ipsa dei voluntas
non erit a tua diversa; sed sicut tu quod ille, ita et ille volet in cunctis 35

13-15 Cf. 1 Cor. 6. 15; 12. 27, etc.

quod tu. Caput namque a suo corpore qui discreparet? Hic aliquis
forsan in sui cordis secreto quaerit, dicens: 'Eia, si deus et omnis ille
beatorum coetus volent quod ego, tunc et augmentum mei boni mecum
volent, quod ego ibi non velle non potero. Ero itaque pro velle meo de
5 maioribus in caelo.' Huic respondeo quia si etiam beato Petro par in
gloria esse voluerit, erit. In gloria dico, quia ut Petrus sit in persona,
velle non poterit. Namque si hoc vellet, seipsum nihil esse vellet: quod
velle nequit. Sed nec in gloria illi aequari si meritis eius impar est velle
poterit, quia pulcherrimam illius corporis compositionem, quam in hoc
10 violari conspiceret, omni commodo plus amabit. Nec enim in humano
corpore, vel pes loco aut officio manus, vel manus pedis, fungi optat;
aut os sive nasus, ubi oculi sunt; aut oculi, ubi os seu nasus est, relictis
sedibus suis transferri desiderant; aut si transferrentur, patienter id
paterentur. Eodem modo in illa admirabili et glorificata dispositione
15 beatae civitatis dei, ita quisque quod habet amabit, ut statum suum
potiori gradu mutari non velit. Quare? Quia cuique satis erit sua felicitas
et beatitudo. Amplius si ii qui iam in ipsius corporis unitate locati sunt,
maiora quam sunt adepti desiderarent, eo ipso miseri essent, quo nondum haberent quod vellent. In quo enim alicui quod cupit deest, in eo
20 miser sit necesse est. Sed absit ab illo regno omnis miseria. Aderit itaque omnibus sufficientia, quam perficiet in singulis unanimis et plena
concordia.

### (Cap. 11. De potestate)

[iv] Cum itaque deum et omnes tuae voluntati concordes habueris, pro-
25 fecto nihil voles quod non possis. Omnipotens igitur eris tuae voluntatis,
quoniam ipsum omnipotentem habebis in omnibus concordantem tuae
voluntati.

### (Cap. 12. De honore)

[v] Itaque cum haec tanta potestas tibi affuerit, honor condecens potestati
30 minime deerit. Qui honor cuiusmodi sit, brevi sub exemplo consideremus. Ecce sit ante oculos nostros positus pauper aliquis, omni solatio
destitutus, ulcerum et aliarum infirmitatum foeditate corruptus, et omni
quo vel a frigoris incommoditate defendatur tegmine nudus. Hunc igitur
talem tali modo iacentem, et in nullo semet iuvare valentem, si rex ali-
35 quis potentissimus transiens videret, et miseratus eius vulneribus mederi
curatumque suis iuberet ornamentis vestiri, et adductum sibi adoptaret
in filium, praeciperetque ut in regno suo suus filius a cunctis haberetur,
atque in nullo quod iuberet a quoquam ei contradiceretur, haeredemque

suum ac filii sui cohaeredem constitueret, et eum suo nomine vocari
praeciperet, nonne diceres magnifice honoratum? Et certe deus nobis
haec omnia faciet. Nati enim de putredine carnis, replemur multis
miseriis. In quibus miseriis constitutos, et omni solatio destitutos,
omniumque infirmitatum passionibus obnoxios, ac peccatorum et cor- 5
ruptibilitatis ulceribus plenos, sola misericordia ductus accipiet et
curabit nos, et sanitati restitutos ornamentis perfectae iustitiae et incorruptibilitatis ornabit, adductosque in filios sibi adoptabit, regni sui
consortes efficiet et haeredes, filioque suo unigenito sibi per omnia
aequali et coomnipotenti concorporales statuet et cohaeredes; omnique 10
creaturae iubebit ut in omni quod volemus nobis obediat; vocatosque
nos nomine suo deos faciet. Dicit enim ipse, 'Ego dixi, dii estis et filii
excelsi omnes'. Sed ipse deus deificans est; tu vero deus eris deificatus.
At fortassis ais: 'Haec ratio tua in illis quidem magnis apostolis seu
martyribus poterit existere rata. In me autem qui utinam vel ultimus 15
esse merear, quonam pacto constare queat non intelligo.' Intende et
intellige quia nullum iustorum ab ista deitate excepit deus, ubi dixit,
'dii estis, et filii excelsi omnes'. Verum ut dicta melius eluceant, considera sub exemplo naturam ignis et naturam rerum ignitarum, si forte
ibi aliquatenus queas imaginari qualiter illi summae deitati pro modulo 20
tuo possis participando deificari. Ecce ignis unus est, et in sua natura
calidus. In hunc ignem pone lignum aliquod, plumbum, et ferrum simul.
Itaque cum lignum fuerit in carbones conversum, et plumbum lique-
factum, ita ụt in carbonibus nihil nisi ignis appareat, et plumbo nihil
caloris addi queat, necdum tamen ferro poterunt in calore coaequari, 25
quod nondum forsan penitus incanduit igne. Licet igitur aliud alio
magis in calore profecerit, singulum tamen, servata natura sui, usitato
locutionis modo, quia ignitum est, per se dicitur ignis. Sic erit in illa
beata supernorum civium societate, de qua loquimur. Nam quemadmodum ii, qui summae dei maiestati sunt propinquiores, et ob hoc 30
aliis praestantiores, dii dicentur; ita et qui illis sunt inferiores, quoniam
una et eadem qua et ipsi deitate pro sua capacitate participant, simili
nomine dii dicentur. Quando ergo cum tanto bono adeptus fueris hunc
honorem, non video qua ratione possis cupere ampliorem. Igitur dum
possessione horum bonorum quae digessimus felix fueris, nonne 35
sufficiens tibi videberis? 'Et maxime', inquis. Age igitur: si omnibus
istis vel una die sicut exposita sunt in re frui valeres, gauderes? Sine

---

13 deificans: sanctificans D      15 existere: esse D      qui utinam vel ultimus:
utinam qui ultimus D      24 nil . . . nil DL      26 igni DL      32 qua et:
et *om.* DL

---

12-13, 18 Ps. 81. 6.

dubio. Si autem mense vel anno uno, laetificareris? Nec dici quidem, ut
autumo, potest laetitiae modus. Et si toto tempore vitae tuae, quid
faceres? Dares pretium? Utique libens quidquid haberes, et insuper
temetipsum, si sic et non aliter ea adipisci valeres. [vi] Si vero ad haec
5 omnino securus existeres, quod ea, dum viveres, nullo eventu amitteres,
omitto dicere utrum vel cogitare possis an non, quid exultationis
tibi esset.

### (Cap. 13. De securitate)

Itaque cum tua vita perpetuo duret in illa vita, et haec omnia tibi
10 habenti securitas quoque ea amplius non perdendi certo arriserit,
obsecro, quid aestimas tibi erit? Credo quod etiam ad nomen securitatis
mota est in te quaedam iubilatio cordis; et an tanta bona secure sis
perpetuo possessurus, avidus addiscere cupis. Dico igitur quia si ea
perditurus es, aut tu ipse voles ea perdere tua sponte, aut deus ea auferet
15 tibi nolenti, aut aliquis alius deo fortior superveniens ea tollet, deo et te
non volente. Sed certe nec tu abiecto tanto bono in miserias, quas te
evasisse gratiosus exultabis, recidere voles; nec deus qui illud tam larga
et clementi bonitate donavit id tibi aliquando auferre volet; nec ullus
fortior deo superveniet, qui, deo te protegente, illud tibi invito aliqua-
20 tenus tollet. Securus igitur tantorum bonorum perpetuo eris, nec alicuius
tibi adversari volentis incursum timebis. [vii] Quid ergo putas tibi erit,
cum haec omnia, pulchritudinem videlicet, velocitatem, fortitudinem,
libertatem, sanitatem, voluptatem, diuturnitatem vitae, sapientiam,
amicitiam, concordiam, potestatem, honorem, securitatem, secundum
25 quod ea descripsimus, immo supra omnem humanam aestimationem
gloriosius atque sublimius quam scribi vel dici possint, in possessione
aeternaliter habueris? Nonne gaudium, quod erit consummatio omnium
horum?

### (Cap. 14. De gaudio)

30 Re etenim vera, videre non possum quomodo inaestimabile gaudium
circumquaque non habeat, quem tot commoda beatae felicitatis felicis-
que beatitudinis sine fine circumdant. Tunc igitur et tu isto gaudio
perfrueris, quia nihil unde gaudere non debeas habebis. Itaque si
haberes aliquem, quem ut teipsum penitus amares, et de cuius bono
35 sicut de tuo omnino gauderes, illumque non minori quam te felicitate
per omnia fultum videres, nonne in gaudio eius gaudium duplicatum
haberes? Si vero duos aut tres sive plures huic tibi in amore pares
possideres, et eos aequa felicitate conspicuos cerneres, numquid pro
eorum numero non in te multiplicaretur gaudii tui magnitudo? Et

utique, cum de amicitia superius ageremus, ostendimus ita omnes illius
patriae cives amaturos te sicut amabunt se, et te illos sicut tu teipsum.
Potestne igitur illius gaudii modus a quoquam homine penetrari, cum
ultra mille millia, et decies millies centena millia innumerabiles ibi sint,
et omnes eadem beatitudine perfruantur, nec ullus eorum sit, qui non 5
tantum de bono alterius gaudeat, quantum de suo? Praeterea videntes
deum ipsum supra quam ipsi sese amabunt ipsos amantem, et intel-
ligentes se inenarrabiliter plus quam semetipsos illum amantes, in gloria
eius mira et ineffabili exultatione exultabunt. Gaudium ergo erit eis
intus et extra; gaudium sursum atque deorsum; gaudium in circuitu et 10
ubique. Et hoc est, sicut putamus, quod, quemadmodum in capite
huius opusculi dixi, deus praeparavit diligentibus se.

Haec itaque, iuxta quod interim mihi mea aestimatio dicit, quodammodo potest dici illa beatitudo aeterna, felicitas aeterna, commodorum
scilicet omnium sufficientia secundum voluntatem et sine omni indigentia, 15
quam plene habebunt omnes amici dei in vita aeterna. Nec enim volumus affirmare illam hac quam digessimus multo maiorem non esse.

### (Cap. 15. De miseria reproborum)

Cum igitur iusti fuerint tanta felicitate beati, restat ut iniusti per contrarium sint inaestimabili quadam infelicitate miseri. Sicut enim istos, 20
iuxta quod prout potuimus deo donante descripsimus, mira pulchritudo,
velocitas, fortitudo, libertas, sanitas, voluptas alacres faciet et iubilantes,
ita illos immanis quaedam et inaestimabilis foeditas, tarditas, imbecillitas, servitus, languor atque dolor maerentes reddet et eiulantes. Sane
diuturnitatem vitae, quam isti pro fruendis tantis bonis summo amore 25
complectentur, illi pro interminabili poena, qua torquebuntur, quoniam
illis inerit, summo odio execrabuntur. De sapientia vero quid dicam non
invenio, nisi quia sicut iustis in gaudium et honorem, ita iniustis quidquid scient vertetur in maerorem et confusionem. Amicitia autem qua in
invicem pii summa iucunditate copulabuntur, si qua in impiis erit, in 30
tormentum eis erit. Quo enim magis quosque amabunt, eo magis
gravius in illorum poena dolebunt. Si contra concordiam quid habituri
sint quaeritur: discordiam habebunt cum omni creatura, et omnis
creatura discordabit ab aliis. Hinc ergo pro potestate bonorum, tanta
impotentia eos sequetur, ut omnino nihil eorum quae voluerint possint; 35
et quicquid habuerint, nolint. Igitur pro honore sanctorum obtinebunt
perenne opprobrium. Et haec quo fine claudentur? Vere sicut amici dei
securi erunt se nunquam amissuros bona sua, ita isti inimici dei omnino

---

16 quam: quod D        31 eo magis: magis om. DL

12 Cf. 1 Cor. 2. 9.        14–15 Cf. p. 274. 11–12.

desperabunt se iam amplius perdituros haec mala sua. Pro aeterno igitur et ineffabili gaudio beatorum, haereditabunt aeternam et incogitabilem tristitiam omnes qui pro impaenitudine reatus sui transituri sunt in societatem daemoniorum.

5   His itaque consideratis atque perspectis intelligi potest quam utile sit homini in bonis moribus ac iustis operibus vitam suam exercere, quamque damnosum illis omissis per vitia et iniquitates affluere. Quod si latius consideremus, videlicet quam utile sit quemlibet hominem bonum esse, videbimus non solum ei qui bonus est, sed et deo ipsi et 10 angelis, et cuique iusto homini, ac insuper omni creaturae id utile esse. Et deo quidem, non quod personae illius aliquid commodi vel incommodi accidere possit, bonus homo utilis esse dicitur, sed quoniam illi ad perficiendam civitatem suam quam de bonis hominibus perficere instituit, eo studio, quo in illam tendit, adminiculatur. Humanus quippe 15 usus hoc habet, ut eum sibi quis utilem iudicet, qui se ad hoc adiuvat, sine quo id quod bene vult, perficere non vult.

Qualiter autem bonus homo sit etiam angelis utilis, inde cognoscitur, quod ex societate bonorum hominum numerus illorum qui diminutus erat redintegratur. Cum igitur aliquis per vitam bonam in societatem 20 illorum currit, magnum quid ipsis praestat, quia quantum in ipso est, numerum eorum supplet et perficit. Omni quoque iusto homini, necnon omni creaturae iustum hominem utilem diximus. Iusto homini, quia quanto ardentius in supernam patriam tendit, tanto velocius patria ipsa in suis civibus consummabitur, et quisque adepta suorum cor- 25 porum resurrectione, quam multum desiderat, geminata laetitia atque honore in regno dei perfruetur. Omni creaturae, quoniam dum per bonitatem suam incrementum civitatis dei assurgit, renovationem qua ipsa creatura in melius est commutanda ultra non impedit, immo quantum sua refert omnem ei moram perfectionis rumpit et adimit.

30   Quantum ergo cuique sit enitendum ut bonus sit, perpendat qui potest, quandoquidem ex bonitate hominis et consummatio regni caelestis et praedestinata toti creaturae pendet reparatio universalis. Nihil enim horum omni ex parte perficietur, donec numerus electorum impleatur. Tanto itaque bonum istud plus differetur, quanto ii, qui 35 aeternae vitae digni existant, minus invenientur.

Singulo igitur homini ad regnum dei pervenienti deus ipse, angeli quoque ac iusti homines omnes, eo quod se talem exhibuit ut illuc

---

3–4 in societatem *om.* BCL      4 daemoniorum: *Hic desinunt codd. primae recensionis*

5–288. 17 Cf. *Dicta*, c. 4; *De moribus*, cc. 43–45.

perveniet gratiosi existent, et ut sua omnia eius sint unanimiter volent, eumque sicut cohaeredem et comparticipem regni caelestis quasi seipsos perenniter diligent. Siquidem quantum in ipso fuit, et civitatem dei, et angelorum numerum, et sanctos homines consummavit. Sed cum ii qui ad vitam aeternam pertingunt tanta merentur, patet per contrarium 5 quid nequam homines, quia regno dei extorres suo merito fiunt, pro- mereantur. Quantum etenim ad eos spectat, nec dei civitas nec angelo- rum numerositas nec electorum hominum proficiet praefixa integritas; immo cum ipsi ad horum perfectionem conditi fuerint, nec pertingere satagunt, ne unquam perficiantur suis factis intendunt. 10

Quemadmodum igitur quivis homo dolet et queritur quando aliquo modo perdit quod pro sui commodo et utilitate adquisivit, ita deus quodammodo dolet et queritur, quando hominem quem ad opus suum creaverat a diabolo rapi et in aeternum sibi perire considerat. Inde etiam illi qui damnantur perditi dicuntur, quoniam deo, ad cuius regnum et 15 honorem conditi sunt, in confusionem aeternam a diabolo praecipitati depereunt.

Ecce utcumque proposita nobis est beatitudo vitae perennis, et e con- trario miseria mortis aeternae. Ut igitur haec evadatur, illa adquiratur, eo magis elaborandum est, quo ista interminabili poena malos cruciat, 20 illa indeficienti iucunditate bonos oblectat.

Qui ergo bonus est, perseveret donec debita sibi beatitudinis praemia capiat; qui vero malus, quod est esse desistat, quo miseriam, quam meretur, evadere queat. Et quidem bonitas, quia lux est, plane instruit eum, qui ei inhaeret, qua gradiatur ut ad vitam perveniat; sed malitia, 25 quia tenebrae sunt, obcaecat illum qui ea inebriatur, ne videat quo ruit, ut intereat. Sed sit aliquis forte malus, qui quod est esse erubescat, et se bonum fieri velle dicat. Hic necesse est ut ante omnia se malum, id est peccatorem, ac per hoc tenebris involutum intelligat, quatinus se ubi iaceat possit videre. Sunt etenim plures qui tam densis peccatorum 30 tenebris obvoluti sunt, ut nulla ratione se vel in ipsis tenebris esse possint advertere.

Primum igitur et magnum quid boni esse constat, hominem seipsum posse intelligere in quo statu vel casu subsistat. Eo enim quo se intelligit, luci accedit. Cum itaque intelligit se malum esse, oportet ut si bonus 35 fieri vult, doleat se malum esse. Alioquin falso dicit se alium quam est esse velle. Scientiae igitur, qua novit se, dolor adiciatur necesse est,

---

17 depereunt: *Hic desinunt codices secundae recensionis*

33–289. 40 Cf. *Dicta*, c. 1; *De moribus*, cc. 101–8.

dicente scriptura: 'Qui addit scientiam, addit et dolorem.' Verum si
dolori medicamentum vult adhibere, ubi doleat expedit ut ostendat ei
quem scit sibi nosse et posse mederi. Vulnus enim quod iam putruit, et
in se horridum virus ex putredine sui coadunavit, quousque aperiatur
5 et putridus humor exprimatur, nec a dolore liberari nec ullo valet modo
curari. Sic qui sibi peccati vulnus dolet inflictum, per veram confessionem vulnus ipsum detegat ac sic expresso mortifero humore qui
latebat, per consilium praesidentis, quo curetur, paenitentiae medica-
men assumat. Non vereatur linguas hominum, non proponat paeni-
10 tentiae cultum. Immo apud se hoc in mente firmiter habeat, quia si
aliis peccati scandalum inde subrepere non timeret, talem se cunctis
innotesceret, qualem se in conspectu dei quem offendit esse videt. Hoc
enim multum valet ad dignum paenitentiae fructum, quando homo
tantum dolet de peccato suo quo deum offendit, ut non refugiat ab aliis
15 hominibus talis agnosci, qualem se in oculis sui creatoris esse agnoscit.
Quod quamvis facto non sit admittendum ne ecclesiae dei quodlibet
scandalum exinde generetur, tamen nec inficiari nec perturbari debet,
si ab aliis ei obicitur quod ipse de se sua sponte confitetur. Sunt etenim
multi qui plurimum perturbantur, dum de eis alii dicunt, quod etiam
20 ipsi de se publice fateri non refugiunt. Ad magnum itaque perfectionis
culmen pertinet, dum quis malum quod praedicat de se, patienter et
illaesa mentis tranquillitate ab aliis contra se dictum valet sustinere.
Probari namque per hoc potest illum in vero humilitatis gradu consistere,
sicut e diverso illum qui hoc non potest, in quadam iactantia et appetitu
25 sublimitatis mentem habere. Iustus siquidem vult haberi. Scriptum
quippe est: 'Iustus in principio accusator est sui.' Dum igitur se
accusat, et de eodem ipso ab aliis accusari recusat, quid aliud intendit,
nisi ut se humilitate, alios autem falsitate vel odio praeditos in eodem
ostendat? Si ergo vult verae humilitatis culmen attingere, concedat
30 oportet ab aliis dicta patienter audire, quae ipse de seipso non veretur
palam ultro proferre, et patiatur se ita ut se dignum fatetur, tentari.
Cum itaque homo in hunc humilitatis statum pervenerit, tunc revera
si in antiquam conversationem suam oculos cordis reflexerit, videbit se
in horrendo malo et tenebris vere fuisse, et gratiosus ineffabili gaudio
35 et exultatione admirabitur se in magno bono et lumine esse. Custodiat
ergo cor suum, custodiat corpus suum, ne inimici eius sibi surripiant
quod per dei gratiam adquisivit, eumque deiciant in pristinas tene-
bras quas reliquit. Nihil virtutum, quas adeptus est, suis viribus
imputet, nec super eos qui nondum ad hoc provecti sunt ullo modo se
40 extollat.

In humilitatis culmine, ad quod pervenit, se semper caute custodiat, et inferiorem se omnibus hominibus non ficto sed intimo corde credat. Quonam, inquis, modo id aliquis facere potest, ut se viliorem illo credat, quem in bonis actibus non solum sibi, sed et aliis inferiorem esse sine dubio constat? Verbi gratia. Videas aliquem sobrium, humilem, pati- 5 entem, sua indigentibus largientem, in dei servitio sedulum, et quae sibi fieri vult, aliis benigna mente facientem plurimaque in hunc modum; et hic talis iudicabit se viliorem illi quem liquet esse luxuriosum, superbum, iniuriosum, depraedatorem, dei servitium quantum valet vel audet devitantem, et qualiter aliis contraria faciat pro posse elaborantem? Ita 10 oportet necesse est. Aliter enim divinae paginae humilitatis metas excedens non oboedit. Nec aliquis aestimet sacram scripturam cuivis quicquam praecipere quod debeat iudicare factu impossibile esse.

Quia ,igitur scriptum est ut quisque se viliorem omnibus aliis non solum ore pronuntiet, sed etiam intimo cordis affectu credat, qualiter 15 hoc impleri queat, considerare studeatis, cuius mentem divinus spiritus tetigit, ut se in hujusmodi exercere velit. Grave siquidem est ut bonam et sanctam vitam agens perversi cordis et operis homini se iudicet ex intimo corde inferiorem, cum naturalis simul et divina lex sanciat bonum semper malo praestantius esse; et huic aeternae gloriae retributio, illi 20 sempiterni opprobrii poena paretur. Ex effectu itaque mercedis utrius- que patet quid cui praestet. Si ergo bonus se iudicat malo inferiorem, malum praepostero ordine sibi facit superiorem. Quod sic esse verum natura non admittit. Aut igitur veritati contrarius erit qui se bonum malo credit inferiorem, aut si non credit, divinae paginae quae hoc iubet 25 inoboediens erit. Sed horum nihil admittendum.

Videndum igitur est quonam modo fieri valeat ut et veritas non deferatur, et divinitatis praecepto obediatur. Cum ergo quivis hominum vult comparare se ad alium, consideret quid in se a se habeat, et quid alter non a se, sed per dei gratiam habeat. A se quippe nemo nisi malum, 30 per gratiam vero dei habet si quod bonum. Ponat itaque malum suum cum bono alterius, et statim videbit quid horum sit potius. Perpendat etiam omnia in futurum incerta servari, et ne forte ipse occulto iudicio dei a bono decidat, et alius a malo resurgat, gnarus attendat. Quicunque igitur tali consideratione se studuerit examinare, profecto non residebit 35 in animo suo, quo iure se debeat prae aliis magnificare. Eoque magis deo proximus adhaerebit, quo de se humillima sentiens nullum contemnit, sed ut omnium vera dilectione potiatur sub deo contendit.

Haec ut ex ore beati patris Anselmi accepi conscripsi, satisfacere cupiens voluntati amici mei me hoc facere obnixe rogantis. Cui et 40

1–38 Cf. *Dicta,* c. 16.                2, 14–15 Cf. *Reg. S. Benedicti,* c. vii.

epistolam destinavi, quam in exordio huius opusculi ponere non omisi,
cavens ne quis materiae pulchritudinem et dictaminis foeditatem in-
tuendo aestimaret Anselmum ex materiae quidem formositate illud
composuisse, ex dictaminis vero vilitate quo mentis illius perspicacia
5 et lepos eloquii evanuerit mirum duxisse. Noverit tamen quicunque hoc
in sui notitiam transire dignabitur, ipsum patrem hoc saepe legisse et
audisse, suaque sancta manu et auctoritate examinatum, posteris ad
transcribendum ac legendum commendasse. Sit igitur deus benedictus
in omnibus. Amen.

10 EXPLICIT SCRIPTUM DE BEATITUDINE PERENNIS VITAE SUMPTUM DE VERBIS
BEATI ANSELMI CANTUARIENSIS ARCHIEPISCOPI

# IV
## MISCELLANEA ANSELMIANA

# IV

## MISCELLANEA ANSELMIANA

### 1. SOME FRAGMENTS FROM BEC

THE small collection of Anselm's sayings which is printed below was preserved at Bec, and in the fifteenth century it was included in a manuscript (Vatican, Reginensis lat. 499) designed to draw together the records for the early history of the monastery. This manuscript contains a chronicle and list of monastic professions, as well as Lives of the earliest abbots and various anecdotes in prose and verse. On Anselm it has the *Life* by Eadmer, a selection of versified miracles and epitaphs, a story about his early life to be added to Eadmer (see *Vita Anselmi*, pp. 172–3), and finally (f. 160ᵛ–161) the brief records of his sayings printed here.[1] They have a special interest because they relate to a period of Anselm's life earlier than the main bulk of the reports printed in this volume. Bec preserved remarkably little of its own about the greatest of its abbots, but in these fragments we see St. Anselm through the eyes of a monk of Bec.

#### DE VERBIS VENERABILIS ANSELMI

Venerabilis pater Anselmus, dum adhuc esset abbas Becci, quadam die nimium mente meditabatur, et diutius cogitando quasi cogitationibus suis perturbabatur. Cui dixit quidam monachus eius qui forte praesens
5 aderat, 'Domine pater, pro deo rogo, dicite quid cogitatis, quia video vos cogitationibus vestris turbari.' 'Dicam', inquit. 'Ecce hoc cogitabam. Si esset aliquis homo dives qui haberet gregem ovium, et vocaret puerum tam debilem et parvum ut lupus veniens facilius illum quam ovem asportaret, et illi oves suas commendaret custodiendas, ita tamen
10 ut si quamlibet ex eis perderet, anima huius pro anima illius iret, non valde timere deberet? Si autem unicuilibet ipsarum ovium et forsitan infirmiori et stolidiori ceteras committeret, dicens, 'Ovis, habeto curam istarum ovium, et scito quia si perdideris aliquem earum, sanguinem eius de manu tua requiram, et erit anima tua pro anima eius', numquid
15 non timere deberet ovis illa? Quam securitatem habere posset? Ita est de me. Ego (inquit), ego sum puer parvus, ego infirma ovis et debilis,

---

[1] First printed in Martène and Durand, *Vet. script. ampl. collectio*, vi. 987–8, and thence in *P.L.* 158, 1051–2.

ego facilis ad rapiendum quasi quilibet alius, cui deus credidit curam
ovium suarum, ut eas regam, custodiam, pascam, eo pacto ut si negligentia mea aliqua ex eis perierit, erit anima mea pro anima eius, et
sanguinem eius de manu mea requiret deus. Ideo timeo, ideo conturbor,
quia scio horrendum esse in manus dei viventis incidere.' Et frater 5
'Propitius,' ait, 'domine, sit vobis deus. Quare talia cogitatis et dicitis?
Nullus hoc cogitat quod cogitatis. Ecce alii abbates gaudent et laeti
existunt.' Respondet, 'Fortassis deus dedit illis securitatem. Ideo
iocundantur et hilarescunt. Mihi autem non dedit. Iccirco iure timeo
quia scio illum pecuniam suam exigere cum usuris ab iis quibus com- 10
misit.'

Iudicium regale est iudicium sponte quesitum, dicit Anselmus.

Item Anselmus: Monachi iudicium imperatum. Abstinentia cuiuslibet saecularis potentis ex propria venit voluntate; abstinentia monachi
ex praelati pendet arbitrio. Tristitia regis vel cuiuslibet potentis est 15
superba; tristitia monachi suavis est et compunctione plena.

Idem Anselmus. Tria sunt quae hominem faciunt honeste vivere inter
homines: verecundia, silentium, modestia.

Quidam monachus Becci petebatur ad episcopatum ecclesiae Belva-
censis. Cumque sanctus Anselmus abbas huic electioni assensum prae- 20
bere nollet, et monachum suum petentibus non concederet, dixerunt
petitores: 'Domine, nos eligimus eum, non ipse se ingerit. Quare non
vultis concedere quod petimus?' At ille, 'Si', inquit, 'ipse deus me
eligeret, adhuc timerem, quia ipse per prophetam elegit Saulem, et per
semetipsum Iudam traditorem, qui ambo reprobati sunt.' 25

## 2. THE ANSELMIAN MISCELLANY IN BRITISH MUSEUM MS. ROYAL 8. D viii

THIS manuscript contains a theological miscellany put together,
probably over a number of years, by Robert de Braci, prior of Llanthony
from 1131 to 1137. From our point of view its most important text is
the *De moribus* (ff. 61–75$^v$), with corrections and additions in the same
hand as that of the original scribe (ff. 61–75$^v$ and 164$^v$–170$^v$), which
have converted the *De moribus* into the enlarged version popularly
known as the *De similitudinibus*. Most of these additions come from

5 incedere *cod.*

5 Cf. Hebr. 10. 31.　　　10–11 Cf. Matth. 25. 27.　　　12–16 Cf. Ep. 233 [iii. 50].

well-known sources and we do not reprint them. But for a few chapters no source has yet been discovered. These are chapters 175 and 181–5. Despite the uncertainty about their origin, their Anselmian inspiration cannot be doubted, and they are printed below. It seems very likely that they derive from uncorrected drafts or notes of Anselm's sayings, for there is a glaring error in chapter 181, which is reproduced in all the manuscripts we have looked at,[1] and several misquotations seem to tell of an oral transmission.

Robert de Braci also included in his miscellany extracts from Anselm's letters and prayers, and other fragments which he ascribed to Anselm. These fragments, which are not found in Anselm's collected works, contain clear traces of his thought and we print them below. We do not, however, print a sermon on Wisdom, 18, 15–16, which Robert de Braci entitled *Anselmus, quomodo intelligitur 'Dum medium'*. This text is found anonymously in several good manuscripts immediately after the *De similitudinibus*.[2] No doubt Robert de Braci found it in his copy of this work and assumed that Anselm was the author. It is an interesting text which would require to be studied in tracing the history of the *De similitudinibus*, but its connexion with Anselm is too remote to justify its inclusion in this volume.

The following manuscripts have been used to establish the text of the chapters from the *De similitudinibus*:

D: B.M. Royal 8 D viii (see above, p. 15)
E: B.M. Royal 5 E xiv (see above, p. 12 n. 1)
H: Hereford Cathedral P. 2. i

For the other fragments the only source is D.

## TEXTS

### A. CHAPTERS OF UNKNOWN ORIGIN IN DE SIMILITUDINIBUS

#### (De sim. c. 175)

5                De peccato

De peccato tribus modis loquimur. Secundum naturam, id est, districtam iustitiam, ut illud: 'Qui dixerit fratri suo, fatue, reus erit gehennae ignis.' Secundum gratiam, ut, 'quacunque hora peccator

---

[1] See above, p. 7, for similar errors in the text of the *De moribus*.
[2] British Museum MSS. Royal 5 E xiv and Cotton, Cleopatra C. xi; Paris, Bibliothèque Nationale, lat. 15686.

---

7–8 Matth. 5. 22.        8–298. 1 Cf. Iac. 5. 15.

ingemuerit peccatum suum remittetur ei,' et, 'Convertimini ad me, dicit dominus, et ego convertar ad vos.' Secundum disciplinam, cum praecipitur homini tantum vel tantum paenitere. Disciplina est sub gratia, quia nullus paenitere vel satisfacere posset, nisi gratia praeveniret. 5

### (De Sim. c. 181)

#### Quod tribus ex causis res omnis amatur

Quicquid amatur, aut natura amatur, aut rectitudine, aut spe commodi. Natura enim est, ut omne bonum amemus et utile. Rectitudo vero, ut benefacientem nobis amemus. Spe commodi quandoque res 10 amatur: alia propter usum, ut mel, eo quod sit bonum et suave, etiam secundum usum; alia vero secundum effectum, ut absinthium, et nonnulla naturalis potio, quae cum dent sanitatem, nullam tamen in usu praebent suavitatem. Tribus etiam his modis diligendus est deus:

### (De sim. c. 182) 15

#### De natura

Natura, quia omnibus melior et utilior est, et ideo plus ceteris est amandus.

#### De rectitudine

Rectitudine, quoniam omnia quae habemus praestat nobis, etiam 20 hoc ipsum quod sumus. Et tanto eum amare debemus plus nobis ipsis, quanto maior est ipse qui se pro nobis dedit, et nobis eisdem semetipsum daturus est. Et quoniam ei personaliter non possumus reddere istud— non enim his persona eius eget—ostendit nobis quibus vicem reddere debeamus, dicens: 'Mando vobis, ut diligatis invicem, sicut dilexi vos.' 25 Et apostolus: 'Sicut pro nobis Christus animam suam posuit, ita debetis pro fratribus animas ponere.' Diligere igitur debemus nos invicem; tum quia et bruta quaedam animalia hoc faciunt, tum quia unius familiae scilicet Christi sumus; et quia in regno eius singulos sicut nosipsos diligemus; et quia ibi aequaliter ab ipsis diligemur. Indecens enim est 30 si in hoc mundo habuerimus odio quos ibi sumus habituri karissimos. Sciendum est enim quod quicunque ibi aderunt, nobis vicem reddent pro dilectione praesenti.

2 cum: ut cum H    8 rectitudine: recte codd.    9 Rectitudo: Rectum codd.
23 istud: illud H

1-2 Zach. 1. 3.    8-33 Cf. Fragments, no. 12 (below, p. 307).    25 Ioh. 15.
12, 17.    26-27 1 Ioh. 3. 16.

## De spe commodi

Spe etiam commodi vel remunerationis diligendus est Deus, quoniam immortalitatem et incorruptibilitatem nobis promittit.

### (De sim. c. 183)

5 De tribus modis libertatis

Libertatis siquidem tres modos dicimus esse: libertatem videlicet actionis, quam omnes volunt; id est, ut libere facere possint quae volunt. Dicitur etiam libertas intelligentiae, quam non omnes volunt. Est etiam libertas rectae voluntatis, quae semper est bona. Hanc 10 paucissimi volunt, id est, ut ea velint quae debent. Notandum quod libertas actionis sine libertate bonae voluntatis semper est mala. Verum libertas intelligendi est media, quae bona est, quotienscumque libertati rectae voluntatis adhaeret; mala autem, cum sine illa est. Habet primo quis quantulamcumque libertatem intelligendi, id est, scit intelligere 15 quid sibi expediat. Velit illam in bono, et sic promerebitur adipisci libertatem intelligendi quicquid expedit, volendi quodcumque debet, agendi quicquid prodest. Sub libertate volendi, est libertas arbitrii.

### (De sim. c. 184)

De venatione diaboli

20 Diabolus per peccati suggestionem cotidie it ad venandum. Eos vero intra retia sua retinet, quos nec dolor pro peccato proprio afficit. Illos autem iam amittere incipit, quos pro carnis intemperie lugere iam conspicit. Quosdam autem tertii ordinis, id est, sanatos a carnalibus et spiritualibus peccatis, omnino perdit. Primi omnino lugeant, doleant 25 adhuc secundi, tertii vero gaudeant.

### (De sim. c. 185)

Quod Deus non horreat peccatum

Horrere Deus dicitur animam peccatricem, non quod horreat pec-catum, quod nihil est, sed quia non est ibi debita iustitia, quam ibi 30 amet, ut dicimus nos horrere domum, in qua nihil est quod amemus; sed hoc et illud improprie. Virtutibus igitur adhereamus postponendo

---

5 De tribus libertatibus EH    15 expedit EH    30 amet: amaret EH

28-29 Cf. De casu diaboli, ix-xi.

vitia, et hanc patientiam amplectendo cum iugi exercitio. Patientia etenim vel quaelibet virtus sine exercitio quasi plumbea lancea est.

### 1. (f. 50) Item Anselmus

Omnis voluntas rationalis creaturae subiecta debet esse voluntati 5 dei. Hic est solus et totus honor quem debemus deo et quem a nobis exigit deus. Hunc honorem debitum qui deo non reddit, aufert homo deo quod suum est et deum exhonorat, et hoc est peccare. Quamdiu autem non solvit, manet in culpa. Nec sufficit solummodo reddere quod ablatum est, sed pro contumelia illata plus debet reddere quam abstulit. 10

### 2. (f. 52^v–53) Anselmus archiepiscopus

Hanc autem perfectae humilitatis altitudinem hac ratione considera, ut te humiliorem et inferiorem omnibus hominibus veraciter credere valeas. Et credo quia si haec quae dico recte intelligis, tu ipse pro parte aperte intelligere poteris, quia non aliter quisque aestimandus est esse 15 veraciter humilis nisi intimo cordis affectu credat quod ipse omnibus hominibus inferior et deterior sit. Si te maiorem vel equalem alicui credis, etiam si coram deo verum sit quod credis, si bene conscientiam tuam scrutáris, non hoc sine quantulacumque iactantia facis, quia hoc ipso quod ita de te credis, te super illum extollis, et licet fortassis non 20 plene intelligas, non tamen parva superbia pulsaris. Si itaque vides te bene vivere et alium male vivere, et propterea tua conscientia tibi dicit quod non illo inferior sed melior sis, vide quam subtili astutia tunc inimicus te seducit. Ostendit tibi in corde tuo et verum est quod tibi ostendit, quia bonum est semper melius quam malum, licet non recta 25 comparatio sit quia malum nunquam est bonum; sed tamen saepius ita solet dici, et tibi semper quasi ante oculos pingit, quia non aliter debes credere, si veritatem vis dicere, nisi quod sis melior qui bene vivis, ille deterior qui male vivit.

Cum ergo ita dicis et ita credis manifestum est quia de bono quod 30 facis gloriaris, in qua glorificatione ideo te superbia periculosius deludit, quod de bono quod facis te extollis. Quodsi in hoc perseveras et ita de te estimas, scias proculdubio illud quod credis te facere bonum, non esse bonum, et ideo non esse bonum quia superba glorificatione corruptum.

1 hanc: hoc DE

5–6 Cf. *Cur Deus Homo*, i. 11 (Schmitt, ii. 68. 12); Ep. 414 [iii. 133], ll. 24–25.
7–10 Cf. *Cur Deus Homo*, i. 15.
11–302. 22 Cf. *Dicta*, c. 16, pp. 170–1; *De beat.*, p. 290 above.

Ne ergo huiusmodi superbia te decipiat et bonum quod in te est veneno suae malitiae corrumpat, oportet ut bonum quod habes non tibi a te esse intelligas, ac per hoc quia non a te illud habes, verius credere debes et potes quia illius potius est a quo habes. Deus autem qui 5 eternaliter bonus est et a seipso bonum suum habet, vel potius qui ipsum essentialiter est, si ipse de bono suo se glorificat, hoc utique sine ulla iactantia facere posset, nec in hoc ei ulla superbia timenda esset, quia sicut semper est deus, ita semper est bonus, nec aliud potest esse nisi bonus, et hoc potenter non potest sicut iam saepius diximus.

10 Tu vero cum de bono quod tuum non est nec a teipso habes gloriaris, ita facis quemadmodum stultus, qui in seipso ex toto infirmus et nichil omnino per seipsum efficere valens, induitur armis alterius quae ei praestantur. Quibus munitus omnino ab adversario non superatur dum his armis induitur; et cum per arma quibus est indutus sit defensus, 15 quod non est percussus potius hoc sibi reputat, et suis viribus quod non est vulneratus. Cui autem iste stultus gratias agere debeat de hoc quod non est vulneratus, sibi an armis quibus munitus mansit illesus, si certus vult esse, veniat ad bellum inermis; et cum veluti nudus undique percussus et vulneratus fuerit, tunc nisi stultissimus sit in semetipso 20 expertus intelliget, intelligens etiam cui gratias reddere debeat, sibi an armis quibus eum protegentibus olim evaserat periculum mortis.

Ne ergo huius stulti insipientiam incurras, cave ne de his quae tua non sunt nec ad te aliter pertinent nisi quia tibi veluti praestita sunt tumeas, sed potius intende et diligenter discerne quid a te solo sis, et 25 cum hoc intellexeris, intelliges etiam et hoc quod nullo esse melior debeas reputari, quod ideo non debes quia a te ipso unde aliquo melior existas non habes.

Cum ergo non habeas, sicut ostensum est, unde te meliorem malo possis credere, fortassis vel equalem te esse potes credere. Sed si hoc tibi 30 persuades, ut vel equalem te illi esse credis, iam quidam ramus superbiae—quamvis ut tibi videtur fortassis parvus vel fortassis nullus—ad te se inclinat ut te tangat, atque tangendo etiam si non animadvertas te decipiat in hoc quod vel equalem te malo esse cogitas. Sic enim cogitando peccas, quia sic cogitando te elevas, et dum extollentia filia 35 superbiae quasi suis adulationibus te pascit, omnino humilis esse dedignaris, et dum hoc modo superbia te seducit, non bonus sed malus et peccator debes a cunctis sapientibus estimari.

Illa enim superbia sicuti multi dicunt semper magis est periculosa quae quasi sub specie boni se palliat, quia dum quasi a fronte simili-40 tudinem boni ostendit, et illuc stultus quem decipit intendit, minus vulnus mortiferum quod ei veluti a tergo infigitur sentit. Si ergo omnem superbiam cavere desideras, oportet ut non solum bonis sed etiam illis qui in praesenti mali esse videntur te inferiorem et deteriorem per omnia esse veraciter credas, quia non aliter celsitudinem verae humili-tatis assequi poteris, nisi te inferiorem et deteriorem omnibus, sicuti vere inferior et vilior es, credideris.

Quod vero inferior et deterior es, et quod hoc sicuti verum credere debes, iam tibi puto satis ostensum esse, in eo quod nec maiorem nec equalem alicui te recte credere potes. Si ergo nec maiorem nec equalem te recte credere potes, remanet ut inferiorem et viliorem omnibus hominibus sicuti vere inferior et vilior es veraciter credas. Itaque et 10 cum hoc veraciter credis quod es, vel potius te hoc esse sine ulla dubi-tatione vides, scilicet inferiorem et viliorem esse omnibus hominibus, tunc vere humilis es vereque humilitatis celsitudinem tenes.

Postquam haec, ut nulla omnino superbiae radix in te remaneat, id tu ipse quoque iudica et recte iudica, quod ita omnes debent de te facere 15 sicut de re vilissima atque abiectissima. Si quis autem te honorare appetit, ita debes hoc fugere sicuti rem quae nichil ad te pertinet. Si vero iniurias et contumelias tibi facit, ita hoc gratanter accipe veluti illud quo vere dignus es. Qui ita humilis est, ipse veraciter potest dicere 'humiliatus sum usquequaquam', et quia veraciter humiliatus usque- 20 quaquam, veraciter vivificabitur a domino, sicut consequenter orat cum dicit 'Domine vivifica me'.


## 3. (f. 123) Anselmus

Tria sunt: sol, splendor et calor. Ita sunt soli coherentia, ita con-substantialia, ut quocumque ad inferiora mittantur nec sol ipsis careat 25 nec ipsa solem relinquant. Sole igitur manente in superioribus ad illuminandum hunc mundum, splendor eius non ipsum relinquens ad inferiora transmittitur; et quaecumque splendor illuminat, calor utique soli scilicet et splendori coherens aut ad subsistendum roborat aut ad fructificandum invitat. Hic splendor quamdiu est in sole, est indefici- 30 ens et inextinguibilis, sicut et sol, sicut et calor. Haec enim tria sunt consubstantialia, ut si perierit unum, pereat et alterum. Huiusmodi ergo splendori elementari a sole descendenti si cristallus apponitur velut parum nebulositatis habens, fit pervia et calore coalente fit gravida; appositaque stuppa vel boleto sicco quod vulgo dicitur escha, nascitur 35 splendor extinguibilis, extinguibilitatem habens non ex se sed ex sibi coniuncta materie. In huiusmodi itaque conceptione vel emissione

20, 22. Ps. 118. 107.          24–32 Cf. *De processione Spiritus Sancti*, c. viii
(Schmitt, ii 199–201).

splendoris, ubi est cristallus violata? ubi imminuta? ubi adaucta? ubi
est fracta? ubi reiuncta? Nil integritatis perdit, nil violationis sensit,
vel concipiendo vel emittendo. Ex hac ergo similitudine rationabiliter
pensandus est conceptus beatae virginis Mariae aut coitus salutis
5 eternae. Quod si amodo quaeratur quomodo virgo peperit, quomodo
virgo concepit, quomodo virgo post partum permansit, dicatur contra
'quomodo cristallus sine violatione splendorem solis concipit, quomodo
sine violatione eundem emittit, quomodo post emissionem integra
permaneat?' Absit autem ut hoc deus omnium opifex operari per
10 semetipsum in virgine non possit, quod iussione tantum per creaturam
in creatura conficit. Interrogantibus autem et de inviolatione virginis
parientis et de incorruptione cristalli splendorem concipientis et emit-
tentis una est danda responsio, quia sic omnipotens voluit.


## 3. THE ANSELMIAN MISCELLANY IN
## MS. BODLEY 561

This English manuscript of the first half of the twelfth century illus-
trates the process by which Anselm's teaching became assimilated into
the monastic tradition. The compiler made use of all three of the main
texts printed in this volume, the *Dicta*, the *De moribus*, and the *De
beatitudine*. But his main interest for us lies in the fragments on ff. 96$^v$–
97$^v$, 118–118$^v$, and 149$^v$–150$^v$, which must come from a source very
near to Anselm himself. They preserve sayings which are similar to
those known from other sources, but with significant differences which
can best be explained by their independent transmission from notes
made in Anselm's lifetime. The fragments are divided into three
groups, and we have numbered them 1–21. It is characteristic of this
stage of the transmission that the Anselmian fragments are sinking into
anonymity and becoming dispersed among quotations from other
sources (e.g. No. 18). It will very probably be found that Nos. 19 and 21,
which we print here for the sake of completeness, come from some non-
Anselmian source which we have failed to identify; but the Anselmian
character of the collection as a whole is very clear. These fragments are
interspersed among longer sermons and allegories, which also show
considerable traces of Anselm's influence:

ff. 107–115$^v$ *In dedicatione ecclesiae* (printed below, pp. 310–19)
    Quia sancta dedicationis ecclesiae solennia celebramus . . . completum
    fuerit in corpore quod precessit in capite.
    In substance, and often verbally, this sermon is the same as *Dicta*, c. 20,

but it is filled out with much additional material, including one clear reference to the *De custodia interioris hominis* (below, p. 315).

ff. 115ᵛ–118 *De cimiterio*
A continuation of the dedication sermon.

ff. 119–129 *De aratro et carro*
This moralization of the parts of the plough contains a passage in which *Proslogion*, c. 25 is reshaped into a form approximating to that of *Dicta*, c. 5:

Scalae itaque carri nostri corpus et anima recte intelliguntur, quae non immerito temoni affixe dicuntur, quia omnium voluntates hominum ad salutem utriusque, corporis videlicet et animae, intenduntur. In quibus singulis, septeni, diversa virtutum dona, quasi quidam gradus ut supradictum est inseruntur, quibus adeptis fideles quique ad 5 caelorum pervenire gaudia satagunt ac pro posse nituntur. Illuc est enim quicquid caro delectat, quicquid anima desiderat. In presenti quippe vita, delectat corpus fragile pulchritudo, velocitas, fortitudo, libertas, longa vita, sanitas et voluptas. Si igitur pulchritudo delectat, in illo regno beatitudinis 'fulgebunt iusti sicut sol'. Si velocitas, tantae 10 facilitatis erunt tunc corpora nostra, ut ubicunque volet spiritus, ibi statim aderit corpus. Si fortitudo, talis erit tunc uniuscuiusque fortitudo quantam centum milia hominum habere in hac vita non possunt. Si libertas, cui nihil possit obsistere, tanta erit tunc sanctorum libertas quanta fuerit habenda voluntas, ut nihil eos impediat intrare vel exire 15 quocumque volent. Si longa et salubris vita, erit tunc ibi sana eternitas et eterna sanitas, qua 'iusti in perpetuum vivent', et 'salus iustorum a domino'. Si quaelibet non immunda sed munda voluptas, 'torrente voluptatis suae potabit eos' dominus. Descriptis itaque septem corporis gradibus, ad insinuandum gradus animae deo iuvante veniamus. 20 Animam igitur delectant inpresentiarum sapientia, amor, et concordia, potentia, honor, securitas, et gaudium. Si sapientia delectat, ipsa dei sapientia ostendet tunc eis seipsam, et nihil erit quod nescient, quoniam deum scientem omnia scient. Si amicitia, diligent deum tunc plus quam seipsos et invicem tamquam seipsos, et deus illos plus quam illi 25 seipsos, quia illi illum et se invicem per illum, et ille se et illos per seipsum. Si concordia, erit illis omnibus tunc una voluntas quia nulla erit nisi sola dei voluntas. Si potestas, sicut poterit deus quod volet per seipsum, ita poterunt illi quod volent per illum, quia sicut illi nihil aliud volent quam quod ille, ita et ille volet quicquid illi volent, et quod 30 ille volet non poterit non esse. Si honor, deus servos suos bonos et fideles supra multa bona constituet, immo 'filii dei vocabuntur' et erunt. Et ubi erit unicus eius, ibi erunt et illi, 'heredes quidem dei, coheredes autem Christi'. Si securitas, certe ita certi erunt nunquam et nullatenus

ista vel potius istud bonum sibi defuturum, sicut certi erunt se non sua sponte illud amissuros, nec dilectorem deum dilectoribus suis invitis ablaturum, nec aliquid deo potentius invitos deum et illos separaturum. Gaudium vero quale aut quantum est ubi tale et tantum bonum est?
5 Erit enim ibi deus 'omnia in omnibus'. Ecce iam descriptis gradibus immo beatitudinibus corporis et animae ad ea quae de carro scribere coepimus veniamus.

ff. 129–139ᵛ *De navi*
    A moralization of the parts of a ship.

ff. 139ᵛ–147 *De molendino*
    A moralization of the parts of a mill. The work is divided into two parts, of which the second is substantially and often verbally the same as *De moribus*, cc. 41–42.

ff. 147ᵛ–149 *De milite temporali et spirituali*
    = *De similitudinibus*, c. 193 (above, p. 97), with many verbal differences.


## TEXTS

### A. THE ANSELMIAN FRAGMENTS

1. (f. 96ᵛ) Quadratus lapis sex latera habet, et in unoquoque laterum quattuor cornua habet angulariter coniuncta, per quae firmus sit super quodlibet illorum laterum iaceat. Cui perfectus quisque comparatur cum in his sex lateribus in prosperitate videlicet et adversitate, in
5 prelatione et subiectione, in publico et in secreto, firmus in sua bonitate perseveret, quattuor subnixus virtutibus, id est prudentia, temperantia, iusticia atque fortitudine concorditer in eo permanentibus.

Cf. *Dicta*, cc. 8 and 20 a.


2. Omnis denarius haec tria debet habere: monetam, pondus, puritatem. Similiter et omnis professio vitae hominum. Nam denarius vitae
10 monachilis purus et gravis et bene formatus esse debet, et purior et in omnibus perfectior quam clericalis. Similiter et clericalis perfectior in omnibus quam laicalis, differunt enim inter se et moneta, et pondere, et puritate. Nec tamen falsi dicuntur si quisque habet quod et quantum habere debet. Per monetam intellige habitum, religionem, tonsuram,
15 cuiuscunque ordinis; per puritatem voluntatem subiectam voluntati dei, quae est pura oboedientia, cui contraria est propria voluntas, quae est inoboedientia.

Cf. *De moribus*, c. 90.

13 *quisque*: non *add. cod.*

3. Tres anima dignitates habet: intellectum, voluntatem, memoriam. Quantum enim quilibet deum intelligit tantum procul dubio eum timet ac diligit; et quantum illum diligit tantum voluntas diligentis in eius amorem qui diligitur persistit. Igitur quantum quisque diligit, tantum illius quem diligit meminit. Itaque vetus homo exuitur et novus induitur. 5

4. (f. 97) Superbiam, curiositatem, carnis voluptatem habentem, haec tria comitantur: insipientia, iniuria, insania. Insipiens enim est qui utili preponit inutile et non necessarium. Iniuriam facit qui quod iustum est deserens, quod non decet nec expedit agit. Insanus vero est qui plenam sufficientiam deserens amat et sequitur ea quae sibi magis pariunt 10 penalem indigentiam.

5. Spiritus sanctus arguit 'mundum de peccato', id est de feditate peccati, quia ipse non credebat in nomine Iesu; 'de iusticia' autem, quia iustorum non verentur exempla; 'de iudicio' autem quia pravorum non verentur exitus. 15

6. Tribus his causis adquiritur scientia: doctrina scilicet, experimento, ratione. Doctrina percipitur lectione et auditu; experimento autem per hoc quod quisque experitur, quod satis omnibus notum est; ratione vero naturali, quam habet quisque a deo secundum gratiam sibi datam.

Cf. *Dicta*, c. 3, p. 120 above.

7. Servum dei voluntarium haec tria semper in hac vita delectant: 20 subesse, servire, oboedire. His contraria gravant: dominari, preesse, iubere. Et per haec potest se ipsum quisque probare si servus dei est, si haec amat.

8. Similitudo obedientie et licentie inter matronam et magistram, et filiam et ancillam, et latronam. Vocantur autem matrona veritas, et 25 magistra prelatio, filia obedientia, ancilla importuna licentia, latrona inobedientia.

8a. Matrona vel domina est voluntas dei. Magistra, voluntas prelati. Filia obedientia. Soror eius licentia laudabilis. Ancilla inobedientia. Soror eius licentia vituperabilis. 30

Cf. *De moribus*, cc. 85–89.

24 matronam: matrem *cod.*    magistram: magistrum *cod.*      25 latronam: licentiam *cod.*    matrona: matrem *cod.*

12–15 Ioh. 16. 8.

9. 'Qui fortiter premit ubera elicit butirum', id est qui modesto sermone alloquitur fratrem gratum accipit responsum, id est quasi ab uberibus exprimit butyrum. At qui inepto sermone ad iram provocat fratrem, quasi ultra modum stringens ubera, pro lacte elicit sanguinem.

5 10. Tres modi sunt conversorum: inchoatio, medietas, perfectio. In inchoatione veniunt blandimenta dulcedinis. In medio tempore certamina temptationis. Ad extremum vero plenitudo perfectionis. Prius namque illos dulcia suscipiunt quae consolentur; postmodum amara quae exerceant; et tunc demum suavia atque sullimia quae confirment.
10 Nam sponsam suam vir quisque prius dulcibus fovet blandimentis, quam tamen iam coniunctam asperis probat increpationibus, probatam vero securis possidet cogitationibus. Ita ergo vitam unius (f. 97ᵛ) cuiusque conversi et inchoatio blanda permulcet, et aspera medietas probat, et plena postea perfectio roborat.

15 11. De qualitate pastoris atque doctoris. Sit pastor iustus in proferendo iudicium, mansuetus in puniendo, pius in miserando. Ad haec perpetranda sit in iudicio doctrina, in mansuetudine custodia, in pietate disciplina. Sit etiam eloquens. Eloquentia talis esse debet ut doceat, ut delectet, ut flectat. Docere necessitatis est; delectare suavitatis; flectere
20 victoriae; id est ut suadenti prebeatur assensus. Auditor delectatur si suave loquaris, flectitur si amet quod polliceris; si autem timet quod minaris, oderit quod arguis. Doce igitur ut instruas, delecta ut teneas, flecte ut vincas.

12. Tribus modis amatur quicquid unquam amatur: aut natura, aut
25 rectitudine, aut spe commodi. Natura enim est ut omne bonum et utile amemus. Rectitudo, ut benefacientem nobis amemus. Spes est expectatio commodi. His omnibus tribus modis diligendus est deus: natura quia omnibus melior est et utilior, et ideo plus ceteris amandus; rectitudine quoniam omnia quae habemus, etiam hoc ipsum quod sumus, prestitit
30 nobis, et tanto magis eum amare debemus quam nos ipsos quanto ipse maior est, qui se pro nobis dedit, et eisdem semetipsum daturus est. Et quoniam ei personaliter id non possumus reddere, non enim iis eius persona eget, ostendit nobis quibus reddere debeamus ut sibi ipsi persolvamus, dicens: 'Mando vobis ut diligatis invicem sicut dilexi vos.'
35 Et apostolus: 'Sicut pro nobis Christus animam suam posuit ita et nos debemus pro fratribus animas ponere.' Spe commodi vel remunerationis,

---

20–21 delectetur . . . flectatur *cod.*

1 Prov. 30. 33.      34 Ioh. 15. 17.      35–36 1 Ioh. 3. 16.

quoniam immortalitatem et incorruptibilitatem nobis, et seipsum, promittit.

Cf. *Dicta*, c. 10; *De moribus*, c. 80; *De sim.*, cc. 181–2, pp. 298–9 above.

13. Tria sunt in anima: spiritus vel ratio, quasi vir recte disponens et gubernans totam domum; voluntas etiam preceptis rationis in omnibus obsequens; appetitus carnalis, quasi vir adulter maculans omnia atque 5 dispergens.

Cf. *Dicta*, c. 17.

14. Utrum corpus quod sacratur in altari debet adorari ut deus. Quoniam corpus quod sacratur in altari est corpus Christi, et corpus Christi propter unitatem personae est deus, ideo corpus quod in altari sacratur propter eandem unitatem personae adorari potest ut deus. 10

This text with a single variant (l. 9 ideo: ergo et L) is also found among the Anselmian fragments in MS. Lambeth 59, f. 189ᵛ (see below, p. 351) under the title: Idem (*scil. Anselmus*) ad interrogationem cuiusdam.

15. Detractor cum detrahit facit auditorem suum sibi faventem vigere in peccatis, penitentem tepere, nescientem temptationem interdum etiam usque ad lapsum periclitari, robustum se extollere, et alios contempnere, vel minus diligere. Vox talis seminatoris vitetur ut venenum mortiferum. Illius namque sermo ubi se auribus ingerit penetralia 15 pectoris penetrans cor perimit.

Cf. *Dicta*, c. 7.

16. Peccatum redimi potest sed emi non potest, id est tantum potest dari deo ut dimittat peccatum quod factum est, sed non potest tantum dari deo ut concedat fieri peccatum quod nondum est.

17. (f. 118) De humilitate et superbia 20

Humilitas, quae mater esse dicitur omnium virtutum, ortus est magnus vel solum in quo virtutum plantaria fructificant, vel fundamentum vel firma petra super quam consurgit aedificium virtutum, vel potius mons altissimus, in quo personae honestissimae id est virtutes omnes conversantur. Superbia vero vallis est horribilis, in qua bestiae 25 dirissimae commorantur, leo scilicet ferocitatis, ursus crudelitatis, lupi impietatis, serpentes detractionis, vulpes invidiae, porci immundiciae, aliae quoque multae. In fundo huius vallis nichil penitus videtur sed sunt tenebrae horrendae et miserabiles, id est caecitas mentis. Unde

talibus ascenditur gradibus usque ad summitatem illius montis. Primus
itaque ascensionis gradus est peccati vel caecitatis cognitio, secundus
paenitudo, tercius dolor, quartus vera confessio, quintus persuasio
scilicet ut firmiter credatur, id est voluntas ut increpetur et iusto iudicio
5 iudicetur, sextus patientia, scilicet ut legem iudicii libenter ferat,
septimus amor in perferendo. Hic septimus est in requie, caeteri omnes
in labore. Huc demum qui pervenerit in pace dulcissima requiescit,
quia peccatorum omnium remissionem, servatis inferioribus, et vitam
aeternam, si perseveraverit, obtinebit. Sunt autem duo vigiles qui
10 montem istum a malis latronibus assidue custodiunt, verecundia scilicet
coram deo et verecundia coram hominibus. Sed verecundia coram
hominibus aliquando est proditrix, tunc videlicet cum putat abscondi
posse quod facit vel quod facere cupit. Quae autem coram deo est nec
fallit nec aliquid mali unquam admittit.

Cf. *Dicta*, c. 1; *De moribus*, cc. 99–108.

15 18. (f. 149ᵛ) Quinque modis nos gulae vitium temptat.... vel dando
naturam nutrire.

Extracts from Gregory the Great, *Moralia in Iob*, xx, cc. 60–61, *P.L.* 76, 556–7.

19. Aliquotiens homo id ipsum boni quod facit amittit. Aut enim
comedit, aut vendit, aut mutuat, aut a furibus aufertur ei. Bonum suum
male devorat qui, de se magna sentiens, sua pascitur opinione, quamvis
20 nolit ea publicari. Vendere vero est pro recto opere terrenum commodum vel laudem appetere. Mutuat autem qui pro bono communi
privatum lucrum appetens perdit utrumque. Furibus auferre est incaute
alicui bonum quod in se latet propalare. Quare sic nos vivere decet ut
misericordia dei omne opus nostrum et precedat et subsequatur. Nemo
25 enim damnatur nisi per debitum iudicium, neque salvatur nisi indebita
misericordia.

20. (f. 150ᵛ) Anselmus
Propria voluntas angeli sive hominis est, quae contra voluntatem dei
est. Cum enim vult aliquis quod deus velle prohibet, nullum habet
30 auctorem suae voluntatis nisi seipsum, et ideo sua propria est. Nam
quamvis homo voluntatem suam aliquando subdat voluntati alterius
hominis, propria tamen est si contra voluntatem domini est, quoniam
non eam subdit nisi ut aliquid quod vult attingat, et iccirco seipsum
habet auctorem cur eam alii subdat. Quapropter propria voluntas est
35 quae nulli alii subdita est. Solius autem dei est propriam habere volun-

32 voluntatem *om. cod.*

tatem, id est quae nulli subdita sit. Quicumque igitur propria voluntate utitur ad similitudinem dei per rapinam nititur, et deum propria dignitate et singulari excellentia privare, quantum in ipso est, velle convincitur. Si enim est aliqua voluntas quae nulli subdita sit, non erit voluntas dei omnibus prelata, nec erit sola cui nulla alia praesit. 5 Sciendum vero quia propria voluntas semper mala est, et nunquam alicui bona est. Verum si dei voluntati subdita est tunc a deo inspiratur et bona est. Et propria non est, quia dei voluntati subdita est. Cum autem dei voluntati non subditur, herbae similis odoriferae merito dicitur, quae pro sui specie et lenitate concupiscibilis est ad tangendum, 10 sed constat quia mortifera est ad absorbendum. Quam quia multi pro sui iocunditate aut vitare nolunt, aut ex appetitus importunitate vel ex consuetudine victi nequeunt, malo suo attrectantes graviter inde, immo miserabiliter, infirmantur et pereunt. Sic sic et propria voluntas, licet sit ad implendum delectabilis, constat tamen quia noxia est omnibus et 15 exitiabilis.

Cf. *De moribus*, cc. 6–8, 38; *Dicta*, c. 18; *De Incarn. Verbi*, c. 10 (Schmitt, ii. 27).

21. 'Non sumus sicut plurimi adulterantes verbum dei, sed ex sinceritate sicut ex deo coram deo in Christo loquimur.' Adulterari namque est 20 verbum dei aut aliter de illo sentire quam est, aut ex eo non spirituales fructus sed adulterinos foetus humanae laudis quaerere. Ex sinceritate vero loqui est nil in eloquio extra quam oportet quaerere. Sicut ex deo autem loquitur qui scit non se a se habere sed ex deo accepisse quod dicit. Coram deo vero loquitur qui in omne quod dicit non humanos 25 favores appetit sed omnipotentis dei presentiae intendit, non suam sed auctoris gloriam quaerit. Qui autem scit ex deo quidem se accepisse quod dicit, et tamen dicendo propriam gloriam quaerit, sicut ex deo loquitur sed non coram deo, quia eum, quem cordi suo non preponit cum predicat, quasi absentem putat. 30

## B. THE ENLARGED VERSION OF *DICTA*, C. 20[1]

### IN DEDICATIONE ECCLESIAE

*Quia sancta dedicationis ecclesiae solemnia celebramus, congruere videtur ipsius rationem celebritatis inquirere, et quod inde investigare poterimus deo opitulante scire cupientibus communicare.*

*Mirum satis potest videri quid hoc sit quod dicitur deum sibi inter*

19–20 2 Cor. 2. 17.

1 The passages which are identical with *Dicta*, c. 20, are printed in italics.

Quicumque igitur ad dedicationem praesentis basilicae hodie devote convenistis, oportet ut quod in his manu factis fieri videtis, totum in vobis completum esse cognoscatis. Primo enim manibus patrinorum ad ecclesiam fuistis allati et sacerdotibus vel exorcistis ad catecizandum oblati. Qui dum vos catecizarent, dum Christi legibus initiarent, de 5 massa antiqua praevaricatione corrupta praecidebant, et ipsa fidei professio et pravorum morum abrenuntiatio quae a vobis exigebatur, interiorem parturiebat in vobis novitatem, qua Christi imaginem de caelo portaretis renati per gratiam, sicut antea portaveratis imaginem terreni parentis ex eo geniti per naturam. His documentis instructi ac- 10 cessistis ad aquam et fonte salutis abluti estis, ubi secundum apostolum per trinam immersionem Christo consepulti estis, ut quemadmodum semel ipse carne mortuus est,'et 'resurgens ex mortuis iam non moritur', ita et vos a peccatis abluti et prima regeneratione regenerati, morti animae, id est peccato, non subiciamini. Deinde oleo sancto uncti 15 fuistis in capite ut caritas quae per spiritum sanctum datur semper abundet in corde, secundum illud verbum Sapientie 'Oleum de capite tuo numquam deficiat'. Unde et apostolus: 'Caritas dei diffusa est in cordibus vestris per spiritum sanctum qui datus est vobis'. Datus est et idem spiritus cum aquis salutaribus ablueremini, sed ibi ad praeteri- 20 torum criminum remissionem, hic autem ad aedificandam in cordibus vestris dei et proximi dilectionem. Haec caritas in Christi corpore non praefert indigenam alienigenae, non nobilem ignobili, non virum mulieri, sed omnes per adoptionem spiritus facit filios, quicumque per eundem spiritum clamant 'Pater noster, dimitte nobis debita nostra'. 25 In hoc ergo Christi corpore ille solus habetur sullimior qui fuerit in dei amore potentior. Accepistis et oleum sanctum in pectore ut vigeat in corde vestro sapientia. Accepistis et in humero dextro ut in exercitiis bonorum operum indeficiens servetur patientia neque aliquando noverit sinistra vestra quid faciat dextera. Quia vero in humeris constat vigor 30 portandi oneris, huius partis unctione Christi athletae dedicati estis, ut sciatis vos ad certamen esse vocatos et per totum vitae vestrae cursum contra antiquum hostem publicis et privatis congressionibus esse pugnaturos. Data est ad ultimum vestis candida caput et membra cooperiens, et ut candore suo figuram praeferebat corporeae novitatis 35 et spem futurae immortalitatis, ad quam de spe ad speciem venietis si cum veste candida, id est vitae innocentia, ad regis nuptias intraveritis. His ibique sacramentis initiati et confirmati facti estis templum dei vivi, fundati in fide, superedificati in caritate, cumulati spe de promissa

eternitate. Quisquis ergo scire desiderat ubi sit hoc templum, quis ille sit qui illud paravit, ubi oblationes et sacrificia offeruntur, ubi deus hospitatus sit, quaerat qui a se torporem et negligentiam repellit, qui vitiorum voraginem calcavit, qui in opere dei fervidus, in bono consilio
5 promptus, et ad omne quod deo placet est paratus, et agnoscat quia vere ibi, ibi inquam, est Christus hospitatus. Anima siquidem talis hominis sedes est sapientiae, habitaculum Sancti Spiritus, templum dei sanctum in quo delectatur altissimus. Nichil enim deus requirit a vobis nisi bonitatem, quia 'domini est terra et plenitudo eius'. Hoc autem requirit
10 deus ut velis et studeas esse bonus, quoniam quidem numquam eris bonus nisi volueris. Sed velis et intus velis et efficieris si vere volueris, quoniam dominus bonae voluntati incrementum dabit. Unde dicit apostolus, 'Templum dei sanctum est, quod estis vos.'

*Cum igitur ecclesia dedicatur, gratia illa quae homini collata est cum*
15 *Christianus fieret commemoratur. Nec aliud innuit templi dedicatio, quam fidelis animae cum deo sancta copulatio. Nam quicumque in Christiana fide baptizatur, in ipsa hora baptismatis deo dedicatur. Fitque heres regni caelorum, qui prius* fuerat *pabulum et stipula infernorum. Huius itaque doni atque diei dignissime mentionem facimus, in qua supernis civibus associati*
20 *sumus. Nec parva aestimari debet templi dedicatio, cum uniuscuiusque fidelis animae in ea designetur sanctificatio, et simul totius multitudinis Christianorum cum deo copulatio. Indignissimum est* igitur *non venerari diem illam, quae sibi aperuit caelestis vitae ianuam. Cuius memoriam, si frequenter in anno potuerit, agat; sin autem, vel semel singulis in annis agere*
25 *celeberrime studeat, ne tantae gratiae aliquatenus ingratus appareat.*

His ita de spirituali dei templo breviter praelibatis, nunc ad ea quae in his visibilibus templis aguntur sacramenta veniamus, et ea latius exponentes prout dominus donaverit cum superioribus conferamus. Primo igitur lapides qui ad hanc aedificandam fabricam comportati
30 sunt, aut de montibus sunt praecisi aut de locis subterraneis eruti aut de agris collecti. Adhibetur et cementariorum manus quae tundente frequentius ferro superiectaque regula scrupulositatem et deformitatem lapidum complanat et ad debitam quadraturam qua maiores minoribus in pariete coaptari possunt artis suae disciplina perducat. Similiter in
35 sancto dei templo spiritualiter impletur cum de omni genere hominum, sullimium videlicet humilium et mediocrum, ad audiendum vitae verbum conveniunt, et caelestis disciplinae dolabro tortitudinem veteris vitae deponunt, ut in dei aedificio tanquam perpoliti lapides ordinari possint, ubi iam non aspernetur nobilis ignobilem, dives pauperem.

9 Ps. 23. 1.      13 1 Cor. 3. 17.

Planatis itaque lapidibus cum in pariete ad ordinem unius lineae collocantur, additur et glutinosa cementi tenacitas quae lapides invicem astringens ab imposito sibi onere separari non sinat, quamvis alicubi maior minori superponitur, alicubi etiam maior minore premitur. Sic sic et in spirituali dei aedificio fieri videtur, cum eos quos fidei congregat 5 unitas, ligat indissolubilis caritas, ut non indignetur maior de praelatione minoris, nec conqueritur minor de correctione maioris, dicente apostolo, 'Invicem onera vestra portate, et sic adimplebitis legem Christi.'

Notandum vero quia surgente paulatim aedificio aliquotiens quadratus lapis imponitur qui sex lateribus superiecta regula tundenteque 10 frequenter ferro caesus addicitur. Habet enim in unoquoque laterum quatuor cornua angulariter coniuncta per quae firmus sit super quodlibet latus iaceat. Cui perfectus quisque comparatur, cum in prosperitate et in adversitate, cum in praelatione et in subiectione, cum in publico et in secreto, velut in sex lateribus firmius in sua bonitate 15 perseverat, quatuor utpote virtutibus, prudentia videlicet, temperantia, fortitudine atque iustitia in eo concorditer permanentibus. Ceduntur et alii lapides quadrangulares qui fundamento passim ubique superponuntur, ut quasi totius aedificandae fabricae pondus sustineant basesque vocantur. Significant autem et isti praelatos atque doctores 20 sollicitudinem totius ecclesiae gubernando sustinentes. Qui ideo bene quadrangulares esse dicuntur, quia sacrorum quatuor evangeliorum doctrina fulciuntur. Sunt et capitella quae columnis totum surgentis fabricae pondus sustinentibus imponuntur et ad mensuram basium quadrangulariter regula dictante constituuntur. Additur et lapis angu- 25 laris ambos fabricae parietes e diverso venientes excipiens totamque domus longitudinem et latitudinem angulariter iusto quadrato metiendo continens illumque de quo dicitur significans,

Angularis fundamentum lapis Christus missus est,
      qui compage parietis in utroque nectitur. (et cetera)                    30

'Ipse est enim pax nostra qui fecit utraque unum', cum in unitate fidei catholicae coadunavit populum gentilem et iudaicum. Cuius exemplum quidam nunc in ecclesia fideles recte vivendo pro viribus suis imitari conantur, dum omnes quos possunt ex mundi naufragio ad portum ecclesiasticae securitatis suo exemplo et doctrina concurrere et 35 eos qui iam in ecclesia conversi sunt, siquando instinctu diaboli a pacis et caritatis rectitudine dissideant, evangelicae auctoritatis et apostolicae doctrinae magisterio ad pacis et caritatis dulcedinem satagunt convertere.

10 Gal. 6. 2.          11–22 Cf. *Dicta*, 8 and 20*a*.
29–30 Hymnus ad Laudes in fest. ded. eccl.          33 Ephes. 2. 14.

Sunt et alii lapides uno tantum latere foris prominentes in maceria quasi
sponde positi, minores quidem et impolitos lapides qui cemento passim
medio parietis iniciuntur hinc et inde continentes. Significant etiam et
isti quosdam fideles qui licet non magni, alicuius tamen sunt nominis
5 et utilitatis in ecclesia conversantes, quibus etsi nulla super alios cura
committitur, concilio tamen eorum et exemplo vita minorum et conversatio iuxta normam ecclesiasticae disciplinae ad bene vivendum
instituitur.

Immittuntur etiam in singulis columnarum lateribus quadrati lapides
10 velut ostiarii qui sese alterutrum aperte fronte respiciunt, portenden-
tes quatuor virtutes quae nostram mentem optime praemuniunt, abstinentiam videlicet et prudentiam, continentiam quoque et censuram
disciplinae. Abstinentia namque adversus ea, quae se mentibus nostris
importune ingerunt, manu valida comminus decertat. Prudentia vero
15 intuitu perspicaci praevidet ne qualibet maligni spiritus fallacia ruptis
habenis abstinentiae illecebra carnis subeat, deincepsque choro virtutum
provulso mentis et corporis primatum obtineat. Continentia quoque
super ea omnia quae sunt animae et corporis bona et mala principatur.
Censura etiam disciplinae bestiales motus ne ad effectum prosiliant
20 districtius cohibere dinoscatur. Ad introitus quoque ponuntur lapides
in quibus appensa versantur ostia, quibus mentium nostrarum aperte
designatur custodia, unde Psalmista precatur dicens, 'Pone domine
custodiam ori meo et ostium circumstantiae labiis meis.' Et dominus,
'De corde' inquit 'exeunt cogitationes malae' et cetera. Et Salomon,
25 'Perversae cogitationes separant a deo.' Portae siquidem cordis nostri
duos habent custodes, desiderium vitae eternae et memoriam mortis.
Qui sicut inter se diversi sunt, ita diversos nuntios crebro recipiunt.
Expulsis itaque vitiis, desiderium vitae eternae quae gaudia paradysi-
colae possideant animae nuntiat dicens: 'Vivunt, amant, sapiunt,
30 laudant, gaudent, concordant, veloces sunt et securi.' Nuntius autem
mortis infernalia tormenta nuntiat animae dicens: 'Domina inferni
domus tuae pulsat ostium. Mille demones cyrographum omnium peccatorum ferentes eam sequuntur. Apud inferos etenim omnia sunt
genera tormentorum quorum minimum transcendit omnia genera
35 poenarum visibilium. Unusquisque ibi et se et alium odit. Ab incendio
ignis ad frigoris horrorem, iterum a frigore et sic indesinenter transeunt
ad ignem.'

Innuunt autem isti lapides ecclesiae non inconvenienter aedituos suae
et aliorum salutis curam gerentes. Nam et seculares ut ad deum citius

---

22–23 Ps. 140. 3.       24 Matth. 15. 19.       25 Sap. 1. 3.
25–37 Cf. *De custodia interioris hominis*, pp. 356–7, 359 below.

convertantur et conversos ut in bono quod inceperunt permanere
debeant iugiter exhortantur. Alii quoque lapides quamplures cementariorum ingenio artificiosissime ceduntur et poliuntur, qui non tam ad
constructionem quantum ad compositionem operis in maceria passim
interius et exterius imponuntur. Quibus iure designantur quidam fideles 5
deo devote famulantes quorum licet inter magnales non sit celebris
memoria, eorum tamen fide et studio et devotione utpote filiorum gaudet et exultat mater ecclesia. Sciendum tamen quia sicut nichil valet
quantorumlibet pretiosorum vel politorum sine cementi glutino lapidum
constructio, ita nichil prodesse possunt alicui virtutes aliquae, si non eas 10
astrinxerit in fundamento quod est Christus verae caritatis connexio.

Descriptis igitur aliquantisper lapidibus aedificandae fabricae competentibus, videamus nunc et pro captu nostro describamus utensilia
quae cesoribus et cementariis ad cedendum lapides et ad aptandum col-
locandumque sunt necessaria. Indigent etenim quampluribus, plumbo 15
videlicet cum appendiculo, regula, livello, immo marculis acriter
incidentibus. Sciendum autem quia lapidum alii ita leviter ceduntur et
poliuntur, ut cesores in eis aut nichil aut parum laborasse videantur.
Alii vero etsi magna cum difficultate, tamen quoquo modo complanantur.
Quidam etiam multotiens tundente marculo aut frustatim confringuntur, 20
aut prorsus annichilantur. Sic sic fit et in spirituali aedificio, quotiens
homines se divino subiciunt magisterio. Quidam enim dictante sancto
spiritu ita sunt etiam in initio mites et docibiles, ac si iamdudum ea quae
susceptae religioni competunt didicerint. Quidam autem non solum in
initio verum et in processu temporis ita fiunt protervi et implacabiles, 25
ut potius conteri et durius affligi quam vinci maluerint. Tales siquidem
hericiis bene consimilantur quia cum aperte delinquentes a suis doctori-
bus inde reprehenduntur, hericii more culpam penitus infitiantes in
suis perversitatibus velut in spinis occultantur. Si vero quandoque
fratrum exhortationibus resipiscentes offensas sponte confiteantur, aut 30
ideo faciunt ut desideratam et quoquo modo quaesitam oboedientiam
habeant, aut quasi minus ab aliis custoditi fugam ineant. Providendum
est igitur cementario et sollertius attendendum qualiter quem lapidem
dolare, in quo loco fabricae eum collocare conveniat, sicut praelato
qualiter quem fratrem doctrinare et tractare, vel cui quam oboedientiam 35
commodare debeat. Per cementarium etenim pastorale magisterium,
religionis vero disciplina intelligitur per marculum. Debet namque
praelatus ostendere pro temporis qualitate discipulis et dirum magistri
imperium et pium patris affectum. Quod bene per plumbum cum
appendiculo designatur cum eo iuxta maceriam lente demisso quis lapis 40

ceteris amplius promineat vel quis occultius introrsus lateat demonstratur. Lapis etenim prominens plumbo offendente introrsum trahetur,
et delitescens foras emittitur. Sic sic praelatus si quem suorum forinsecis
negotiis vacare cupientem attendit, debet illum introrsus magistra
5 auctoritate reprimere. Si vero contemplationi furtim et absque licentia
ceteris amplius vidit insistentem, praestituens ei bonum oboedientiae
debet eum ad communem monasterii regulam, exempla maiorum
imitanda proponendo reducere, asserens quia nichil deo sic placet
quomodo oboedientia. Unde dominus ait, 'Malo oboedientiam quam
10 victimas.' Lapidum etiam, quos cementarius explanare vel quadrare
voluerit, regula superiacente ferroque tundente tumores exceduntur,
quia mentium nostrarum vitia regula iustitiae trutinante funditus
evelluntur. Unde scriptum est,

> Damnat nota malum regula iustitiae.

15 Ad ultimum vero livello cementarius utitur cum utrum omnis
ecclesiae fabrica circumcirca unius et equalis altitudinis sit, livello
monstrante sine omni scrupulositate veraciter experitur. Quid igitur
aliud per livellum rectius quam matrem virtutum discretionem intelligere debemus, qua omne quod agimus aut cogitamus, quid, quale,
20 quantum, vel qua intentione fiat, intra nosmetipsos trutinari videmus?
Per hanc etenim solam in huius vitae exilio a brutis animalibus discerni-
mur et per huius exercitium bene viventes angelis consortes efficimur.

*Hanc* quippe dedicationis *solemnitatem festivius* aliis omnibus *festivitatibus nos agere* debere *quodam modo monstramus, ubi eam multi-*
25 *plicatis luminaribus celebramus.* Accenduntur etenim interius simul et
exterius in quatuor frontibus ecclesiae dedicandae duodecim luminaria,
singulis quidem in frontibus terna, quibus significatur quod in ea commendanda sit lucens et ardens apostolica doctrina. *Quae luminarium
multiplicatio nostrum designat desiderium, quod in nostri salvatoris amore*
30 magis et magis *accendendo multiplicare debemus. Duo* namque lucerna
*videtur habere, claritatem* scilicet *et ardorem. Qua ex re admonemur in
nostri conditoris amore fervere* debere, *et in bonis operibus indesinenter
lucere.* Iuxta illud evangelicum: '*Luceat lux vestra coram hominibus, ut
videant opera vestra bona et glorificent patrem vestrum, qui in caelis est.'*
35 *Hinc* etiam *in ecclesia dei mos inolevit ut dum missa celebratur lucerna
iugiter ardeat quatinus ad amorem dei nos* ipse *luminis ardor provocet, et
ad bonorum* operum *exhibitionem eiusdem luminis claritas invitet. Non
igitur quis neglegentia torpeat, sed quotienscumque sacrosanct*um *misteri*um
*celebraturus sive auditurus accedit, mentem suam in dei amorem* exerceat,

9–10 Cf. 1 Reg. 15. 22.     18 Cf. *Reg. S. Ben.* c. 64.     33–34 Matth. 5. 16.

*et quod secundum deum vivere velit, apud se firmiter proponat.* Fiunt itaque non incongrue sicut iam dictum est per quatuor frontes ecclesiae
dedicandae cruces et lumen accenditur, ut per hoc clarescat quia virtute
crucis dominicae omnis demonum potestas expellitur, et quod apostolica
lucerna per quadripartiti partes mundi evangelica comitante doctrina, 5
homine quatuor elementis compacto praedicante, dilatanda praecipitur.
Scriptum namque est,

> Exueret deus ut tetra caligine mundum,
> doctrinae accendat lumen apostolicae.

Unde et cum ecclesia dedicatur ante introitum missae quatuor 10
mundi partes alta voce sic pronuntiantur, 'Ab oriente portae tres,
ab occidente portae tres, ab aquilone portae tres, ab austro portae
tres.' Quae omnia si bene intelliguntur constat quod in spirituali
aedificio scilicet homine spiritualiter impleta videbuntur. Nomen
etenim Adae ex quatuor orbis partibus esse dicitur et omnis homo 15
ex traduce Adae carnaliter esse cognoscitur. Arctos namque, Dysis,
Anathole, Mesembria, dicuntur oriens et occidens, aquilo et meridies.
Quatuor siquidem primae litterae priorum quatuor nominum
coniunctae nomen Adae constituunt. Notandum quoque quia per
quatuor mundi partes quatuor hominis aetates designantur. Homo nam- 20
que quatuor elementis constans per quatuor aetates, pueritiam scilicet,
et iuventutem, senectutem et decrepitatem, per quatuor mundi partes,
orientem et occidentem et ceteras, velut ecclesia per quatuor frontes
distinguitur, et in singulis terna luminaria accenduntur cum in fide
sanctae trinitatis baptizatus deum ex toto corde, ex tota anima, ex tota 25
mente diligere, et in spei, fidei et caritatis operibus sese viriliter exercere,
et in cogitatione et locutione et opere, in splendore quatuor principalium virtutum, prudentiae videlicet, et iusticiae, fortitudinis et tem-
perantiae decenter ornatus, coram deo mundum se custodire videtur.

Quod autem quadris ecclesiae frontibus singulis quidem ternis 30
luminaribus interius et exterius accensis quatuor hominis aetates
significare diximus, hoc in libro Sichomachiae Prudentio docente
didicimus. Dixit enim,

> Quadrua vis animae trinis ingressibus aram
> cordis adit, castisque colit sacraria votis. 　　　　　　　35
> Seu pueros sol primus agat, seu fervor ephebos

11–13 Apoc. 21. 13.　　　　14–19 This association of the Greek names for the four
corners of the earth with the letters of Adam's name was popularized by Rabanus
Maurus, *De laudibus sanctae crucis*, i. 12 (*P.L.* 107, 197–8).　　35–319. 11 Prudentius,
*Psychomachia*, ll. 843–50.

incendat nimius, seu consummabilis aevi
perficiat lux plena viros, seu algida boreae
aetas decrepitam vocat ad pia sacra senectam.

Orientalis siquidem plaga pueros, australis vero iuvenes, aquilonalis
5 autem perfectos viros, id est senes, occidentalis quoque senes, id est
decrepitos, significans, parte quaque illustrata tribus portis, trinis videlicet ingressibus occurrit ad colendum trinum nomen, id est sanctam
trinitatem quae est Pater et Filius et Spiritus Sanctus, et hoc per
quadrina competa, videlicet per quatuor mundi climata doctrinae
10 apostolicae praedicationibus illuminata. Unde et ibi subsequitur,

Quod bene discipulis disponit rex duodenis,

dicens ad eos, 'Ite, docete omnes gentes, baptizantes eos in nomine
Patris et Filii et Spiritus Sancti'. Sive enim tria per quatuor, sive
quatuor per tria multiplicaveris, ad ternarium et quaternarium, immo
15 ad duodenarium perfectum numerum pervenit et ad notitiam sanctae
Trinitatis sanctorum quatuor evangelistarum narratione pertingere
poteris.

*Pluribus* igitur *ex causis in sanctis solemniis gaudere debemus, maxime*
vero *in hac celebritate videtur* gaudendum *fore quae ad memoriam*
20 *revocat illam transitionem qua unusquisque transit in tantam dignitatem ut*
*sit ipse celebris, erutus ab ignorantiae tenebris, positus ut semper gaudeat et*
*in amorem sui conditoris immensa dulcedine ferveat.* Iure quidem in hac
celebritate gaudere solus homo precipitur, quoniam inter ceteras in terra
creaturas ipse solus per baptismi sacramentum cuius figuram haec
25 templi dedicatio praetendit dei templum efficitur, dicente apostolo
'Templum dei sanctum est, quod estis vos'.

(This completes the part of the text which expands *Dicta*, c. 20. What follows is an
elaborate exposition of the ceremonies of consecration.)

## 4. THE ANSELMIAN MISCELLANY IN BODLEIAN MS. DIGBY 158

This twelfth-century manuscript from St. Mary's Abbey, Reading,
contains a collection of pieces described in the contemporary list of
contents as *Plures sententiae Anselmi*. This same title is found in another
manuscript of the twelfth century, British Museum Royal 8 B. xviii,
which is now incomplete. A third manuscript with this title was formerly

---

11 Ibid., l. 850.    12–13 Matth. 28. 19.    26 1 Cor. 3. 17.

in Dover Priory.[1] The relation between this collection of *sententiae* and Anselm is difficult to determine. Only two of the pieces are individually attributed to Anselm: one of them is chapter 5 of the *Dicta*, which presents no problem; the other is a *sententia de motione altaris*, about the authenticity of which there is a difference of opinion.[2] Four of the remaining anonymous pieces are clearly Anselmian, being extracts from the *De moribus*. Several pieces are extracts from Augustine, Jerome, and Gregory, with or without an attribution to their source. The remainder show Anselm's influence in varying degrees. We print a selection of those which seem most worthy of consideration in this context. The following is a brief list of the contents of the collection:

ff. 91–91ᵛ *Sententia Anselmi archiepiscopi de motione altaris.*
　　See below p. 321.

ff. 91ᵛ–93ᵛ Miscellaneous extracts from Augustine and Gregory.[3]

f. 94 A monastic dialogue printed below, p. 323.

f. 96 *Sermo venerabilis Anselmi archiepiscopi Cantuariensis de duabus beati-tudinibus et miseriis.*
　　*Dicta*, c. 5.

f. 103 *De octo beatitudinibus.*
　　See below, p. 327.
　　There was formerly a manuscript at Christ Church, Canterbury with a piece entitled *Anselmus de viii beatitudinibus* (M. R. James, op. cit., p. 132, no. 1606), perhaps the same as this.

f. 106ᵛ *De spirituali claustro.*
　　See below, p. 332.

ff. 107–116ᵛ Miscellaneous extracts on free-will, original sin, the soul, the Eucharist, etc., without ascriptions, but partly from Augustine and Cassiodorus, concluding with the beginning of the treatise on the monastic life by the monk Rodulfus (beg. *Octo sunt quae si diligenter a monachis observantur*). The complete text is in a number of manuscripts: British Museum Royal 12 C i, and 7 A iii, Bodleian Laud misc. 362, St. John's

---

[1] The Digby and Royal manuscripts both have the following list of contents:

　　　　　In hoc volumine continentur hii libri
　　　　　　Liber scintillarum
　　　　　　Plures sententiae Anselmi.

Identical mistakes in the numbering of the chapters of the *Liber scintillarum* indicate a common source for both manuscripts. The two items also occurred together at Dover Priory. (M. R. James, *Ancient Libraries of Canterbury and Dover*, p. 416.)

[2] For the arguments against its authenticity see F. S. Schmitt, *Revue Bénédictine*, lxv, 1955, 222–7, and for an alternative view R. W. Southern, *St. Anselm and his Biographer*, pp. 125–7. The *sententia* is also found under Anselm's name in Hereford Cathedral MS. O. i. vi, a twelfth-century manuscript from Cirencester.

[3] Here MS. Royal 8 B xviii ends.

College, Oxford, 130; imperfectly printed among the works of Lanfranc
*P.L.* 150, 639).[1]

f. 116ᵛ *De non recta comparatione virtutum et vitiorum.*
Nonnunquam ideo extollimur . . . ille ad iudicium ea sibi assumit.
= *De moribus*, cc. 110–19.

f. 117ᵛ *De immunditia cordis.*
Noverit etiam qui suam discutere infirmitatem . . . non omnium delere
possimus.
= *De moribus*, cc. 120–1 (p. 84. 1–26, above).

f. 118 *No title.*
Sciendum est quia iuvene . . . placida exterius reddit verba.
= *De moribus*, cc. 140–1 (p. 91. 21–34 above) with some additions.

f. 118 *De septem gradibus humilitatis.*
Qui in valle ignorantiae . . . in perfecta sui cognitione.
= *De moribus*, cc. 100–8 (p. 81. 4–25).


## TEXTS

1. D: Digby MS. 158
   R: Royal MS. 8 B xviii
   H: Hereford Cathedral MS.
       O. 1. vi

5 SENTENTIA ANSELMI
ARCHIEPISCOPI DE
MOTIONE ALTARIS


10

Quod de altari et de ecclesia
quaesivistis non mihi ad presens
occurrit me in decretis aut in
canonibus aliquid inde legisse,

(P: Ep. iii. 159; *P.L.* 159, 194)[2]
Domino et amico carissimo,
reverendo abbati Willelmo, Anselmus servus ecclesiae Cantuariensis,
salutem.
Quando respondi ad quod quaesivistis de altari et de ecclesia, ita
erat cor meum quadam sollicitudine gravatum, ut non possem
intendere iis quae dicebam, et
nuntius vester ita festinabat, ut in
aliud tempus hoc differre non
possem. De quo quidem neque
in decretis neque in canonibus
memini me aliquid legisse,

15 sed a quodam episcopo audivi quia in decretis Egini papae legitur altare

---

[1] For this writer, whose works form the best testimony to St. Anselm's influence on
monastic writings in England, see *St. Anselm and his Biographer*, 206–9, and *Medieval
and Renaissance Studies*, i, 1941, 24–28, v, 1961, 31. Dr. H. Kohlenberger is preparing
an edition.

[2] This letter was printed from a manuscript now lost in the first edition of Anselm's
letters by J. Picard, Cologne, 1612. The passages which are found only in this text
are printed here in the right-hand column.

---

15 Egini: Eugenii P

---

15–322. 1 See Burchard, *Decreta*, iii. 11: Ex decretis Ygini papae cap. iv. Si motum
fuerit altare, denuo consecretur ecclesia (*P.L.* 140, 675).

motum iterum consecrandum. De his cum domino papa Urbano
locutus sum, assistentibus quibusdam episcopis. Sed papa dicebat
mensam altaris motam, nec reconciliandam, nec iterum consecrandam,
nec amplius in altare reputandam. Alii vero dicebant tantum reconciliandam, nullam tamen auctoritatem ostendentes. In hoc autem 5
omnes concordant, quia violato principali altari tota ecclesia cum altari
iterum consecranda est; nec ecclesia consecranda est sine consecratione
altaris, aut principalis, aut alicuius alterius in eadem ecclesia. In his
autem omnes concordant cum quibus inde locutus sum, excepta altaris
mensa. Item si aliqua pars ecclesiae destructa reficitur, aut nova fit 10
altari immoto, aqua tantum ab episcopo benedicta aspergendam dicunt.
Ratio autem quam a me quaesivistis haec mihi super his videtur:
altare non fit propter ecclesiam, sed ecclesia propter altare; et ideo
violato principali altari, iam non videtur esse ecclesia, quia non est
illud propter quod ecclesia construitur et consecratur. Quapropter cum 15
illud fit novum, recte videtur cum eo consecrari, per quod recipit ut sit
ecclesia. De moto altari iterum consecrando haec quoque mihi ratio
videtur. Altare vicem fidei Christianae tenet, ut sicut non nisi in altari
sacrificium nostrum offerimus, ita non nisi recta fide sacrificia bonorum
operum offeramus, si ea deo placere volumus. Sicut igitur fides mota 20
a suo fundamento quod est Christus et a sua stabilitate iam non est
fides, ita altare motum a suo fundamento iam non est altare. Sive ergo
de eadem materia totum, sive de alia fiat altare, novum et aliud quam
fuerat altare videtur; et ideo consecrandum. Propter hanc rationem
cavendum existimo, ne altare gestatorium consecretur sine suo funda- 25
mento; quod multi custodiunt, et fere ubique custoditur, quamvis in
Normannia, cum ibi eram, non servaretur, sed nudi lapides nusquam
affixi consecrarentur. Quod ego non damno, nec tamen facere volo. Ex
his quae dixi, sequitur quia si tota ecclesia nova fiat altari sine violatione
manente, quoniam sine consecratione altaris alicuius consecrari non 30
debet, aut altare aliquod est ibi renovandum, ut simul cum ecclesia
consecretur; aut aqua ab episcopo ad hoc benedicta intus et exterius
simpliciter cum processione aspergatur.

Quae facienda de his dixerim,
ex ore et usu aliorum didici: 35
rationem vero eandem alios habere
non nego, sed ego a nullo accepi.
Quapropter quod per me, vel per

6 altari (prius) om. P    9 inde om. H    10 fit: sit P    14 esse om. DP
22 ergo: quod P    23 quam: quod P    24 et ideo: esse ideo H; et om. P
25 suo om. P    27 servaretis P    33 cum processione om. P

alios sentio, sanctitati vestrae po-
stulatus simpliciter insinuo donec
vobis certius aut melius patefiat.
Valete.

5                    2. *A monastic dialogue*

Dixit dominus Iesus discipulis suis: 'Negotiamini dum venio', quia
nisi in hoc seculo negotiati fueritis, in futuro cui negotiari possitis
minime invenietis; id est date de vestro temporali bono, dum vobis
licet, ut a me in futuro recipiatis de meo sempiterno. Et ne aliqui dicant
10 dominum alios ad negotiandum invitasse et alios dimisisse adiungit
dicens: 'Omnes sitientes venite ad aquas.' Omnes sitientes, id est
celestem patriam desiderantes, venite ad aquas, id est ad predicationes
meas, quibus ab omni inquinamento carnis et spiritus mundabimini.
'Et qui non habetis argentum', id est temporale lucrum, 'properate, emite
15 absque ulla commutatione', id est seculari remuneratione, 'vinum et lac';
vinum, id est fervorem fidei ac spiritus, lac, id est nutrimentum sancte
ecclesie, et misterium corporis et sanguinis domini, quibus sancte
anime cotidie nutriuntur ac reficiuntur. Sic igitur dominus noster
invitat omnes tam pauperes quam divites, cuiuscumque ordinis sint, in
20 sancta ecclesia commorantes. Et, ne quidam causa penurie secularis
substantie excusationem negotiandi cum Christo habeant, respondit
dominus dicens eis: Fratres, non vos detineat paupertas vestra, quia
pro quanto habetis regnum meum habere potestis; testante beato
Gregorio ubi ait: Regnum dei tantum valet quantum habes. Ad hanc
25 dominicam invitationem quidam monachus, sub disciplina beati Benedicti constitutus, qui diu religiose vivendo domino militavit, ait intra se
ad dominum: Domine, ex quo seculo renuntiavi, omniaque mea et
meipsum pro te abnegavi, unde tibi negotiari valeo?

Ad hec misericors dominus, qui novit cogitationes hominum et
30 secreta cordium, respondit ad monachum: O monache, si paupertatem habes, michi negotiari potes.

Monachus: Paupertatem habeo cum propheta qui ait: 'Pauper sum
ego et in laboribus a iuventute mea, exaltatus autem humiliatus sum et
conturbatus.' Et iterum: 'Ego vero egenus et pauper sum, sed tu deus
35 adiuva me.' Et alibi: 'Ego sum pauper et dolens, et infirmata est in me
virtus mea; suscepit me salus tua deus.'

Ad hec dominus: Non doleas, O monache, si pauper es pro me, quia,
cum dives essem, pauper fui pro te, et de hac paupertate, si spiritualis

6 Luc. 19. 13.          11, 14–15 Is. 55. 1.        29 Cf. Ps. 93. 11.
32–34 Ps. 87. 16.       34–35 Ps. 69. 6.          35–36 Ps. 68. 30.

es, potes celestes divitias conquirere; paupertas vero sine spiritu susurrans est et deo murmurans, rebusque aliorum invidens, et non facit fructum; sed si paupertatem spiritualem possides illam sine dubio pro tuo necesse, non pro meo, emere non recuso.

M.: Illam siquidem habeo quam tibi venalem pronuntio.      5

Dominus: Quantum tibi pro illa dabo?

Mo.: Non minus quam regnum celorum.

D.: Magnum postulasti.

M.: Et tu magnum per apostolum tuum in evangelio tuo promisisti quando dixisti: 'Beati pauperes spiritu, quoniam ipsorum est regnum 10 celorum.'

D.: Ex verbis meis assumpsisti. Ecce habes quod petisti, quia verba mea non possunt falli. Nunc dic michi si habes aliquid aliud venale.

M.: Mansuetudinem habeo venalem.

D.: Illam emere volo. Dic quid inde a me pro illa poscis?      15

M.: Terram posco.

D.: Terram tibi dabo magnam et fructiferam.

M.: Non quero terram in qua homines moriuntur, sed illam de qua per prophetam dixisti: 'Mansueti autem hereditabunt terram' et cetera. Item dicit: 'Credo videre bona domini in terra viventium.'      20

D.: Magna petis, magna habebis. Sed si adhuc habes quod vendere velis aperi michi.

M.: Res minimas habeo, nescio autem si de illis habes ad faciendum.

D.: Quas habes manifesta.

M.: Lacrimas.      25

D.: Has valde diligo, quia ad maxillam meam descendunt, et illa interiora peccata abluunt que orationes abluere nequeunt. Dic michi quid pro illis habere cupis?

M.: Consolationem sicut in evangelio dixisti: 'Beati qui lugent quoniam ipsi consolabuntur.' Et propheta dixit: 'Secundum multi- 30 tudinem dolorum meorum in corde meo consolationes tue letificaverunt animam meam.'

D.: Bene michi negotiatus es, fiet tibi sicut petisti. Quid amplius habes venale?

M.: Duo habeo venalia que non habes sed iam habuisti, videlicet 35 famem et sitim, que patior pro te.

D.: Merito hec pro me pateris, quia hec eadem et alia multa graviora passus sum pro te, et maius opus est tibi hec michi vendere quam michi emere. Sed tamen quid pro illis vis recipere?

10–11 Matth. 5. 3.      19 Ps. 36. 11.      20 Ps. 26. 13.
29–30 Matth. 5. 5.      30–32 Ps. 93. 19.

M.: Satietatem in gloria tua cum propheta qui ait: Satiabor dum manifestabitur gloria tua.

D.: Fiat petitio tua. Quid ultra habes venale?

M.: Miseriam, pro qua volo habere misericordiam, sicut dixisti in
5 evangelio: 'Beati misericordes', id est miseriam et compassionem aliorum in corde suo habentes, 'quoniam misericordiam consequentur.'

D.: Misericordiam petis, illam habebis.

M.: Domine, quia omnia venalia mea optime a me comparasti, quoddam ornamentum valde carum et pretiosissimum tibi reservavi.
10 D.: Quale est illud?

M.: Munditia cordis.

D.: Hanc multum diligo, quia familiaris est michi et mecum loquitur quando vult; sed revolve illam michi ut videam.

M.: Non est revolvenda nisi in loco mundissimo et secretissimo, quia
15 fures et maligni insidiatores per immunditias carnales eam michi obnubilare conantur.

D.: Me presente non est timendum, sicut scriptum est: 'Ubi dominus ibi libertas' et securitas.

Tunc monachus revolvit ei munditiam cordis sui, in qua dominus
20 vidit scriptum: 'Cor mundum crea in me deus, spiritum rectum innova in visceribus meis.' Deinde dicit: Quid tibi dabo pro hac munditia?

M.: Visionem tuam sicut scriptum est: 'Beati mundo corde quoniam ipsi deum videbunt.'

D.: Videbis me cum sanctis meis quando 'fulgebunt iusti sicut sol'
25 in domo patris mei, quia in hoc seculo nemo potest me videre qui vivat.

M.: Nonne Abraham vidit te dum loquebatur tecum ore ad os?

D.: Vidit utique, sed non corporeis oculis, immo oculis cordis in enigmate.

M.: Nunc fiat michi voluntas tua in hac vita et in futura.
30 D.: Quid amplius habes venale?

M.: Pacem habeo.

D.: Quid pro illa vis?

M.: Filius tuus esse sicut dixisti in evangelio: 'Beati pacifici quoniam filii dei vocabuntur.'
35 D.: Filius meus eris si in bono proposito quod cepisti perseveraveris.

M.: In me non confido, sed te auxiliante perseverabo.

D.: Habes plus quod vendere velis?

M.: Persecutionem habeo propter iustitiam.

---

1–2 Cf. Ps. 16. 15.        5–6 Matth. 5. 7.        17–18 Cf. 2 Cor. 3. 17.
20–21 Ps. 50. 12.     22–23 Matth. 5. 8.      24 Matth. 13. 43.     33–34 Matth.
5. 9.

D.: Si persecutionem sustines pro me consolationem habebis ex me. Sed tamen quid pro illa tibi dabo?

M.: In prima negotiatione dedisti michi regnum celorum pro paupertate; illud idem dabis michi pro persecutione, quia scriptum est: 'Beati qui persecutionem patiuntur propter iustitiam, quoniam ipsorum 5 est regnum celorum.'

Hic oritur questio quare regnum celorum plus promittitur pro persecutione et paupertate quam pro aliis rebus, que sic solvenda est: Exemplum vere fuit humilitatis quod dominus proposuit pauperibus et humilibus et persecutionem patientibus, ne de dei misericordia 10 desperarent, sicut scriptum est: Humilitate et paupertate pervenitur ad regnum celorum.

Dominus autem dixit monacho: Octo pretiosa ornamenta michi vendidisti, scis que sunt?

M.: Per te scire volo.      15

D.: Hec ornamenta supradicta octo sunt beatitudines, sine quibus ad celestem patriam perveniri non potest. Sed nunc dic michi ubi cepisti, et ex qua terra illa detulisti?

M.: Numquam de claustro nostro exivi, sed ibi die nocteque pro peccatis meis abluendis, corpus meum affligendo, obedientiam servando, 20 auxilio tuo adquisivi.

D.: Quid faciebas quando tribulationes tibi concurrebant?

M.: 'In die tribulationis mee deum exquisivi; manibus meis nocte contra eum et non sum deceptus.'

D.: Quare ita habes oculos rubeos et excoctos?      25

M.: Quia 'anticipaverunt vigilias oculi mei', et quando somnus me preoccupabat ante tempus, tunc eram conturbatus, sed tamen 'non eram locutus.'

D.: Quando tacebas quid cogitabas?

M.: 'Cogitavi dies antiquos et annos eternos' perpetue felicitatis, 'et 30 meditatus sum nocte cum corde meo' dicens: 'Numquid in eternum proiciet deus, aut non apponet ut complacitior sit adhuc? Aut in finem misericordiam suam abscindet, aut obliviscetur misereri deus, aut continebit in ira sua misericordias suas?' His et aliis multis huiuscemodi has octo beatitudines a te comparavi, sed modo carius tibi vendidi.      35

D.: Sapienter laborasti, laborando certasti, certando adversarium superasti, illamque vocem dominicam audire meruisti que ait: 'Euge serve bone et fidelis, intra in gaudium domini tui.'

M.: Pro his querimoniis quas faciebam audivit dominus vocem meam

5–6 Matth. 5. 10.      23–24 Ps. 76. 3.      26–28 Cf. Ps. 76. 5.
30–34 Ps. 76. 6–10.      37–38 Matth. 25. 21.

et misertus est mei, et convertit luctum meum in gaudium sempiternum.
Quare ergo omnes fideles sancte ecclesie quicumque estis, sive divites
vel pauperes, clerici vel laici, mulieres vel virgines, publice vos admoneo,
dum tempus habetis, ad dominum, qui de manu inimici sanguine suo
5 vos redemit, dum vos invitat refugiatis, quia nisi in hac vita dum potestis
feceritis, timeo cum velletis ne possitis. Quapropter do vobis pro consilio quatinus per confessionem et penitentiam et per bona opera
dominum nostrum Iesum Christum placare studeatis, 'ut cum venerit
et pulsaverit', et ad celestia regna vos vocaverit, cum eo intercessione
10 beatissime dei genitricis semper virginis Marie omniumque sanctorum
suorum in celesti curia sine fine regnare valeatis, per omnia secula
seculorum.

3. De octo beatitudinibus.

I<sup>a</sup> 'Beati pauperes spiritu.' Contraria sibi non conveniunt, ut pauper-
15 tas et beatitudo vel sanitas et egritudo; aliquando tamen unum contrarium generat alterum, ut amaritudo potionis quodam modo gignit
dulcedinem sanitatis. Sic et spiritualis paupertas generat celestem
beatitudinem, in qua iam vivunt pauperes dei, etsi non re tamen spe.
Pauperes autem spiritu sunt quos non necessitas sed devotio paupertatis
20 beatos facit, ut contemptis omnibus soli deo vivant. Hec paupertas
duas partes habet: abdicationem rerum, et contritionem spiritus, ut
etiam bonus se inutilem et ceteris inferiorem reputet. Humilis enim et
vere timens deum non alta de se sapit. Nichil magis convenit quam
pauperibus dei promitti in celo divites fieri.
25 [II<sup>a</sup>] 'Beati mites.' Mitis est quem non ira vel rancor vel aliquid tale
afficit, sed omnia equanimiter sustinet. Hac virtute laudatur Moyses,
et huius quasi magne magistrum se Christus facit, 'discite', inquiens,
'a me quia mitis sum'. Hec possidebit terram viventium, et delectabitur in
multitudine pacis. Sed istam terram benedictam nemo nisi per mansue-
30 tudinem possidet. Congrua ascensio: primus est contemptus seculi, cui
iure dantur eterna. Inde mores temperat mansuetudo et lenitas. Nequit
enim mitis esse qui non prius fuerit pauper spiritu et rebus. Quomodo
enim inter divitias et curas et lites, unde ire, rixe, odia, animus potest
esse mitis, nisi prius occasiones preciderit? Sed huius incendii materia
35 vix ad purum detrahitur, et ideo hec lenitas sepe corrumpitur. Unde
tercio loco subditur:

29 benedictam: maledictam *cod.*   nisi *om. cod.*

1 Cf. Ierem. 31. 13.    8–9 Luc. 12. 36.    14 Matth. 5. 3.    23 Cf. Rom. 12. 16.
25 Matth. 5. 4.    27–28 Matth. 11. 29.    28–29 Cf. Ps. 36. 11.

[III*] 'Beati qui lugent.' Quia etsi que sunt mundi et improbos mores abiecimus, tamen restat ut rimarum colluvionem defleamus. Hic autem fletus quo pro nostris vel aliorum peccatis et miseriis dolemus, ab irriguo est inferiori, fletus vero pro desiderio celestis patrie ab irriguo est superiori. Ille lavat presentes sordes, hic succendit acrius future vel 5 eterne vite amatores. Qui autem peccata deposuit mores mansuetudine correxit; flet pro peccatis, vel pro desiderio patrie celestis; ille potest iam esurire et sitire iustitiam, quod prius, dum dives esset spiritu, id est superbus, facere non poterat.

Sciendum est quod he singule beatitudines ut impleri possint 10 suffragium septem donorum spiritus sancti postulant, que ut habeantur a sancto spiritu in oratione dominica septem precibus oramus. Ecce qualiter sapientia dei cuncta providit: virtus beatitudinis perspicitur dono spiritus sancti; donum prece quam composuit impetratur. I*. Cum igitur oramus: 'libera nos a malo', petimus ut spiritus superbie per 15 spiritum timoris dei expellatur, ut sub paupertate spirituali positi beate vivamus. II*. Nemo mitis nisi spiritu pietatis est, quem ut continue servemus petimus: 'ne nos inducas in temptationem.' III*. Lugentes spiritu scientie illustrantur, ut sciant quibus malis involvantur et ad quam patriam suspirant; sed ut lacrime prosint rogamus: 'dimitte nobis 20 debita nostra' quibus tenemur, ut liberi ad patriam redeamus.

[IV*] Esuries iustitie ut ad satietatem pertingat fulcitur spiritu forti- tudinis, ne lassescat in via; ideo oramus: 'panem nostrum cotidianum da nobis hodie.' Aliter, si divites essemus, dimitteret inanes. Iustitia autem tres habet species, scilicet cum nature nostre sua servamus, et 25 cum proximo quod nobis volumus facimus, et cum deo que dei sunt solvimus. Que iustitia non plene in nobis implebitur, donec deus sit omnia in nobis omnibus. Propterea hic possumus esurire sed non satiari, et ideo necessario cavendum est ne fastidio torpentes fame per- petua moriamur. 30

V* 'Beati misericordes.' Misericordia de precedentibus nascitur, quia non est plena et vera compassio miserorum nisi precesserit vera humilitas et communio nature, et mansuescat animus divinis legibus subiacere, et incipiat suos et aliorum casus deflere, et primo iustitiam esurire. Beati quibus vera misericordia generatur. Tunc enim alienas miserias facit 35 suas, et pro viribus iuvabit, et si facultas iuvandi deest, compassio non deerit. De hac misericordia dicitur: 'Estote misericordes, sicut et pater vester misericors est', id est ad hoc miseremini ad quod et deus, ut bonitas redundet in omnibus. Et nota quod hanc virtutem precedit

1 Matth. 5. 5.      15, 18, 20–21 Matth. 6. 12, 13.      22 Cf. Matth. 5. 6.
23–24 Luc. 11. 3.      31 Matth. 5. 7.      37–38 Luc. 6. 36.

iustitia; iustitie enim est misericordia quasi lumen, et misericordie vigor
iustitia. Hec misericordia eget spiritu consilii, sine quo nemo circum-
specte miseretur. Et ideo oramus: 'fiat voluntas tua sicut in celo et in
terra', quatinus voluntatem dei consulentes agamus in alterutro miseri-
5 cordiam, ut a malis omnibus liberemur. Cuius misericordie initium est
sui misereri, finis pro alio mori.

VIᵃ 'Beati mundicordes.' Munditia cordis sexto ponitur lo co, ut
homo sexto die conditus per hanc recuperet imaginem dei, quam caligo
vitiorum delevit; sed his depulsis preceptum domini illuminat oculos
10 ut deum videre possimus, quem quisque tanto plus videt quanto seculo
huic moritur. In futuro vero iam mundicordes eum sicut est oculo
mentis videbunt, et ideo spiritus intelligentie huic gradui aptatur, quia
intellectus est oculus mentis, et hoc mundum cor iure regnum dei dicitur.
Unde oramus: 'adveniat regnum tuum.' Beati vero mundicordes sunt,
15 quorum mentes premissarum beatitudinum exercitia illustrant, et
earum munditia directionem cordis ad deum gubernat.

VIIᵃ 'Beati pacifici.' Pax a nobis incipit, quia dum civili bello lex
carnis repugnat legi mentis, non modo alteri sed nec nobis ipsis possumus incipere hic esse pacifici. Sed postquam imperat in nobis
20 spiritus, et totus homo noster servit spiritui vel rationi, tunc fons pacis
in nobis omnes partes anime tenens ad alios derivatur, ut cum omnibus
pacem habeamus, et discordes in se et inter se exhortando studeamus
pacare, et sic patris nomen vita et moribus sanctum esse in nobis
ostenditur. Unde oramus: 'sanctificetur nomen tuum', ut magis quod
25 est appareat, ut 'sic luceat lux vestra coram hominibus quatinus glorificent patrem vestrum qui in celis est.' Hec autem pax non nisi bona
voluntate nutritur; unde est: 'Et in terra pax hominibus bone voluntatis.' Hec est 'pax que exuperat omnem sensum', quia magnitudine sua
superat ne capiatur ut est, et tamen pro capacitate sensuum capi potest,
30 non quanta est, sed quantum ad reconciliationem adoptionis sufficit.
Huius pacis merces est beatitudo adoptionis filiationis divine, ut simus
filii dei, quod et iam dicimur et sumus in spe, et credimus quia erimus
in re, per sapientiam, que est maxima omnium donorum, ad hoc provecti. Secundum incrementa virtutum sunt incrementa premiorum, quia
35 'alia est claritas solis, alia lune, alia stellarum'. Regnum quidem celorum
in commune est omnibus deo reconciliatis. Sed tamen intra ipsum aliquid dignitatis iure possidere specialius, maius et gloriosius est. Maior
enim est de tante beatitudinis possessione consolatio; maius etiam

3–4 Matth. 6. 10.     7. Cf. Matth. 5. 8.     14 Matth. 6. 10.     17 Matth.
5. 9.     24 Matth. 6. 9.     25–26 Matth. 5. 16.     27–28 Luc. 2. 14.
28 Philip. 4. 7.     35 1 Cor. 15. 41.

saturari iustitia quam consolari a luctu. Saturatis quoque additur cumulus ex misericordia. Excelsior etiam est in palatio cui claritatem et vultum eterni regis indesinenter licet amplius intueri; summus vero est qui adoptionem filii percipit. Et nota quod generaliter omnium unum dicitur regnum celorum, etsi pluralitas numeretur meritorum, quia 5 licet illius iure posset dici qui vel novissimus ibi erit, tamen universorum dignitas omnibus communis erit dum per caritatem quod in aliis est etiam ultimus possidebit. Beatus autem dicitur qui nichil vult mali, et omnia que vult habet. Et ideo omnis ibi beatus quia non vult amplius quam habet. 10

[VIIIª] Octava promissio non alia quam prima verbis iteratur, scilicet 'quoniam ipsorum est regnum celorum'. Misticum vero est in numero quod iteratur in promisso. Infra septem prius idem sonat sed et numeratur extra septem, ut gloria resurrectionis in Christo his octo gradibus premiorum consecratur. Octava namque resurrectionis dies ipsa est 15 que et prima; in qua lux creata, in eadem die in Christo est data. Et si eadem videtur premii pollicitatio, preminet tamen dignitate; non enim idem est premium incipientis et perfecti. Ubi mistice docemur quod primum regnum celorum sit ut homo absolvatur ab omni concupiscentia mundi, et spiritu paupertatis iam in celestibus spe subvectus, mente ibi 20 incipiat conversari. Quod signanter evangelium innuit dum non de futuro sed de presenti promittit: 'quoniam ipsorum est regnum celorum'. Ad hoc quippe eos illic iam in presenti regnare astruit, ut interim spe inter pressuras corroboret. Regnat sane vera paupertas, quia, intus mente et exterius carne ab omnibus illecebris aliena, tota super gaudia 25 vite innititur. Quod quidem de timore domini nascitur, qui quoscumque repleverit nullius alterius rei capaces esset sinit. Et quamquam sit initium sapientie non tamen parvi est meriti, sicut nec paupertas, que non tam de futuro quam etiam de presenti per spem dives in celestibus regnat. Ceterum post carnis resurrectionem quasi secundum regnum 30 perfectorum non inconvenienter accipitur, in quo precessus mansionum et diversa meritorum premia numerantur.

In septem precibus orationis dominice omnia bona presentis vite et future continentur, et ideo nichil aliud orandum. In quibus est ordo mirabilis; sicut enim septem dona spiritus sancti a summo incipiunt et 35 usque ad initium sapientie, quod est timor domini, decurrunt, ita ordo precum a summis usque ad finem hunc 'ut a malis mundi liberemur' extenditur. Si autem in utrisque a fine incipimus, ad perfectionem fit

5 pluralitas: spiritualitas *cod.*

---

12, 22–23 Matth. 5. 10.                    37 Cf. Matth. 6. 13.

gradalis ordo ascensionis; si a summis, fit ordo descensionis. Sed quia
per hec nos ab imis ad summa consurgimus, et septem beatitudines, que
nostro labore per eadem dona queruntur, de imis gradatim ad summa
veniunt, consideremus et preces et dona ab imo, septem beatitudinibus
5 ea coaptando. Per preces enim dona, per dona operantes mandata
septenariam vel septiformem beatitudinem assequimur.

'Libera nos a malo': a malo liberamur per spiritum timoris, inde
liberati pauperes spiritu et rebus esse cupimus, ut ad beatitudinem regni
dei veniamus. Dum oramus: 'ne inducas nos deus in temptationem',
10 spiritum pietatis rogamus, ut homo interior mansuescat, et sic mitis fiat,
ut nulla temptatione moveatur. Dum dicimus: 'dimitte nobis debita
nostra', spiritum scientie rogamus, quo delicta intelligimus; unde est:
'Delicta quis intelligit?' quasi nemo nisi spiritu scientie. Scientia
quippe ad usum temporalium pertinet, que virtus est in vitandis malis
15 et appetendis bonis, ut nostra et aliorum peccata ploremus, et bona
eterna cupiamus. Magni tres gradus. Nam qui liberatur a malo iam
heret summo bono, quod iam sectatur dum postulat. Liberatus petit
liberatorem, ne iterum permittat eum induci in temptationem, sciens
inimico nichil licere nisi eius permissione. Sed quia in hac vita nec iustus
20 sine peccato vivit, sic petit inde liberari ut sciat quid ex caritate fratribus
debeat.

Et quia nondum visione dei fruimur cibus in via est necessarius ut
quandoque ad patriam veniamus. Et ideo panem petimus, ad quem
nemo sine spiritu fortitudinis pervenit, unde dicitur: 'In sudore vultus
25 tui', id est in labore in quo fortitudo est necessaria, 'vesceris pane tuo.'
Ubi vero fortitudo est, ibi est esuries iustitie. Eternus enim cibus est
plenitudo iustitie; et diurnus, dum cotidie illam esurientes implemur.
Dum dicimus: 'fiat voluntas tua', spiritum consilii petimus, quo
regente voluntas dei in terra sicut in celo fit. Sane deus nichil nisi quod
30 consilii est vult, cui idem est velle et consulere. Sed nos sepe aliud
volumus quam quod consilii esse videmus, et ideo opus est consilii
spiritu, ut voluntas dei dirigatur in nobis quatinus vere misericordes
esse possimus. Dum dicimus: 'adveniat regnum tuum', spiritum intelligentie petimus, cuius instinctu regnum futurum ingredientibus
35 declaratur, et cordis munditia tribuitur, per quam deus ibidem regnans
videri sicut est mundicordibus donabitur, ubi spiritu sapientie com-
plebitur sanctificatio nominis eius, que est septima petitio. Quam non
in senario, qui perfectus est numerus, docuit postulari sed in septenario,
in quo signatur sanctificatio diei septimi, in quo deus quiescens suam

7 Matth. 6. 13.    9 Matth. 6. 13.    11–12 Matth. 6. 12.    13 Ps.
18. 13.    24–25 Gen. 3. 19.    28, 33 Matth. 6. 10.    36 Cf. 1 Ioh. 3. 2.

sanctificavit requiem, non quod post laborem quieverit, sed quia que
perfecta fecit in se quiescere concessit. In perfectione autem senarii
adventus regni poscitur, ut 'occurramus omnes in virum perfectum, in
mensuram etatis plenitudinis Christi'. Deinde in eo quiescentibus
sanctificabitur ipse in nobis, dum nos in illo sanctificabimur. Hanc 5
autem sanctificationem a principio promisit, dum illam legitur sancti-
ficasse diem que perfectionem omnium rerum sequitur; in qua die deus,
in se quiescens, nos non alibi quam in se quiescere concessit. Quam
requiem iure poscimus in nobis sanctificari, ut perenniter in eum
sanctificati requiescamus. In qua septima sanctificatione pax vere 10
beatitudinis firmatur, adoptio et plena sapientia donabitur.

Satis compendiose Christus non modo mandatorum tradidit disciplinam, sed et donorum et precum, ut verbis paucioribus memorie res
multiplices et necessarias commendaret. Et sic simplicitas fidei sufficientiam sue salutis cito addisceret, et prudentia ingeniosorum amplius 15
profunditatem mysterii stuperet; hinc Ysaias: Sermonem 'breviatum
faciet dominus super terram'. Quem ita breviavit ut memoriter eum
subito addiscere possint; ita rebus implevit ut nemo sine spiritus sancti
gratia, et etiam cum ea rarus sit, qui omnia intelligere vel percipere
possit.                                                              20

Precibus laborandum est ut percipiamus dona ex gratia; donis
agendum est ut perveniamus ad meritum; pro meritis vero beatitudinem
eternam speremus. Alioquin nec sine fidei precibus ad donum, nec sine
dono ad meritum, nec sine merito ad beatitudinem pervenitur.

4. De spirituali claustro.                                           25

Sciendum est claustro corporali monachos concludi parum aut nichil
prodesse, nisi spirituali muniantur. Est enim spirituale quasi claustrum
ambitus trium virtutum, scilicet intellectus, voluntatis, et memorie,
quibus communiri oportet dei servum, ut videlicet intelligat quid
credere et agere debeat, et intellecta opere compleat. Voluntatem etiam 30
suam divine voluntati subiciat, et ita omnino adhereat, ut unus spiritus
cum deo fiat. Memoriam quoque suam ita aptare studeat ut precepta dei
semper et ubique memoriter teneat, ne qua temptatio dei timorem
sanctum et amorem a memoria cordis tollat. Ambitus autem iste
spiritualis digeritur per quattuor latera quattuor principalium virtutum 35
ad modum spiritualis claustri. Competit enim fulciri servum dei contra
malignorum spirituum iacula quaternario numero virtutum, ut videlicet
prudenter vivendo que mala sunt respuat, que bona sunt teneat; iuste

3–4 Ephes. 4. 13.      16–17 Rom. 9. 28.

etiam vivendo sua cuique ut decet tribuat; fortis sit ut mundi adversa
superando prospera contempnat; temperanter vivat, ne quid nimis agat.
Qui autem in his bene versari desiderat cantet ibi, legat, et scribenda
scribat. Hoc enim est moris ut in claustris visibilis edificii spiritualius et
5 frequentius fiat. Cantet, ut deum et proximum firmiter diligat, et cum
David dicat: 'Cantabiles michi erant iustificationes tue.' Legat atque
scribat, ut ore et mente dicere valeat: 'In corde meo abscondi eloquia
tua', deus, 'ut non peccem tibi.' Quibus digne completis octo beatitudines a deo consequetur, que sunt: vita sine morte; iuventus sine
10 senectute; sanitas sine infirmitate; requies sine labore; gaudium sine
tristitia; pax sine discordia; delectatio sine fastidio; lux sine tenebris.

## 5. THE ANSELMIAN MISCELLANY IN LAMBETH MS. 59

This important manuscript from Christ Church, Canterbury, gives
us our best indication of the state of Anselm's literary remains some ten
to twenty years after his death.[1] The aim of the compiler was to make
a collection of Anselm's letters, and for this purpose he had at his
disposal an earlier collection of Anselm's letters as prior and abbot of
Bec and a large assortment of miscellaneous letters, either in copies
or in the original, written during the period of Anselm's archiepiscopate.
These later materials seem to have been kept in no definite order and
their arrangement gave the compiler a good deal of trouble. His attempts
to arrange his materials were complicated by the discovery of new
pieces while the manuscript was being written. In addition to the letters
he found fragmentary remains of Anselm's philosophical drafts together
with other miscellaneous matter relating to Anselm. It seems to have
been his plan to append a selection of these fragments to the end of the
letters, but the plan was never fully carried out. When he had, as he
thought, completed the letters and begun to copy the miscellaneous
fragments, a new letter turned up which caused him to abandon a quire
of which six or seven pages had been written and make a new start. But
this new attempt also quickly degenerated into a jumble of further letters
and fragments without any perceptible order. In the end the compiler
gave up his task. The half-finished quire which had been abandoned
was added to the new quire, causing some duplication of contents, and
in this state the manuscript has remained till the present day.

6 Ps. 118. 54.     7–8 Ps. 118. 11.

---

[1] The contents of the manuscript are fully described, and the fragments which
follow were first printed in F.S. Schmitt, *Ein neues, unvollendetes Werk des hl. Anselm
von Canterbury, BGPTM*, xxxiii. 3, 1936.

Despite these confusions, and perhaps because of them, the manuscript has preserved some very valuable material which would otherwise
have been lost. We print below the texts which the compiler appended
to Anselm's letters except those which are to be found in Anselm's
finished works or in earlier sections of this volume. We have also
omitted the two long poems in praise of Anselm which are readily
accessible in *P.L.* 158, 135–42. At the end of the second of these poems,
however, there are two lines which do not appear in the printed edition.
They are a tribute from someone who had heard Anselm talk, and they
deserve a place here as an expression of a sentiment that was responsible
for much of the material printed in this volume:

> Omnia maiorem retinent sua dicta saporem,
> Quam quae dixerunt qui postve priusve fuerunt.

We have divided the fragments which we print into three parts, preserving within each part the order in which the pieces appear in the
manuscript:

### A. PHILOSOPHICAL FRAGMENTS

The fragments which follow are found on ff. 161–161ᵛ, 169ᵛ–175,
187–188, 188ᵛ–189 in Lambeth MS. 59 (L). They can be divided
roughly into five sections which we number 1–5, and we print them in
the order in which they appear in the manuscript. Within each section
the manuscript has almost no marks of division; but it is clear that some
of the sections of continuous prose do not follow a consecutive argument, and it seems likely that the scribe or his exemplar lumped together
passages which were originally separate. We are responsible for the
division into paragraphs, for the breaks in the text where the subject-
matter changes, and for the use of quotation marks to distinguish the
words and phrases which are the subject of Anselm's discourse.[1]

**1** (f. 161 and f. 187). Est considerandum quia volumus aliquando ita
ut, si possumus, faciamus ut sit quod volumus, velut cum aeger vult
salutem. Facit enim ut sit sanus si potest; et si non potest, faceret
si posset. Haec voluntas potest vocari efficiens, quoniam, quantum in
ipsa est, efficit ut sit quod vult.                                    5
   Volumus autem aliquando quod possumus facere, nec facimus; et
tamen, si fit, placet nobis et approbamus. Si enim dicat mihi pauper

---

[1] For an extended analysis of the subject-matter of these fragments see D. P. Henry,
*The Logic of St. Anselm*, Oxford, 1967.

1 seqq. Cf. *De concordia*, iii. 11; *Cur deus homo*, i. 10; *Liber de voluntate* (*P.L.* 158.
487–8).

nudus, quem ego nolim vestire, ideo se nudum esse, quia ego illum
nudum esse volo aut quia nolo illum esse indutum, respondeo quia volo
illum esse indutum et non esse nudum et magis approbo ut sit indutus
quam ut sit nudus, quamvis non faciam illum esse indutum. Haec
5 voluntas, qua sic illum volo esse indutum, approbans nominari potest.

Volumus etiam alio modo, ut si creditor vult indulgendo a debitore
ordeum accipere pro frumento quod reddere debitor nequit. Hanc
voluntatem possumus vocare concedentem tantum. Mallet enim ipse
frumentum, sed propter indigentiam concedit ut debitor ordeum reddat.

10 Habet etiam frequens usus ut dicatur aliquis velle quod nec approbat
nec concedit, sed tantum permittit, cum prohibere possit. Nam cum
princeps in potestate sua non vult cohibere latrones et praedones,
clamamus illum velle mala quae faciunt, quamvis illi displiceant,
quoniam vult ea permittere.

15 Omnis autem voluntas in hac divisione quadripartita mihi videtur
contineri. Ex quibus quattuor voluntatis diversitatibus, illa quidem
quam vocavi efficientem voluntatem, quod vult, quantum in ipsa est,
facit et approbat atque concedit ac permittit. Approbans autem non facit
quod vult, sed tantum approbat et concedit et permittit. Concedens vero
20 nec facit nec approbat quod vult nisi propter aliud, sed tantum concedit
atque permittit. Permittens autem nec facit nec approbat nec concedit
quod vult, sed solummodo permittit, quamvis reprobans.

Istis diversitatibus volendi omnibus utitur divina scriptura. Unde
pauca ponam exempla.

25 Cum enim dicitur de deo 'omnia quaecumque voluit fecit', et 'cui
vult misereretur', efficiens est voluntas, et est in primo modo volendi esse,
ad similitudinem faciendi esse, quia vult hoc ipsum quod velle dicitur.

Quando autem legitur 'quem vult indurat', permittens voluntas est,
et est in secundo modo volendi esse, quia ideo dicitur velle esse durum,
30 quia non vult efficienti voluntate non esse durum, id est, non vult
facere non durum. Quod si dicimus ideo velle indurare quia non vult
mollire, erit idem sensus et erit similiter permittens, sed erit in quarto
modo volendi esse. Ideo enim dicitur velle indurare, quia non vult
aliud esse, id est mollitum esse. Nam qui mollit, facit mollitum esse et
35 durum non esse.

Cum autem audimus quia 'deus vult omnem hominem salvum fieri',
approbans voluntas est, et sicut velle indurare erit in secundo modo
volendi esse, quia non vult facere salvum, et in quarto modo, quia non

31 dicimus : dn̄s L

vult aliud esse, id est, non vult efficienti voluntate hominem damnari, id est, non vult facere unde damnetur. Quod dictum est contra eos qui dicunt dei voluntatem causam esse quod non sint iusti sed iniusti, et quod non salvantur, cum iniustitia, pro qua damnantur, ab ipsis sit, nec descendat a voluntate dei.                                                                  5

Si dicimus quia 'vult deus virginitatem servari,' in illis quos facit eam servare voluntas est efficiens in primo modo volendi esse; in aliis vero est approbans, quia non vult eam efficienti voluntate non servari, quod est in secundo modo, aut quia non vult eam violari, quod est in quarto modo.                                                                  10

**2** (f. 169ᵛ). Quattuor modis dicimus 'aliquid'.

[I.] Dicimus enim 'aliquid' proprie, quod suo nomine profertur et mente concipitur et est in re, sicuti est lapis vel lignum. Suis namque vocabulis haec nominantur et mente concipiuntur, et sunt in re.

[II.] Dicitur etiam 'aliquid' quod et nomen habet et mentis con- 15 ceptionem, sed non est in veritate, ut chimera. Significatur enim hoc nomine quaedam mentis conceptio ad similitudinem animalis, quae tamen non existit in rerum natura.

[III.] Solemus quoque dicere 'aliquid' quod solum nomen habet sine ulla eiusdem nominis in mente conceptione et est absque omni essentia, 20 ut est iniustitia et nihil. Dicimus enim iniustitiam aliquid, cum asserimus eum puniri propter aliquid qui punitur propter iniustitiam. Et nihil dicimus aliquid, si sic dicimus: 'Aliquid est nihil' aut 'aliquid non est nihil' quia si vera vel falsa est enuntiatio, aliquid affirmari dicimus de aliquo aut aliquid negari de aliquo. Nullam tamen habent in mente 25 conceptionem iniustitia et nihil, quamvis constituant intellectum, sicut infinita nomina. Siquidem non est idem constituere intellectum, et con- stituere aliquid in intellectu. Constituit namque intellectum 'non— homo', quia facit audientem intelligere non contineri hominem in huius vocis significatione, sed removeri. Non tamen constituit aliquid in 30 intellectu quod sit significatum huius vocis, sicut 'homo' constituit quandam conceptionem cuius significativum est hoc nomen. Ita 'iniustitia' removet debitam iustitiam nec ponit aliud, et 'nihil' removet aliquid et non ponit aliquid in intellectu.

[IV.] Nominamus etiam 'aliquid', quod nec suum nomen habet nec 35 conceptionem nec ullam existentiam, ut cum non esse dicimus aliquid et non esse esse. Nam cum dicimus quia solem non esse super terram facit non esse diem, si omnis causa dicitur aliquid et omne effectum aliquid, non negabimus non esse solem super terram et non esse diem aliquid

7 volundi: L        8 eam: eum L        11 seqq. Cf. *De casu diaboli*, cc. 9, 11, 16.

esse, quoniam alterum est causa, alterum effectum. Non esse vero
dicimus esse, quando aliquo negante aliquid esse asserendo dicimus,
quia ita est sicut ille dicit esse, cum potius, si proprie loquamur,
debeamus dicere ita non esse sicut ille dicit non esse.

5   Cum igitur quattuor modis dicatur 'aliquid', unum proprie dicitur,
alia vero non aliquid sed quasi aliquid, quia ita loquimur de illis quasi
sint aliquid.

Verbum hoc quod est 'facere' solet poni pro omni verbo cuiuslibet
significationis finito vel infinito, etiam pro 'non facere'. Cum enim
10 quaeritur de aliquo 'quid facit?', si diligenter consideretur, ponitur ibi
'facit' pro omni verbo quod responderi potest, et quodcumque verbum
respondetur ponitur pro 'facit'. Non enim recte redditur ullum verbum
interroganti 'quid facit?', in quo non intelligitur 'facit' de quo interrogatur. Nam cum respondetur 'legit' aut 'scribit', valet idem ac si
15 dicatur 'hoc facit, scilicet legit' aut 'scribit'.

Potest autem omne verbum reddi sic interroganti. Et in pluribus
quidem palam est, ut 'cantat', 'dictat'. In aliquibus vero forsitan dubi-
tatur, ut sunt ista, scilicet 'est', 'vivit', 'potest', 'debet', 'nominatur',
'vocatur'. Sed nemo reprehendit, si interroganti 'quid facit?' respondetur
20 quia 'est in ecclesia', aut 'vivit sicut bonus vir', aut 'potest super totam
civitatem in qua habitat', aut 'magnam debet pecuniam', aut 'nominatur
super vicinos suos', aut 'vocatur ante omnes alios ubicumque sit'.

Potest ergo omne verbum aliquando responderi interroganti 'quid
facit?', si sit qui hoc facere convenienter sciat. Quaecumque itaque
25 verba redduntur quaerenti 'quid facit?', ponuntur, ut dixi pro 'facit'
in responsione, et 'facit' ponitur pro illis in interrogatione, quoniam hoc
interrogatur quod respondetur, et hoc quod respondetur interrogatur.

Pro negativis quoque verbis, etiam pro 'non facere', ponitur saepe
'facere'. Nam qui non amat virtutes et qui non odit vitia, male facit, et
30 qui non facit quod non debet facere, bene facit. Sic ponitur 'facere' pro
omni verbo positivo vel negativo, et omne verbum est 'facere'.

Denique omne, de quo aliquod verbum dicitur, aliqua causa est ut
sit hoc quod verbo illo significatur; et omnis causa usu loquendi
'facere' dicitur illud cuius causa est. Quare omne, de quo verbum
35 pronuntiatur aliquod, facit quod eodem significatur verbo. Ut enim
taceam illa verba, quae secundum suam significationem proprie sunt
facere, sicut currere et similia, in aliis etiam, quae videntur aliena ab
hac faciendi proprietate, hoc quod dico cognoscitur. Nam hoc modo qui

---

8–p. 338. 4 Cf. below, p. 342.26; *De casu diaboli*, c. 18; *De veritate*, c. 5; *Cur deus
homo*, ii. 10; *Liber de voluntate* (*P.L.* 158, 488c–d).

sedet facit sessionem, et qui patitur facit passionem, quia si non esset
qui pateretur non esset passio, nec aliquid nominaretur nisi esset quod
nominatur, neque ullo modo diceretur aliquid esse nisi prius cogitaretur
illud quod esse dicitur.

Nam cum dicitur quia 'homo est' aut 'homo non est', prius concipitur 5
in mente significatum huius nominis quam dicatur esse vel non esse;
et ideo quod concipitur causa est ut dicatur de illo esse. Si etiam dicimus
'homo est animal', est homo causa ut sit animal et dicatur esse animal.
Non dico hominem esse causam ut animal existat, sed hominem esse
causam ut ipse sit et dicatur animal. Hoc enim nomine significatur et 10
concipitur totus homo, in quo toto est animal ut pars. Sequitur itaque
hic hoc modo pars totum, quia ubi totum est necesse est esse partem.
Quia ergo in nomine hominis concipitur totus homo, ipse idem est
causa ut ipse sit et dicatur esse animal, quia conceptio totius est causa
ut in eo pars concipiatur et dicatur de eo. Hoc igitur modo de quo- 15
cumque dicitur esse sive simpliciter, ut 'homo est', sive cum addita-
mento, ut 'homo est animal', aut 'homo est sanus', praecedens eius conceptio est causa ut dicatur esse vel non esse, et ut intelligatur quod dicitur.

Quoniam ergo de quacumque re aliquod verbum pronuntietur,
praedicta ratione significatur facere quod eodem verbo profertur, non 20
sine omni ratione 'facere' verbum aliquando usu loquendi pro omni
verbo ponitur, et omne verbum facere dicitur. Siquidem et dominus in
evangelio ponit 'facere' vel 'agere' quod idem est, pro omni verbo, cum
dicit 'Omnis qui male agit odit lucem', et 'qui facit veritatem venit ad
lucem'.                                                                        25

Male quidem agit, qui facit quod non debet, aut non facit quod debet;
quod similiter intelligitur de omni verbo. Nam qui est ubi aut quando
non debet, aut qui sedet aut stat ubi aut quando non debet, et qui non
est aut non sedet aut non stat ubi vel quando debet, male agit. Veritatem
autem facit, qui facit quod debet, et qui non facit quod non debet. 30
Similiter qui est aut sedet aut stat ubi vel quando debet, et qui non est
vel non sedet vel non stat ubi aut quando non debet, veritatem facit.
Hoc modo redigit dominus omne verbum positivum vel negativum in
'facere'.

Quamvis aliae causae dicantur efficientes, sicut artifex—facit enim 35
opus suum—et sapientia quae facit sapientem, aliae vero ad comparationem illarum non vocentur efficientes, sicut materia ex qua fit
aliquid, et locus et tempus in quibus fiunt localia et temporalia, omnis

22–25 Cf. *De veritate*, c. 5 (Schmitt, i. 182); above, p. 177 n.; Ioh. 3. 20–21.
35 seqq. Cf. *Monologion*, c. 6.

tamen causa suo quaeque modo facere dicitur, et omne quod facere
perhibetur causa nominatur.

Omnis causa facit aliquid. Sed alia facit et est causa, ut sit hoc quod
facere dicitur, sive esse sive non esse; alia non facit, ut sit hoc quod
5 dicitur, sed tantum ut dicatur. Siquidem spiculator et Herodes pariter
dicuntur occidisse Iohannem, quia uterque fecit et causa fuit ut esset
quod dicuntur fecisse.

Similitudo: quia dominus Iesus in infantia et pueritia ita conversatus
est cum Ioseph quasi esset filius eius, fecit et causa fuit non ut esset,
10 sed ut diceretur filius Ioseph. De illa vero causa quae facit ut sit quod
dicitur facere, primum aliquid deo dante dicam; de altera vero postea.

Sunt autem huiusmodi causae aliae proximae, quae faciunt hoc per
se quod facere dicuntur, nulla alia causa media existente inter illas et
effectum quod faciunt; et sunt longinquae causae, quae non per se
15 faciunt hoc quod dicuntur facere, nisi alia mediante causa una vel
pluribus. Nam et ignis et qui accendit ignem et qui praecipit ignem
accendi faciunt incendium; sed ignis facit per se nulla alia causa media
inter illum et effectum. Qui vero accendit ignem facit incendium igne
solo medio; et qui iubet ignem accendi facit incendium duabus aliis
20 causis mediantibus, igne scilicet et accendente ignem. Aliae itaque
causae faciunt per se hoc ipsum quod facere dicuntur, aliae vero aliud
quod tamen valet ad idem effectum, quia est causa longinqua.

Contingit tamen aliquando magis effectum imputari causae facienti
aliud, quam idem ipsum per se facienti, ut cum imputamus potestati
25 quod eius fit iussu et auctoritate, et cum dicimus illum, qui facit propter
quod occiditur, magis a seipso occidi quam ab alio.

Quemadmodum autem efficientes causae quaedam sunt proximae
facientes idipsum per se, quod facere dicuntur, quaedam vero longinquae facientes per medium, ita est in non efficientibus. Ferrum enim
30 gladii proxima causa est et suo modo per se nulla alia causa media
existente facit illum; et terra, ex qua ferrum fit, est eius longinqua
causa faciens eum per aliud, id est per medium, quod est ferrum. Habet
enim omnis causa causas usque ad supremam omnium causam deum,
qui cum sit causa omnium quae aliquid sunt, nullam habet causam.
35 Omne quoque effectum habet plures et diversi generis causas, excepto
primo effecto, quando sola suprema causa creavit omnia. In unius quippe
hominis occisione causa est ille qui occidit et qui hoc iubet et hoc propter
quod occiditur, locus quoque et tempus sine quibus non fit, et alia plura.

Dicuntur etiam causae facere, aliae faciendo, aliae vero non faciendo,
40 aliquando quoque non solum non faciendo, sed etiam non existendo.

40 non faciendo: faciendo L

Quomodo enim ille qui non cohibet mala dicitur facere illa esse, et qui non facit bona facere illa non esse pronuntiatur, ita etiam disciplina, sicut cum est, facit esse bona et non esse mala, sic, quando non est, affirmatur per absentiam facere mala esse atque bona non esse. Sed huiusmodi causae illis clauduntur, quae non faciendo facere 5 dicuntur.

Quamvis autem saepissime dicantur causae facere non per se sed per aliud, hoc est per medium, unde longinquae tunc possunt dici, omnis tamen causa suum habet proximum effectum, quod per se facit cui proxima causa est. Nam qui accendit ignem proxima causa est ignis, et 10 per ignem medium facit incendium, cuius causa longinqua est. Cum ergo proxima est causa, proprie dicitur facere, quoniam per se facit; cum vero longinqua, ideo facere dicitur, quia facit aliud.

Omnis causa aut est esse aut est non esse. Et omne effectum similiter aut est esse aut est non esse, quia omnis causa aut facit esse aut facit 15 non esse. Dico vero 'esse' omne quod absque negatione profertur sive una dictione sive pluribus, et 'non esse', quod negando dicitur. Cum sol nominatur, aliqua essentia dicitur, sed nondum significatur esse causa. Similiter cum dico 'lucet', aliquid dico, sed nondum significo alicuius effectum esse. Cum vero dico 'sol lucet', 'sol' est causa et 'lucet' effectum, 20 et utrumque est aliquid et esse, quia sol habet suum esse et facit lucem esse. Hic igitur est causa 'esse' et effectum 'esse'. Si vero dico 'sol facit noctem non esse', hic est 'esse' causa et 'non esse' effectum. Similiter pluribus dictionibus dico 'esse'. Nam solem esse super terram est aliquid et facit esse diem et non esse noctem. Hic 'esse' facit et 'esse' et 25 'non esse'. Solem non esse super terram facit esse noctem et non esse diem. In hac prolatione 'non esse' facit 'esse' et 'non esse'. Sicut quod facere dicitur est aperte causa, ita quod aliquomodo significatur 'esse causa' facit hoc cuius causa pronuntiatur. Ut si dicitur, 'dies est et nox non est propter praesentiam solis', sive 'nox est et dies non est propter 30 absentiam solis', idem est ac si dicatur 'praesentia solis facit esse diem et non esse noctem'; et 'absentia solis facit esse noctem et non esse diem'. Ita qui dicit, 'genua mea infirmata sunt a ieiunio et caro mea immutata est propter oleum', idem est ac si dicat, 'Ieiunium infirmavit genua mea, oleum immutavit carnem meam', sed ieiunium quia affuit, 35 et oleum quia abfuit, id est, non affuit. Dicitur enim saepe causa aliqua facere esse et non esse per praesentiam et absentiam, quamvis non addatur praesentia vel absentia. Ut si dicitur, 'sol facit diem esse et non esse, et facit noctem esse et non esse'. Sed alia facit per praesentiam, alia per absentiam.  40

33–34 Ps. 108. 24.

**3** (f. 171ᵛ). **Discipulus.** Plura sunt de quibus tuam diu desidero responsionem. Ex quibus sunt postestas et impotentia, possibilitas et impossibilitas, necessitas atque libertas. Quas idcirco simul quaerendo connumero, quia earum mihi mixta videtur cognitio. In quibus quid
5 me moveat ex parte aperiam, ut cum de his mihi satisfeceris, ad alia ad quae intendo facilius progrediar.

Dicimus namque potestatem esse aliquando in quo nulla est potestas. Nullus enim negat, omne quod potest potestate posse. Cum ergo asserimus quod non est posse esse, dicimus potestatem esse in eo quod
10 non est; quod intelligere nequeo, velut cum dicimus domum posse esse, quae nondum est. In eo namque quod non est nulla potestas est.

Adhuc dicam: Quod nullo modo est, nullam habet potestatem. Quare neque ad esse potestatem habet neque ad non esse. Sequitur itaque quia
15 quod non est nec potest esse nec potest non esse. Illam quidem negationem, quae est 'quod non est non potest esse' comitatur quia 'quod non est non est possibile esse, et impossibile est esse, et necesse est non esse'. At si alteram negationem accipimus qua dicitur 'quod non est non potest non esse', invenimus quia 'quod non est non est possibile non esse
20 et impossibile est non esse et necesse est esse'. Quapropter illud quod nullo modo est, ex hoc quidem quia non potest esse, impossibile est esse et necesse est non esse. Ex hoc vero quia 'non potest non esse', sequitur quia 'impossibile est non esse, et necesse est esse'.

Item. Quod non potest esse, non est potens esse. Et quod non est
25 potens esse, impotens est esse. Similiter quod non potest non esse non est potens non esse, et quod non potens non esse impotens est non esse. Quare quod non est, nec potest esse, nec potest non esse, impotens est esse, et impotens est non esse. Sed pariter et quod est impotens esse, potens est non esse, et quod est impotens non esse, potens est esse. Quod
30 igitur non est, potens et impotens est esse, et similiter potens est non esse. Habet ergo aequaliter potestatem et impotentiam ad esse et non esse.

Verum haec omnia sunt valde absurda. Numquam enim simul sunt 'impossibile est esse' et 'impossibile est non esse', aut 'necesse est esse'
35 et 'necesse est non esse', aut potestas et impotentia ad esse vel ad non esse. Quare si haec sunt impossibilia, impossibile quoque est unde ista sequuntur, illud scilicet quia 'quod nullo modo est, nec potest esse, nec potest non esse, quoniam nullam habet potestatem'. Quod nequaquam falsum esse possum intelligere.

34 esse (*tertium*) *om.* L

Movet me quoque hoc de impossibilitate et necessitate, quod dicimus
deo aliquid esse impossibile, ut mentiri; aut deum aliquid esse ex
necessitate, ut iustum esse. Nam et impossibilitas portat secum impotentiam, et necessitas violentiam. Sed in deo nec impotentia est nec
violentia. Si enim per impotentiam mentiendi servat veritatem aut 5
violentia iustus est, non est ex libertate verax aut iustus. Quod si
respondes impossibilitatem hanc et istam necessitatem fortitudinem
in deo significare insuperabilem, quaero cur designetur ista fortitudo
nominibus significantibus infirmitatem.

Haec et forsitan alia me intrudunt in ambiguitatem quandam de 10
potestate et possibilitate et illarum contrariis et de necessitate et libertate. Quae meae dubitationes licet pueriles sint, peto tamen ut, si quis
eas a me quaesierit, doceas me—fateor enim me nescire—quid respon-
deam.

**Magister.** Etiamsi tibi videantur quaestiones tuae pueriles, mihi 15
tamen non ita sunt earum solutiones faciles ut mihi videantur aniles.
Siquidem iam a longe prospicio quod ad maiora me vocas, si respondere
incepero. Verumtamen non debeo me subtrahere, in quibus deo dante
possum, si quae postulaveris omnia non possum. Ad haec autem quae
quaeris investiganda, necessarium intelligo aliquid praeponere de verbo 20
quod est 'facere', et quid sit proprie 'suum alicuius', ne, cum iis opus
erit, digressionem pro eis cogamur interserere. Tu tantum quaestiones
tuas servare memento.

**D.** Non mihi displicet quidquid praeponas, si tantum ad quaesita
revertaris.                                                               25

**M.** Verbum hoc quod est 'facere' solet poni pro omni verbo cuiuslibet
significationis finito vel infinito, etiam pro 'non facere'. Cum enim
quaeritur de aliquo 'quid facit?', si diligenter consideretur, ponitur ibi
'facit' pro omni verbo quod responderi potest, et quodcumque verbum
respondetur ponitur pro 'facit'. Non enim recte redditur ullum verbum 30
interroganti 'quid facit?', in quo non intelligitur 'facit', de quo interrogatur. Nam cum respondetur 'legit' aut 'scribit', valet idem ac si
dicatur 'hoc facit, scilicet legit' aut 'scribit'.

Potest autem omne verbum reddi sic interroganti. Et in pluribus
quidem palam est, ut 'cantat', 'dictat'; in aliquibus vero forsitan dubi- 35
tatur, ut sunt ista, scilicet 'est', 'vivit', 'potest', 'debet', 'nominatur',
'vocatur'. Sed nemo reprehendit, si interroganti 'quid facit?', respondetur quia 'est in ecclesia', aut 'vivit sicut bonus vir', aut 'potest super

---

1–9 Cf. *Cur deus homo*, ii. 17.            21 suum alicuius: cf. *Cur deus homo*, i. 14.
26–p. 343, l. 19 Cf. above, p. 337. 8.

totam civitatem in qua habitat', aut 'magnam debet pecuniam', aut 'nominatur super omnes vicinos suos', aut 'vocatur ante omnes alios ubicumque sit'.

Potest ergo omne verbum aliquando responderi interroganti 'quid
5 facit?', si sit qui hoc facere convenienter sciat. Quaecumque itaque verba redduntur quaerenti 'quid facit?', ponuntur, ut dixi, pro 'facit' in responsione, et 'facit' ponitur pro illis in interrogatione, quoniam hoc interrogatur quod respondetur, et hoc respondetur quod interrogatur.

Denique omne de quo aliquod verbum dicitur, aliqua causa est ut
10 sit hoc quod verbo illo significatur; et omnis causa usu loquendi 'facere' dicitur illud cuius causa est. Quare omne de quo verbum pronuntiatur aliquod, facit quod eodem significatur verbo. Ut enim taceam illa verba quae secundum suam significationem proprie sunt 'facere', sicut 'currere' et similia, in aliis etiam, quae videntur aliena ab hac faciendi
15 proprietate, hoc quod dico cognoscitur. Nam hoc modo qui sedet facit sessionem, et qui patitur facit passionem, quia si non esset qui pateretur, non esset passio, nec aliquid nominaretur, nisi esset quod nominatur, neque ullo modo diceretur aliquid esse, nisi prius cogitaretur illud quod esse dicitur. Quoniam ergo de quacumque re aliquod verbum pro-
20 nuntietur, praedicta ratione significatur 'facere' quod eodem verbo profertur, non sine omni ratione 'facere' verbum aliquando usu loquendi pro omni verbo ponitur.

**D.** Palam est quod dicis volenti intelligere, quamvis nondum ad quid haec dicas intelligam.
25 **M.** In sequentibus intelliges.


Est et alia consideratio de verbo eodem, scilicet quot modis usus loquendi dicat 'facere'. Quae divisio licet valde sit multiplex et nimis implicita, dicam tamen aliquid de illa, quod ad ea valere quae dicturi sumus existimo, et quod non nihil aliquem iuvare poterit, qui eam
30 diligentius exequi voluerit.

Quamvis aliae causae dicantur efficientes, sicut qui facit scripturam, aliae vero ad comparationem earum non vocentur efficientes, sicut materia ex qua fit aliquid; omnis tamen causa, sicut dixi, facere dicitur et omne quod facere perhibetur causa nominatur. Quidquid autem
35 facere dicitur, aut facit ut sit aliquid, aut facit ut non sit aliquid. Omne igitur 'facere' dici potest aut facere esse aut facere non esse, quae duo sunt affirmationes contrariae. Quarum negationes sunt: 'non facere esse',

---

6 redduntur *om.* L

26 seqq. Cf. *De veritate*, c. 8; *Cur deus homo*, i. 9–10.

et 'non facere non esse'. Sed affirmatio 'facere esse' ponitur aliquando
pro negatione, quae est 'non facere non esse'; et conversim 'non facere
non esse' pro 'facere esse'. Similiter 'facere non esse' et 'non facere non esse'
pro invicem ponuntur. Dicitur enim facere mala esse aliquando aliquis
iccirco quia non facit ea non esse; et mala non facere non esse quia facit 5
ea esse; et facere bona non esse quia non facit ea esse; et non facere bona
esse quia facit ea non esse.

Comprehendamus nunc 'facere' sub aliqua divisione. Quoniam
autem semper est 'facere' aut ad esse aut ad non esse, sicut dictum est,
oportebit nos ad singulos modos faciendi, ut aperte distinguantur, 10
addere 'esse' aut 'non esse'. Sex ergo modis 'facere' pronuntiamus:
duobus videlicet, cum facit idipsum esse aut non facit idipsum non esse
causa quod facere dicitur; quattuor vero, cum aut facit aut non facit
aliud esse vel non esse. Dicimus namque rem quamlibet facere aliquid
esse, aut quia facit idipsum esse quod facere dicitur, aut quia non facit 15
idipsum non esse, aut quia facit aliud esse, aut quia non facit aliud esse,
aut quia facit aliud non esse, aut quia non facit aliud non esse.

I. In primo modo, cum quis gladio perimens hominem dicitur facere
illum mortuum esse. Facit enim hoc ipsum per se quod facere dicitur.

II. Secundi modi exemplum in 'facere mortuum esse' non habeo, nisi 20
ponam aliquem qui possit resuscitare mortuum et non velit. Hic si
esset, diceretur facere illum esse mortuum in secundo modo, quia non
faceret non esse mortuum. In aliis rebus abundant exempla, ut cum
dicimus aliquem facere mala esse, quae cum potest non facit non esse.

III. Per tertium modum est, cum asseritur quilibet alium occidisse, 25
quod est mortuum fecisse esse, quia praecepit illum occidi aut quia fecit
occidentem habere gladium, aut quia occisum accusavit, aut si etiam
occisus dicitur se occidisse quia fecit aliquid propter quod est occisus.
Hi namque non ipsi per se hoc ipsum, quod facere dicuntur, fecerunt,
hoc est, non occiderunt aut mortuum sive occisum esse fecerunt, sed 30
aliud faciendo, quod facere asseruntur per medium egerunt.

IV. In quarto modo est, quando pronuntiamus illum occidisse, qui
non exhibuit occiso arma antequam occideretur, aut qui non prohibuit
occidentem, aut qui non fecit aliquid quod si fecisset non esset occisus.
Isti quoque non per se occiderunt, sed non faciendo aliud esse, hoc quod 35
dicuntur facere fecerunt.

V. Quintus modus est, cum aliquis perhibetur occidisse quoniam
auferendo arma fecit occidendum non fuisse armatum, aut aperiendo
ostium fecit occidentem non esse clausum ubi detinebatur. Hic etiam
non per se occidit ille qui occidisse dicitur, sed per aliud faciendo aliud 40
non esse.

VI. Secundum sextum modum est, cum ille criminatur occidisse, qui non fecit arma auferendo occidentem non fuisse armatum, aut qui non abduxit occidendum ut non esset coram occidente. Isti etiam non per se occiderunt sed per aliud, id est, non faciendo aliud non esse.

5   Eandem recipit divisionem 'facere non esse'. Quidquid enim dicitur facere non esse aliquid, aut ideo dicitur quia facit hoc ipsum non esse, aut quia non facit hoc ipsum esse, aut quia facit aliud esse, aut quia non facit aliud esse, aut quia facit aliud non esse, aut quia non facit aliud non esse. Horum exempla in occisione hominis reperiri possunt,
10 sicut dixi in 'facere esse'.

I. Qui enim occidit, sicut ipse facit mortuum esse in primo modo 'faciendi esse', sic in primo 'faciendi non esse' facit viventem non esse.

II. In secundo vero modo non habeo exemplum 'faciendi non esse viventem', nisi quemadmodum supra feci ponam aliquem qui possit
15 mortuum resuscitare. Si enim hoc facere noluerit, dicetur in secundo modo 'facere non esse viventem', quia non facit esse viventem. Nam licet non idem sit esse mortuum et non esse viventem—non enim mortuum nisi ⟨vita⟩ privatum, multa vero non vivunt quae vita non sunt privata, ut lapis—tamen, sicut occidere non est aliud quam facere
20 mortuum esse atque non esse viventem, ita resuscitare idem est quod facere viventem esse et mortuum non esse. In aliis autem rebus multa sunt exempla huius secundi modi. Dicitur quippe facere bona non esse qui, cum potest, non ea facit esse.

In quattuor vero modis sequentibus, qui faciunt aut non faciunt aliud
25 esse aut non esse, sufficiunt exempla quae dicta sunt in 'facere esse'.

Et nota quia licet 'facere esse' et 'non facere non esse' pro invicem ponantur, tamen differunt. Siquidem ille proprie facit esse, qui facit ut sit quod non erat; 'non facere vero non esse' non magis dicitur ille qui facit ut sit aliquid, quam ille qui nec esse facit nec non esse.

30   Similiter differunt 'facere non esse' et 'non facere esse'. Ille namque proprie facit non esse, qui facit ut non sit quod erat; 'non facere autem esse' pariter dicitur et qui facit quod erat non esse, et qui nec esse nec non esse facit.

Haec quidem exempla quae posui de 'facere esse' et de 'facere non
35 esse' de causis efficientibus assumpsi, quoniam in his clarius apparet quod volui ostendere. Sicut autem in efficientibus causis praedicti sex modi cognoscuntur, ita etiam in non efficientibus, si quis eos diligenter investigare voluerit, inveniuntur.

Totidem modis negationes, scilicet 'non facere esse' et 'non facere
40 non esse' dividuntur. Quod in exemplis quae posita sunt in modis

18 vita *om.* L

faciendi esse et faciendi non esse cognoscitur, si affirmationes con-
vertuntur in negationes et negationes in affirmationes. Si quis autem
eundem ordinem, quem supra posui, hic servare vult, in quattuor modis
post secundum ponat affirmative in tertio quod dixi negative in quarto,
et negative in quarto quod positum est affirmative in tertio; et similiter 5
faciat quintum sextum, et sextum quintum. Et notandum quia in modis
negandi primus simpliciter negat, nihil aliud insinuans; quinque vero
sequentes habent negationem pro contrario suae affirmationis. Qui enim
resuscitat aliquem dicitur in secundo modo 'non facere illum esse
mortuum' pro 'facere non esse mortuum', et 'non facere non esse 10
viventem' pro 'facere esse viventem'. Qui vero facit occidendum in tertio
modo armatum dando arma, aut non facit non esse illum armatum in
sexto modo cum possit auferre arma; aut qui facit volentem occidere
non esse armatum in quinto modo arma auferendo aut negando arma,
non facit illum esse armatum in quarto modo. Si negatur facere esse 15
mortuum aut non esse viventem, intelligitur facere quantum in ipso
est—facere non esse mortuum et facere esse viventem.

Eadem divisionis ratio quam dixi in 'facere esse' vel 'non esse'
continetur ad quodcumque verbum 'facere' similiter copuletur. Ut cum
dico 'facio te facere' vel 'scribere aliquid', aut 'facio aliquid fieri' vel 20
'scribi'.

Isti modi quos dixi in 'facere', in aliis quoque verbis per quandam
similitudinem inveniuntur; etsi non omnes in omnibus, aliquis tamen
aut plures in singulis, et magis in illis verbis quae transitionem faciunt
ad verba, ut sunt 'debere' et 'posse'. Transitiva quippe sunt haec ad 25
verba, cum dicimus 'possum legere' vel 'legi', 'debeo amare' vel 'amari'.

Sunt quoque verba quae transitiva non sunt ad verba sed ad rem
aliquam, ut 'manducare panem' et 'incidere lignum'.

Quaedam etiam sunt quae nullam habent transitionem, ut 'iacere',
'dormire', quamvis quaedam ex his videantur facere transitionem ad 30
verbum, veluti cum dicitur 'sedit populus manducare et bibere et
surrexerunt ludere'. Sed non ita est. Non enim sic dicitur 'sedit populus
manducare et bibere et surrexerunt ludere' quemadmodum profertur
'vult manducare et bibere et ludere'. Nam ita resolvitur: 'Sedit populus
ad manducandum et bibendum et surrexerunt ad ludendum'. 35

In verbo quoque quod est 'esse', aliqui de praedictis inveniuntur
modi. Et primi quidem duo modi facile cognoscuntur; quattuor vero
sequentes, qui faciunt aut non faciunt aliud esse vel non esse, difficilius

---

11 Hic sunt. IIII$^{or}$. mi. II. I. *in marg.* L      15 illum esse: illum non esse L

31–32 Ex. 32. 6.

deprehenduntur, quia multipliciter faciunt vel non faciunt aliud esse aut non esse. Pauca tamen inde dicam, ad quorum similitudinem in scripturis vel in communi sermone animadvertere aliqua poteris quae non dicam.

5 Videtur mihi, quotiens attribuitur alicui rei aut nomen aut verbum improprie, quia illa res, cui attribuitur, est illi, de qua proprie dicitur, aut similis aut causa aut effectum aut genus aut species aut totum aut pars aut idem valens aut figura aut figuratum—quamvis enim omnis figura habeat similitudinem cum re quam figurat, tamen non omne
10 simile est figura aut figuratum—aut, sicut incepi dicere, alio modo quam per figuram est significans illud cuius nomen aut verbum recipit, aut eius significatum, aut est in eo; aut e converso illud, de quo proprie dicitur, est in eo, de quo improprie profertur; aut ita se habent ut qui re aliqua utitur, et res qua utitur, illud quod facere dicitur.

15 Omnes autem isti modi quos dixi in 'facere' verbo, aliquando in aliis quoque verbis inveniuntur, etsi non in singulis omnes, tamen aut unus aut plures. Nam omne verbum, si proprie dicitur de aliqua re ut hoc ipsum faciat quod profertur, ut 'iacet' aut 'sedet' aut 'currit', cum hoc pedibus suis facit, aut 'domum construit' cum hoc manibus suis facit,
20 aut 'dies est' aut 'sol lucet' aut aliquid aliud, secundum primum modum dicitur.

Si vero non ita est ut hoc ipsum faciat quod pronuntiatur, ut cum quis construere domum dicitur qui nihil operatur sed praecipit, aut cum dicimus quia 'eques currit', cum ipse non currat sed faciat equum
25 currere, secundum alium modum dicitur quam per primum. Quotiens ergo audimus aliquod verbum de aliqua re proferri, quae non facit hoc ipsum quod dicitur, in aliquo de quinque modis primum sequentibus, quos dixi, diligens inspector inveniet.

Siquidem cum dicit mihi aliquis 'debeo a te amari', improprie
30 loquitur. Si enim debet, debitor est ut ametur a me. A seipso itaque ut a me ametur debet exigere, quia ipse debitor est, et si non solvit quod debet, peccat. Quod tamen ipse non ita intelligit, quamvis ita dicat. Dicitur ergo a me debere amari, quia facit me debere se amare. Nam si meruit, fecit me hoc debere; et si sua actione non meruit, hoc solo, quia
35 homo est, causam habet in se cur illum debeam amare.

Sicut igitur dicitur facere qui non facit, sed aliquo de praedictis modis est causa ut alius faciat, sicut supra monstravi, ita pronuntiatur debere

29 seqq. Cf. *De veritate*, c. 8; *Cur deus homo*, ii. 18.

qui non debet, sed quodam modo facit alium debere, cum est illi causa ut debeat.

Eodem modo dicuntur pauperes debere accipere a divitibus cum ipsi non sint debitores, sed sint aliud hoc indigentes, quod est causa qua faciunt divites debitores ut impendant. 5

Dicimus etiam nos 'non debere peccare' pro 'debere non peccare'. Non enim omnis qui facit quod non debet, peccat si proprie consideretur. Sicut namque 'debere' idem est quod 'debitorem esse', ita 'non debere' non est aliud quam 'debitorem non esse'. Non autem semper peccat homo, quando facit quod non est debitor facere. Siquidem 10 vir non est debitor ducere uxorem, quia licet ei servare virginitatem. Unde sequitur quia non debet eam ducere, et tamen, si ducit eam, non peccat. Non ergo semper peccat vir, quando facit quod non debet, si proprie intelligitur 'non debere'. Nemo tamen negat virum debere ducere uxorem. Debet igitur et non debet. Sed si memores eorum quae 15 supra dicta sunt, sicut dicimus 'non facere esse' pro 'facere non esse', ita dicimus 'non debere facere' pro 'debere non facere'; et ideo ubi est 'debere non peccare', dicitur pro eo 'non debere peccare'. Quod in tantum obtinuit usus, ut non aliud intelligatur quam 'debere non peccare'. Quod autem dicitur debere si vult ducere vir uxorem, dicitur 20 'debere ducere' pro 'non debere non ducere', sicut supra monstravi 'facere esse' dici pro 'non facere non esse'. Pariter ergo, sicut dicimus 'non debere facere' pro 'debere non facere', ita dicimus 'debere facere' pro 'non debere non facere', quamvis hoc quod dicitur 'debere facere' possit intelligi eo sensu, quo deum omnibus praeesse debere dicimus. 25 Non enim deus debet quicquam, sed omnia debent illi esse subiecta. Dicitur ergo deus debere praeesse omnibus, quia ipse est causa ut omnia debeant illi subesse, sicut dixi pauperes debere a divitibus accipere, quia in illis est causa cur divites debeant eis impendere. Hoc ergo sensu dici potest vir debere ducere uxorem. Nam omne quod suum est alicuius 30 debet eius voluntati subiectum esse. Suum autem est uniuscuiusque viri ducere aut non ducere uxorem, qui castitatem non vovit. Quare, quoniam sive ducere sive non ducere debet esse secundum eius voluntatem, idcirco dicitur quia, si vult, debet ducere, et si non vult, non debet. 35

Cum autem oramus deum, ut dimittat nobis peccata nostra, non expedit nobis ut, sicut verba nostra sonant, ita nobis faciat. Si enim peccata nostra dimittit nobis, non delet ea nec aufert a nobis. Sed cum oramus nobis peccata dimitti, non oramus ut ipsa nobis peccata dimittantur, sed debita quae pro peccatis debemus. Quoniam namque peccata 40

36 seqq. Cf. *Cur deus homo*, i. 19 (Schmitt, ii. 86).

sunt causa et faciunt ut illa debeamus, quae necesse habemus ut nobis
dimittantur, idcirco cum orare debemus ut dimittantur debita, oramus
ut dimittantur peccata. In quo non optamus ut peccata nobis dimittantur,
sed debita quae fecerunt. Quod in oratione dominica ostenditur, cum
5 dicimus 'dimitte nobis debita nostra'.

Hinc est, quod usualiter dicit aliquis illi qui suam incendit domum
aut aliud sibi facit incommodum, 'restaura mihi damnum, quod fecisti',
et ille qui domum incendit, 'dimitte mihi damnum, quod tibi feci';
non quod damnum restaurandum sit aut dimittendum, sed hoc quod
10 per damnum ablatum est restaurandum, et hoc quod propter damnum
reddendum est dimittendum intelligitur.

Eadem ratione dicit dominus quia illi, quibus misericorditer dimit-
timus et damus, 'mensuram bonam et confertam et coagitatam et
supereffluentem dabuntin si num vestrum'. Nam quoniam illi, quibus
15 misericordia impenditur, sunt causa ut impendentibus retribuatur, ideo
dicuntur retribuere.

In 'habere' quoque verbo similitudo verbi 'facere' invenitur. Dicitur
namque carens oculis habere oculos, non quia oculos habet, sed quia
habet alium qui hoc illi facit quod oculi, et qui non habet pedes, habere
20 pedes, quia habet aliud quod est illi pro pedibus.

'Esse' quoque verbum imitatur verbum 'facere'. Dicitur enim aliquid
esse quod non est, non quia est hoc quod dicitur, sed quia est aliud,
quod est causa ut hoc dicatur. Siquidem dicitur aliquis pes esse claudo
et oculus caeco, non quia est quod dicitur, sed quia est pro pede et pro
25 oculo. Vita quoque iustorum in laboribus multis propter desiderium
vitae aeternae viventium dicitur beata, non quod hoc sit, sed quia
causa est ut illi sint aliquando beati.

### HAEC AD PRAEDICTA PERTINENT

**Discipulus.** Video plane.
30 M. Haec quidem exempla de causis efficientibus assumpsi, quoniam
in his clarius apparet quod volo ostendere. Sicut autem efficientes causae
in quinque modis post primum non faciunt quod facere dicuntur, sed
quoniam secundus modus non facit non esse quod primus modus facit
esse, et tertius facit aliud esse, et quartus facit aliud non esse, et quintus
35 non facit aliud esse, et sextus non facit aliud non esse, idcirco, sicut
sepe per exempla monstravi, facere asseruntur quod primus facit, ita

36 sepe per: se' per L

5 Matth. 6. 12.     13–14 Luc. 6. 38.     28 See above, pp. 338–40.

etiam non efficientes causae dicuntur facere per eosdem modos. Sunt enim proximae causae ut sit quod facere dicuntur, licet non efficientes; et sunt aliae longinquae causae, non ut illud sit, sed ut aliud sit. Fenestra enim, quae facit lucidam domum esse, quamvis non sit efficiens causa, sed per quam lux facit, proxima causa est ut sit quod facere dicitur, 5 quia non per aliud est causa ut illud sit, sed per se; quod est in primo modo faciendi, quoniam suo modo facit hoc ipsum esse quod dicitur facere. Si vero cum abest aut cum clausa est, dicitur facere tenebrosam domum, est in secundo modo, quia ideo facere tenebrosam dicitur, quia non facit hoc ipsum non esse. Si vero dicitur ille facere lucidam domum 10 qui fenestram fecit, aut facere tenebrosam qui fenestram non fecit, aut si dicit aliquis quia terra sua pascit eum, longinqua causa est, quia non per se faciunt, sed homo per fenestram quam fecit, aut quam cum debuit non fecit, et terra per fructum quem reddidit.

Illae itaque causae sive efficientes sive non efficientes, quae in primo sunt modo vel secundo, proximae dici possunt; aliae vero longinquae. 15

Dicamus nunc de 'facere non esse', quod etiam in sex modis contineri dixi. Qui modi per omnia sunt idem ipsi qui sunt in 'facere esse', nisi quia hic sunt in 'facere non esse' et ibi in 'facere esse'.

I. Primus enim modus est hic, quando res dicitur facere non esse, 20 quia facit hoc ipsum non esse quod dicitur facere non esse. Nam qui occidit hominem dicitur eum facere non esse viventem, quia facit hoc ipsum quod facere dicitur.

II. Secundus modus est, quando perhibetur facere non esse, quia non facit idipsum esse quod dicitur facere non esse. Modi huius exemplum 25 in 'facere esse' vel 'non esse' viventem hominem dare non possum, nisi ponam aliquem qui possit mortuum facere viventem. Hic si non hoc faceret, diceretur mortuum facere non esse viventem, quia non faceret esse viventem. In aliis vero rebus abundant exempla. Nam si cuius ministerium est in nocte facere domum lucidam esse non facit quod 30 debet, dicitur facere domum non esse lucidam, quia non facit lucidam esse.

III. Tertius modus est cum dicitur facere non esse, quia facit aliud esse quam quod perhibetur facere non esse. Ut cum aliquem dicimus alium fecisse non esse viventem, quia fecit occidentem habere gladium. 35

IV. Quartus modus est cum dicitur facere non esse, quia non facit aliud esse. Ut cum quis alium fecisse non esse viventem dicitur, quia non fecit illum, priusquam occideretur, esse armatum.

V. Quintus modus est, quando facere dicitur non esse aliquid, quoniam facit aliud non esse. Ut cum quis dicitur fecisse alium non 40 esse viventem, quoniam fecit eum non esse armatum, priusquam occideretur.

VI. Sextus modus est, cum facit aliquid non esse, quoniam non facit aliud non esse, ut quando occidentem non facit non esse armatum 5 auferendo arma, cum potest.

**4** (f. 188). 'Velle' eisdem sex modis dicimus quibus 'facere esse'. Similiter 'velle non esse' totidem diversitatibus quot 'facere non esse' dicimus.

Aliquando volumus aliquid propter se, ut cum volumus salutem, 10 aliquando propter aliud, ut cum volumus amaram potionem propter salutem.

**5** (f. 188ᵛ). Voluntas equivoce dicitur . . . (f. 189) Permittens est quando permittimus aliquid fieri quam tamen nobis displicet. (A draft of part of *De concordia*, Schmitt, ii. 279–82.)

### B. MISCELLANEOUS FRAGMENTS

15 **1** (f. 189). ANSELMUS EPITAPHIUM HUGONIS HOC FECIT.

> Hic cognoscetis, qui talia picta videtis,
> > Qua spe vixit Hugo vel sit opertus humo.
> Nobilis et dives fortisque per omnia miles,
> > Fortior ut senuit, hic iuga sancta tulit.
20 > Dumque quater phebi via lustrat sidera caeli,
> > Quod bene proposuit, fortior exhibuit.
> Mox aries solem recepit, sol perdit Hugonem,
> > Cui sol iustitiae fulgeat in requie.

**2** (f. 189ᵛ). Idem ad interrogationem cuiusdam.

25 Quoniam corpus quod sacratur in altari est corpus Christi, et corpus

6 sex: sed L           7 diversitati L           9 volumus salutem: volutem L
22 aries: aeris L

6 See above, p. 344; cf. *Liber de voluntate* (*P.L.* 158. 487c).
6–8 See above, p. 298.
The subject of this epitaph could be either Hugh de Meulan, who became a monk of Bec in about 1077 and died on 15 October 1080, or Hugh II de Montfort, who became a monk of Bec in about 1088. In the case of the first there is a difficulty with regard to the date of his death: this is reported to have taken place on 15 October (A. Porée, *L'abbaye du Bec*, i. 399), but the subject of the epitaph died while the sun was in the sign of Aries, that is to say about the middle of March. For Hugh de Montfort see D. C. Douglas, *The Domesday monachorum of Christ Church Canterbury*, 1944, p. 69; the time of year as well as the date of his death is unknown.
23–p. 352. 2 See above, p. 308.

Christi propter unitatem personae est deus, ergo et corpus quod sacratur in altari propter eandem unitatem personae adorari potest ut deus.

**3** (f. 189ᵛ).    Cum te plasmavi, non hac in sede locavi;
　　　　　　　　Ad mea regna redi, quia te moriendo redemi.

**4** (f. 189ᵛ). **Anselmus** sanctae Cantuariensis ecclesiae antistes omnibus 5 fidelibus Christi salutem et benedictionem dei et nostram . . . sicut ego eam suasivi. (*Ep.* 475, Schmitt, v. 423.)

**5** (f. 189ᵛ). **Anselmus.**

In spe auxilii dei dicam quid sentiam, non ad ostendendam meam qualemcumque scientiam sed ad ostendendum caritative poscentibus 10 quid sentiam. Mallem enim omnibus si quid est quod scio patere, quam precibus aliorum mihi scribendi necessitatem imminere. Quod opus non importunitate aliqua cuiquam legendum ingero, sed tantum videre volentibus simpliciter exhibeo.

### C. A FORM OF DEATH-BED CONFESSION

Each of the additional quires in L to which we have referred above (p. 333) contains an identical form of confession which was widely distributed in varying forms, nearly always under the name of Anselm, in the later Middle Ages. L is the earliest, and probably the ultimate source of all later texts. In course of time it underwent a number of alterations. Gerberon printed an expanded version (P.L. 158, 685–8) from manuscripts of St. Martin of Tournai, Bec, and elsewhere. In the fourteenth century it is found in Bohemia as the concluding section of a treatise *De excommunicationis poena, id est de causis, exceptionibus, reservationibus, absolutione* (MS. Vatican Reg. lat. 256, ff. 103ᵛ–104ᵛ). But its main circulation was in England, where a revised form adapted to all conditions of life became common in the fourteenth century in Latin (British Museum MS. Harley 2253, facsimile ed. N. R. Ker, Early English Text Society, vol. 255, 1964) and thereafter in several vernacular versions as part of an office for the visitation of the sick. For one such version see W. Maskell, *Monumenta Ritualia ecclesiae Anglicanae*, 1882, iii. 417–19. We print here the original form as it appears in L, and we add, as an example of the development which the text underwent in the later Middle Ages, an English version from a fifteenth-century manuscript in the Bodleian Library, Rawlinson C. 285. It keeps closer to the original text than most vernacular forms and gives a good idea of the needs which the Anselmian text was adapted to meet.

10 sed *om.* L    ostendendum: ostendum L        14 volentibus: volendum L

**1.** MS. Lambeth 59, ff. 161ᵛ–162 and 188

Laetaris, quod in fide Christiana moreris?

Respondeat: Etiam.

Gaudes, quia moreris in habitu monachico?

5   R.: Etiam.

Fateris te tam male vixisse, ut meritis tuis poena aeterna debeatur?

R.: Etiam.

Paenitet te hoc?

R.: Paenitet.

10  Habes voluntatem emendandi, si haberes spatium?

R.: Etiam.

Credis, quod pro te mortuus est dominus Iesus Christus?

R.: Etiam.

Agis ei gratias?

15  R.: Etiam.

Credis te non posse nisi per ipsius mortem salvari?

R.: Etiam.

Age ergo, dum superest in te anima, in hac sola morte totam fiduciam tuam constitue, in nulla alia re habeas fiduciam, huic morti te totum
20 committe, hac sola te totum contege, hac morte totum te involve, et si dominus deus te voluerit iudicare, dic: Domine, mortem domini nostri Iesu Christi obicio inter me et tuum iudicium, aliter tecum non contendo. Et si tibi dixerit quia peccator es, dic: Domine, mortem domini nostri Iesu Christi obtendo inter me et mea peccata. Si dixerit tibi
25 quod meruisti damnationem, dic: Domine, mortem domini nostri Iesu Christi obtendo inter te et mala merita mea, ipsiusque meritum offero pro merito quod ego debuissem habere nec habeo. Si dixerit quod tibi est iratus, dic: Domine, mortem domini nostri Iesu Christi oppono inter me et iram tuam.

30  Quo expleto, dicat infirmus ter: In manus tuas commendo spiritum meum.

**2.** MS. Rawlinson C. 285, ff. 60ᵛ–61

Saynt Ancelyne ersbiscop of Cantybery says that a seke man languys-
35 sand to the dede sulde of his prest thus be askide and thus he answer:

---

1 In L the text has no title. In Corpus Christi College, Cambridge, MS. 135, which is copied from L, there is the simple title *Confessio*. Nearly all later manuscripts name Anselm as the author: a typical formula is in MS. Harley 2253, *Hec est doctrina beati Anselmi Cantuariensis archiepiscopi.*

---

30–31. Luc. 23. 46.

Brothir, es thou glade that thou sal in crysten trouth dye?
He answer: 3a

Forthynkis the that?
              3a

Has thou wile to amend the if thou haf spase of lif?                5
He sal answer: 3a

Trowys thou that Jesu Cryst goddis son was borne of the virgyne
Marye, and for the dyede on gude fryday?
Answer he: 3a

Thanke thou hym for thir benefyces?                                 10
Answer he: 3a

Trowys thou that thou may nogth be safe bot be his dede?
Say he: 3a

For als lang as thi saule es yn the, sete all thi trayst in that dede
allane, hafand trayst in no othir thynge. Umlappe the all in this dede. 15
Thynk nogth on thi wyfe, ne of thi childer, ne rychesce, bot allane of
the passione of Jesu Cryst. And if our lord God wile deme with the,
say 'Lord I sete the dede of our lord Jesu Crist bytwyx me and my
wikked dedis, and his meryte I offer for the meryte that I suld hafe
and has nogth.' And say eftsons, 'Lord I sete the dede of our lord Jesu 20
Crist betwyx me and thi wryth.'
Than sal he say thrys: In manus tuas domine etc.
And clerkis answerand acordandely and than he dyes sikirly.
    When a seke man sal be enbutyd, the crucifix suld be brogth and he
suld enowryn it in the wyrschipe of Jesu Crist that bogth hym with 25
many hard paynes and schedynde of his precious blod, and for the dyed
on the crosse. Amen.

## 6. THE DIALOGUE 'DE CUSTODIA INTERIORIS HOMINIS'

This work, like the previous one, had an extensive circulation throughout the Middle Ages under the name of St. Anselm. Its merits have
been recognized by a succession of scholars from the time of B. Hauréau,
but it has previously been printed only in a very misleading context
as part of a treatise De anima ascribed to Hugh of St. Victor. It is,
however, an independent work and its common medieval ascription to

St. Anselm can be traced back to manuscripts of the mid-twelfth century. In one of these manuscripts (Hereford P. 1. 1), which also contains the *De moribus*, it follows immediately after a unique unfinished version of Anselm's *De Incarnatione Verbi*. There are strongly marked Anselmian traits in the work itself, which justify its inclusion here. Although it is impossible on the strength of the present evidence to determine the exact relationship with Anselm's genuine works, we print it as an example of the discourses accepted as his by his early admirers and frequently copied in later manuscripts of his works. The manuscripts used in this edition are:

H     Hereford Cathedral P. 1. 1, ff. 155ᵛ–156ᵛ (see above, p. 16).
L     Bodleian Library, Laud misc. 264, ff. 120–1, fourteenth century from St. Albans: a collection of the works of St. Anselm.
T     Tours 317, ff. 188ᵛ–190ᵛ, twelfth century.
O     St. Omer 86, twelfth century, from Clairmarais.
Par   Paris, Bibliothèque Nationale, latin 392, early twelfth century (see above, p. 17).

A glance at the variant readings shows that these five manuscripts, which are independent of each other, belong to two clearly marked families HL and TO Par, which may be provisionally characterized as English and continental respectively. The ascription to Anselm is found in both families.

## TEXT

### ANSELMUS CANTUARIENSIS

Ad insinuandam interioris hominis custodiam talem dominus Iesus ait similitudinem: 'Hoc scitote quoniam si sciret paterfamilias qua hora fur veniret, vigilaret utique et non sineret perfodi domum suam.' Sed
5 pater iste familias animus rationalis potest intelligi, cuius multa familia sunt cogitationes et motus sui, sensus quoque et actiones tam exteriores quam interiores. Quae videlicet familia lasciva nimis et petulans erit, nisi eiusdem patris rigore coercita ac disposita fuerit. Si enim vel parum

---

1 Anselmus Cantuariensis HO De bona occupatione L; *tit. om.* T; *init. deest* Par
4 Expositio praemissae similitudinis *add.* O     Sed *om.* O        8 patris: familias *add.*
HL

---

3–4 Matth. 24. 43.

C 3501                    2 A 2

a sua sollicitudine torpuerit, quis potest dicere quomodo cogitationes, oculi, lingua, aures et cetera omnia insolescant? Domus est conscientia in qua pater iste habitans thesauros virtutum congregat, propter quos ne domus eadem perfodiatur, summopere invigilat. Fur autem non unus est, sed multiplex, quia singulis virtutibus singula vitia insidian- 5 tur. Principaliter tamen fur diabolus intelligitur, contra quem et eius satellites pater idem, si tamen non negligens fuerit, domum suam forti custodia muniens, prudentiam in primo aditu constituit, quae discernat quid sit vitandum, quid appetendum, quid a domo excludendum, quid in domo recipiendum. Secus hanc fortitudo locatur, ut hostes, quos 10 prudentia venire nuntiaverit, fortitudo repellat. Porro temperantia familiae intimae praeesse debet, ut eius coherceat ac cohibeat turpes appetitus. Iustitia vero sedeat in medio, ut sua cuique tribuat. Et quia qua hora fur venturus est nescitur, omni hora timeatur. His ita dispositis, ne diu vigilantibus somnus peccati irrepat—tota enim vita vigilandum 15 est—aliquos debet prudentia introducere nuntios, qui aliqua narrent quae ad exercitationem valeant. Itaque nuntius mortis ingressum postu- lans admittitur. Qui rogatus ut dicat quis sit, unde veniat, quid viderit, respondet se non aliter quicquam dicturum, nisi summum fiat silentium. Quo impetrato sic incipit: Ego sum timor et memoria mortis, et mortem 20 venire vobis nuntio.

Prudentia loquitur pro omnibus, et interrogat dicens sic: Et ubi est ipsa mors et quando aderit?

MEMORIA MORTIS. Scio quia non tardat venire, et prope est, sed diem vel horam adventus sui ego nescio.                                                                                   25

PRUDENTIA. Et qui veniunt cum illa?

MEMORIA. Mille daemones veniunt cum ea ferentes secum libros grandes, et uncos igneos et igneas catenas.

PRUDENTIA. Quid volunt facere de his omnibus?

MEMORIA. In libris scripta sunt omnia peccata hominum, et eos ad hoc 30 ferunt ut ex ipsis convincant homines, quorum ibidem peccata scripta sunt, sui esse iuris. Uncos ferunt, ut quos sui esse iuris convicerint, eorum animas violenter extrahant et ligatas catenis in infernum trahant.

PRUDENTIA: Unde venis modo?

MEMORIA: De inferno.                                                                                                   35

PRUDENTIA. Et qualis est infernus? vel quid vidisti in inferno?

---

1 sua: sui HL          2 est: enim H          4 vigilat T est vigilandum L
6 tamen: *hic inc.* Par          7 fuerit *om.* HL          9 excludendum: reiciendum HL
12 ac cohibeat *om.* HL          19 respondit HL          21 venire vobis nuntio: vobis
nuntiare venio H vobis intimare venio L          22 sic *om.* HL          23 et: vel HL
24 tardabit L          venire *om.* HL          26 illa: ea HL          27 Mille *om.* HL
31 convincantur HL          ibidem: ibi HL          33 catenis: igneis *add.* HL

MEMORIA. Infernus latus est sine mensura, profundus sine fundo, plenus ardore intolerabili, plenus fetore incomparabili, plenus dolore innumerabili. Ibi miseria, ibi tenebrae, ibi ordo nullus, ibi horror sempiternus, ibi nulla spes boni, nulla desperatio mali. Omnis qui in eo est
5 odit et se et omnes alios. Ibi vidi omnia genera tormentorum, minimum quorum maius est omnibus tormentis quaecumque in hoc saeculo fieri possunt. Ibi est 'fletus et stridor dentium', ibi transitus a frigore nivium ad calorem ignium, et utrumque est intolerabile. Ibi omnes igne comburuntur et vermibus consumuntur nec consummantur.
10 'Vermis eorum non moritur, et ignis non exstinguitur.' Nulla ibi vox, nisi vae, vae, resonat. Vae habent, et vae clamant, tortores diabolici torquent pariter et torquentur. Tormentorum nunquam finis erit aut remedium. Talis est infernus et millies peior, et haec vidi in inferno et millies peiora. Haec veni nuntiare vobis.

15 PRUDENTIA. Deus, quid faciemus? Nunc, fratres, audite meum consilium, et date vestrum. 'Estote prudentes, et vigilate in orationibus', 'providentes bona non tantum coram Deo, sed etiam coram hominibus'.

TEMPERANTIA. 'Praeoccupemus faciem eius', etc. 'Sobrii estote et vigilate quia adversarius vester diabolus tamquam leo rugiens circuit
20 quaerens quem devoret', etc.

FORTITUDO. 'Cui resistite fortes in fide.' 'Confortamini in domino, induite vos armaturam dei, loricam iustitiae, scutum fidei, galeam salutis. Assumite et gladium spiritus, quod est verbum dei.'

IUSTITIA. 'Sobrie, et iuste, et pie vivamus.' Sobrie in nobis, iuste ad
25 proximum, pie ad deum. Et quod nobis fieri volumus, aliis faciamus, hoc enim iustum est.

·PRUDENTIA. Adest alius exterius prae foribus pulcher et hilaris, qui videtur afferre laeta.

IUSTITIA. Admittatur, forsitan nos laetificabit, nam iste prior terruit
30 nos.

PRUDENTIA AD NUNTIUM. Ingredere et quis sis, unde venias, quid videris edicito.

NUNTIUS. Ego sum amor vitae aeternae et desiderium caelestis patriae.

---

6 quaecumque: quae HL        9 comburuntur: concremabuntur H cremabuntur L    consumuntur: consumabuntur H consumentur L    nec: tamen *add.* H    consummantur: consumuntur O consumentur H nec consummantur *om.* L        12–13 aut remedium *om.* HL        21 domino: et in potentia virtutum eius *add. HL*        24 vivamus: in hoc seculo *add.* HL        25 volumus: nolumus HL    aliis: ne *add.* HL
27 exterius: *om.* H nuntius L        29 prior: valde *add.* H        31 sis: et *add.* HL
31–32 quid videris *om.* HL

3–4 Cf. Iob 10. 22.     7 Matth. 22. 13.      10 Marc. 9. 43, etc.     16 1 Petr. 4. 7.
17 Rom. 12. 17.      18 Ps. 94. 2.       18–20 1 Petr. 5. 8.       21 Ibid. 5. 9.
21–23 Ephes. 6. 10–17.      24 Tit. 2. 12.

Si me vultis audire, silentium et quietem habete; non enim inter clamores et tumultus audiri possum.

IUSTITIA. Si nos, dum timor et memoria mortis loqueretur, tacuimus, iustum est ut te loquente multo magis taceamus.

DESIDERIUM VITAE AETERNAE. Tacete ergo et audite intenti. Ego venio 5 de caelo et ibi talia vidi quae nullus homo potest digne loqui. Dicam tamen aliquid, prout potero. Vidi deum, sed 'per speculum et in enigmate'. Contemplatus sum ineffabilem illam individuae Trinitatis maiestatem initio fineque carentem. Sed quia 'lucem habitat inaccessibilem', ab ipsa luce reverberati sunt oculi mei, et intuitus obtunsus. 10 Exsuperat enim omnem sensum, omnemque intuitum illa claritas, illa pulchritudo. Aliquantisper tamen intuitus sum dominum Iesum Christum deum et hominem in dextera Patris sedentem, id est in aeterna vita regnantem, quamvis super omnem creaturam adeo speciosum, ut in eum desiderent 'angeli prospicere', adhuc tamen vulnera et 15 stigmata passionis, qua nos redemit, in corpore suo habentem, Patri pro nobis assistentem. Vidi iuxta ipsum illam gloriosam virginem matrem eiusdem dei et domini nostri Iesu Christi cum omni honore et reverentia nominandam dominam Mariam in throno mirabili residentem, super omnes ordines beatorum angelorum et hominum exaltatam, suum illum 20 Filium pro hominibus interpellantem, et cui vult miserentem. Sed hanc admirabilem maiestatem et claritatem matris et Filii diu ferre non sustinens, converti aspectum meum ad contemplandos illos beatorum spirituum ordines, qui ante deum assistunt, quorum coaequaeva beatitudo de visione dei et amore, nec minuitur, nec finitur, sed semper 25 crescit et permanet. Sed nec istorum quidem gradus et dignitates, laudes quoque quas creatori suo referunt, ullus hominum plene cogitare, nedum enarrare, sufficit. Deinde prophetas intuitus sum, et patriarchas miro exultantes gaudio, quod eam quam olim a longe salutaverant patriam obtinent, quod ea quae in spiritu praeviderant 30 completa conspiciunt, quod longae expectationis taedia percepto perennis gloriae fructu mutaverunt. Vidi omnes apostolos in thronis sedentes, tribus et linguas omnes iudicare paratos, et de pauperibus et de infirmis tam gloriosos tamque sublimes factos a domino Iesu, satis superque hoc miratus sum. Vidi, sed pervidere non potui innumera- 35 bilem beatorum martyrum exercitum gloria et honore coronatum, qui passiones huius temporis, quas pertulerant, minimas reputabant ad illam gloriam, quae revelata erat in eis. Horum felicitate et gloria diu

11 intuitum: intellectum *corr.* Par       27 quoque: vero HL      suo *om.* HL
30 praeviderant: viderant HL Par

7–8 1 Cor. 13. 12.      9–10 1 Tim. 6. 16; cf. *Proslogion,* c. 16.      15 1 Petr. 1. 12.
21 Cf. Rom. 9. 18.      32–33 Cf. Luc. 22. 30.      37–38 Cf. Rom. 8. 18.

delectatus respexi ad gloriosam multitudinem confessorum, inter quos
viri apostolici et doctores, qui sanctam ecclesiam doctrinis suis munierunt atque ab omni heresi sive macula purgaverunt, eminent; et qui
multos erudierunt, fulgent quasi stellae in perpetuas aeternitates. Sunt
5 ibi et monachi, pro claustris et cellis angustis immensa et sole clariora
palatia possidentes, pro nigris et asperis tunicis nive candidiores
omnique suavitate molliores vestes induti, ab oculis quorum abstersit
deus omnem lacrimam, regem in decore suo vident. Postremo ad
chorum virginum respexi, quarum gloria, species, ornatus et melodia
10 qua cantabant canticum, quo nemo alius dicere poterat, nulla hominum
eloquentia digne enarrari potest. Sed et odor in regione earum tam
suavis exuberat, qui omnia aromatum genera exuperat. Ad earum preces
dominus Iesus assurgit, cum ceterorum sedens exaudiat.

PRUDENTIA. Placet quod dicis sed cum de singulis beatorum ordinibus
15 mira dixeris, quaesumus ut quae sit eorum in commune actio quaeve
socialis conversatio, edicas.

DESIDERIUM VITAE AETERNAE. Dicam utcunque. Omnium simul in
commune actio septiformis est. Vivunt, sapiunt, amant, gaudent,
laudant, veloces sunt, securi sunt.

20 PRUDENTIA. Licet aliquatenus haec intelligam, tamen propter audientes de singulis pauca dissere.

DESIDERIUM. Fiat. Vivunt vita sine fine, sine molestia, sine diminutione,
sine omni adversitate. Vita eorum est visio et cognitio beatae Trinitatis,
sicut ait dominus Iesus: 'Haec est vita aeterna, ut cognoscant te deum
25 verum, et quem misisti Iesum Christum.' Unde et deo similes sunt,
quoniam vident eum sicuti est. Sapiunt consilia atque iudicia dei, quae
sunt abyssus multa. Sapiunt naturas et causas et origines omnium
rerum. Amant deum incomparabiliter, quia sciunt unde et ad quid eos
deus provexit. Amant singuli singulos sicut seipsos. Gaudent de deo
30 ineffabiliter. Gaudent de tanta sua beatitudine. Et quia unusquisque
unumquemque diligit sicut seipsum, tantum gaudium habet quisque de
bono singulorum quantum de suo. Constat igitur quia singuli tot gaudia
habent quot socios, et singula gaudia tanta sunt singulis, quantum

3 eminent om. H      5 cellulis H Par      6 nigris: cucullis HL pilis corr. T
9–10 quarum . . . canticum: quarum et ornatus mirabiliter fulgebant et melodiam
cantabant, canticum scilicet HL      ornatus et melodia qua Par: ornatus et melodia tanta
est quam nulla hominum eloquentia digne enarrare potest, et O; etiam melodia atque
ornatus inestimabilis T      10–11 nulla . . . potest om. O      12 exuberat: est HL
qui: ut HL      15 quaesumus: quaeso HL

7–8 Cf. Apoc. 7. 17.      10–11 Apoc. 14. 3.      18–360. 11 Cf. Proslogion, c. 25,
Dicta, c. 5, and De beatitudine, passim.      24–25 Ioh. 17. 3.      25–26 Cf. 1 Ioh.
3. 2.      26–27 Cf. Ps. 35. 7.

proprium singulorum. Cum autem unusquisque plus amet sine comparatione deum quam se et alios, plus gaudet absque estimatione de dei felicitate quam de sua et omnium aliorum. Si ergo unusquisque vix capit suum gaudium, quomodo capit tot et tanta gaudia? Ideo dicitur: 'Intra in gaudium domini tui.' Non intret gaudium domini tui in 5 te quia capi non posset. Inde laudant deum sine fine, sine fastidio, sicut scriptum est: 'Beati qui habitant in domo tua, domine', etc. Veloces sunt quia ubicunque esse vult spiritus, ibi est etiam corpus. Omnes omnipotentes sunt. Securi sunt de tali vita, de tanta sapientia, de tanto amore, de tanto gaudio, de tali laude, de tali velocitate, quod nullum finem, 10 nullam diminutionem, nullum detrimentum, habebunt. Ecce pauca dixi vobis de his quae in caelo vidi. Neque enim ut vidi dicere, neque ut sunt videre potui.

PRUDENTIA. Vere in caelo te fuisse, vera vidisse, vera narrasse intelligimus.
                                                                15

FORTITUDO. Quis igitur separabit nos a caritate Christi, tribulatio, vel cetera quae ibi apostolus enumerat? Certa sum quia neque mors, neque vita, neque cetera illa omnia poterunt nos separare a caritate Christi.

IUSTITIA. Eiciatur foras prior ille nuntius, non enim iustum est in 20 eadem domo cum isto manere. 'Perfecta' enim 'caritas foras mittit timorem.'

FORTITUDO. Egredere, timor. Iam non eris in finibus nostris.

TIMOR. Quid enim mali feci? Age, age. Ego pro bono dixi quod dixi.

TEMPERANTIA. Fratres, dico vobis 'non plus sapere quam oportet 25 sapere, sed sapere ad sobrietatem'. Tu vero, timor, egredere, et aequo animo patere iudicium, quod iustitia iudicavit. Forsitan iterum admitteris si desiderium vitae aeternae loqui aliquando cessaverit.

AUCTOR. Sic, sic, fratres, debet monachus torporem suum excutere et a timore ad amorem caelestis patriae sese transferre, ad quam nos 30 transferat Iesus Christus deus et dominus noster, qui vivit et regnat per omnia secula seculorum. Amen.

---

1–11 Cum autem . . . habebunt *om.* HL       3 aliorum: felicitate *add.* O; secum *add.* Par           29 sic *om.* HL          30–32 ad quam . . . Amen. *om.* O Par 31–32 transferat . . . Amen: transferat et perducat dominus Iesus Christus qui cum patre et spiritu sancto vivit et regnat. Amen. L

5 Matth. 25. 21.     7 Ps. 83. 5.     16–19 Cf. Rom. 8. 35–39.     21–22 1 Ioh. 4. 18.     25–26 Rom. 12. 3.

# I. INDEX CODICUM

[1] Corpus Christi College, Cambridge, MS. 135, is a copy of this manuscript and has no independent value for the text printed above.

# II. INDEX LOCORUM NOMINUM, ET SCRIPTORUM

# III. INDEX RERUM ET VERBORUM

labor hominum 152-4.
laicus 305; (similitudo) 72.
lapis quadratus 146-7, 195, 305, 314-16.
latro (*metaphor.*) 75, 114, 161-2, 306.
libertas 59, 277, 299, 341.
licentia 75-76, 162, 306.
livellum (a builder's level) 316. 16.
luxuria 50, 115, 176.

magisterium 314, 316.
magistra (*metaphor.*) 75-76, 306.
malum malo contrarium 94-97.
mansuetudo 99-100, 324, 327.
marculus (a small hammer) 316. 16.
matrona (similitudo) 75-76, 306.
medicus (similitudo) 67, 70-71, 88.
memoria 306, 332; mortis, 315, 356-7.
mendacium 87-88.
mesembria 318. 17.
miles temporalis et spiritualis 52, 97-102, 305.
miseria 278-9, 325, 338; partes xiv miseriae 57-63, 140-1, 286-7.
misericordia 309, 325, 328-9.
molendinum (similitudo) 53, 305.
monachatus 65-67, 79.
monachus 65-74, 76-80, 333, 340; corona monachi 78; officium 78; spes 71; vestes 78; (similitudines) 64, 67, 69, 72, 73, 76, 80; see nutritus.
monasterium 68, 71.
moneta 76, 305.
mons humilitatis 110-16, 309.
moralitas 103-4.
mores: qualitates animae in habitum redactae 89; see De humanis moribus (Index II).
mors: Christi 184-5, 334, 353; see memoria.
mulier (similitudo) 39.
munditia cordis 159-66, 325, 329.
muriceps (cat) 42. 20.

natura 307; humana 84-86.
naturalis (serf) 64. 5.
necessitas 341-2.
negotiatio 323-6.
nola (a small bell) 42. 6.
nomen proprie vel improprie alicui rei attribuitur 347.
novitius 67, 69.
numerus: angelorum 56; salvandorum 55-56, 123-4.
nuntius mortis 315, 356.
nutritus monachus 68.

oboedientia 40, 76, 159-63, 166-7, 306, 317.
opera bona 100, 101, 192, 322, 327.

ordo factitius et naturalis 77-78; ordines hominum 87; ordo monachorum 68-69.
ovis (*metaphor.*) 87, 295.

paenitentia 92, 112, 289, 353.
paradisus 57, 86, 151, 186, 192; see patria aeterna.
paradysicolus 315. 28.
partes quatuor mundi 318.
partes xiv beatitudinis 57-63, 127-41, 273-91, 304-5; miseriae, 57-63, 140-1, 286-7.
partus B.V. Mariae 303.
pater familias (*metaphor.*) 355.
patientia 79, 101-2, 113, 300.
patria aeterna 151, 193, 324, 328.
paupertas 192, 323-4, 326, 327-8.
pax 85, 156-8, 329-30; see concordia.
peccatum 82, 90, 112, 183, 297, 299, 308.
perfectio 168-74, 307.
perseverantia 184-5.
pitisso (*Gk.* spit out wine in tasting) 42. 22.
placitator (similitudo) 65.
plexio capitis (execution by hanging) 167. 2.
plumbum cum appendiculo (plumb-line) 316. 15.
poena 86, 210, 226-9, 334, 353; see infernus.
'posse' quot modis dicitur 346.
potentia 62, 137-8, 283.
potestas 341.
potestas (ruler of a city) 339. 24; potest 337. 20, 342. 38.
potio (similitudo) 67.
praeceptum 273, 290; quatuor modi praecipiendi 166-7; (similitudo) 91.
praedicatio 57, 87, 184, 323.
praelatio 159-64, 173-4, 305, 306, 316-17.
praemium, 55, 86; see remuneratio.
probitas 91, 141-2.
professio monastica 71-72.
prudentia 103, 332, 356-60.
pulchritudo 58, 129-30, 275.

qualitates corporis et animae 83.
quies 85, 92; see requies

ratio 111, 174-8, 308
rectitudo 298, 307.
redemptio 183-5, 193.
religio: duo genera religionis 77; disciplina religionis 316.
remuneratio 55, 86, 324; see praemium.
requies 57.
rex: regis officium 78; (similitudines) 56, 66, 103.

sacrificia 182-3.
saecularis homo 72, 74, 315; see laicus.